개정판

특수경비원 신임교육

대한민국 항공보안협회 민간경비교육원 편저

도서출판 진영사

특수경비원 신임교육
대한민국 항공보안협회 민간경비교육원 편저

2016년 04월 29일 초판 인쇄
2016년 05월 04일 초판 발행
2018년 08월 14일 개정판 발행
2024년 01월 05일 개정 2판 발행

발행인 박 진 영
발행처 도서출판 진영사
인천광역시 부평구 주부토로236(갈산동 94) 인천테크노밸리 U1지식산업센터 B동 1507호
전화: 032)505-4207
팩스: 032)505-4206
E-mail: 0183734207@hanmail.net
등록: 122-91-77317

ISBN 978-89-6541-629-6 93350
값 32,000원

특수경비원 신임교육

대한민국 항공보안협회 민간경비교육원 편저

도서출판 진영사

머 리 말

우리가 살고 있는 지구촌은 테러의 공포 속에서 살고 있다 해도 과언이 아니다.

과거의 테러는 정치적 목적이나 종교적 갈등, 인종차별 등 테러의 목적이 뚜렷했으나 오늘날의 테러는 과거와는 달리 불특정 다수를 대상으로 무차별적이고 맹목적으로 공격을 시도하고 있다. 더욱 더 염려스러운 것은 세계도처에서 발생하는 테러 중 우리가 살고 있는 아시아·태평양지역과 중동지역에서 90%이상 테러가 발생하고 있다는 것이다. 따라서 우리나라도 테러로부터 결코 안전하지 못하다는 것에 대하여 주목하고 경계해야 할 매우 중요한 사항이다.

또한, 국내적인 환경 요인으로는 급격한 변화와 고도의 경제성장에서 오는 각종 병리적 현상의 증가로 범죄들의 위협과 공포들이 날로 증가하고 있다. 이러한 범죄를 근절시키려는 노력은 국가기관을 비롯하여 시민사회의 공동 노력에도 불구하고, 우리 사회 곳곳에서 건전한 국민을 위협하며, 사회질서를 문란케 하는 범죄가 날로 증가하고 있다.

이러한 관점에서 국내·외적인 환경 요인을 분석해보면 국외적으로는 테러의 위협이 증가하고 있고, 국내적으로는 범죄가 날로 증가하여 테러나 범죄행위로부터 국가와 국민을 보호하기 위한 공경비(정부)의 역할이 그 어느 때보다도 중요하다 할 수 있겠지만 현실은 그러하지 못 하다. 따라서 민간경비(Private Security)가 범죄예방의 역할을 다해야한다는 책임감을 느끼게 된다.

한편으로는 민간경비산업은 양적으로는 크게 확장되었으나 전문직으로서의 처우, 사회적 인식 등 여러 가지 문제로 인하여 경비근무자들의 전문성, 도덕성, 사명감 등이 뒤떨어져 있는 것도 사실이다. 이러한 여건에서도 테러와 범죄의 위협으로부터 국민의 재산과 생명을 보호할 수 있는 특수경비원들에 대한 교육의 중요성을 다시금 인식하면서 특수경비원들의 전문성과 자질향상을 위해 우리 교육원의 학계, 대테러전문가, 군과 경찰 지휘관 등 전문기관 근무경험과 현장근무를 통해서 얻은 경험을 바탕으로 특수경비원 교재를 발간하게 되었다.

이 책이 발간되기까지 여러 교·강사님들의 지원과 노고에 감사드리면서 이 책을 통해 특수경비원의 질적 향상에 도움이 되기를 간절히 소원한다. 끝으로 이 책이 발간되기까지 도움을 주신 대한민국 항공보안협회 윤규식 회장님을 비롯하여 진영사의 박진영 사장님께 감사드리며, 민간경비 전문교육기관으로 발전할 수 있도록 많은 관심과 응원을 부탁드린다.

2024년 1월

저자일동

목 차

제1편 경비업법

제2편 경찰관 직무집행법

제3편 헌법 및 형사법

제4편 범죄예방론

제5편 테러대응요령

제6편 폭발물 처리요령

제7편 화재대처법

제8편 응급처치법

제9편 장비사용법

제10편 출입통제요령

제11편 직업윤리 및 서비스

제12편 기계경비 실무

제13편 정보보호 및 보안업무

제14편 시설경비요령

제15편 민방공

제16편 총기조작

제17편 사격

제18편 체포 · 호신술

제19편 관찰 · 기록법

제1편

경비업법

(감독명령, 유권해석, 판례 포함)

제1장 경비업법 개요

제1절 경비업과 경비업법

1. 경비업의 의의

경비업이란 5가지의 경비업무의 전부 또는 일부를 도급받아 행하는 영업을 말한다.

경비업무는 아래 표와 같이 시설경비 · 호송경비 · 신변보호 · 기계경비 · 특수경비업무로 나누고 있다

종류	구분	업무
일반경비	시설경비	• 경비대상시설에서 도난, 화재, 혼잡 등으로 인한 위험발생 방지 업무
	호송경비	• 운반중에 있는 현금, 유가증권, 귀금속,상품등에 대한 도난,화재 등 위험발생 방지
	신변보호	• 사람의 생명 또는 신체에 대한 위해의 발생을 방지하고 그 신변을 보호
	기계경비	• 경비대상시설에 설치한 기기에 의하여 감지,송신된 정보를 별도의 장소에 설치된 관제시설의 기기로 수신하여 도난,화재 등 위험발생을 방지하는 업무
특수경비		• 공항(항공기)등 대통령령이 정하는 국가중요시설의 경비 및 도난, 화재 등 위험발생을 방지하는 업무 ☞ 8차 개정(2001년)때 신설

2. 경비업법의 목적

경비업법은 경비업무의 적정한 실시를 도모하기 위하여 필요한 규제를 정하는 것이며, 경비업을 사회에 유용한 산업으로 육성하기 위한 것이다.

따라서 경비업법의 목적은 경비업의 육성 및 발전과 그 체계적 관리에 관하여 필요한 사항을 정함으로써 경비업의 건전한 운영에 이바지하는 것이다. 즉, 경비업법은 치안 또는 경비업에 대한 정책의 일환으로서 경비업에 대해 필요한 규제를 정하여 경비업무에

적정한 실시를 도모하기 위한 법률이다. 따라서 경비업무가 적정하게 실시되도록 경비업자가 지켜야 할 사항 및 금지사항, 경비원 및 경비지도사의 의무 등을 규정하여 이를 지키도록 충분히 지도 · 감독을 하여 경비업의 건전한 육성을 도모하기 위한 것이다.

3. 경비업의 범위

학계	경찰의 업무를 제외한 모든 민간의 경비업무 활동
법	5가지의 경비업무로 한정

4. 전부 또는 일부의 도급

일부라 함은 경비업무 중 일부 절차에 해당하는 도급이 아닌 업무 전체의 완전성을 갖춘 상태에서의 일부를 의미하는 것으로 예를 들어서 기계경비업무의 일부절차인 관제만을 도급받아 행할 수는 없고 '감지→관제→지령→출동'등 기계경비업무 일련의 절차를 모두 갖춘 상태에서 도급이 가능한 것으로 업무전체를 도급하는 형태를 취하여야 한다.

도급이란 용역((outsource)를 말하며 타인(시설주)의 경비업무를 위탁받아 경비서비스를 제공하는 것이므로, 자신의 경비업무를 위한 경비원의 사용은 현행 경비업법상 경비원이 아니므로 적용대상이 아니다(2005 경찰청 경비업 업무처리 매뉴얼) 즉, 경비업체가 경비업무를 필요로 하는 사람에게 경비서비스를 제공하고 보수를 받는 것을 말한다.

5. 영업

영업이란 영리목적을 가지고 동종의 행위를 계획적으로 기업적 상행위를 하는 것을 말한다. 따라서 영리를 목적으로 하지 않는 자율방범대활동 등은 경비업이 아니므로 경비업법의 적용을 받지 않는다.

제2장 경비업의 허가

제1절 허가의 의의와 요건

1. 허가의 의의

○ 경비업을 영위하고자 하는 법인은 도급받아 행하고자 하는 경비업무를 특정하여 그 법인의 주사무소의 소재지를 관할하는 시 · 도 경찰청장의 허가를 받아야 한다.

○ 도급받아 행하고자 하는 경비업무를 변경하는 경우에도 또한 같다 (동법 제4조 ①)

○ 경비업 허가의 유효기간은 허가받은 날부터 5년으로 한다(동법 제6조①)

2. 허가구분

신규허가	변경허가	갱신허가
법인설립 최초	업종변환, 추가	유효기간 경과

3. 허가의 제한

허가의 제한사항은 다음과 같다(동법 제4조의2)

○ 누구든지 허가를 받은 경비업체와 동일한 명칭으로 경비업 허가를 받을 수 없다,

○ 제19조 제1항 제2호 및 제7호의 사유로 경비업체의 허가가 취소된 경우 허가가 취소된 날부터 10년이 지나지 아니한 때에는 누구든지 허가 취소된 경비업체와 동일한 명칭으로 허가를 받을 수 없다.

○ 제19조 제1항 제2호 및 제7조의 사유로 허가가 취소된 법인은 볍인명 또는 임원의 변경에도 불구하고 허가가 취소된 날부터 5년이 지나지 아니한 때에는 허가를 받을 수 없다.

4. 법인 임원의 결격사유

○ 피성년후견인 또는 피한정후견인

○ 파산선고를 받고 복권되지 아니한 자

○ 금고이상의 형을 선고받고 그 형이 실효되지 아니한 자

○ 경비업법 또는「대통령 등의 경호에 관한 법률」에 위반하여 벌금형의 선고를 받고 3년이 지나지 아니한 자 (특수경비법인에 한함)

○ 경비업법 또는 이법에 의한 명령에 위반하여 허가가 취소된 법인의 허가취소 당시의 임원이었던 자로서 그 취소 후 3년이 지나지 아니한 자

5. 허가취소

○ 허위 그 밖에 부정한 방법으로 허가를 받은 때

○ 허가받은 경비업무외의 업무에 경비원을 종사하게 한 경우

○ 특수경비업자가 경비업 및 경비관련업 외의 영업을 한 경우

○ 정당한 사유없이 허가받은 날로부터 1년 이내에 경비도급 실적이 없거나 계속하여 1년 이상 휴업한 경우

○ 정당한 사유 없이 최종도급계약 종료일의 다음날부터 1년 이내에 경비 도급실적이 없을 때

○ 영업정지 처분을 받고 계속하여 영업을 한 때
다만, 경비업법 또는 이 법에 의한 명령에 위반한 때는 허가를 취소하거나 6월 이내의 기간을 정하여 영업의 전부 또는 일부에 대하여 영업정지를 명할 수 있다 (동법 제19조1).

제2절 허가 기준

1. 경비업의 시설 등 기준

구 분	자본금	시 설
	경비인력	장비 등
시설경비 업무	1억 원 이상	기준 장비인력 수 이상을 교육할 수 있는 교육장
	· 일반경비원 20명 이상 · 경비지도사 1명 이상	기준 장비인력 수 이상의 경비원 복장 및 경적, 단봉, 분사기 구비
호송경비 업무	1억 원 이상	기준 장비인력 수 이상을 교육할 수 있는 교육장
	· 무술유단자인 일반경비원 5명 이상 · 경비지도사 1명 이상	· 호송용차량 1대 이상 · 현금호송백 1개 이상 · 기준 경비인력 수 이상의 경비원 복장 및 경적, 단봉, 분사기
신변보호 업무	1억 원 이상	기준 장비인력 수 이상을 교육한 수 있는 교육장
	· 무술유단자 일반경비원 5명 이상 · 경비지도사 1명 이상	· 기준 경비인력 수 이상의 무전기 등 통신장비 · 기준 경비인력 수 이상의 경비원 복장 및 경적, 단봉, 분사기
기계경비 업무	1억 원 이상	· 기준 장비인력 수 이상을 교육할 수 있는 교육장 · 관제 시설
	· 전자, 통신분야 기술자격증 소지자 5명을 포함한 일반경비원 10명 이상 · 경비지도사 1명 이상	· 감지장치, 송수신기 및 수신장치 · 출장소별 출동차량 2대 이상 · 기준 경비인력 수 이상의 경비원 복장 및 경적, 단봉, 분사기
특수경비 업무	3억 원 이상	기준 장비인력 수 이상을 교육할 수 있는 교육장
	· 특수경비원 20명 이상 · 경비지도사 1명 이상	기준 경비인력 수 이상의 경비원 복장 및 경적, 단봉, 분사기

제3장 경비업자와 경비원의 의무

제1절 경비업자의 의무

1. 경비업자의 공통 의무(동법 제7조)

○ 시설주의 관리권 범위내 업무수행 및 타인의 자유·권리 침해 금지

○ 경비업무 성실 수행, 위법 부당업무 도급 거부 의무

○ 경비원의 권익침해, 경비업의 발전을 해치는 행위 (불공정계약)

○ 직무상 비밀누설, 타인에게 제공금지

○ 허가받은 경비업무 외 경비원을 타 업무에 종사하게 하는 행위금지

○ 집단민원현장에 경비원 배치 시 경비지도사 선임, 경비원 지도 감독

2. 특수경비업자의 의무

○ 대행업자 지정 신고 의무

특수경비업자는 특수경비업무의 개시 신고를 한 때에는 국가중요시설에 대한 특수경비업무의 수행이 중단되는 경우 시설주의 동의를 얻어 다른 특수경비업자 중에서 경비대행여부를 지정하여 허가관청에 신고하여야 한다

○ 업무중단 시 대행업자에 통보 및 인수 의무

특수경비업자는 국가중요시설에 대한 특수경비업무를 중단하게 되는 경우에는 미리 경비대행업자에게 통보하여야 한다

○ 겸업금지 의무

특수경비업자는 이 법에 의한 경비업과 경비장비의 제조, 설비, 판매업, 네트워크를 활용한 정보산업, 시설물 유지관리법 및 경비원교육업 등에 따른 영업 및 이 영업에 부수되는 것으로서 경찰청장이 지정, 고시하는 영업 외의 영업을 하여서는 아니 된다(동법 제7조9)

제2절 기타 업자의 의무

1. 기계경비업자의 의무

○ 대응체계 구축 의무 (역량 기준)

- 정보수신 후 늦어도 25분 이내 도착 대응체계 구비
- 개별 사안에 있어서 손해배상의 기준시점은 아님

○ 오경보 방지를 위한 설명 및 관리 의무

- 감지로부터 송신된 이상 신호를 확인 결과 실체 침입이나 침입 흔적이 없고 다른 원인에 의한 것으로 잘못 감지된 경보

○ 관리서류 작성 및 비치 의무

- 경비 대상시설의 명칭, 소재지 및 경비 계약기간
- 기계경비지도사의 명단, 배치일자, 배치장소와 출동차량의 대수
- 경보의 수신 및 현장도착 일시와 조치의 결과
- 오경보인 경우 오경보가 발생한 경비대상시설 및 그 오경보에 대한 조치의 결과

2. 경비업무 도급인 등의 의무

○ 무허가 업자에 대한 경비업무 도급 금지

누구든지 경비업 허가를 받지 아니한 자에게 경비업무를 도급하여서는 아니된다 (동법 제7조2)

○ 집단민원현장 경비인력의 직접 고용금지

- 집단민원 발생 3개월 전까지 직접 고용하여 경비업무를 수행하는 피고용인의 경우에는 그러지 아니한다(동법 제7조2)

○ 무자격자 등의 채용 관여 금지

경비업무를 도급하는 자는 그 경비업무를 수급한 경비업자의 경비원 채용 시 무자격자나 부적격자 등을 채용하도록 관여하거나 영향력을 행사해서는 아니된다(동법 7조2)

제3절 경비원의 의무 및 결격사유

1, 경비원의 의의

경비원이란 경비업의 허가를 받은 법인(경비업자)이 채용한 고용인으로서 시설경비, 호송경비, 신변보호, 기계경비업무를 수행하는 자는 일반경비원이라 하며 특수경비업무를 수행하는 자는 특수경비원이라 한다(동법 제2조3)

2. 전체 경비원의 공통의무

경비원은 직무를 수행함에 있어 타인에게 위력을 과시하거나 물리력을 행사하는 등 경비업무의 범위를 벗어난 행위를 하여서는 아니 된다(동법 제15조2)

한편 누구든지 경비원으로 하여금 경비업무의 범위를 벗어난 행위를 하게 하여서는 아니 된다(동법 제15조2)

3. 특수경비원의 직무 및 의무

○ 직무

특수경비업자는 특수경비원으로 하여금 배치된 경비구역 안에서 관할경찰서장과 국가중요시설의 시설주의 감독을 받아 시설을 경비하고 도난, 화재 그 밖의 위험발생을 방지하는 업무를 수행하게 하여야 한다. 특수경비원은 국가중요시설에 대한 경비업무 수행 중 국가중요시설의 정상적인 운영을 해치는 장해를 일으켜서는 아니 된다(동법 제14조2)

○ 의무

- 직무상 복종의 의무
- 경비구역 이탈금지 의무
- 쟁의행위 금지의무
- 무기의 안전수칙 준수의무

4. 경비원의 결격사유

○ 일반경비원의 결격사유

다음에 해당하는 자는 일반경비원 또는 경비지도사가 될 수 없다(동법 제10조1)

- 만 18세 미만인 자, 피성년 후견인
- 파산선고를 받고 복권되지 아니한 자
- 금고 이상의 실형의 선고를 받고 그 집행이 종료(집행이 종료된 것으로 보는 경우를 포함)되거나 집행이 면제된 날부터 5년이 지나지 아니한 자
- 금고 이상의 형의 집행유예선고를 받고 그 유예기간 중에 있는 자

○ 특수경비원의 결격사유

다음에 해당하는 자는 특수경비원이 될 수 없다(동법 제10조2)

- 만 18세 미만 또는 만 60세 이상인 자, 금치산자, 한정치산자
- 파산선고를 받고 복권되지 아니한 자
- 금고 이상의 실형의 선고를 받고 그 집행이 종료(집행이 종료된 것으로 보는

경우를 포함)되거나 집행이 면제된 날부터 5년이 지나지 아니한 자
- 금고 이상의 형의 집행유예선고를 받고 그 유예기간 중에 있는 자
- 금고이상의 형의 선고유예를 받고 그 유예기간에 있는 자
- 행정안전부령이 정하는 신체조건에 미달되는 자
- 팔과 다리가 완전하지 않고 두 눈의 맨눈시력이 각각 0.2이상 또는 교정 시력이 각각 0.8이상에 미달되는 자(시행규칙 제7조)

제4장 경비지도사

제1절 경비지도사의 의의

1. 경비지도사의 의의

경비지도사란 경비원을 지도 및 감독, 교육하는 자를 말한다(동법 제2조2)

○ 경비지도사는 결격사유에 해당하지 아니하는 자로서 경찰청장이 시행하는 경비지도사 시험에 합격하고 행정안전부령이 정하는 교육을 받은 자이여야 한다 (동법 제11조1)
○ 경찰청장은 교육을 받은 자에게 행정안전부령이 정하는 바에 따라 경비지도사자격증을 교부하여야 한다(동법 제11조1)
○ 경비지도사의 시험과목, 시험공고, 시험의 일부가 면제되는 자의 범위 그 밖에 경비지도사 시험에 관하여 필요한 사항은 대통령령으로 정한다(동법제11조3)
※ 경비지도사의 종류는 일반경비지도사와 기계경비지도사를 구분한다

목적

경비원의 지도감독 및 교육전담→경비원의 자질향상도모
※ 제5차개정(1995. 12. 30, 제5124호)

구 분	일반경비지도사	기계경비지도사
임 무	시설, 호송, 기계, 특수경비원 지도/감독	기계경비원 지도/감독

제2절 경비지도사의 직무

1. 일반직무

○ 경비원의 지도, 감독, 교육에 관한 계획의 수립 및 실시, 그 기록의 유지(월1회 이상)
○ 경비현장에 배치된 경비원에 대한 순회점검 및 감독(월1회 이상)
○ 경찰기관 및 소방기관과의 연락 방법에 대한 지도(수시로 성실하게 수행)
○ 집단 민원현장에 배치된 경비원에 대한 지도 및 감독
○ 기계경비업무를 위한 기계장치의 운용 및 감독(기계경비지도사에 한함)
○ 오 · 경보장지 등을 위한 기기관리의 감독(기계경비지도사에 한함)

2. 집단민원현장에 선임 및 배치된 경비지도사의 직무

민원현장에 선임 및 배치된 경비지도사의 직무는 다음과 같다(시행규칙 제6조2)

○ 경비원의 의무 위반행위의 예방 및 제지
○ 경비원의 복장착용 등에 대한 지도 및 감독
○ 경비원의 장비휴대 및 사용에 대한 지도 및 감독
○ 집단민원현장에 비치된 경비원 명부의 관리

제3절 경비지도사 결격사유와 시험

1, 경비지도사의 결격사유

일반경비원과 경비지도사의 결격사유는 동일하다(동법 제10조1)

2. 경비지도사 시험 시행 및 공고

시험과목, 시험공고, 시험의 일부가 면제되는 자의 범위 그 밖에 경비지도사 시험에 관하여 필요한 사항은 대통령령으로 정한다(동법 제11조3)

경비지도사 시험의 시행 및 공고는 다음과 같다

○ 경찰청장은 경비지도사 시험의 실기계획을 매년 수립해야 한다.

○ 경찰청장은 시험의 실시계획에 따라 시험을 실시하고자 하는 때에는 응시자격, 시험과목, 시험일시, 시험장소 및 선발 예정인원 등을 시험시행일 90일전까지 공고하여야 한다.

○ 공고는 관보게재와 각 시 · 도 경찰청 게시판 및 인터넷 홈페이지에 게시하는 방법에 의한다.

3. 시험과목

구 분	1차(선택형)	2차(선택/단답형)
일반경비지도사	•법학개론 •민간경비론	•경비업법(청원경찰법포함) •소방학,범죄학 또는 경호학 중 택1
기계경비지도사		•경비업법(청원경찰법포함) •기계경비개론, 기계경비기획 및 설계 중 택1

○ 1차시험 면제자

- 경찰공무원으로 7년 이상 재직한 사람
- 경호공무원 또는 별정직공무원으로 7년 이상 재직한 사람
- 각 군 전투병과 또는 헌병병과 부사관 이상 간부로 7년 이상 재직한 사람
- 경비업무에 7년 이상(특수경비업무의 경우에는 3년 이상) 종사하고 행정자치부령으로 정하는 교육과정을 이수한 사람
- 고등교육법에 의한 대학 이상의 학교를 졸업한 자로서 재학 중 경비지도사 시험과목을 3과목 이상 이수하고 졸업한 후 경비업무에 종사한 경력이 3년이상인 사람
- 고등교육법에 따른 전문대학을 졸업한 사람으로서 재학중 경비지도사 시험과목을 3과목이상 이수하고 졸업한 후 경비업무에 종사한 경력이 5년이상인 사람
- 일반경비지도사의 자격을 취득한 후 기계경비지도사의 시험에 응시하는 사람 또는 기계경비지도사의 자격을 취득한 후 일반경비지도사의 시험에 응시하는 사람
- 공무원임용령에 따른 행정직군 교정직렬 공무원으로 7년 이상 재직한 사람

※ 제1차시험에 합격한 자에 대하여는 다음 회의 시험에 한하여 제1차 시험을 면제한다.

제4절 경비지도사의 선임

1. 선임의 의의와 시기

경비업자는 기준에 따라 경비지도사 선임 및 배치하여야 한다. 선임 및 배치된 경비지도사에 결원이 있거나 자격정지 등의 사유로 그 직무를 수행할 수 없는 때에는 15일 이내에 경비지도사를 새로 충원하여야 한다

2. 선임 기준

○ 일반경비지도사

- 시설경비, 호송경비, 신변보호 및 특수경비업에 한하여 선임 및 배치 한다
- 경비원을 배치하여 영업활동을 하고 있는 지역을 관할하는 지도경찰청의 관할 구역별로 경비원 200인까지는 일반경비지도사 1명씩 선임 및 배치하되200인을 초과하는 때에는 100인까지 마다 1인씩 추가로 선임 및 배치 한다.
- 시설경비, 호송경비, 신변보호업 및 특수경비업 가운데 둘 이상의 경비업을 하는 경우 경비지도사의 배치는 각 경비업에 종사하는 경비원의 수를 합산한 인원을 기준으로 한다.

○ 기계경비지도사

- 기계경비업에 한하여 선임 및 배치한다.
- 선임 및 배치기준은 일반경비지도사의 배치 기준과 동일하게 한다.

○ 예외

경비지도사가 배치된 시・도 경찰청의 관할구역에 인접하는 시・도 경찰청의 관할구역에 배치되는 경비원이 30인 이하인 경우에는 일반경비지도사 및 기계경비지도사 선임기준의 규정에 불구하고 경비지도사를 따로 선임 및 배치하지 아니할 수 있다.

이 경우 인천광역시경찰청은 서울특별시경찰청과 인접한 것으로 본다.

제5장 신　고

제1절 배치 및 배치폐지 신고

1. 배치신고

경비업자가 경비원을 배치하거나 배치를 폐지한 경우에는 행정안전부령이 정하는 바에 따라 관할 경찰관서장에게 신고하여야 한다(동법 제18조 2)

○ 배치하기 전까지 신고서 제출

- 특수경비원과 집단민원현장이 아닌 곳에서 신변보호업무를 수행하는 일반경비원을 배치하는 경우에는 경비원을 배치하는 기간과 관계없이 경비원을 배치하기 전까지 경비원 배치신고서를 배치지를 관할하는 경찰관서장에게 제출하여야 한다(시행규칙 제24조1)

○ 배치한 후 7일 이내에 신고서 제출

- 경비업자는 시설경비(집단민원현장 제외), 호송경비, 기계경비업무를 수행하기 위하여 20일 이상 경비원을 배치하거나 그 기간을 연장하려는 때에는 경비원을 배치한 후 7일 이내에 경비원배치 신고서를 배치지를 관할하는 경찰관서장에게 제출하여야 한다(시행규칙 제24조1)

2. 배치폐지 신고

경비원의 배치 신고를 한 경비업자가 경비원의 배치를 폐지한 때에는 배치폐지를 한 날부터 7일 이내에 경비원 배치폐지신고서를 관할경찰서장에게 제출하여야 한다.

다만, 경비원 배치신고서에 기재한 배치폐지 예정일에 경비원의 배치를 폐지한 경우에는 배치폐지 신고를 할 필요가 없다(시행규칙 제 24조2)

3. 배치허가와 배치폐지 신고

○ 허가받은 후 배치

시설경비업무 또는 신변보호업무 중 집단민원현장에 배치된 일반경비원은 배치 48시간 전까지 배치허가 신청하고, 허가받은 후 배치하여야 한다.

※ 집단민원현장이란?(동법 제2조 제5호)

- 노동조합 및 노동관계조정법에 따라 노동관계 담당자가 노동쟁의 조정신청을 한 사업장 또는 쟁의행위가 발생한 사업장
- 도시 및 주거환경정비법에 따른 정비사업과 관련하여 이해대립이 있어 다툼이 있는 장소
- 특정시설물의 설치와 관련하여 민원이 있는 장소
- 주주총회와 관련하여 이해대립이 있어 다툼이 있는 장소
- 건물 및 토지 등 부동산 및 동산에 대한 소유권, 운영권, 관리권, 점유권 등 법적 관리에 대한 이해대립이 있어 다툼이 있는 장소
- 100명이상의 사람이 모이는 국제, 문화, 예술, 체육행사장
- 행정대집행에 따라 대집행을 하는 장소

○ 배치허가 후 경비원 배치

- 집단민원현장에 경비원을 배치하기 48시간 전까지 행정안전부령으로 정하는 바에 따라 배치허가를 신청하고, 관할 경찰관서장의 배치허가를 받은 후에 경비원을 배치하여야 하며, 이 경우 관할 경찰관서장은 배치허가를 함에 있어 필요한 조건을 붙일 수 있다

- 집단민원현장에 일반경비원 배치허가를 신청하려는 경비업자는 집단민원현장 일반경비원 배치허가 신청서에 집단민원현장에 배치될 일반경비원 신임교육이수증 각 1부를 첨부하여 관할 경찰서장에게 제출하여야 한다
- 배치허가 신청서를 받은 관할경찰서장은 경비원 배치예정 일시 전까지 배치허가 여부를 결정하여 경비업자에게 통보하여야 한다.
- 일반경비원 배치허가를 받은 경비업자가 경비원 배치기간을 연장하려는 경우에는 배치기간이 만료되기 48시가 전까지 배치허가 신청서를 관할 경찰서장에게 제출하여 허가를 받아야 한다.
- 일반경비원 배치허가를 받은 경비업자가 집단민원현장에 배치된 경비지도사를 변경한 경우에는 변경된 내용을 관할 경찰관서장에게 통보하여야 한다.

○ 배치불허가 및 방문조사

관할 경찰관서장은 잘못 배치허가가 된 경우 관할경찰서장은 소정의 사유를 확인하기 위하여 소속경찰관으로 하여금 그 배치장소를 방문하여 조사하게 할 수 있다

○ 결격자 제외 후 배치허가

배치허가 신청을 받은 관할경찰서장은 배치되는 경비원 중에서 법 제10조1항 또는 2항에 해당하는 결격자가 있는 경우에는 그 사람을 제외하고 배치허가를 하여야 한다.

※ 배치폐지 신고

일반경비원 배치허가를 받은 경지업자가 경비원의 배치를 폐지한 때에는 배치폐지를 한 날부터 7일 이내에 경비원배치 신고서(전자문서로 된 신고서 포함)를 배치지의 관할경찰관서장에게 제출하여야 한다. 다만, 경비원배치 신고시에 기재한 배치폐지 예정일에 경비원의 배치를 폐지한 경우에는 배치폐지신고를 할 필요 없다 (시행규칙 제24조2)

제2절 휴업 및 폐업 신고

경비업자는 휴업을 한 경우에는 휴업한 날부터 7일 이내에 휴업신고서를, 폐업한 경우에는 폐업한 날부터 7일 이내에 법인의 주사무소를 관할하는 시 · 도 경찰청장 또는 해당 시 · 도 경찰청 소속의 경찰청장에게 제출하여야 한다

제3절 허가사항 등의 변경 신고

경비업 허가를 받은 법인은 다음에 해당하는 때에는 시 · 도 경찰청장에게 그 사유가 발생한 날부터 30일 이내에 신고하여야 한다.

○ 법인의 명칭, 대표자, 임원을 변경한 때
○ 법인의 주사무소나 출장소를 신설, 이전 또는 폐지한 때
○ 기계경비업무의 수행을 위한 관제시설을 신설, 이전 또는 폐지한 때
○ 특수경비업무를 개시하거나 종료한 때
○ 전관의 목적을 변경한 때

제6장 교 육

제1절 교육의 의의와 종류

1. 의의

경비업자는 경비업무를 적정하게 실시하기 위하여 경비원으로 하여금 대통령령으로 정하는 바에 따라 경비원 신임교육 및 직무교육을 받게 하여야 한다. 다만, 경비업자는 대통령령으로 정하는 경력 또는 자격을 갖춘 일반경비원을 신임교육 대상에서 제외할 수 있다

경비원이 되려는 사람을 대통령령으로 정하는 교육기관에서 미리 일반경비원 신임교육을 받을 수 있다(동법 제13조 2)

2. 경비원 교육의 종류

교육대상에 따른 분류	일반경비원 교육, 특수경비원 교육
교육성격에 따른 분률	신임교육, 직무교육

3. 일반경비원 교육

○ 일반경비원 신임교육

경비업자는 일반경비원을 채용한 경우 해당경비원에게 일반경비원 신임교육을 받도록 하여야 한다.

○ 일반경비원 신임교육의 과목 및 시간

구 분	과 목	시 간
이론교육 (4시간)	경비업법	2
	범죄예방론(신고 및 순찰요령 포함)	2
실무교육 (19시간)	시설경비실무(신고및순찰요령, 기록기법포함)	4
	호송경비 실무	2
	신변보호 실무	2
	기계경비 실무	2
	사고예방대책(테러대응요령, 화재대처법, 응급처치법 포함)	3
	체포 및 호신술(질문검색요령 포함)	2
	장비사용법	2
	직업윤리 및 서비스(예절 및 인권교육 포함)	2
기타(1시간)	입교식 및 평가, 수료식	1
계		24

○ 일반경비원 직무교육

- 직무교육의 시간

경비업자는 소속 일반경비원에게 선임한 경비지도사가 수립한 교육계획에 따라 매월 행정안전부령으로 정하는 시간(2시간)이상의 직무교육을 받도록 하여야 한다.

- 직무교육의 과목

직무교육의 과목은 일반경비원의 직무수행에 필요한 이론 · 실무과목, 그 밖에 직업윤리 등으로 한다(시행규칙 제13조 2)

4. 특수경비원 교육

○ 특수경비원 신임교육

- 특수경비업자는 특수경비원으로 하여금 특수경비원 신임교육과 정기적인 직무교육을 받게 하여야 하고, 특수경비원 신임교육을 받지 아니한 자를 특수경비업무에 종사하게 하여서는 아니 된다(동법 제13조4)

○ 특수경비원 신임교육의 과목 및 시간

구 분 (교육시간)	과 목	시 간
이론교육 (15시간)	경비업법	4
	헌법 및 형사법	4
	경찰관 직무집행법	4
	범죄예방론	3
실무교육 (61시간)	테러대응 요령	4
	폭발물처리 요령	6
	화재대처법	3
	응급처치법	3
	장비사용법	3
	출입통제 요령	3
	예절교육	4
	기계경비 실무	3
	정보보호 및 보안업무	6
	시설경비요령(야간경비요령 포함)	4
	민방공(화생방관련 포함)	4
	총기조작	3

구 분 (교육시간)	과 목	시 간
	사격	8
	체포 및 호신술	4
	관찰 및 기록기법	3
기 타 (4시간)	입교식, 평가, 수료식	4
계		80

○ 특수경비원 신임교육 제외 대상자

특수경비업자는 채용 전 3년 이내에 특수경비업무에 종사하였던 경력이 있는 사람을 특수경비원으로 채용한 경우에는 해당 특수경비원을 특수경비원 신임교육 대상에서 제외할 수 있다(시행령 제19조2)

○ 특수경비원 직무교육

- 직무교육의 주체와 시간

특수경비업자는 소속 특수경비원에게 선임한 경비지도사가 수립한 교육계획에 따라 매월 행정안전부령으로 정하는 시간(3시간) 이상의 직무교육을 받도록 하여야 한다(시행령 제19조3 및 시행규칙 제16조1)

- 직무교육의 과목

직무교육의 과목은 특수경비원의 직무수행에 필요한 이론, 실무과목, 그 밖에 직업윤리 등으로 한다(시행령규칙 제13조2)

- 관할 경찰관서장의 직무집행 교육실시

관할경찰관서장(관할경찰서장 및 공항경찰대장 등 국가중요시설의 경비책임자)은 필요하다고 인정하는 경우에는 특수경비원이 배치된 경비대상시설에 소속공무원을 파견하여 직무집행에 필요한 교육을 실시할 수 있다(시행규칙 제16조2)

제7장 복장 · 장비 · 출동차량 · 무기사용

제1절 복장

1. 복장신고 및 착용

○ 경비업자는 경찰공무원 또는 군인의 제복과 색상 및 디자인 등이 명확히 구별되는 소속 경비원의 복장을 정하고 이를 확인할 수 있는 사진을 첨부하여 주된 사무소를 관할하는 시 · 도 경찰청장에게 신고하여야 한다(동법 제16조1)

○ 경비원의 복장 신고(변경신고 포함)를 하려는 경비업자는 소속경비원에게 복장을 착용하기 전에 경비원 복장 등 신고서를 경비업자의 주된 사무소를 관할하는 시 · 도 경찰청장에게 제출하여야 한다(시행규칙 제19조1)

○ 경비업자는 경비원복장 등 신고서 또는 시정명령 이행보고서를 경비업자의 주된 사무소를 관할하는 시 · 도 경찰청장 소속 경찰서장을 거쳐 제출할 수 있다. 이 경우 신고서 또는 이행보고서를 받은 경찰서장은 지체 없이 경비업자의 주된 사무소를 관할하는 시 · 도 경찰청장에게 해당 신고서 또는 이행보고서를 보내야 한다(시행규칙 제19조3)

※ 경비원은 이름표 부착 및 신고된 동일 복장을 착용해야 한다.

제2절 장비

1. 휴대장비 및 장비의 사용

○ 경비원이 휴대할 수 있는 장비의 종류는 경적, 단봉, 분사기 등 행정안전부령으로 정하되, 근무중에만 이를 휴대할 수 있다(동법 제16조2)

○ 경비원은 근무중 경적, 단봉, 안전방패, 무전기 및 그 밖에 경비업무수행에 필요한 것으로서 공격적인 용도로 제작되지 아니하는 장비를 휴대할 수 있으며 안전모 및 방범복 등 안전장비를 착용할 수 있다(시행규칙 제20조1)

○ 경비업자가 경비원으로 하여금 분사기를 휴대하여 직무를 수행하게 하는 경우에는 『총포 · 도검 · 화약류등 단속법』에 따라 미리 분사기의 소지허가를 받아야 한다(동법 제16조2)

○ 장비의 사용(동법 제 16조2)

- 누구든지 장비를 임의로 개조하여 통상의 용법과 달리 사용함으로써 다른 사람의 생명과 신체에 위해를 가하여서는 아니 된다
- 경비원은 경비업무를 위하여 필요하다고 인정되는 상당한 이유가 있을 때에는 필요한 최소한도에서 방어를 목적으로 장비를 사용할 수 있다

2. 장비의 기준

경비원 휴대장비의 구체적인 기준은 다음과 같다(시행규칙 제20조 2)

장 비	장 비 기 준
경적	금속이나 플라스틱 제질의 호루라기
단봉	금속(합금포함)이나 플라스틱 재질의 전장 700㎜ 이하의 호신용 봉
분사기	『총포·도검·화약류 등 단속법』에 따른 분사기
안전방패	플라스틱 재질의 폭 500㎜ 이하, 길이 1,000㎜ 이하의 방패로 경찰공무원이 사용하는 안전방패와 색상 및 디자인이 명확히 구분 되어야 함
무전기	무전기 송신 시 실시간으로 수신이 가능한 것
안전모	안면을 가리지 아니하면서, 머리를 보호하는 장비로 경찰공무원이 사용하는 방석모와 색상 및 디자인이 명확히 구분되어야 함
방범복	경찰공무원이 사용하는 방범복과 색상 및 디자인이 명확히 구분되어야 함

제3절 출동차량

1. 출동차량 신고, 시정명령 및 이행보고

○ 경비업자는 출동차량 등의 도색 및 표지를 경찰차량 및 군차량과 명확히 구별될 수 있게 하여야 한다(동법 제16조3)

○ 경비업자는 출동차량 등의 도색 및 표지를 정하고 이를 확인할 수 있는 사진을 첨부하여 주된 사무소를 관할하는 시·도 경찰청장에게 행정안전부령으로 정하는 바에 따라 신고하여야 한다(동법 제16조3)

○ 출동차량 등에 대한 신고를 하려는 경비업자는 출동차량 등을 운행하기 전에 출동차량 등 신고서를 경비업자의 주된 사무소를 관할하는 시·도 경찰청장에게 제출하여야 한다(시행규칙 제21조1)

○ 시·도 경찰청장은 제출받은 사진을 검토한 후 경비업자에게 도색 및 표지 변경 등에 대한 시정명령을 할 수 있다(동법 제16조3)

○ 시정명령을 받은 경비업자는 이를 이행하여야 하고, 시 · 도 경찰청장에게 행정안전부령으로 정하는 바에 따라 이행 보고를 하여야 한다(동법 제16조3)

○ 출동차량 등의 시정명령에 대한 이행 보고를 하려는 경비업자는 시정명령 이행보고서에 이행 사실을 입증할 수 있는 사진 등의 서류를 첨부하여 시정명령을 한 시 · 도 경찰청장에게 제출하여야 한다(시행규칙 제21조2)

제4절 특수경비원의 무기사용 등

1. 무기의 의의

무기라 함은 인명 또는 신체에 위해를 가할 수 있도록 제작된 권총 · 소총 등을 말한다.

2. 무기의 구입 및 대여

○ 무기의 구입

시 · 도 경찰청장은 국가중요시설에 대한 경비업무의 수행을 위하여 필요하다고 인정하는 때에는 시설주의 신청에 의하여 무기를 구입한다. 이 경우 시설주는 그 무기의 구입대금을 지급하고, 구입한 무기를 국가에 기부채납하여야 한다 (동법 제14조3)

○ 무기의 대여

시 · 도 경찰청장은 국가중요시설에 대한 경비업무의 수행을 위하여 필요하다고 인정하는 때에는 관할경찰서장으로 하여금 시설주의 신청에 의하여 시설주로부터 국가에 기부채납된 무기를 대여하게 하고, 시설주는 이를 특수경비원으로 하여금 휴대하게 할 수 있다.

이 경우 특수경비원은 정당한 사유 없이 무기를 소지하고 배치된 경비구역을 벗어나서는 아니 된다(동법 제14조4)

○ 무기의 구입절차

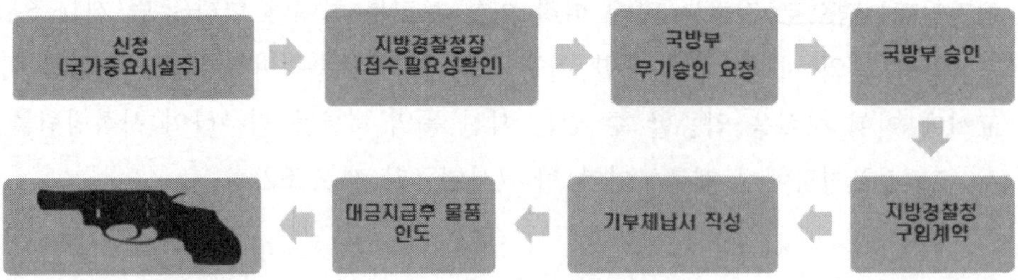

3. 무기관리 지도 · 감독

○ 무기관리상황 지도 및 감독

시설주가 대여받은 무기에 대한 시설주 및 경찰관서장은 무기의 관리책임을 지고, 관할 경찰서장은 시설주 및 특수경비원의 무기관리상황을 매월 1회이상 지도 및 감독을 하여야 한다(동법 제14조5 및 시행령 제21조)

○ 무기대여 시설주에 명령

관할 경찰관서장은 무기의 적정한 관리를 위하여 무기를 대여받은 시설주에 대하여 필요한 명령을 발할 수 있다(동법 제14조6)

○ 무기관리책임자의 관리사항

시설주가 지정한 무기관리책임자는 다음의 사항을 관리하여야 한다.

- 무기출납부 및 무기장비운영카드를 비치 및 기록하여야 한다.
- 무기는 관리책임자가 직접 지급 및 회수하여야 한다.

○ 무기휴대 절차 등

특수경비원의 무기휴대, 무기종류, 그 사용기준 및 안전검사의 기준 등에 관하여 필요한 사항은 대통령령으로 정한다(동법 제14조9)

○ 무기사용의 제한

- 무기사용 외 타 수단이 없는 경우(동법 제14조8)
- 사람에게 위해 금지 및 예외(동법 제14조8)
- 무기의 안전사용수칙 준수(동법 제15조 4)

○ 무기휴대 특수경비원의 관리수칙(시행규칙 제18조4)

- 무기를 지급받거나 반납하는 때 또는 무기의 인계인수를 하는 때에는 반드시 "앞에총"의 자세에서 "검사총"을 할 것
- 무기를 지급받은 때에는 별도의 지시가 없는 한 탄약은 무기로부터 분리하여 휴대하여야 하며, 소총은 우로어깨걸어총의 자세를 유지하고, 권총은 권총집에 "넣어총" 자세를 유지할 것
- 지급 받은 무기를 다른 사람에게 보관 및 휴대 또는 손질시키지 아니할 것
- 무기를 손질 또는 조작하는 때에는 총구를 반드시 공중으로 할 것
- 무기를 반납하는 때에는 손질을 철저히 한 후 반납할 것
- 근무시간 이후에는 무기를 시설주에게 반납하거나 교대 근무자에게 인계할 것

제8장 행정처분

제1절 행정처분의 의의와 대상

1. 행정처분의 의의

행정처분이란 행정주체가 법 아래에서 구체적 사실에 관한 법집행으로서 행하는 공법행위 중의 권력적 단독행위를 말한다.

2. 경비업상 행정처분 대상

경비업법상 행정처분의 대상은 경비업자와 경비지도사이다

경비업자에게는 경고, 영업정지, 허가취소 등의 행정처분이 있고, 경비지도사에게는 자격정지와 자격취소가 있다

제2절 경비업체 행정처분

1. 행정처분 범위

허가관청은 허가취소 또는 영업정지처분을 하는 때에는 경비업자가 허가받은 경비업무 중 허가 취소 또는 영업정지사유에 해당 되는 경비업무에 한하여 처분을 하여야 한다.

다만, 허가받은 경비업무외의 업무에 경비원을 종사하게 한때, 또는 소속 경비원으로 하여금 경비업무의 범위를 벗어난 행위를 하게 한 때에 해당하여 허가취소를 하는 때에는 그러하지 아니하다(동법 제19조3)

2. 허가취소 사유

○ 필요적 허가취소의 사유

허가관청은 경비업자가 동법 제19조1항에 해당하는 때에는 허가를 취소하여야 한다.

○ 임의적 허가취소 또는 영업정지 사유

허가관청은 경비업자가 법정 사유에 해당하는 때에는 대통령령으로 정하는 행정처분의 기준에 따라 그 허가를 취소하거나 6개월 이내의 기간을 정하여 영업의 전부 또는 일부에 대하여 영업정지를 명할 수 있다.(동법 19조2)

제3절 경비지도사의 행정처분

1. 자격취소

○ 경비지도사의 결격사유에 해당하게 된 때

○ 허위 그 밖의 부정한 방법으로 경비지도사자격증을 교부 받은 때

○ 경비지도사 자격증을 다른 사람에게 빌려주거나 양도한 때

○ 자격정지 기간 중에 경비지도사로 선임되어 활동한 때

2. 자격정지

경찰청장은 경비지도사가 시행령 제25조에 해당하는 때에는 대통령령이 정하는 자격정지처분 기준에 따라 1년 범위 내에서 그 자격을 정지시킬 수 있다

제4절 청문

1. 청문의 의의

청문이란 행정청이 어떠한 처분을 하기 전에 당사자 등의 의견을 직접 듣고 증거를 조사하는 절차를 말한다.

2. 청문의 사유

○ 경비업 허가의 취소 또는 영업정지

○ 경비지도사 자격의 취소 또는 정지

제9장 벌칙 및 과태료

제1절 벌칙

1. 벌칙의 의의

법규정에 위반한 경우에 벌을 과할 것을 정하는 규정을 말한다. 법률로서 정하여지는 것이 원칙이며 대통령령 기타의 명령은 법률의 위임이 없는 한 벌칙을 둘 수 없다.

2. 벌칙내용

경비업법의 벌칙 내용은 다음과 같다(동법 제28조)

○ 5년 이하의 징역 또는 5천만 원 이하의 벌금

국가중요시설의 정상적인 운영을 해치는 장해를 일으킨 특수경비원은 5년 이하의 징역 또는 5천만 원 이하의 벌금에 처한다.

○ 3년 이하의 징역 또는 3천만 원 이하의 벌금

다음의 어느 하나에 해당하는 자는 3년 이하의 징역 또는 3천만 원 이하의 벌금에 처한다.

- 허가를 받지 아니하고 경비업을 영위한 자
- 직무상 알게 된 비밀을 누설하거나 부당한 목적을 위하여 사용한 자
- 경비업무의 중단을 통보하지 아니하거나 경비업무를 즉시 인수하지 아니한 특수경비업자 또는 경비대행업자
- 집단민원현장에 경비원을 배치하면서 경비업 허가를 닫지 아니한 자에게 경비업무를 도급한 자

- 집단민원현장에 20명 이상의 경비인력을 배치하면서 그 경비인력을 직접 고용한 자
- 경비업자의 경비원 채용시 무자격자나 부적격자 등을 채용하도록 관여하거나 영향력을 행사한 도급인
- 과실로 인하여 국가중요시설의 정상적인 운영을 해치는 장해를 일으킨 특수경비원
- 특수경비원으로서 경비구역 안에서 시설물의 절도, 손괴, 위험물의 폭발 등의 사유로 인하여 위급사태가 발생한 때에 제15조 제1항(직무상 명령복종의무) 또는 제2항(경비구역이탈 금지의무)의 규정에 위반한 자

○ 2년 이하의 징역 또는 2천만 원 이하의 벌금

정당한 사유없이 무기를 소지하고 배치된 경비구역을 벗어난 특수경비원은 2년 이하의 징역 또는 2천만 원 이하의 징역에 처한다.

○ 1년 이하의 징역 또는 1천만 원 이하의 벌금

다음의 어느 하나에 해당하는 자는 1년 이하의 징역 또는 1천만 원 이하의 벌금에 처한다.

- 무기출납부 및 무기장비운영카드를 비치 및 기록하지 아니하거나 무기를 직접 지급 및 회수하지 아니한 관리책임자
- 파업·태업 그 밖에 경비업무의 정상적인 운영을 저해하는 쟁의행위를 한 특수경비원
- 직무를 수행함에 있어 타인에게 위력을 과시하거나 물리력을 행사하는 등 경비업무의 범위를 벗어난 행위를 한 경비원
- 법령에서 정한 장비 외의 흉기 또는 그 밖의 위험한 물건을 휴대하고 경비업무를 수행한 경비원 또는 경비원에게 이를 휴대하고 경비업무를 수행하게 한 자
- 경찰관서장의 배치폐지 명령을 따르지 아니한 자
- 시·도 경찰청장 또는 관할 경찰관서장의 중지명령에 따르지 아니한 자

3. 가중처벌

○ 특수경비원이 무기를 휴대하고 경비업무를 수행중에 무기의 안전수칙을 위반하여 죄를 범한 때에는 그 죄에 정한 형의 2분의1까지 가중처벌 한다.

○ 경비원이 경비업무 수행중에 흉기 또는 그 밖의 위험한 물건을 휴대하고 죄를 범한 때에는 그 죄에 정한 형의 2분의1까지 가중처벌 한다

4. 양벌규정

법인의 대표자나 법인 또는 개인의 대리인, 사용인, 그 밖의 종업원이 그 법인 또는 개인의 업무에 관하여 제28조(벌칙)의 위반행위를 하면 그 행위자를 벌하는 외에 그 법인 또는 개인에게도 해당 조문의 벌금형을 과한다.

다만, 법인 또는 개인이 그 위반행위를 방지하기 위하여 해당 업무에 관하여 상당한 주의와 감독을 게을리 하지 아니한 경우에는 그러하지 아니한다(동법 제 30조)

제2절 과태료

1. 의의

과태료는 금전벌의 일종이다. 형벌인 벌금 및 과료와 구분하여 과태료라는 명칭으로 과하여지는 것을 말한다.

2. 부과 · 징수권자

과태료는 대통령령이 정하는 바에 의하여 시 · 도 경찰청장 또는 경찰관서장이 부과 및 징수한다(동법 제31조3)

3. 과태료 부과

구 분	내 용
부과권 자	지방경찰청장 또는 경찰관서장
과태료통지	위반행위를 조사.확인한 후 서면으로 명시
의견진술	10일 이상의 기간을 정하여 구술또는 서면에 의한 의견진술
이의제기	고지 받은 날부터 30일 이내에 지방경찰청장 또는 경찰관서장
통보 및 재판	통보 : 관할법원, 재판 : 비송사건 절차법에 의한 과태료의 재판
과태료 미 납부	국세체납처분의 예에 의하여 징수
징수절차	국고금 관리법 시행규칙을 준용
납입고지서	이의방법 및 이의 기간등을 함께 기재

4. 과태료 금액

위 반 행 위		과태료
· 경비업 허가사항 변경신고 위반 · 경비원 배치폐지신고 위반	1년 이내 기간경과	50만원
	1월초과 6개월이내 기간경과	100만원
	6개월초과 12개월기간경과	200만원
	12개월 시간초과	300만원
· 경비대행업자 지정신고 미실시	허위신고	400만원
	그 밖의 사유로 미신고	300만원
· 경비원 명부 작성위반	경비원 명부 미비치	100만원
	경비원 명부 미 작성 , 미 정리	50만원
· 기계경비업자의 설명의무 위반		100만원
· 경비지도사 미선임		300만원
· 감독상 필요한 명령 미이행		500만원

제 2 편

경찰관직무집행법

(감독명령, 유권해석, 판례 포함)

제1장 성격 및 직무범위

1. 성격

가. 국민의 생명 · 신체 · 재산보호라는 영미법적 사고가 최초로 반영된 경찰관련법

나. 경찰작용의 일반법 · 기본법

※ 경찰조직의 일반법은 '국가경찰과 자치경찰의 조직 및 운영에 관한 법률' (약칭: 경찰법)

※ 경찰관직무집행법은 1953년도 제정

대인적 즉시강제	- 불심검문(제3조) ※견해대립(경찰조사) - 보호조치(제4조) - 범죄의 예방과 제지(제6조) - 경찰장구의 사용(제10조의2) - 분사기 등의 사용(제10조의3) - 무기의 사용(제10조의4)
대물적 즉시강제	- 임시영치(제4조제3항)
대가택적 즉시강제	- 위험방지를 위한 출입(제7조)
대인 · 대물 · 대가택적 즉시강제	- 위험발생의 방지조치(제5조)
임의적 사실행위	- 사실확인 행위(제8조제1항) - 출석요구(제8조제2항)

2. 목적(법 제1조)

국민의 자유와 권리 보호 및 모든 개인이 가지는 불가침의 기본적 인권을 보호하고 사회공공의 질서를 유지하기 위한 경찰관의 직무수행에 필요한 사항 규정

3. 직무의 범위(법 제2조)

가. 국민의 생명, 신체 및 재산의 보호

나. 범죄의 예방, 진압 및 수사

다. 범죄피해자 보호

라. 경비, 주요 인사(人士) 경호 및 대간첩·대테러 작전 수행

마. 공공안녕에 대한 위험의 예방과 대응을 위한 정보의 수집·작성 및 배포

바. 교통 단속과 교통 위해(危害)의 방지

사. 외국 정부기관 및 국제기구와의 국제협력

아. 그 밖에 공공의 안녕과 질서 유지

【 관련 법령1 】

청원경찰법 제2조(정의)

'청원경찰'이란 다음 어느 하나에 해당하는 기관의 장 또는 시설·사업장 등의 경영자가 경비(청원경찰경비〈請願警察經費〉)를 부담할 것을 조건으로 경찰의 배치를 신청하는 경우 그 기관·시설 또는 사업장 등의 경비(警備)를 담당하게 하기 위하여 배치하는 경찰

▲ 국가기관 또는 공공단체와 그 관리 하에 있는 중요 시설 또는 사업장

▲ 국내 주재(駐在) 외국기관

▲ 그 밖에 행정안전부령으로 정하는 중요 시설, 사업장 또는 장소

청원경찰법 제3조(청원경찰의 직무)

청원경찰은 청원경찰의 배치 결정을 받은 자(請願主)와 배치된 기관·시설 또는 사업장 등의 구역을 관할하는 경찰서장의 감독을 받아 그 경비구역만의 경비를 목적으로 필요한 범위에서 '경찰관직무집행법'에 따른 경찰관의 직무를 수행

제2장 불심검문

제1절 불심검문(법 제3조)

1. 의의

경찰관이 수상한 행동이나 그 밖의 주위 사정을 합리적으로 판단하여 어떠한 죄를 범하였거나 범하려고 하고 있다고 의심할 만한 상당한 이유가 있는 사람

또는 이미 행하여진 범죄나 행하여지려고 하는 범죄행위에 관한 사실을 안다고 인정되는 사람 등을 정지시켜 질문·조사

2. 한계

가. 직무수행에 필요한 최소한도 내에서 행사, 검문 대상자의 인권 침해 불가

나. 동행을 요구받은 사람은 동행을 거절할 수 있고, 동행 후 언제든지 퇴거할 수 있음

다. 흉기 조사 이외의 일반소지품 조사에 대한 명문규정 없음

제2절 불심검문의 대상

1. 판단 요소

가. 수상한 행동 : 비정상적, 부자연스런 언행과 휴대품

나. 주위의 사정 : 직접적 거동 이외의 인적, 물적, 시간적, 장소적 상황

2. 대상자

가. 어떠한 죄를 범하였거나 범하려 하고 있다고 의심할 만한 상당한 이유가 있는 자

나. 이미 행하여진 범죄나 행하여지려고 하는 범죄행위에 관한 사실을 안다고 인정되는 자.

※ 판단 기준 : 객관적, 합리적인 경찰관의 판단

제3절 불심검문 내용

1. 정지

임의적 사실행위로 강제 불가
단, 질문의 필요성, 상당성 고려하여 상대방의 동의 요구

2. 질문

- 경찰관은 질문을 하거나 동행을 요구할 경우 자신의 신분을 표시하는 증표를 제시하면서 소속과 성명을 밝히고, 질문이나 동행의 목적과 이유를 설명
- 질문이나 동행을 요구하는 경우에는 동행장소를 밝혀야 하고, 질문에 대한 답변 강요 불가

3. 소지품 검사

흉기 기타 위험 물건 소지 여부 조사, 상대방의 승낙에 의한 임의성 확보

4. 임의동행

가. 동행 사유 및 장소

- 경찰관은 대상자를 정지시킨 장소에서 질문을 하는 것이 그 사람에게 불리하거나 교통에 방해가 된다고 인정될 때

- 경찰서 · 지구대 · 파출소 · 출장소(지방해양경찰관서 포함) 등 경찰관서로 동행할 것을 요구(거절 가능)

나. 절차적 보장

- 동행한 사람의 가족 등에게 동행한 경찰관의 신분, 동행 장소 · 목적과 이유를 알리거나 본인으로 하여금 즉시 연락할 수 있는 기회를 주어야 함
- 변호인의 도움을 받을 권리가 있음을 고지
- 질문을 받거나 동행을 요구받은 사람은 형사소송에 관한 법률에 따르지 아니하고는 신체를 구속할 수 없음

다. 동행 제한

- 동행한 사람을 6시간을 초과하여 경찰관서에 머물게 할 수 없음

【 판례 소개1 】

정복을 착용한 경찰관들이 피검문자의 경찰관신분 확인요구가 없는 상황에서 정황상 경찰관의 공무집행임을 누구나 인식할 수 있었다면 신분증을 제시하지 않았더라도 불심검문은 적법(대판 2014도 7976)

⇒ 이를 근거로 '불심검문시 신분증 제시의무가 해제되었다'고 볼수 없음

【 관련 법령2 】

주민등록법 제26조(주민등록증의 제시요구)

▲ 사법경찰관리가 범인 체포하는 등 직무수행할 때에 17세 이상 주민의 신원이나 거주 관계를 확인할 필요가 있으면 주민등록증 제시 요구 가능

▲ 사법경찰관리는 신원 등을 확인할 때 친절과 예의를 지켜야 하며, 정복근무 중인 경우 외에는 미리 신원 표시하는 증표를 지니고 이를 관계인에게 내보여야 함

【 관련 법령3 】

항공보안법 제15조(승객 등의 보안검색 등)

▲ 항공기에 탑승하는 사람은 신체, 휴대물품 및 위탁수하물에 대한 보안검색을 받아야 함

▲ 공항운영자는 항공기에 탑승하는 사람, 휴대물품 및 위탁수하물에 대한 보안검색을 하고, 항공운송사업자는 화물에 대한 보안검색을 하여야 함 다만, 관할 국가경찰관서의 장은 범죄의 수사 및 공공의 위험예방을 위하여 필요한 경우 보안검색에 대하여 필요한 조치를 요구할 수 있고, 공항운영자나 항공운송사업자는 정당한 사유 없이 그 요구를 거절할 수 없음

▲ 공항운영자 및 항공운송사업자는 보안검색을 직접 하거나 「경비업법」 제4조제1항(경비업의 허가)에 따른 경비업자 중 공항운영자 및 항공운송사업자의 추천을 받아 국토교통부장관이 지정한 업체에 위탁할 수 있음

항공보안법 제16조(승객이 아닌 사람 등에 대한 보안검색)

▲ 공항운영자는 허가를 받아 보호구역으로 들어가는 사람 또는 물품에 대하여도 보안검색을 하여야 한다. 이 경우 보안검색의 방법·절차·면제 및 위탁 등에 관하여는 관련 규정을 준용

▲ 前항에도 불구하고 화물터미널 내에 지정된 보호구역으로 들어가는 사람 또는 물품에 대한 보안검색은 화물터미널운영자가 하여야 한다. 이 경우 보안검색의 방법·절차·면제 및 위탁 등에 관하여는 관련 규정을 준용

항공보안법 제17조(통과 여객 또는 환승승객에 대한 보안검색 등)

▲ 항공운송사업자는 항공기가 공항에 도착하면 통과승객이나 환승승객으로 하여금 휴대물품을 가지고 내리도록 하여야 함

▲ 공항운영자는 항공기에서 내린 통과 승객, 환승 승객, 휴대물품 및 위탁 수하물에 대하여 보안검색을 하여야 함

【 관련 법령4 】

통합방위법 제15조제5항(통합방위작전)

▲ 통합방위작전의 임무를 수행하는 사람은 그 작전지역에서 대통령령으로 정하는 바에 따라 임무 수행에 필요한 검문

통합방위법 시행령 제26조(검문절차 등)

▲ 통합방위작전의 임무를 수행하는 사람은 거동이 수상한 사람이나 주위의 사정을 합리적으로 판단하여 거동이 수상하다고 의심할 만한 상당한 이유가 있는 사람을 정지시켜 질문

▲ 해당 장소에서 前항의 질문을 하는 것이 그 질문을 받은 사람에게 불리하거나 교통 또는 통합방위작전에 지장을 준다고 인정될 때에는 질문을 하기 위하여 가까운 검문소나 군부대 또는 국가경찰관서로 동행할 것을 요구

▲ 작전임무수행자는 前항에 따라 질문을 할 때에 상대방이 흉기나 총기를 지니고 있는지를 조사

▲ 작전임무수행자는 前항에 따라 질문을 하거나 동행을 요구할 경우 자신의 신분, 소속, 직책 및 성명을 밝히고 그 목적과 이유를 설명하여야 하며, 동행을 요구할 때에는 동행장소를 밝혀야 함

제3장 보호조치 및 위험발생의 방지

제1절 보호조치(법 제4조)

1. 의의

경찰관은 수상한 행동이나 그 밖의 주위 사정을 합리적으로 판단하여 볼 때 보호조치 대상자에 해당하는 것이 명백하고 응급구호가 필요하다고 믿을 만한 상당한 이유가 있는 사람을 발견하였을 때에는 보건의료기관이나 공공구호기관에 긴급 구호를 요청하거나 경찰관서에 보호하는 등 적절한 조치

2. 대상

가. 강제보호

- 정신착란을 일으키거나 술에 취하여 자신 또는 다른 사람의 생명·신체·재산에 위해를 끼칠 우려가 있는 사람
- 자살을 시도하는 사람

나. 임의보호

- 미아, 병자, 부상자 등으로 적당한 보호자가 없으며 응급 구호가 필요하다고 인정되는 사람 단, 본인이 구호를 거절하는 경우 제외

3. 방법

가. 보건의료기관·공공구호기관

- 긴급구호를 요청받은 경우에 정당한 이유 없이 거절할 수 없음

나. 위험물건(무기, 흉기) : 경찰관서에 임시로 영치(領置)

다. 통지 의무
- 보호조치 하였을 때에는 지체없이 구호대상자의 가족·친지 등에게 그 사실을 고지
- 연고자가 발견되지 아니할 때에는 구호대상자를 공공보건의료기관이나 공공구호기관에 인계

라. 보호·영치 제한
- 구호대상자를 경찰관서에서 보호하는 시간은 24시간 초과 불가
- 물건을 경찰관서에 임시로 영치하는 기간은 10일 초과 불가

제2절 위험발생의 방지(법 제5조)

1. 의의

사람의 생명 또는 신체에 위해를 끼치거나 재산에 중대한 손해를 끼칠 우려가 있는 천재(天災), 사변(事變), 인공구조물의 파손이나 붕괴, 교통사고, 위험물의 폭발, 위험한 동물 등의 출현, 극도의 혼잡 등이 있을 때에는 위험발생의 방지 조치

2. 방지 조치

가. 경고·조치 방법
- 그 장소에 모인(있는) 사람
- 사물(事物)의 관리자, 그 밖의 관계인에게 경고 또는 필요하다고 인정되는 조치를 하게 하거나 직접 그 조치를 이행

나. 긴급 상황 : 위해 우려자 일시 억류 또는 피난 조치

다. 대간첩 작전 및 소요(騷擾) 사태의 진압 등 긴급상황

- 대간첩 작전지역
- 경찰관서·무기고 등 국가중요시설에 대한 접근 또는 통행을 제한·금지

라. 보고 : 지체 없이 그 사실을 소속 경찰관서의 장에게 보고

제4장 범죄예방 및 사실의 확인

제1절 범죄의 예방과 제지 및 위험방지를 위한 출입

1. 범죄의 예방과 제지(법 제6조)

가. 경고

범죄행위가 목전(目前)에 행하여지려고 하고 있다고 인정될 때에는 이를 예방하기 위하여 관계인에게 필요한 경고

※ 目前 : 범죄행위 실행착수 있기 직전 또는 실행가능성 매우 높은 경우

나. 제지

경고한 행위로 인하여 생명 · 신체에 위해를 끼치거나 재산에 중대한 손해를 끼칠 우려가 있는 긴급한 경우에는 그 행위를 제지

【 판례 소개2 】

위법한 집회 · 시위가 장차 특정지역에서 개최될 것이 예상된다 하더라도, 이와 시간적 · 장소적으로 근접하지 않은 다른 지역에서 그 집회 · 시위에 참가하기 위하여 출발 또는 이동하는 행위를 함부로 제지하는 것은 경찰관직무집행법 제6조의 행정상 즉시강제인 경찰관의 제지와 범위를 넘어 허용될 수 없음 (대판 2007도 9794)

2. 위험방지를 위한 출입(법 제7조)

가. 의의

위험한 사태가 발생하여 사람의 생명 · 신체 또는 재산에 대한 위해가 임박한 때에 그 위해를 방지하거나 피해자를 구조하기 위하여 합리적으로 판단하여 필요한 한도에서 다른 사람의 토지 · 건물 · 배 · 차에 출입

나. 출입 요건

- 대상 : 흥행장(興行場), 여관, 음식점, 역, 그 밖에 많은 사람이 출입하는 장소의 관리자나 관계인
- 수인의무 : 사람의 생명 · 신체 · 재산에 대한 위해를 예방하기 위하여 해당 장소의 영업시간 및 일반인에게 공개된 시간에 그 장소에 출입하겠다고 하면, 정당한 이유 없이 거절할 수 없음

다. 방법

- 경찰관은 필요한 장소에 출입할 때에는 그 신분을 표시하는 증표를 제시
- 관계인이 하는 정당한 업무를 방해하여서는 안 됨

제2절 사실의 조회 · 확인 및 출석요구(법 제8조)

1. 사실의 조회 · 확인

가. 의의

직무수행에 필요하다고 인정되는 상당한 이유가 있을 때에는 국가기관이나 공사(公私) 단체 등에 직무수행에 관련된 사실을 조회

나. 긴급한 경우

경찰관이 현장에 나가 해당 기관 또는 단체의 장의 협조를 받아 그 사실을 확인

2. 출석요구

가. 관계인에게 출석하여야 하는 사유 · 일시 및 장소를 적어 출석 요구

나. 출석요구 조건
- 미아를 인수할 보호자 확인
- 유실물을 인수할 권리자 확인
- 사고로 인한 사상자 확인
- 행정처분을 위한 교통사고 조사에 필요한 사실 확인

※ 행정경찰 목적이 아닌 수사목적을 위해서는 경찰관직무집행법상 출석요구는 불가하고, 형사소송법에 의하여야 함

제3절 정보의 수집 및 국제협력 등

1. 정보의 수집(법 제8조의2)

가. 범죄 · 재난 · 공공갈등 등 공공안녕에 대한 위험의 예방과 대응을 위한 정보의 수집 · 작성 · 배포와 이와 수반되는 사실의 확인

나. 정보 순환 과정 및 정보의 3요소
- 순환 과정 : 정보요구 → 첩보수집 → 정보생산 → 정보배포
- 정보의 (질적)3요소 : 정확성, 완전성, 적시성

경찰관의 정보수집 및 처리 등에 관한 규정(대통령령)
정보활동의 기본원칙 등(제2조) ▲ 정보의 수집·작성·배포와 이에 수반되는 사실의 확인을 위해 경찰관이 수행하는 활동(정보활동)은 국민의 자유와 권리를 보호하는 것을 목적으로 해야 하며, 필요 최소한의 범위에 그쳐야 함 ▲ 경찰관은 정보활동과 관련하여 다음 각 호의 행위를 해서는 안 됨. - 정치에 관여하기 위해 정보를 수집·작성·배포하는 행위 - 법령의 직무 범위를 벗어나 개인의 동향 등을 파악하기 위해 사생활에 관한 정보를 수집·작성·배포하는 행위 - 상대방의 명시적 의사에 반해 자료 제출이나 의견 표명을 강요하는 행위 - 부당한 민원이나 청탁을 직무 관련자에게 전달하는 행위 - 직무상 알게 된 정보를 누설하거나 개인의 이익을 위해 사용하는 행위 - 직무와 무관한 비공식적 직함을 사용하는 행위

2. 국제 협력(법 제8조의3)

경찰관의 직무수행을 위하여 외국 정부기관, 국제기구 등과 자료 교환, 국제협력 활동

3. 유치장(법 제9조)

법률에서 정한 절차에 따라 체포, 구속된 사람 또는 신체의 자유를 제한하는 판결이나 처분을 받은 사람을 수용하기 위하여 경찰서(해양경찰서 포함)에 유치장을 설치(둠)

제5장 경찰 장비 · 장구 · 분사기의 사용

제1절 경찰장비의 사용(법 제10조)

1. 의의

경찰관은 직무수행 중 경찰장비를 사용 다만, 사람의 생명이나 신체에 위해를 끼칠 수 있는 경찰장비(위해성 경찰장비)를 사용할 때에는 필요한 안전교육과 안전검사를 받은 후 사용

2. 장비의 종류

무기, 경찰장구(警察裝具), 최루제(催淚劑)와 그 발사장치, 살수차, 감식기구(鑑識機具), 해안감시기구, 통신기기, 차량 · 선박 · 항공기 등

3. 장비 사용

가. 함부로 개조하거나 장비에 임의의 장비를 부착하여 일반적인 사용법과 달리 사용해서는 안 됨

나. 위해성 경찰장비는 필요한 최소한도에서 사용

다. 위해성 경찰장비를 새로 도입하려는 경우에는 안전성 검사를 실시하여 그 검사 결과를 국회에 보고

라. '위해성 경찰장비의 사용기준 등에 관한 규정'(약칭 : 위해성경찰장비규정, 대통령령) 준수

제2절 경찰장구 사용(법 제10조의2)

1. 의의

직무를 수행하기 위하여 필요하다고 인정되는 상당한 이유가 있을 때에 그 사태를 합리적으로 판단하여 범인 검거와 범죄 진압 등에 사용하는 수갑, 포승(捕繩), 경찰봉, 방패 등

2. 사용 요건

가. 현행범이나 사형·무기 또는 장기 3년 이상 징역·금고에 해당하는 죄를 범한 범인의 체포 또는 도주 방지

나. 자신이나 다른 사람의 생명·신체의 방어 및 보호

다. 공무집행에 대한 항거 제지

제3절 분사기 등의 사용(법 제10조의3)

1. 의의

직무를 수행하기 위하여 현장책임자가 판단하여 사용, 분사기는 '총포·도검·화약류 등의 안전관리에 관한 법률'에 따른 분사기를 말하며, 그에 사용하는 최루 등의 작용제(최루탄)를 포함하는 개념

2. 사용 요건

가. 범인의 체포 또는 도주의 방지.

나. 불법집회·시위로 인한 자신이나 다른 사람의 생명·신체와 재산 및 공공시설 안전에 대한 현저한 위해의 발생 억제

3. 사용 제한

부득이한 경우에는 현장책임자가 판단하여 필요한 최소한의 범위에서 사용

위해성 경찰장비의 사용기준 등에 관한 규정(대통령령)
위해성 경찰장비의 종류(제2조) ▲ 경찰장구 : 수갑, 포승(捕繩), 호송용 포승, 경찰봉, 호신용 경봉, 전자충격기, 방패 및 전자방패 ▲ 무기 : 권총, 소총, 기관총(기관단총을 포함), 산탄총, 유탄발사기, 박격포, 3인치포, 함포, 크레모아, 수류탄, 폭약류 및 도검 ▲ 분사기 및 최루탄 등 : 근접분사기, 가스분사기, 가스발사총(고무탄 발사겸용을 포함) 및 최루탄(그 발사장치를 포함) ▲ 기타 장비 : 가스차, 살수차, 특수진압차, 물포, 석궁, 다목적발사기 및 도주차량 차단장비 가스발사총 등의 사용제한(제12조) ▲ 범인의 체포 또는 도주의 방지, 타인 또는 경찰관의 생명・신체에 대한 방호, 공무집행에 대한 항거의 억제를 위하여 필요한 때에는 최소한의 범위안에서 가스발사총을 사용 ▲ 이 경우 경찰관은 1m이내의 거리에서 상대방의 얼굴을 향하여 이를 발사하여서는 아니 됨

제6장 무기의 사용 및 사용기록의 보관

제1절 무기의 사용(법 제10조의4)

1. 개념

가. 범인의 체포, 범인의 도주의 방지, 자신이나 다른 사람의 생명·신체의 방어 및 보호, 공무집행에 대한 항거의 제지를 위하여 필요하다고 인정되는 상당한 이유가 있을 때에는 그 사태를 합리적으로 판단하여 필요한 한도에서 무기를 사용

나. 사람의 생명이나 신체에 위해를 끼칠 수 있도록 제작된 권총·소총·도검 등

다. 대간첩·대테러 작전 등 국가안전에 관련되는 작전을 수행할 때에는 개인화기(個人火器) 외에 공용화기(共用火器)를 사용

※ 무기휴대의 법적근거 : '경찰공무원법 제26조(복제 및 무기휴대)제2항'
"경찰공무원은 직무수행을 위하여 필요하면 무기를 휴대할 수 있음"

2. 사용 요건

가. 위해 수반을 불허하는 경우

- 범인의 체포 또는 범인의 도주 방지

- 자기 또는 타인의 생명, 신체 방호

- 공무집행에 항거 억제

나. 위해 수반을 허용하는 경우

- ‘형법’에 규정된 정당방위와 긴급피난에 해당할 때

- 사형 · 무기 또는 장기 3년 이상의 징역이나 금고에 해당하는 죄를 범하거나 범하였다고 의심할 만한 충분한 이유가 있는 사람이 경찰관의 직무집행에 항거하거나 도주하려고 할 때

- 제3자가 前항에 해당하는 사람을 도주시키려고 경찰관에게 항거할 때

- 체포 · 구속영장과 압수 · 수색영장을 집행하는 과정에서 경찰관의 직무집행에 항거하거나 도주하려고 할 때

- 범인이나 소요를 일으킨 사람이 무기 · 흉기 등 위험한 물건을 지니고 경찰관으로부터 3회 이상 물건을 버리라는 명령이나 항복하라는 명령을 받고도 따르지 아니하면서 계속 항거할 때

- 대간첩 작전 수행 과정에서 무장간첩이 항복하라는 경찰관의 명령을 받고도 따르지 아니할 때

제2절 사용기록의 보관(법 제11조)

1. 의의

장비 사용에 따른 살수차, 분사기 등의 사용에 따른 분사기, 최루탄 또는 무기 사용에 따른 무기를 사용하는 경우에는 사용한 기록을 작성하여 보관

2. 기록 작성 및 보관 기간

가. 사용 책임자는 사용일시 · 장소 · 대상, 현장책임자, 종류, 수량 등을 기록

나. 보관 방법 : 현장책임자 또는 사용자는 사용보고서를 작성하여 직근상급 감독자에게 보고, 직근상급 감독자는 기록을 3년간 보관

제7장 손실 및 공로자 보상

제1절 손실보상(법 제11조의2)

1. 의의

국가는 경찰관의 적법한 직무집행으로 인하여 손실을 입은 자에 대하여 정당한 보상

2. 요건

가. 손실발생의 원인에 대하여 책임이 없는 자가 생명·신체 또는 재산상의 손실을 입은 경우

나. 손실발생 원인에 대하여 책임이 있는 자가 자신의 책임에 상응하는 정도를 초과하는 생명·신체 또는 재산상의 손실을 입은 경우

다. 보상을 청구할 수 있는 권리는 손실이 있음을 안 날부터 3년, 손실이 발생한 날부터 5년간 행사하지 아니하면 시효의 완성으로 소멸

3. 손실보상 기준 및 보상 금액(시행령 제9조)

가. 물건을 멸실 · 훼손한 경우
- 손실을 입은 물건을 수리할 수 있는 경우
  ⇒ 수리비에 상당하는 금액

- 손실을 입은 물건을 수리할 수 없는 경우
  ⇒ 손실을 입은 당시의 해당 물건의 교환가액

- 영업자가 손실을 입은 물건의 수리나 교환으로 인하여 영업을 계속할 수 없는 경우
  ⇒ 영업을 계속할 수 없는 기간 중 영업상 이익에 상당하는 금액

나. 생명 · 신체상의 손실의 경우
- 사망자의 보상금액 기준 ⇒ '의사상자 등 예우 및 지원에 관한 법률시행령' 제12조제1항(보상금)에 따라 보건복지부장관이 결정
  (제1급, 의사자보상금의 100/100 ~ 제9급, 의사자보상금의 5/100)

- 부상등급의 기준 ⇒ '의사상자 등 예우 및 지원에 관한 법률 시행령' 제2조(신체상의 부상 범위 및 등급)에 따른 부상범위 및 등급을 준용(제1급~제9급)

- 부상등급별 보상금액 기준 ⇒ '의사상자 등 예우 및 지원에 관한법률 시행령' 제12조제2항(보상금, 별표 2)에 따른 의상자의 부상 등급별 보상금을 준용

제2절 범인검거 등 공로자 보상(법 제11조의3)

1. 보상 지급권자 및 절차

가. 지급권자 : 경찰청장, 시·도 경찰청장 또는 경찰서장

나. 경찰청장, 시·도 경찰청장 및 경찰서장은 보상금심사위원회 설치·운영

2. 보상 요건

가. 범인 또는 범인의 소재를 신고하여 검거하게 한 사람
나. 범인을 검거하여 경찰관에게 인도한 사람
다. 테러범죄의 예방활동에 현저한 공로가 있는 사람
라. 그 밖에 가, 나, 다항의 규정에 준하는 사람으로서 대통령령으로 정하는 사람

※ 범인 검거 등 공로자 보상금 지급 대상자(시행령 제18조)
- 범인의 신원을 특정할 수 있는 정보를 제공한 사람
- 범죄사실을 입증하는 증거물을 제출한 사람
- 그 밖의 범인 검거와 관련하여 경찰 수사활동에 협조한 사람 중 보상금 지급대상자에 해당한다고 보상금심사위원회가 인정하는 사람

3. 범인검거 등 공로자 보상금의 지급 기준(시행령 제20조)

- 보상금 최고액은 5억 원으로 하며, 구체적인 보상금 지급기준은 경찰청장이 정하여 고시함 ⇒ 「범인검거 등 공로자 보상에 관한 규정」

가. 사형, 무기징역 또는 무기금고, 장기 10년 이상 징역 또는 금고에 해당하는 범죄 : 100만 원
나. 장기 10년 미만 징역 또는 금고에 해당하는 범죄 : 50만원
다. 장기 5년 미만 징역·금고, 장기 10년 이상 자격정지 또는 벌금형 : 30만원
라. 동일한 사람에게 지급결정일 기준하여 연간 5회 초과하여 지급 금지
마. 동일 원인으로 다른 법령에 따른 보상금을 지급받거나 지급 예정인 경우에는 보상금을 지급하지 아니하거나 공제하여 정함(중복지급 제한)
바. 보상금 지급 심사·의결을 거쳐 지급이 이루어진 이후에는 동일한 사건에 대하여 보상금을 지급할 수 없음(이중지급 제한)
사. 범인검거 등 공로자가 2명이상인 경우에는 각자의 공로, 당사자 간의 분배 합의 등을 감안해서 배분하여 지급할 수 있음(배분지급)

- 연쇄 살인, 사이버 테러 등과 같이 피해 규모가 심각하고 사회적 파장이 큰 범죄의 지급기준은 '범인검거 등 공로자 보상에 관한 규정 별표1'로 정함

제8장 경찰관에 대한 지원 제도 및 벌칙

제1절 소송지원 및 직무수행으로 인한 형의 감면

1. 소송지원(법 제11조의4)

직무수행으로 인하여 민·형사상 책임과 관련된 소송을 수행할 경우 변호인 선임 등 소송 수행에 필요한 지원

2. 직무수행으로 인한 형의 감면(법 제11조의5)

가. 감면 요건

- 범죄가 행하여지려고 하거나 행하여지고 있어 타인의 생명·신체에 대한 위해 발생의 우려가 명백하고 긴급한 상황

- 경찰관이 그 위해를 예방하거나 진압하기 위한 행위 또는 범인의 검거 과정에서 경찰관을 향한 직접적인 유형력 행사에 대응하는 행위를 하여 그로 인하여 타인에게 피해가 발생

- 경찰관의 직무수행이 불가피한 것이고 필요한 최소한의 범위에서 이루어졌으며 해당 경찰관에게 고의 또는 중대한 과실이 없는 때에는 그 정상을 참작하여 형을 감경하거나 면제

나. 대상 범죄

- '형법' 제2편제24장 살인의 죄, 제25장 상해와 폭행의 죄, 제32장 강간과 추행의 죄 중 강간에 관한 범죄, 제38장 절도와 강도의 죄 중 강도에 관한 범죄 및 이에 대하여 다른 법률에 따라 가중처벌 하는 범죄

- '가정폭력범죄의 처벌 등에 관한 특례법'에 따른 가정폭력범죄, '아동학대범죄의 처벌 등에 관한 특례법'에 따른 아동학대범죄

제2절 벌칙(법 제12조)

경찰관직무집행법에 규정된 경찰관의 의무를 위반하거나 직권을 남용하여 다른 사람에게 해를 끼친 사람은 1년 이하의 징역・금고

※ 형법 제123조(직권남용)

"공무원이 직권을 남용하여 의무없는 일을 하게 하거나 권리행사를 방해한 때에는 5년 이하의 징역, 10년 이하의 자격정지 또는 1천만 원 이하의 벌금"

제 3 편

헌법 및 형사법

(인권, 경비관련 범죄 및 현행범체포에 관한 규정 포함)

제1장 헌 법

제1절 헌법과 기본적 인권

1. 헌법의 정의

(1) 헌법의 개념

헌법은 국가의 근본법으로서 국가 통치조직과 작용, 국가기관간의 상호관계, 국민의 기본적 인권을 보장하는 최고법으로서 국가의 근본규범이다. 헌법은 한나라의 기본법이요 나라의 구성원인 국민이 주인이다. 나라를 다스리는 법질서이며 기본권을 보장하는 규범으로서 가장 높은 효력을 가지는 헌법은 국민이 내린 정치적 결단이요 사회통합을 위한 가치질서로서 정치성과 생활규범성을 갖는다.[1] 헌법이란 국가생활 공동체 내에서 개인의 지위를 기본권을 중심으로 규정하고, 국가생활 공동체를 실현 · 유지하기 위한 국가의 통치조직과 통치작용의 원리를 정하는 국내 최고의 법규범 이다.

---

1) 안성조 · 조예영(2015), 『헌법학개론』, p.16.

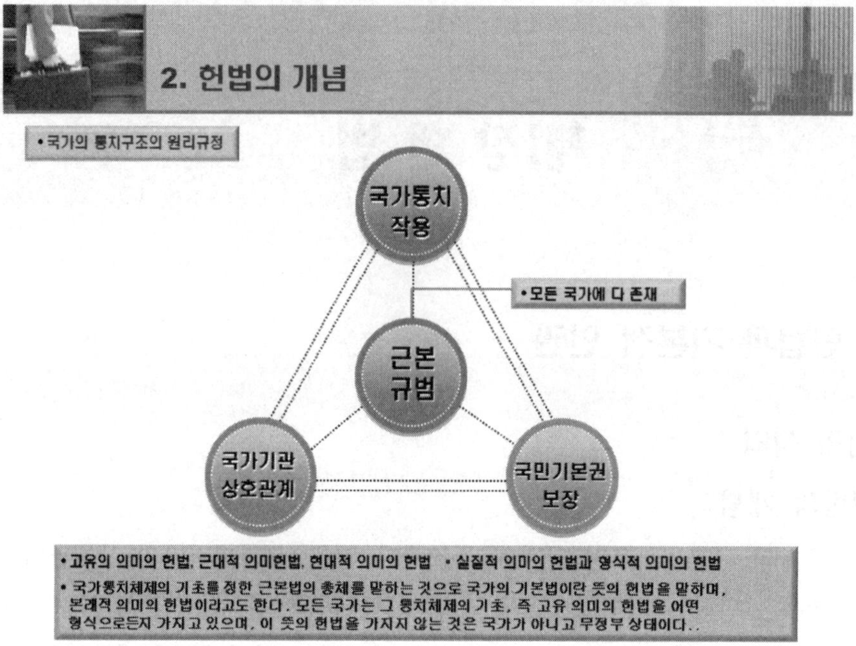

(2) 헌법의 종류

헌법은 성문의 형식에 근거하느냐에 따라 성문헌법(成文憲法)[2]과 불문헌법(不文憲法)[3]으로 분류하며, 또한 제정의 주체에 따라 절대 군주의 독단에 의한 흠정헌법(欽定憲法)[4]과 군주와 국민 또는 국민 대표간의 타협에 의하여 제정된 협약헌법(協約憲法)[5]과 연방국가에 있어서 연방과 지분방(支分邦) 사이의 합의에 의하여 제정된 국약헌법(國約憲法)[6] 과 국민의 주권 사상에 입각하여 국민 또는 대표자에 의하여 제정된 민정헌법(民政憲法)으로 분류된다. 또한 개정절차의 난이정도에 따라서 그 개정 절차가 일반 법률의 개정 절차보다 까다롭게 되어 있는 경성헌법(硬性憲法)과 법률과 동일한 절차로 개정되는 연성헌법(軟性憲法)으로 구별된다.

---

2) 최초는 1776년의 버지니아 헌법
3) 예시 영국의 대헌장 · 권리장전 · 권리청원 등
4) 예시 제2차대전 전의 일본헌법
5) 예시 1830년 프랑스 헌법
6) 예시 미합중국 헌법

(3) 법원(法源)

헌법의 인식 근거로는 단일·통일의 헌법전과 헌법관련 부속법률이 일반이나, 헌법관습법도 인정된다. 그러나 헌법판례법은 부정된다.

(4) 특 성

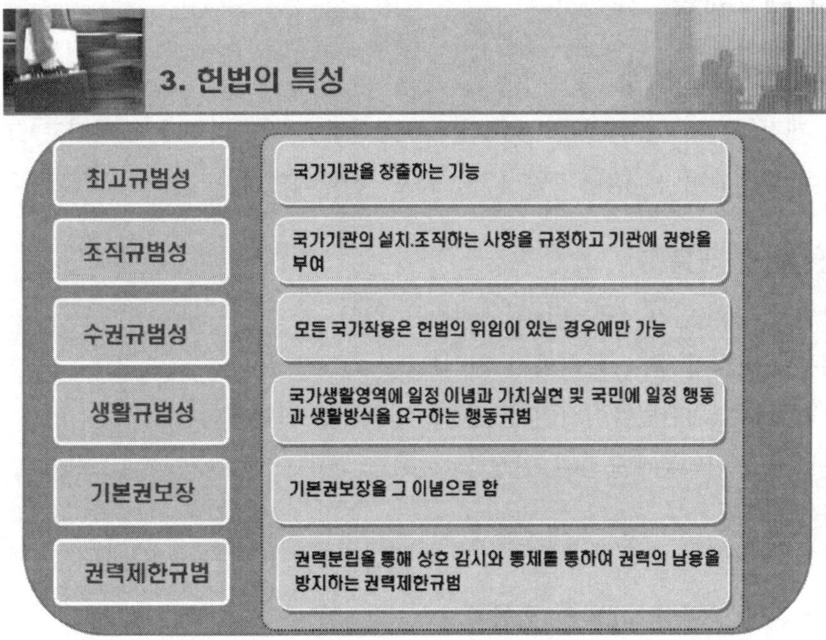

㈎ 헌법은 사실적 특성으로 정치성·역사성·이념성을 갖는다.

㈏ 규범적 특성: 정치적 관계를 규율하는 것이다.

㉠ 최고규범성

㉡ 기본권 보장 규범성

㉢ 수권 규범성 : 모든 국가작용은 헌법의 위임이 있는 경우에만 가능하다.

㉣ 권력제한 규범성 : 수임기관의 권한과 활동을 법적으로 제한한다.

㉤ 자기보장 규범성 : 그 결정을 강제할 수 있는 권한이나 수단이 없다.

㉥ 생활규범성 : 국가의 모든 생활영역에서 일정한 이념과 가치를 실현하기 위한 가치규범이며, 국민의 일정한 행동과 생활방식을 요구하는 행동규범이기도 하다.

제2절 대한민국 헌법

대한민국 헌법(大韓民國 憲法)은 대한민국의 최고 기본법으로, 인적으로는 대한민국의 국민에게 적용되고, 장소적으로는 대한민국의 영역 내에서 적용된다.

1. 헌법의 제 · 개정

(1) 대한민국헌법 제정

1) 헌법 제정(1948. 7. 17.) : 1948년 5 · 10선거로 제헌의회가 구성되고 그 의결로 헌법이 확정되어 1948년 7월 17일 공포 · 시행되었다.

2) 건국헌법의 내용

㈎ 단원제 국회(임기 4년, 단 제헌의원은 2년)

㈏ 대통령제(임기 4년, 국회에서 간선)

㈐ 헌법위원회(위헌법률심사권만 인정), 탄핵재판소(탄핵심판)

㈑ 근로자의 이익분배균점권 인정

㈒ 가예산제도

㈓ 통제경제를 기본

㈔ 기본권 보장형식 : 개별적 법률유보

㈕ 정당조항과 통일조항이 없음.

㈖ 국무원(의결기관)

2. 헌법의 기본원리

(1) 헌법전문(前文)

헌법의 전문은 국가마다 그 규정방식이 다른데, 우리의 경우는 법적 성격이 인정되므로 최고규범이자 법령의 해석기준이며 재판규범이 된다.

「대한민국 헌법」 전문(前文)

유구한 역사와 전통에 빛나는 우리 대한민국은 3·1운동으로 건립된 대한민국 임시정부의 법통과 불의에 항거한 4·19민주이념을 계승하고, 조국의 민주개혁과 평화적 통일의 사명에 입각하여 정의·인도와 동포애로써 민족의 단결을 공고히 하고, 모든 사회적 폐습과 불의를 타파하며, 자율과 조화를 바탕으로 자유민주적 기본질서를 더욱 확고히 하여 정치·경제·사회·문화의 모든 영역에 있어서 각인의 기회를 균등히 하고, 능력을 최고도로 발휘하게 하며, 자유와 권리에 따르는 책임과 의무를 완수하게 하여, 안으로는 국민생활의 균등한 향상을 기하고 밖으로는 항구적인 세계평화와 인류공영에 이바지함으로써 우리들과 우리들의 자손의 안전과 자유와 행복을 영원히 확보할 것을 다짐하면서 1948년 7월 12일에 제정되고 8차에 걸쳐 개정된 헌법을 이제 국회의 의결을 거쳐 국민투표에 의하여 개정한다.

1987년 10월 29일

(2) 헌법의 기본원리

대한민국 헌법은 홍익인간의 이념을 바탕으로 민족주의, 민주주의, 국제 평화주의라는 건국이념에 따라 만들어졌다. 대한민국 헌법은 국민 주권주의, 자유 민주주의, 복지 국가의 원리, 국제 평화주의, 평화 통일 지향이라는 기본 원리에 따라 만들어졌으며 헌법의 각 조항과 이에 기초한 법률 제도들은 모두 이 기본원리에 따라야 한다.

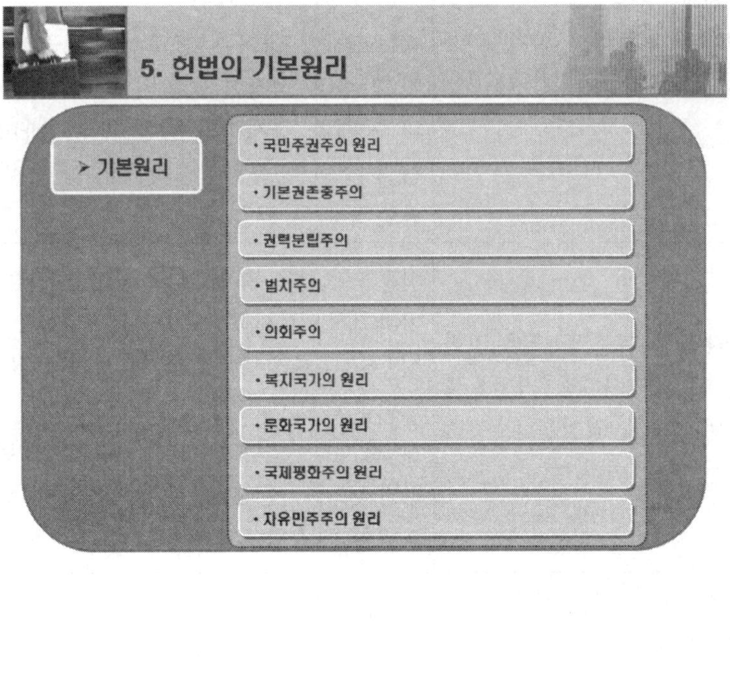

기본 원리	의미	대한민국 헌법의 근거 조항
국민 주권주의	국가 의사를 최종적으로 결정할 수 있는 최고 권력인 주권이 국민에게 있다.	제1조 ① 대한민국은 민주 공화국이다. ② 대한민국의 주권은 국민에게 있고, 모든 권력은 국민으로부터 나온다.
자유 민주주의	자유주의와 민주주의가 결합한 정치 원리	전문: 자율과 조화를 바탕으로 자유 민주적 기본 질서를 더욱 확고히 하여……. 제4조 자유 민주적 기본 질서에 입각한 평화적 통일 정책을 수립하고 이를 추진한다. 제8조 ② 정당은 그 목적·조직과 활동이 민주적이어야 하며……. ④ 정당의 목적이나 활동이 민주적 기본 질서에 위배될 때에는…… 해산된다.
복지 국가의 원리	국가가 국민 전체의 복지 증진과 확보 및 인간다운 생활을 보장하는 원리	전문: 안으로는 국민 생활의 균등한 향상을 기하고……. 제34조 ① 모든 국민은 인간다운 생활을 할 권리를 가진다. ② 국가는 사회 보장·사회 복지의 증진에 노력할 의무를 진다. 제119조 ② 국가는 균형 있는 국민 경제의 성장 및 안정과 적정한 소득의 분배를 유지하고, 시장의 지배와 경제력의 남용을 방지하며, 경제 주체 간의 조화를 통한경제의 민주화를 위하여 경제에 관한 규제와 조정을 할 수 있다.
국제 평화주의	국제적인 협조와 국제 평화의 지향을 이념적 기반으로 하며, 국제 질서를 존중하려는 정치 원리	전문 …… 항구적인 세계 평화와 인류 공영에 이바지함으로써……. 제5조 ① 대한민국은 국제 평화의 유지에 노력하고 침략적 전쟁을 부인한다. 제6조 ① 헌법에 의하여 체결·공포된 조약과 일반적으로 승인된 국제 법규는 국내법과 같은 효력을 가진다.

기본 원리	의미	대한민국 헌법의 근거 조항
		② 외국인은 국제법과 조약이 정하는 바에 의하여 그 지위가 보장된다.
평화통일 지향	자유민주적 기본 질서에 입각한 평화적 통일을 추구한다는 원리	전문: 평화적 통일의 사명에 입각하여……. 제4조 대한민국은 통일을 지향하며, 자유 민주적 기본 질서에 입각한 평화적 통일 정책을 수립하고 이를 추진한다. 제66조 ③ 대통령은 조국의 평화적 통일을 위한 성실한 의무를 진다.
문화 국가의 원리	문화에 대한 국가의 지원과 보호를 지향한다는 원리 → 국가가 시민의 자율적인 문화생활에 지나치게 간섭하지 말 것과, 국가가 적극적으로 문화의 중흥을 위해 노력할 것을 의무로 규정	전문 : 유구한 역사와 전통에 빛나는……. 제9조 국가는 전통문화의 계승·발전과 민족문화의 창달에 노력하여야 한다. 제31조 ⑤ 국가는 평생 교육을 진흥하여야 한다.

㈎ 국민주권원리(실질적 국민주권으로의 전환) : 국가의 최고의사를 결정할 수 있는 원동력인 주권을 국민이 가진다는 것과 모든 국가권력의 정당성의 근거가 국민에게 있다는 원리이며 헌법전문에서 국민을 헌법제정의 주체로 규정하고 제1조 제2항에서 국민주권원리를 규정하고 있다.

㈏ 민주주의원리(가치 지향적) : 국민에 의한 지배 또는 국가권력이 국민에게 귀속되는 것을 특징으로 하는 정치원리로서 헌법전문과 제4조, 제8조 제4항의 자유민주적 기본질서, 제1조 제1항의 대한민국은 민주공화국임을 규정한 것 등으로 나타난다.

㈐ 법치주의원리(실질적) : 사람의 자의적·폭력적 지배를 배제하고 법에 의한 '이성적 지배'를 할 것을 요구하는 원리이다. 오늘날 형식적 법치주의는 사라지

고 '정의의 실현을 그 내용으로 하는 법'에 의한 실질적 법치주의원리에 따른다. 이는 인간의 존엄성 규정(§10), 법 앞의 평등 규정(§11), 인신의 자유와 적법절차(§12①), 인간다운 생활권(§34①), 행정의 합법률성과 사법적 통제(§107②)로 나타난다. 즉, 법치주의 행사의 방법에는 적극적인 면에서는 복지국가며, 이는 곧 사회권보장이며, 소극적인 면에서는 국가권력의 제한이며, 이는 자유권보장이다.

㈑ 사회국가원리 : 국가가 정의로운 사회질서의 형성과 국민의 기본적 생활수요를 충족할 수 있도록 국민의 생활여건을 조성하는 것을 국가의 책무로 하는 원리로 헌법전문의 사회정의의 구현과 평등사회의 실현, 제10 · 31 · 36조의 사회적 기본권 규정, 제23조의 재산권 규정, 제119조 제2항의 경제의 규제와 조정 규정으로 나타난다.

㈒ 문화국가원리 : 국가로부터 문화의 자유가 보장되고 국가에 의하여 문화가 공급되어져야 하는 원리로 헌법전문에서 '문화의 … 영역에 있어서 각인의 기회를 균등히 하고', 제9조의 민족문화창달의무, 제10조 인간의 존엄성, 제34조 제1항 인간다운 생활권 규정으로 나타난다.

㈓ 국제평화주의 및 국제질서

㉠ 국제평화주의 : 국제적 차원에서 평화공존, 국제분쟁의 평화적 해결, 각 민족간의 자결권 존중, 국내문제 불간섭 등을 핵심내용으로 하는 것으로 헌법전문의 '항구적인 세계평화와 인류공영에 이바지', 제5조 제1항 국제평화의 유지에 노력한다, 제6조 국제법질서존중 및 외국인의 법적 지위보장 등의 규정으로 나타난다.

㉡ 국제질서 : 일원론(국내법우위론)에 의하면 조약과 국제법규는 헌법의 하위규범이며 법률과 동등하다. 조약의 규범통제를 다수설과 헌법재판소는 인정한다.

제3절 기본적 인권과 그 보장기관

1. 인권과 기본권

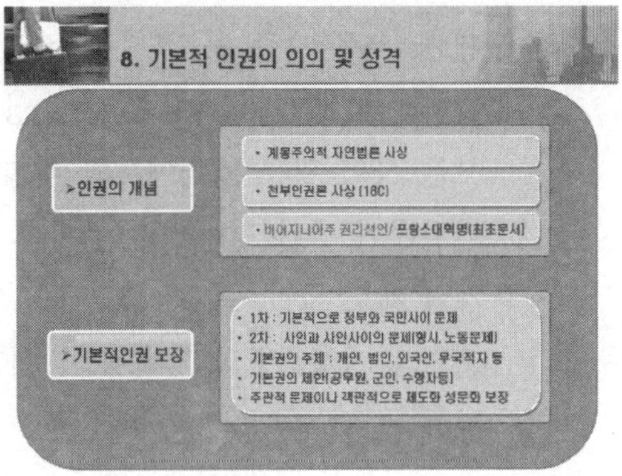

2. 대한민국의 기본권 체계

(1) 포괄적 기본권

㉠ 인간으로서의 존엄과 가치・행복추구권(§10)→ 우리 헌법이 지향하는 목표, 다른 모든 기본권의 전제, 국가의 기본권 보장 의무 규정

・제10조(인간의 존엄성과 기본인권보장) 모든 국민은 인간으로서의 존엄과 가치를 가지며, 행복을 추구할 권리를 가진다. 국가는 개인이 가지는 불가침의 기본적 인권을 확인하고 이를 보장할 의무를 진다.

- 인간으로서의 존엄과 가치 : 사회 공동체의 구성원으로서 고유한 인격 주체성을 가지고 있으며, 개성 신장을 통하여 자주적 인격체로서 살아갈 수 있음을 강조
- 행복 추구권 : 안락하고 만족스러운 삶을 추구할 수 있는 권리 → 포괄적 인권 → 행동의 자유권, 신체 불훼손권, 평화적 생존권, 휴식권, 수면권, 일조권, 스포츠권 등

㉡ 평등권: 합리적인 이유 없이 불평등한 대우를 받지 않을 권리

- 평등권의 법적 성격

  ⓐ 국가에 대한 공권, 자연권적 기본권

ⓑ 상대적, 비례적, 실질적 평등 → 합리적 차별 가능

- 법 앞의 평등

ⓐ 산술적 의미의 절대적 평등(성별, 체력, 재능 등 선천적 조건의 차이나 직업, 재산, 교육 수준 등 후천적 조건의 차이를 인정하지 않는 것)이 아니라 배분적 정의에 입각한 상대적 평등임

ⓑ 모든 사회 활동 영역에서의 기회의 균등을 의미

ⓒ 헌법에 규정된 평등권의 구체적 내용 : 차별 대우 금지, 사회적 특수 계급 제도 금지, 특권 제도 금지, 교육의 기회 균등, 여성 근로자의 차별 금지, 혼인과 가족생활의 남녀평등, 선거에 있어서의 평등, 경제 질서의 사회적 평등, 지역 간의 균형 발전 등

- 합리적 차별

남자에게만 부과되는 병역의 의무, 여성의 생리 휴가, 미성년자 관람 불가, 누범 가중 처벌, 누진세 제도 등

(2) 자유권적 기본권

개인이 국가 권력의 간섭이나 억압을 받지 않을 권리(소극적 · 방어적 공권, 포괄적 권리, 절대군주에 항거하여 최초로 획득한 권리로 천부인권성이 가장 강함)

㉠ 신체의 자유

㉡ 사생활영역의 자유

㉢ 정신적 기본권

㉣ 표현의 자유

(3) 경제적 기본권

㉠ 재산권보장(§23) : 재산권이라 함은 모든 공 · 사법상 경제적 가치가 있는 모든 권리를 말하며 그 재산가액의 다과를 묻지 않는다.

㉡ 직업선택의 자유(§15) : 자기가 선택한 직업에 종사하여 이를 영위하고

언제든지 임의로 전환할 수 있는 자유를 의미한다(헌재결). 직업선택의 자유는 근대 시민사회의 출범과 동시에 인정된 것으로 개인의 경제생활의 터전이 되며, 자유로운 인격발전에 이바지하게 할 뿐 아니라, 자유주의적 경제 · 사회질서의 요소가 되는 기본적 인권이다.

㉢ 소비자의 권리

(4) 정치적 기본권

㉠ 정치적 자유권

㉡ 참정권

(5) 청구권적 기본권

㉠ 청원권(§26) : 국민이 공권력과의 관계에서 일어나는 여러 가지 이해관계 또는 국정에 관해서 자신의 의견이나 희망을 진술할 수 있는 권리를 말한다.

㉡ 재판청구권(§27) : 법적 분쟁에 대한 판단이 중립적이고 독립된 국가기관에 의해서 공정하게 이루어지도록 보장하기 위한 기본권이다. 민사 · 형사 · 행정재판청구권과 아울러 헌법재판청구권을 포함한다.

❖ 재판의 종류

구분	내용
민사재판	개인 간의 법률관계에서 생긴 분쟁에 대한 재판
형사재판	반사회적인 범죄행위를 대상으로 하는 재판
행정재판	행정 법규의 적용이나 공법상의 법률관계에 대한 재판 → 행정법원이 1심 담당
특허재판	특허사건에 대한 심판은 특허청에 설치되는 특허심판원이 제1심으로 심리하고, 이에 불복이 있는 경우 특허법원이 제2심 법원이 되며 대법원이 제3심 법원이 된다.
선거재판	선거의 효력이나 당선의 유 · 무효에 관한 재판 → 단심제, 대법원에서 담당 (선거법을 위반한 사건에 관한 재판은 범죄 행위를 다루는 형사재판임)
군사재판	군인이나 군무원의 범죄를 다루는 재판, 특별법원으로 보통군사법원과 고등군사법원이 설치되어 있으며, 군사법원의 상고심은 대법원이 된다.

㉢ 형사보상청구권(§28): 형사피의자나 형사피고인으로 구금되었던 자가 불기소처분이나 무죄판결을 받은 경우 그가 입은 정신적 · 물질적 손실을 국가에 대해 청구할 수 있는 권리를 말한다.

㉣ 국가배상청구권(§29): 국민이 공무원의 직무상 불법행위로 손해를 입은 경우에 그 배상을 국가나 공공단체에 청구할 수 있는 권리를 말한다.

㉤ 범죄피해자 구조청구권(§30): 본인에게 귀책사유가 없는 타인의 범죄행위로 말미암아 생명을 잃거나 신체상의 피해를 입은 국민이나 그 유족이 범죄자(가해자)로부터 충분히 피해배상을 받지 못한 경우에 국가에 대하여 일정한 보상을 청구할 수 있는 권리를 말한다.

(6) 사회적 기본권

㉠ 인간다운 생활을 할 권리

㉡ 교육을 받을 권리

㉢ 근로 기본권

ⓐ 근로의 권리(§32) : 헌법은 개인에게 독자적인 경제활동을 하기 위한 물직적 기반을 보장하기 위해서 근로의 권리를 보장(근로 기회의 제공과 인간다운 근로조건의 확보 → 근로기준법 제정, 최저 임금제, 여자와 연소자의 근로에 대한 특별 보호 등)하고 있다.

ⓑ 근로 3권(§33) : 우리 헌법은 집단적인 노동자의 권리로 단결권 · 단체교섭권 · 단체행동권을 보장하고 있다.

㉣ 환경권

㉤ 혼인 · 가족 · 모성 · 보건에 관한 권리

(7) 신체의 자유(§12 · 13)

자신의 신체가 외부의 물리적 힘이나 정신적 위협으로부터 침해당하지 아니하며, 자신의 뜻대로 자기 몸을 다스릴 수 있는 자유

㉠ 형사실체법적 원리

ⓐ 죄형법정주의: 모든 국민은 신체의 자유를 가진다. 누구든지 법률에 의하지 아니하고는 체포・구속・압수・수색 또는 심문을 받지 아니하며, 법률과 적법한 절차에 의하지 아니하고는 처벌・보안처분 또는 강제노역을 받지 아니한다(§12①).

ⓑ 이중처벌금지원칙: 동일한 범죄에 대하여 거듭 처벌받지 아니한다(§13①).

ⓒ 연좌제금지: 모든 국민은 자기의 행위가 아닌 친족의 행위로 인하여 불이익한 처우를 받지 아니한다(§13③).

㉡ 형사절차법적 원리

ⓐ 진술거부권 : 형사상 자기에게 불리한 진술을 강요당하지 아니한다(§12②).

ⓑ 영장주의 : 체포・구속・압수 또는 수색을 할 때에는 적법한 절차에 따라 검사의 신청에 의하여 법관이 발부한 영장을 제시하여야 한다(§12③).

ⓒ 변호인의 조력을 받을 권리 : 누구든지 체포 또는 구속을 당한 때에는 즉시 변호인의 조력을 받을 권리를 가진다(§12④).

ⓓ 고지제도 : 누구든지 체포 또는 구속의 이유와 변호인의 조력을 받을 권리가 있음을 고지 받지 아니하고는 체포 또는 구속을 당하지 아니한다(§12⑤).

미란다 원칙

1960년 미국 법조계에 한바탕 논란을 일으킨 어니스토 미란다는 10대 소녀를 납치, 성폭행한 고교 중퇴자이다. 애리조나 주 법원이 그에게 내린 형량은 징역 40~45년. 이런 그가 미국 사법사에 이름을 남긴 것은 미국 자유 시민 연맹이 '미란다 대(對) 애리조나 판결'을 연방 대법원까지 끌고 가 '66년 마침내 미란다의 무죄 선고를 이끌어 냈기 때문이다.

이 때 판결문에서 밝힌 게 이른바 미란다 원칙이다. 요약하면 경찰관이 피의자를 붙잡아 연행 조사하기에 앞서 피의자에게 묵비권과 변호사 선임권이 있음을 알려 주지 않으면 경찰관의 요구에 응하지 않아도 되며, 또한 그의 자백은 증거 능력이 없다는 내용이다.

ⓔ 구속적부심사제도 : 누구든지 체포 또는 구속을 당한 때에는 적부의 심사를 법원에 청구할 권리를 가진다(§12⑥).

ⓕ 자백의 증거능력 및 증명력 제한: 피고인의 자백이 고문·폭행·협박·구속의 부당한 장기화 또는 기망 기타의 방법에 의하여 자의로 진술된 것이 아니라고 인정될 때 또는 정식재판에 있어서 피고인의 자백이 그에게 불리한 유일한 증거일 때에는 이를 유죄의 증거로 삼거나 이를 이유로 처벌할 수 없다(§12⑦).

ⓖ 무죄추정의 법리: 형사피고인은 유죄의 판결이 확정될 때까지는 무죄로 추정된다(§27④).

㉢ 적법절차원리(§12① 2문)는 형사실체법과 절차법을 모두 기속하는 원리이다.

3. 국민의 기본적 의무

(1) 국민은 고전적인 기본적 의무

- 납세의무 (헌법 §38)와 국방의무 (헌법 §39)를 지며,

(2) 현대적 의무 (권리실질화로서의 의무)

- 재산권 행사 공공복리 적합의무 (헌법 §23 ②),
- 교육을 받게 할 의무 (헌법 §31 ②)
- 근로의 의무 (헌법 §32 ②),
- 환경보전의무 (헌법 §35 ①)를 진다.

4. 사법부

(1) 법원의 헌법상 지위

㈎ 사법기관으로서의 지위: 사법권은 법관으로 구성된 법원에 속한다.

㈏ 중립적 권력으로서의 지위: 행정권에 의한 자의적 침해와 의회의 다수파에 의한 부당한 입법으로부터 국민의 자유와 권리를 보장하기 위하여 사법권의 독립이 엄격히 확보되어야 한다.

㈐ 기본권과 헌법보장기관으로서의 지위: 사법부는 국민의 기본권이 침해된 경우에 그 사법적 보장을 위한 기관이며, 또한 행정재판과 헌법재판을 통하여 원내다수파의 횡포와 그 자의적인 입법으로부터 헌법을 수호하는 기능을 담당한다.

(2) 사법권의 독립

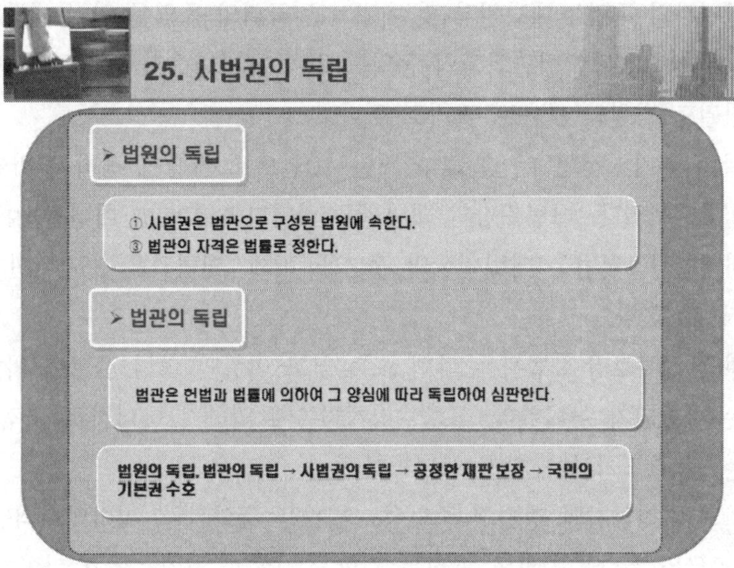

㈎ 개념

㉠ 형식적 의미 : 권력분립차원에서 사법부를 입법·집행부로부터 분리·독립하게 하는 것이다.

㉡ 실질적 의미 : 사법권을 행사하는 법관이 구체적 사건을 재판할 때 누구의 간섭없이 독립하여 재판을 한다. 즉, 판결의 자유를 의미한다. 이는 법관의 재판상 독립과 신분상 독립에 의하여 실현된다.

㈏ 법원의 독립

㉠ 의회로부터의 독립

㉡ 정부로부터의 독립

㉢ 대법원의 규칙제정권

㈐ 법관의 독립

㉠ 신분상 독립(인적 독립)

ⓐ 의의 : 법관의 신분보장, 즉 법관의 인사를 독립시키고, 법관의 자격·임기를 법률로 규정함으로써 법관의 신분을 보장하는 것을 법관의 신분상 독립이라 한다.

ⓑ 법관인사의 독립 : 대법원장 및 대법관은 국회의 동의를 얻어 대통령이 임명하고, 일반법관은 대법관회의의 동의를 얻어 대법원장이 임명하며, 법관에 대한 보직권도 법원의 자율로 맡기고 있다.

ⓒ 법관의 임기·정년 : 법관의 임기는 10년으로 법률이 정하는 바에 의하여 연임할 수 있다. 대법원장과 대법관은 임기가 6년이며, 대법원장은 중임할 수 없다. 법원조직법은 대법원장의 정년을 70세, 대법관은 65세, 판사의 정년은 63세 로 한다.

ⓓ 법관의 신분보장 : 법관은 탄핵 또는 금고 이상의 형의 선고에 의하지 아니하고는 파면되지 아니한다. 또한, 징계처분에 의하지 아니하고는 정직·감봉 또는 불리한 처분을 받지 아니한다.

ⓔ 법관의 겸직금지와 정치적 중립성 : 법관은 국회의원, 지방의회의원, 행정부서의 공무원 등 타 기관의 공직을 겸할 수 없고, 정치운동의 관여가 금지되며 기타 영리목적의 활동에 종사할 수 없다.

㉡ 직무상 독립(물적 독립)

ⓐ 의의 : 법관의 직무상 독립이란 법관의 재판상의 독립인 판결의 자유를 의미하며 사법권의 독립의 핵심적 요소인바, 물적 독립 또는 기능상의 독립이라고도 한다.

ⓑ 타 국가기관으로부터의 독립 : 법관은 재판권을 행사함에 있어서 정부나 국회의 지시나 감독 그리고 기타의 간섭을 받지 아니한다.

ⓒ 소송당사자나 정치적·사회적 권력으로부터의 독립: 법관이 재판을 함에 있어서는 소송당사자로부터 독립하여야 하며 매스컴, 여론, 대중시위 등으로부터도 독립하여야 한다.

ⓓ 헌법과 법률에의 구속: 이는 재판의 민주적 정당성을 보장하기 위한 것이다. 만일 법률이 헌법에 위반된다고 판단되면 위헌 여부 심사를 헌법재판소에 제청할 수 있다.

ⓔ 양심에의 구속: 법관은 양심에 따라 재판하여야 한다.

(3) 법원의 구성과 관할과 상소제도

법원은 대법원을 최고법원으로 하는 각급 법원(고등법원, 특허법원, 지방법원, 행정법원, 가정법원)으로 구성된다. 군사법원 외에 특별법원을 둘 수 없으며, 군사법원의 상고심은 대법원이다. 하급법원의 확정되지 않은 판결에 대해 상급법원의 구제를 구하는 불복신청제도를 상소(上訴)라고 한다.

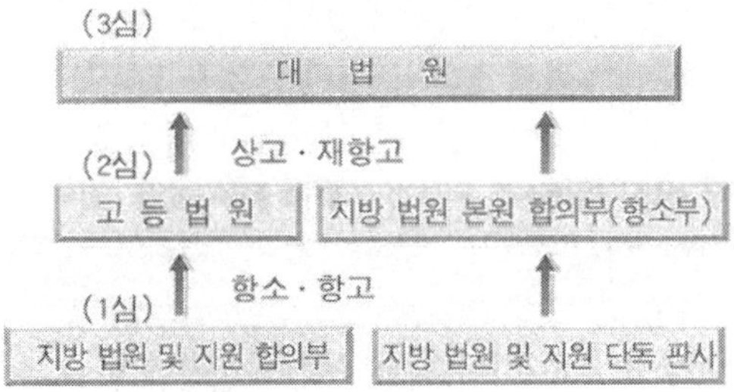

민 · 형사 사건 심급 제도

구분	내용
항소	1심의 판결에 대해 불복하여 2심 법원에 소를 제기하는 것
상고	2심 판결에 불복하여 대법원에 소를 제기 하는 것
항고	법원의 결정이나 명령에 대하여 이의를 제기하는 것
재항고	항고 법원의 결정이나 명령에 대하여 대법원에 이의를 제기하는 것

(4) 재판에 관한 원칙

㈎ 심급재판의 원칙 : 심급제에 따라 3심제를 원칙으로 하여 합의부관할사건은 지방법원합의부 ⇨ 고등법원 ⇨ 대법원으로, 단독판사관할사건(소액사건 및 경미한 사건에 관한 소송)은 지방법원단독부 ⇨ 지방법원합의항소부 ⇨ 대법원으로 진행된다.

㈏ 재판공개의 원칙 : 재판의 공정과 소송당사자의 인권보장을 위하여 재판을 소송당사자 이외의 일반에게 공개함을 원칙으로 한다(헌법 §109).

㈐ 증거재판주의 : 사실의 인정은 증거에 의하여야 하며(형소법 §307), 증거의 증명력은 법관의 자유판단에 의한다.

(5) 법원의 권한

㈎ 위헌법률심판제청권 : 법률이 헌법에 위반되는 여부가 재판의 전제가 된 경우에는 법원은 헌법재판소에 제청하여 그 심판에 의하여 재판한다.

㈏ 명령・규칙심사권 : 명령이나 규칙이 헌법이나 법률에 위반되는지 여부가 재판의 전제가 된 때에는 대법원은 이를 최종적으로 심사할 권한을 가진다.

㈐ 법정질서유지권 : 법정에서 질서를 유지하고 심판을 방해하는 행위를 배제하기 위한 법원의 권리이다.

제2장 형사법

범죄와 형벌에 관계되는 법을 형사법이라고 한다. 형사실체법으로는 일반법인 「형법」을 비롯하여 특별법인 「군형법」, 「폭력행위 등 처벌에 관한 법률」(약칭: 폭력행위처벌법), 「가정폭력방지 및 피해자보호 등에 관한 법률」(약칭: 가정폭력방지법), 「성폭력방지 및 피해자보호 등에 관한 법률」(약칭: 성폭력방지법) 등이 있고, 형사절차법으로 「형사소송법」(형소법) 및 「형사사법절차 전자화 촉진법」(약칭: 형사절차전자화법), 형사집행법으로 「형의 집행 및 수용자의 처우에 관한 법률」(약칭: 형집행법) 등이 있다.

제1절 형법

1. 형법총론

(1) 형법의 의의

형법(刑法, criminal law)은 어떠한 행위가 범죄(crime)가 되고, 또한 범죄에 대하여 어떠한 형벌(punishment)이 과하여지는가를 정한 기본법전으로, 특히 형법에 총칙규정은 다른 법령에 정한 죄에도 적용된다.

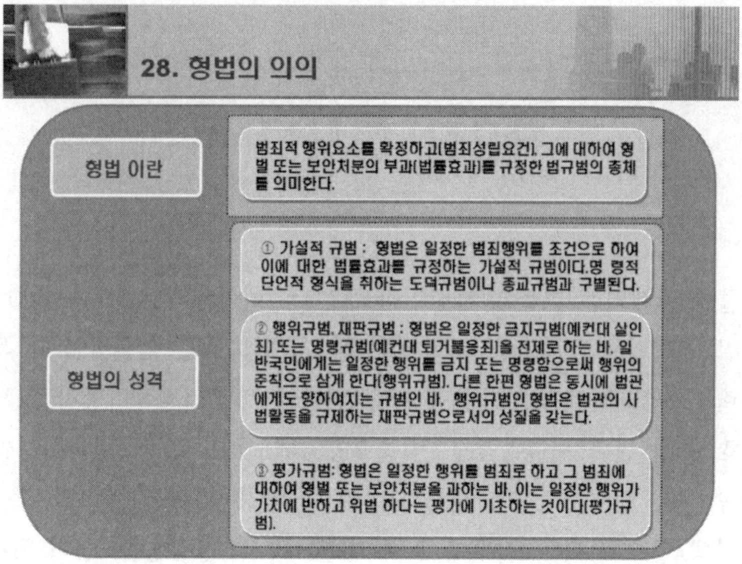

1) 형법의 개념: 형법은 범죄와 범죄에 대한 법률효과인 형벌 또는 보안처분을 규정하는 국가법규범의 총체를 말한다.

2) 형법의 범위

㈎ 협의의 형법: 형식적 의미의 형법(형법전을 의미)

㈏ 광의의 형법: 실질적 의미의 형법(협의의 형법외에 형벌과 보안처분을 그 제재효과로 규정한 모든 법규범)

(2) 형법의 성격

1) 형법의 체계적 지위 : 공법, 사법법, 실체법, 형사법, 국내법

2) 형법의 규범적 성격 : 가언규범, 행위규범과 재판규범, 평가규범과 의사결정규범

(3) 죄형법정주의

죄형법정주의(罪刑法定主義, principle of legality)란 '법률없으면 범죄없고 형벌없다'는 원리로 범죄에 대한 형벌은 법률로 정하여야 한다는 원칙이다. 이는 보장적 기능과 적극적 일반예방 기능을 하는 근대형법을 지도하는 최고의 원리로, 일정한 행위를 범죄로 하고 이에 대하여 일정한 형벌을 부과하기 위하여서는 반드시 행위시 이전에 명확히 제정된 성문의 법률을 필요로 한다는 원칙이다.

죄형 법정주의와 그 원칙

(가) 죄형법정주의란 어떤 행위가 범죄가 되고, 그 범죄에 대하여 어떤 처벌을 할 것인가는 미리 성문(成文)의 법률에 규정되어 있어야 한다는 원칙 → "법률이 없으면 범죄도 없고 형벌도 없다."

(나) 목적: 국가 형벌권의 남용 및 자의적인 행사로부터 국민의 자유와 인권 보장

(다) 형식적 법치주의와 실질적 법치주의

㉠ 형식적 법치주의: "(어떤 내용이라도) 법률만 있으면 범죄도 있고 형벌도 있다."

* 악법도 법이다
* 통치의 합법성 강조

㉡ 실질적 법치주의: "적정한 법률이 없으면 범죄도 없고 형벌도 없다."

* 악법은 법이 아니다
* 통치의 정당성 중시
* 죄형법정주의는 실질적 법치주의를 의미

(라) 죄형법정주의 파생원칙

㉠ 관습형법 금지의 원칙[慣習刑法의 排除] : 법관이 적용할 범죄와 형벌에 관한 법은 오직 성문(成文)의 법률뿐이고, 전통적인 관습이나 불문(不文)의 법은 적용할 수 없다는 원칙 → 같은 성문법이라도 법률의 위임이 없는 명령과 조례에 의해 벌을 부과할 수 없다.

㉡ 명확성의 원칙(절대적 부정기형금지의 원칙-刑期를 전혀 不確定하게 하는 것) : 어떤 행위가 형법에 의하여 금지되는 행위인지가 명확함으로써 누구나 알 수 있어야 한다는 원칙. 구성요건과 그 법적 결과를 명확하게 규정해야 한다는 원칙(구성요건의 명확성과 제재의 명확성), 절대적 부정기형은 불가하나 상대적 부정기형은 가능

* 불명확한 범죄 예 '건전한 국민감정을 해치는 행위','민주주의적 사회질서의

죄형 법정주의와 그 원칙

원칙을 침해하는 행위'

* 불명확한 형벌 예 형벌의 종류와 형기를 정하지 않은 '처벌한다.''징역에 처한다.'

㉢ 유추해석(적용)금지의 원칙 : 형법을 해석할 때는 법조문의 문장과 표현대로 엄격히 해석해야 하고, 해석자(수사기관, 재판 기관)가 자의적으로 해석[耳懸鈴鼻懸鈴]해서는 안 된다는 원칙 → 피고인에게 유리하거나 형을 감경(減輕)하는 유추해석까지 금지하지는 아니함. 법률에 규정이 없는 사항에 대하여 그것과 유사한 성질을 가지는 사항에 관한 법률을 적용하는 것을 금지한다는 원칙이다. 그러나 피고인에 유리한 유추해석과 소송법규정의 유추해석은 가능하다. 예컨데, 업무상비밀누설죄(§317조)에서 변호사 아닌 변호인도 변호사에 포함시켜 처벌해야 한다는 해석이다.

㉣ 소급효금지의 원칙[刑罰不遡及의 원칙 法律不遡及 내지 事後法금지] : 형벌 법규는 시행 이전의 행위까지 소급하여 적용할 수 없다는 원칙 → 법적 안정성과 법률에 대한 예측 가능성을 높여줌. 형벌법규는 그것이 시행된 이후의 행위에 대해서만 적용되고, 시행 이전의 행위에까지 소급하여 적용할 수 없다는 원칙이다(소급입법 및 소급적용의 금지).

㉤ 적정성의 원칙 : 법률 자체가 불합리하거나 부정한 것을 배제하여 적정(適正)해야 한다는 원칙 → 형법은 사회 질서를 침해하는 행위 제재에 한정해야 하고, 범죄와 형벌 간에 적정한 균형이 이루어져 범죄와 형벌을 규정하는 법률의 내용은 기본적 인권을 실질적으로 보장할 수 있도록 적정해야 한다는 원칙이다(실질적 의미의 죄형법정주의).

헌법 제12조 ① 모든 국민은 신체의 자유를 가진다. 누구든지 법률에 의하지 아니하고는 체포·구속·압수·수색 또는 심문을 받지 아니하며, 법률과 적법한 절차에 의하지 아니하고는 처벌·보안처분 또는 강제노역을 받지 아니한다.

형법 제1조 (범죄의 성립과 처벌) ① 범죄의 성립과 처벌은 행위시의 법률에 의한다.

(4) 범죄의 의의

1) 형식적 범죄개념: 구성요건에 해당하고 위법·유책한 형벌을 과할 수 있는 행위(범죄의 형식적 성립요건)

31. 범죄의 성립요건

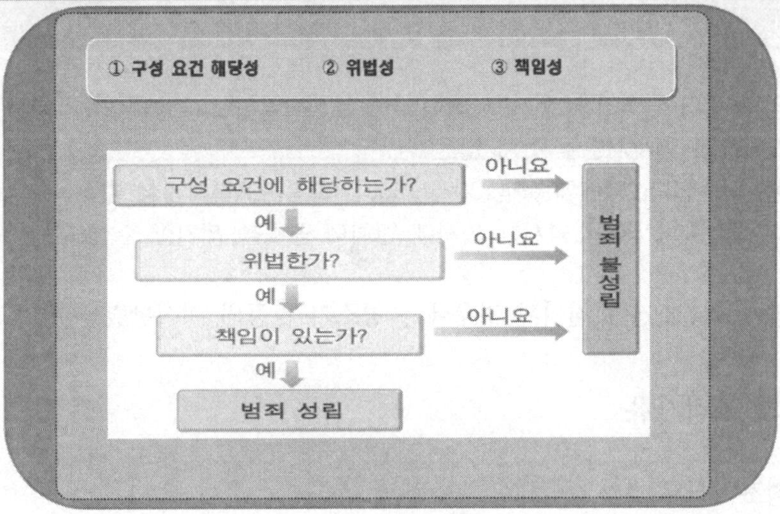

㉠ 구성요건해당성 : 구체적 사실이 추상적인 구성요건에 해당하는 성질

㉡ 위법성 : 구성요건에 해당하는 행위가 법률상 허용되지 않는 성질

㉢ 책임성 : 당해 행위를 한 자에 대한 비난가능성

2) 실질적 범죄개념 : 사회에 유해하거나 법익을 침해하는 반사회적 행위

3) 범죄의 소추조건 : 객관적 처벌조건 및 인적 처벌조건은 실체법적 요건이지만, 형사소송법(절차법)적 관점에서 공소제기 및 소추와 관련된 조건이 소추조건이다.

친고죄(親告罪)

- 가해자의 행위가 범죄가 되지만, 피해자가 고소를 하지 않으면 수사하여 처벌하지 못하는 범죄
- 형법상 사자의 명예훼손죄(§308), 모욕죄(§311), 성범죄는 친고죄규정이 폐지되었다.

※ 법문 : …죄는 고소가 있어야 공소를 제기할 수 있다.

㉠ 친고죄: 공소제기를 위하여 피해자 기타 고소권자의 고소를 요하는 범죄

㉡ 반의사불벌죄: 피해자의 의사와 관계없이 공소를 제기할 수 있으나 피해자가 명백하게 처벌을 희망하지 않을 때에는 처벌 할 수 없는 범죄

반의사불벌죄(反意思不罰罪)

- 가해자의 행위가 범죄가 되어 수사하여 처벌할 수 있지만, 피해자가 가해자 처벌을 원치 않을 때는 형사처벌을 하지 않는 경우
- 단순폭행, 단순협박, 명예훼손죄(§307, §309), 교통사고특례법상 범죄

※ 법문 : …죄는 피해자의 명시한 의사에 반하여 공소를 제기할 수 없다.

㉢ 효과 : 소추조건이 결여된 경우에는 공소기각 등의 형식판결을 한다.

(5) 범죄의 조각사유

1) 위법성조각사유

위법성조각사유에는 정당방위, 긴급피난, 자구행위, 피해자의 승낙, 정당행위 등이 있다. 위법성이 조각되면 가벌성이 탈락되어 형벌, 보안처분의 제재를 받지 않는다.

정당행위	법령에 의한 행위 또는 업무로 인한 행위 기타 <u>사회상규에 위배되지 아니하는 행위</u>는 벌하지 아니한다(형법 §20). 예 경찰관의 현행범 체포, 의사의 수술, 전쟁터에서의 군인의 전투 행위, 상대방의 도발이나 폭행을 피하기 위한 소극적 저항(판례)
정당방위	자기 또는 타인의 법익에 대한 현재의 <u>부당한 침해를 방위</u>하기 위한 행위는 상당한 이유가 있는 때에는 벌하지 아니한다(형법 §21). 예 강도와 맞서 싸우다 강도를 다치게 한 경우 *정당방위는 부정(不正)한 침해에 대한 방어행위이며, 사람에 의한 침해(사람의 사주에 의한 동물의 침해 포함)이어야 한다.
긴급피난	자기 또는 타인의 법익에 대한 현재의 위난을 피하기 위한 행위는 상당한 이유가 있는 때에는 벌하지 아니한다(형법 §22). 예 달려오는 자동차를 피하려다 옆에 있는 가게의 진열장을 깬 경우 *긴급피난은 위난이 위법할 필요가 없다.

자구행위	법정절차에 의하여 청구권을 보전하기 불능한 경우에 그 청구권의 실행불능 또는 현저한 실행곤란을 피하기 위한 행위는 상당한 이유가 있는 때에는 벌하지 아니한다(형법 §23). 예 해외로 도피하려는 채무자를 붙잡고 그의 물건을 빼앗는 경우
피해자의 승낙	처분할 수 있는 자의 승낙에 의하여 그 법익을 훼손한 행위는 법률에 특별한 규정이 없는 한 벌하지 아니한다(형법 §24). → 승낙은 범죄 전에 있어야 한다. 예 물건의 소유주가 가져가도 좋다고 말한 물건을 가져가는 경우

2) 책임능력

형법이 전제하고 있는 자유로운 의사결정을 할 수 있는 능력을 말한다.

㈎ 책임무능력자(형사미성년자, 심신상실자)

㉠ 형사미성년자는 14세가 되지 아니한 자로 발육상태를 불문하고 생물학적 방법으로만 판단하는 절대적 책임무능력자이며 책임을 조각한다.

㉡ 심신상실자

ⓐ 생물학적으로 심신장애가 있는 자로 그 판단은 전문가의 감정에 의하는 것이 보통이나 법관이 이에 기속되지는 않는다.

ⓑ 심리적 요소는 법관이 행위시의 평균인의 일반적 능력을 기준으로 판단

ⓒ 심신상실의 효과 : 책임능력이 없어 책임조각(불벌)되나 치료감호는 가능

㈏ 한정책임능력자

㉠ 심신미약자 : 심신장애로 사물변별능력이나 의사결정능력이 미약한 자로 필요적으로 책임감경

㉡ 농아자 : 청각과 발음기능 모두 장애가 있는 자로 필요적으로 책임감경

(6) 형벌

1) 의의

범죄행위에 대한 형사제재로서의 형벌은 해악을 내용으로 하는 국가적 강제수단이다. 그 본질은 법익침해적인 범죄행위에 대한 사회적·공적인 반가치 판단이다.
이와 같은 범죄에 의한 법익의 침해에 대하여 국가가 사회를 보호하고 방위하는 수단이 형벌(刑罰)이다. 형벌은 그것이 박탈하는 법익의 내용에 따라 생명형·자유형·재산형 및 명예형으로 나눌 수 있다.

2) 형벌의 종류

형법이 규정하고 있는 형벌에는 사형, 징역, 금고, 자격상실, 자격정지, 벌금, 구류, 과료, 몰수의 9종이 있다.

구분	내용
생명형	사형:범죄자의 생명을 박탈하는 극형[絞首刑], 범죄 최고형(존폐논란)
자유형	징역: 30일 이상 교도소에 구금(유기:1월~30년, 무기:1월~50년), 노역 부과 금고: 30일 이상 교도소에 구금(유기, 무기), 노역 부과는 없음 구류: 1일~30일 미만 동안 교도소 등의 수용시설에 구치, 노역 부과 없음
명예형	자격상실 : · 일정한 형의 선고(사형, 무기징역, 무기금고 등)가 있으면 그 형의 효력으로서 당연히 일정한 자격이 상실되는 것. · 형법상 상실되는 자격:공무원이 되는 자격, 공무원의 선거권과 피선거권, 법률로 요건을 정한 공법상의 업무에 관한 자격, 법인의 이사·감사 또는 지배인 기타 법인의 업무에 관한 검사역이나 재산 관리인이 되는 자격 · 자격정지:유기 징역·금고의 판결을 받은 자는 위와 같은 자격을 1년`15년 이하 정지의 선고가능
재산형	벌금: 5만 원 이상(편결확정일부터 30일이내에 납입) 과료: 2천원 이상 5만원 미만(경미한 범죄의 경우) 몰수: 유죄 판결을 선고할 때 범죄행위에 관련되었거나 범죄행위의 대가로 획득한 것을 국가에 귀속시키는 형벌, 부과형

㈎ 생명형(사형) : 범죄인의 생명을 박탈하는 형벌이다. 사형이 이에 속하고,

극형이라고도 한다. 16세 미만의 소년이 죄를 범한 경우 사형 또는 무기형으로 처벌할 것인 때에는 15년의 유기징역으로 한다(소년법 §53). 사형을 감경할 때에는 무기 또는 10년 이상의 징역 또는 금고로 한다(형법 §55①제1호). 한국 형법상 사형집행은 교수형으로 하도록 하고 있고(형법 §66), 군형법은 총살형으로 하도록 하고 있다(동법 §3). 그러나 오늘날 인간생명의 존엄성을 이유로 사형제도의 존폐에 대한 찬반논의가 계속되고 있다.

㈏ 자유형 : 수형자의 신체적 자유를 박탈하는 형벌로 근대형벌체계의 가장 중요한 위치를 차지하는데 그 종류로는 정역(노동)에 복무하는 징역과 정역에 복무하지 않는 금고, 구류(1일 이상 30일 미만)가 있다.

㈐ 재산형 : 일정한 재산을 박탈하는 형벌로 ㉠ 벌금: 벌금은 5만 원 이상으로 한다. 다만, 감경하는 경우에는 5만원 미만으로 할 수 있다. ㉡ 과료: 과료는 2천 원 이상 5만원 미만으로 한다. ㉢몰수 : 범죄의 반복을 막거나 범죄로부터 이득을 얻지 못하게 할 목적으로 범행과 관련된 재산을 박탈하여 국고에 귀속시키는 재산형이 있다. 벌금, 과료, 추징, 과태료, 소송비용 또는 비용배상의 분할납부, 납부연기 및 납부대행기관을 통한 납부 등 납부방법에 필요한 사항은 법무부령으로 정하도록 한다(형소법 §477⑥).

㈑ 명예형 : 범인의 명예감정을 손상시키거나 명예롭게 누릴 수 있는 권리를 박탈하거나 제한하는 형벌로 ㉠ 자격상실 : 사형, 무기징역 또는 무기금고의 판결을 받은 자는 ⓐ공무원이 되는 자격, ⓑ공법상의 선거권과 피선거권, ⓒ법률로 요건을 정한 공법상의 업무에 관한 자격, ⓓ법인의 이사,
감사 또는 지배인 기타 법인의 업무에 관한 검사역이나 재산관리인이 되는 자격을 상실한다. ㉡ 자격정지 : 일정한 기간 동안 일정한 자격의 전부
또는 일부를 정지시키는 형벌이 있다.

㈒ 형의 경중(형법 §41) : 사형 → 징역 → 금고 → 자격상실 → 자격정지 → 벌금 → 구류 → 과료 → 몰수

(바) 형의 유예제도와 가석방

구분	선고유예	집행유예	가석방
요건	1) 처단형의 1년 이하의 징역·금고, 자격정지, 벌금의 형을 선고할 경우 2) 개정의 정이 현저할 것 3) 자격정지 이상의 형을 받은 전과가 없을 것	1) 선고형이 3년 이하의 징역·금고의 형을 선고할 경우 2) 정상에 참작할 만한 사유, 개전의 정이 현저할 것 3) 금고 이상의 형을 선고받아 집행을 종료하거나 면제된 후 3년이 경과 하였을 것	1) 징역 또는 금고의 집행 중 무기에 있어서는 10년, 유기에 있어서는 형기의 1/3을 경과하였을 것 2) 개전의 정이 현저할 것 3) 병과된 벌금·과료를 완납할 것
기간	2년	1년 이상 5년 이하	무기형-10년, 유기형-잔여형기(단 10년 초과 불가)
결정	법원의 재량	법원 재량	행정기관의 재량처분
효과	면소된 것으로 간주 *유죄판결의 일종(전과는 남지 않음)	형선고의 효력 상실 * 전과는 남지 않음	형 집행이 종료된 것으로 간주 * 유죄판결 자체에 영향이 없음
실효	유예기간 중 자격정지 이상의 형에 대한 판결이 확정되거나 자격정지 이상의 형에 대한 전과가 발견된 때	유예기간 중 고의로 범한 죄로 금고이상의 실형을 선고 받아 그 판결이 확정된 때	가석방 중 금고 이상의 형을 선고받아 그 판결이 확정된 때 (단, 과실로 인한 경우 예외)
취소	취소제도 없음	임의적 취소	임의적 취소

2. 형법 각칙

(1) 개인적 법익에 관한 죄

개인적 법익에 대한 범죄로는 생명·신체에 대한 죄, 자유·안전·정조에 대한 죄, 명예·신용·비밀에 대한 죄, 재산에 대한 강도·절도 횡령과 배임죄 등이 있다.

1) 생명·신체에 대한 죄

㈎ 살인죄

㉠ 안락사 : 고통을 덜어주기 위해 죽음에 임박한 환자의 생명을 단축시켜 사망케 하는 것을 말한다(간접적·소극적 안락사는 인정, 적극적 안락사는 부정).

㉡ 사망의 시점 : 장기이식문제와 관련하여 의학계에서 뇌사설이 주장되나 여전히 맥박종지설의 입장이 통설이다.

㉢ 존속살해죄 : 신분에 의한 차별이라 하여 위헌성이 제기되고 있다.

㈏ 상해 및 특수상해죄: 상해죄는 사람의 신체를 상해함으로써 성립하는 범죄로 "상해"의 의미에 관하여 견해가 대립되나 생리적 기능훼손설에 따른다. 상해죄에 대하여는 동시범에 대한 특례(§263)가 인정되고 있다. 즉 두 사람 이상이 의사의 연락 없이 개별적으로 동시에 죄를 범한 경우에는 동시범이라 하여 각자가 자기의 행위에 대해서만 책임을 지며, 원인된 행위가 판명되지 않으면 미수범으로 처벌되는 것이 원칙이지만, 상해의 결과가 발생한 경우에는 공동정범으로 처벌된다. 또한 단체 또는 다중의 위력을 보이거나 위험한 물건을 휴대하여 상해·중상해·존속상해죄를 범한 경우 가중처벌하는 특수상해죄(§258의2)가 있다.

㈐ 폭행죄: 폭행죄는 사람의 신체에 대하여 폭행을 가하는 범죄로 폭행의 개념에 관하여는 협의의 폭행, 즉 사람의 신체에 대한 유형력의 행사를 말한다.

㈑ 과실치사상의 죄 : 과실로 사람의 신체를 상해하면 과실상해죄가 성립하며 이는 반의사 불벌죄이다. 또한 과실로 사망에 이르게 하면 과실치사죄로 처벌된다. 특히 업무상 과실치사상죄에서 업무의 개념이 중요한데 "업무"란 사람이 사회생활상의 지위에 기하여 계속하여 행하는 사무로서 반복계속의 의사 또는 사실이 있는 한 그 사무에 대한 각별한 경험이나 법규상의 면허를 필요로 하지 아니한다.

㈒ 낙태죄 : 발육 정도를 불문하고 약물·기구 등으로 태아(胎兒)를 모체 내에서 죽이거나 조산(早産)시킴으로써 성립하는 죄가 낙태죄(落胎罪, 형법 §269~270)이다. 태아가 살아서 모체 밖으로 나온 경우에 죽이는 것은 살인죄(영아살해죄)가

되므로 그 이전의 단계에서 죽이는 경우이다. 낙태죄의 보호법익에 관하여는 이를 부녀의 신체라는 견해와 태아의 생명이라는 견해 및 태아의 생명과 부녀의 생명・신체라는 견해가 대립되고 있으나, 본 죄의 주된 보호법익은 태아의 생명이지만 임부도 부차적인 보호법익이 된다는 견해가 통설이다. 형법은 자기낙태죄(형법 §269①)를 낙태죄의 기본적 구성요건으로
하고, 동의낙태죄의(형법 §269②)를 파생적 구성요건으로 하여 이와 동일한 형으로 처벌한다. 업무상 동의낙태죄(형법 §270①)는 동의낙태죄에 대하여 신분관계로 책임이 가중되는 가중적 구성요건이며, 부동의낙태죄(형법 §270②)는 자기낙태죄에 대하여 불법이 가중되는 가중적 구성요건이다. 그리고
낙태치사상죄(§269③・270③)는 동의낙태죄, 업무상 동의낙태죄, 부동의낙태죄의 결과적 가중범으로 규정한 것이다. 어느 낙태죄이건 미수범은 처벌하지 않는다. 낙태죄에 대한 예외는 「모자보건법」에 규정되어 있다.

㈓ 유기죄 : 유기죄는 노후・질병 기타의 사정으로 인하여 부조를 요하는 자를 보호할 법률상 또는 계약상 의무 있는 자가 유기한 때에 성립한다.

2) 자유에 대한 죄

㈎ 협박죄: 사람에 대하여 해악을 고지함으로써 상대방에게 공포심을 일으키게 하는 범죄이다. 해악의 고지내용으로는 생명・신체 뿐만 아니라 자유・명예・재산・정조・신용 등 일체의 것을 포함한다.

㈏ 체포・감금죄: 사람을 체포・감금함으로써 신체의 자유를 침해하는 범죄이다.
이는 계속범으로서 체포・감금 상태가 종료될 때까지 범죄행위는 계속된다.

㈐ 약취・유인・인신매매죄: 약취는 폭행・협박을 수단으로 피해자의 의사에 반하여 사람을 현재의 보호 상태로부터 이탈시켜 자기 또는 제3자의 실질적 지배에 옮기는 것을 말한다. 유인이란 기망・유혹의 수단으로 사람을 자기 또는 제3자의 실질적 지배에 두는 것을 말한다. 아울러 「인신매매방지의정서」의 이행입법으로 2013.4.5, 「형법」을 일부 개정(법률 제11731호)해 제31장(章)명을 "약취, 유인 및

인신매매의 죄"로 변경하여 인신매매 관련 처벌조항을 신설하는 한편, 목적범 형태의 약취, 유인 등의 죄에 '추행, 간음, 결혼, 영리, 국외이송 목적'외에도 "노동력 착취, 성매매와 성적 착취, 장기적출" 등 신종범죄를 목적으로 하는 경우를 추가하고, 결과적가중범을 신설하되 상해와 치상, 살인과 치사 등의 법정형을 구분하여 책임주의에 부합하도록 하고, 종래 방조범 형태로 인정되던 약취, 유인, 인신매매 등을 위하여 사람을 모집, 운송, 전달하는 행위를 독자적인 구성요건으로 처벌하도록 하며, 인류에 대한 공통적인 범죄인 약취, 유인과 인신매매죄의 규정이 대한민국 영역 밖에서 죄를 범한 외국인에게도 적용될 수 있도록 세계주의 규정을 도입하였다(형법 §287부터 §292까지, §294, §295, §295의2 및 §296, §296의2).

㈑ 강간과 추행의 죄

㉠ 강간죄는 폭행·협박으로 사람를 강간하는 것으로서 고소권자의 고소가 있어야 기소할 수 있는 친고죄이다. 강간죄(형법 §297)와 강제추행죄는 성기의 삽입 여하에 의해 구분되며, 강간죄의 구성요건보다 포괄적인 범죄 형태이다. 미수범도 처벌되며(§300), 피해자의 고소가 있어야만 공소할 수 있는 친고죄이다(§306). 그러나 이 죄를 범한 자가 사람을 치사상(致死傷)한 경우에는 친고죄가 아니게 되며, 형을 가중하는 가중범이 된다(§301).

㉡ 준강간죄와 준강제추행죄는 상대방의 심신상실상태나 항거불능의 상태를 이용하여 강간 또는 추행을 한 경우에 성립하며 그 처벌은 강간죄, 강제추행죄와 동일하다.

㉢ 미성년자·심신미약자에 대한 간음죄는 이들에 대하여 위계 또는 위력으로써 간음 또는 추행을 한 경우에 성립한다.

3) 명예·신용 및 업무에 관한 죄

(가) 명예훼손죄

㉠ 명예: 사람의 인격적 가치에 대한 사회적 평가를 의미한다.

㉡ 형법 제310조 위법성조각사유 : 제307조 제1항의 행위가 진실한 사실로서 오로지 공공의 이익에 관한 때에는 처벌하지 아니한다.

(나) 모욕죄: 모욕이란 구체적인 사실의 적시 없이 단순히 사람에 대한 사회적 평가를 저하시킬 만한 추상적인 경멸의 표시를 말한다.

(다) 신용훼손죄: 신용훼손죄는 허위의 사실을 유포하거나 기타 위계로써 사람의 신용을 훼손한 경우에 성립한다. 여기서 신용이란 사람의 경제적 활동에 대한 사회적 평가로서 구체적으로는 사람의 지급능력이나 지급의사에 대한 사회적 신뢰를 의미한다.

(라) 업무방해죄: 업무방해죄는 허위사실을 유포하거나 위계·위력으로써 사람의 업무를 방해한 자에게 성립한다.

4) 사생활의 평온에 관한 죄

(가) 비밀침해죄 : 비밀침해죄는 봉함 기타 비밀장치한 사람의 편지, 문서 또는 도화를 개봉한 경우나 봉함 기타 비밀장치한 사람의 편지, 문서, 도화 또는 전자기록 등 특수매체기록을 기술적 수단을 이용하여 그 내용을 알아낸 경우에 성립하는 것이다(§316).

(나) 주거침입죄 : 사람의 주거, 간수하는 저택, 건조물이나 선박 또는 점유하는 병실에 침입한 경우 혹은 이러한 장소로부터 퇴거요구를 받고 퇴거하지 아니한 경우에 성립한다(§319).

(다) 권리행사방해죄: 타인의 점유 또는 권리의 목적이 된 자기의 물건 또는 전자기록 등 특수매체기록을 취거·은닉 또는 손괴하여 타인의 권리행사를 방해하거나, 강제집

행을 면할 목적으로 채권자를 해하는 것을 내용으로 하는 범죄를 말한다(형법 §323). 권리행사를 방해하는 죄의 보호법익은 소유권이 아닌 제한물권(용익권·담보권) 또는 채권이다.

㈑ 강제집행면탈죄: 강제집행을 면할 목적으로 재산을 은닉·손괴·허위양도 또는 허위의 채무를 부담하여 채권자를 해함으로써 성립하는 범죄를 말한다(§327). 본죄의 보호법익은 국가의 강제집행권이 발동될 단계에 있는 채권자의 채권이다. 이 죄는 채권자의 채권을 보호하는 데에 그 근본취지가 있는 것이므로, 본죄의 강제집행은 민사집행법상의 강제집행이나 동법이 준용되는 가압류·가처분만을 의미한다.

5) 재산에 관한 죄

㈎ 절도죄 : 타인의 재물을 절취함으로써 성립하는 범죄이다. 절취란 타인이 점유하는 재물을 점유자의 의사에 반하여 그 점유를 배제하고 자기 또는 제3자의 점유로 옮기는 것을 말한다. 특히 부동산이 그 객체가 될 수 있는가에 대해서는 견해의 대립이 있으나 절취행위의 성격상 부정함이 타당하다.

㈏ 강도죄 : 폭행 또는 협박을 통하여 타인의 재물이나 재산상의 이익을 취득하거나 제3자로 하여금 취득하게 함으로써 성립한다. 여기에서의 폭행·협박은 상대방의 반항을 억압할 정도여야 한다. 준강도죄는 절도가 재물의 탈환을 면탈하거나 죄적을 인멸할 목적으로 폭행 또는 협박을 가한 때에 성립한다.

㈐ 사기죄 : 사기죄는 사람을 기망하여 자기 또는 제3자가 재물의 교부를 받거나 재산상의 이익을 취득한 경우에 성립한다.

㉠ 준사기죄는 미성년자의 지려천박 또는 사람의 심신장애를 이용하여 자기 또는 제3자가 재물의 교부를 받거나 재산상의 이익을 취득하는 것을 말한다.

㉡ 부당이득죄는 사람의 궁박한 상태를 이용하여 현저하게 부당한 이익을 취득하거나 제3자로 하여금 취득하게 한 때에 성립한다.

㈑ 공갈 및 특수공갈죄 : 공갈죄는 사람을 공갈하여 자기 또는 제3자가 재물의 교부를 받거나 재산상의 이익을 취득한 경우에 성립한다. 공갈이란 타인에게 폭행·협박을 수단으로 하여 상대방이 공포심을 갖도록 하는 행위를 말한다. 여기의 폭행·협박은 상대방의 반항을 억압할 정도임을 요하지 않는다.

㈒ 횡령죄 : 횡령죄는 타인의 재물을 보관하는 자가 그 재물을 횡령하거나 그 반환을 거부할 때에 성립한다. 타인의 재물을 보관하는 자만이 주체가 될 수 있으므로 횡령죄는 신분범이다. 점유이탈물횡령죄는 유실물·표류물·매장물 또는 타인의 점유를 이탈한 재물을 횡령한 자를 처벌한다.

㈓ 배임죄 : 배임죄는 타인의 사무를 처리하는 자가 그 임무에 위배하는 행위에 의하여 재산상의 이익을 취득하거나 제3자로 하여금 취득하게 하여 본인에게 손해를 가한 때에 성립한다. '타인의 사무를 처리하는 자'란 양자 간의 신임관계에 기초를 두고 타인의 재산관리에 관한 사무를 대행하거나 타인 재산의 보전행위에 협력하는 경우 등을 가리킨다(신분범). 여기서 '임무에 위배하는 행위'란 당해 사무의 내용·성질 등 구체적 상황에 비추어 법률의 규정, 계약의 내용 또는 신의성실의 원칙상 당연히 할 것으로 기대되는 행위를 하지 않거나, 당연히 하지 않아야 할 것으로 기대되는 행위를 함으로써 본인에 대한 신임관계를 저버리는 일체의 행위를 포함한다(예 부동산의 이중매매).

㈔ 장물죄 : 장물에 관한 죄는 장물의 취득·양여·운반·알선·보관하는 행위를 처벌한다. 장물이란 재산범죄에 의해 취득된 물건을 말한다. 양여란 장물인 줄 모르고 취득하였다가 이를 알고 다시 타인에게 유·무상으로 장물을 수여하는 것을 의미한다.

㈕ 손괴죄 : 손괴죄는 타인의 재물 또는 문서를 손괴 또는 은닉 기타 방법으로 그 효용을 해하는 행위를 처벌한다.

(2) 사회적 법익에 관한 죄

공중의 안전과 평온에 관한 죄, 공공의 신용에 관한 죄, 공중의 건강에 관한 죄, 사회도덕에 관한 죄로 구분된다.

1) 공공의 안전과 평온에 관한 죄

㈎ 공안을 해하는 죄는 공공의 법질서 또는 공공의 안전과 평온을 해하는 것을 내용으로 하는 범죄(형법 각칙 제5장)를 말한다. 형법은 공안을 해하는 죄로 제114조 이하에서 범죄단체조직죄(형법 §114), 소요죄(형법 §115), 다중불해산죄(형법 §116), 전시공수계약불이행죄(형법 §117) 및 공무원자격사칭죄(형법 §118)의 범죄를 규정하고 있다.

㈏ 폭발물에 관한 죄(제6장) : 전쟁・천재 기타 사변에 있어서 폭발물을 사용하여 사람의 생명・신체 또는 재산을 해하거나 기타 공안을 문란케 하는 범죄 및 전쟁 또는 사변에 있어서 정당한 이유없이 폭발물을 제조・수입・수출・수수 또는 소지함으로써 성립하는 범죄(형법 §119~§121)를 말한다. 폭발물이란 점화 등 일정한 자극을 가하면 고체・액체 또는 가스 등의 급격한 팽창에 의하여 폭발작용을 하는 물체를 말한다. 그러나 폭발물은 이화학적 개념에 의존할 필요가 없는 법률적 개념 또는 규범적 개념이므로 폭발의 파괴력이 사람의 생명・신체・재산을 해하거나 공안을 문란케 할 정도에 이르러야 한다. 따라서 소총의 실탄발사는 폭발물이 될 수 없으며, 화염병도 또한 폭발물이라고 할 수 없다. 폭발물사용죄(형법 §119①)와 전시폭발물사용죄(§119②)를 범할 목적의 예비・음모 및 선동을 처벌하며, 다만 예비・음모의 경우 그 목적한 죄의 실행에 이르기 전에 자수한 때에는 그 형을 감경 또는 면제한다(§120).

㈐ 방화와 실화의 죄(제13장): 방화죄는 불을 놓아 물건을 소훼하는 죄이며, 실화죄는 과실로 인하여 물건을 소훼하는 죄이다.

㈑ 일수와 수리에 관한 죄(제14장): 일수죄(溢水罪)는 물을 넘겨 건조물 등을 침해하는 죄이고, 수리방해죄는 제방이나 수문을 파괴하거나 기타 방법으로 수리를 방해하는 죄이다.

㈒ 교통방해의 죄(제15장) : 육로, 수로 또는 교량을 손괴 또는 불통하게 하거나 기타 방법으로 교통을 방해하거나 사람의 현존하는 기차, 전차, 자동차, 선박 또는 항공기를 전복, 매몰, 추락 또는 파괴시키는 등의 행위를 하는 죄이다.

2) 공공의 신용에 관한 죄

㈎ 통화에 관한 죄(제18장) : 행사할 목적이 있어야 성립하는 목적범이며 통화란 국가 또는 국가에 의하여 발행권한이 부여된 기관에 의하여 금액이 표시된 지급수단으로서 강제 통용력이 인정된 것을 말한다.

㈏ 유가증권・우표・인지에 관한 죄(제19장) : 이에는 유가증권의 위조・변조 및 허위작성죄가 있다. 유가증권에는 대한민국 또는 외국의 공채증서 기타 유가증권을 포함하는데 공채증서 뿐만 아니라 어음, 채권 등이 그 예이다.

㈐ 문서에 관한 죄(제20장) : 문서를 공문서와 사문서로 구분하여 공문서는 유형위조와 무형위조를 모두 처벌하나, 사문서의 경우에는 유형위조만을 처벌하는 것을 원칙으로 하고, 무형위조의 경우에는 허위진단서작성죄만을 예외적으로 처벌한다. 유형위조란 문서의 작성명의인에 허위가 있는 것을 말하며, 무형위조란 작성명의인은 진실하나 내용이 허위인 위조를 말한다. 형법상 문서로서의 기능을 갖기 위해서는 지속적 기능, 증명적 기능, 보장적 기능을 하여야 한다. 문서의 위조란 작성권한 없는 자가 타인명의를 모용하여 문서를 작성하는 것을 말하며, 변조란 이미 진정하게 성립한 문서에 대하여 권한 없이 내용에 변경을 가는 것을 말한다. 자격을 모용한다 함은 대리권 또는 대표권이 없는 자가 타인의 대리자격 또는 대표자격이 있는 것으로 가장하여 문서를 작성하는 것을 말한다.

㈑ 인장에 관한 죄(제21장) : 본죄의 행위객체는 인장・서명・기명 또는 기호이다. 행사할 목적으로 공무원 또는 공무소의 인장, 서명, 기명 또는 기호를 위조 또는 부정사용한 자나 위조 또는 부정사용한 공무원 또는 공무소의 인장, 서명, 기명 또는 기호를 행사한 자는 5년 이하의 징역에 처한다.

3) 공중의 건강에 관한 죄

(가) 음용수에 관한 죄(제16장)는 음용에 공할 정수 또는 그 수원에 오물·독물 기타 건강을 해할 물건을 혼입하거나, 수도 기타의 시설을 손괴 또는 기타의 방법으로 불통하게 하여 공중의 음용수의 이용과 그 안전을 위태롭게 함으로써 성립하는 범죄를 말한다. 공공위생의 견지에서 공중의 건강 또는 공중의 보건을 보호법익으로 하는 공공위험죄라고 할 수 있다. 음용수에 관한 죄에는 음용수 사용방해죄(형법 §192 ①), 음용수 유해물혼입죄(§192 ②, 행위의 방법으로 인하여 불법이 가중되는 경우), 수도음용수사용방해죄(§193 ①), 수도음용수 유해물혼입죄(§193 ②)와 수도불통죄(§195), 음용수혼독치사상죄(§194) 등이 있다.

(나) 아편에 관한 죄(제17장)는 아편을 흡식하거나, 아편 또는 아편흡식기구를 제조·수입·판매 또는 소지하는 것을 내용으로 하는 범죄이다(보호법익은 공중의 건강). 이 죄는 아편흡식등죄(형법 §201 ①)를 기본으로 동 장소제공죄(§201 ②), 아편 등 제조·수입·판매 또는 판매목적소지죄(§199), 세관공무원의 아편 등 수입죄(§200)와 상습범(§203)에 관한 규정 등이 있다.
이에 대한 감경적 구성요건으로는 아편 등 소지죄(§205)가 있으며, 이외에 특별법으로 「마약류관리에 관한 법률」 등이 제정되어 있고, 마약에 대하여는 「특정범죄가중처벌 등에 관한 법률」에 가중처벌 규정을 두고 있다(동법 §11).

4) 사회도덕에 관한 죄

(가) 성도덕에 반하는 풍속을 해하는 죄로 성풍속에 관한 죄(제22장)에는 음행매개(§242)·음화반포 등(§243)·음화제조 등(§244)·공연음란(§245) 등의 행위를 내용으로 하는 범죄가 있다.

(나) 도박(賭博)과 복표(福票)에 관한 죄(제23장)에는 도박·상습도박(§246)·도박개장(§247)·복표의 발매 등(§248)의 죄가 있다.

㈐ 신앙에 관한 죄(제12장)은 종교적 평온과 종교감정을 침해하는 것을 내용으로 하는 범죄를 말한다. 신앙에 대한 죄는 종교적 평온과 종교적 감정을 보호하기 위한 범죄이며, 종교 자체를 보호하는 것은 아니다. 형법에는 신에 대한 모독죄의 규정이 없기 때문이다. 여기서 종교적 감정이란 개인의 종교적 감정이 아니라 다수인 또는 일반의 그것을 의미한다. 형법은 신앙에 관한 죄로 장례식 등 방해죄(형법 §158), 사체 등 오욕죄(§159), 분묘 발굴죄(§160), 사체등 손괴 · 영득죄(§161) 및 변사자 검시 방해죄(§163) 등을 규정하고, 그 중 분묘 발굴죄와 사체등 손괴 · 영득죄의 미수범을 처벌한다(§162).

(3) 국가적 법익에 관한 죄

국가적 법익에 대한 죄는 국가존립에 대한 죄와 국가의 권력 · 권위 · 기능에 대한 죄로 나눌 수 있다.

1) 국가의 존립에 관한 죄

㈎ 내란의 죄(제1장)는 국토를 참절(僭竊)하거나 국헌을 문란하게 할 목적으로 폭동을 일으키는 죄(형법 §87). 이 죄의 보호법익은 국가의 존립이며, 외환(外患)의 죄가 국가의 외부로부터 이를 위태롭게 함에 반하여 내란죄는 국가의 내부에서 위태롭게 하는 것이다. 이 죄는 집합적 범죄(중합범)이고 목적범이다. 국토의 참절이란 영토권의 일부 또는 전부를 배제하는 것을 말하며, 폭동이란 다수인이 결합해서 폭행 · 협박하여 그 지방의 평온을 해할 정도가 되는 것을 말한다. 집단범죄의 특질에 비추어, 그 관여자는 자기의 역할에 따라 수괴(首魁), 모의에 참여하거나 지휘 및 기타 중요한 임무에 종사한 자, 부화수행(附和隨行)하거나 단순히 폭동에만 관여한 자로 나누어 주도적인 자에게는 중형(重刑), 군중심리에 끌렸음에 불과한 자에게는 경(輕)한 형이 규정되어 있다. 또한 미수범 · 예비 · 음모 · 선동 · 선전도 처벌하며, 실행에 이르기 전에 자수한 때에는 그 형을 경감 또는 면제한다(§89 · 90). 본죄의 행위는 폭동하는 것으로, 폭동이란 다수인이 결합하여 폭행 · 협박하는 것을 말한다. 본죄는 목적범이므로 다수인이 폭동한다는 고의가 있어야 하는 이외에, 국토를 참절하거나 국헌을 문란할 목적이 있어야 한다. 미수범은 처벌하며(§89), 예비 · 음모(§90①) · 선동 · 선전(§90②)도 처벌한다.

(나) 외환의 죄(제2장)는 외국으로 하여금 무력행사를 유발케 하거나, 대한민국에 항적하거나, 적국을 위하여 인적·물적 이익을 제공하여 국가의 존립과 안전을 위태롭게 하는 범죄를 말한다. 외환(外患)의 죄도 국가의 존립과 안전을 위태롭게 하는 범죄라는 점에서는 내란의 죄와 본질을 같이 하나, 국가의 외부로부터 국가의 존립과 안전을 위태롭게 한다는 점에서 국가의 내부로부터 위태롭게 하는 내란의 죄와 구별된다. 따라서 내란의 죄의 보호법익이 국가의 내적 안전이라 한다면, 외환의 죄의 보호법익은 국가의 외적 안전이다. 형법의 외환의 죄는 외환유치죄(형법 §92), 여적죄(§93), 이적죄(§94~§97·99), 간첩죄(§98) 및 전시군수계약불이행죄(§103)로 구성되어 있다. 이적죄의 기본적 구성요건은 일반이적죄(§99)이며, 모병이적죄(§94)·시설제공이적죄(§95) 및 시설파괴이적죄(§96)와 물건제공이적죄(§97)는 그 가중적 구성요건이다.

(다) 국교에 관한 죄(제4장)는 외국과의 평화로운 국제관계를 침해하여 국제법상 보호되는 외국의 이익을 해하고, 외국과의 국교관계 내지 자국의 대외적 지위를 위태롭게 하는 범죄를 말한다. 본죄의 유형은 (i)외국원수·사절·국기에 대한 죄는 외국원수나 사절에 대한 폭행·협박·모욕 또는 명예훼손을 가중처벌하고 외국국기 등을 특별취급 하는 규정이다. 외국원수에 대한 폭행등죄(형법 §107), 외국사절에 대한 폭행등죄(§108) 및 외국 국기·국장 모독죄(§109)가 여기에 해당한다. (ii) 외국에 대한 국제적 의무위반 내지 평화를 침해하는 것을 처벌하는 범죄유형으로 외국에 대한 사전죄(§111)와 중립명령위반죄(§112)가 있다. (iii) 외교상 비밀누설죄(§113)는 외환죄의 성격을 가지고 있는 범죄라고 할 수 있다.

2) 국가의 권위와 기능에 관한 죄

(가) 국기에 관한 죄(제3장)는 대한민국을 모욕할 목적으로 국기(國旗) 또는 국장(國章, 국가를 나타내는 상징)을 손상, 제거 또는 오욕비방하는 죄이다.

(나) 공무원의 직무에 관한 죄(제7장)은 공무원이 의무에 위배하거나 직권을 남용하여 국가기능의 공정을 해하는 것을 내용으로 하는 범죄를 말한다. 즉 공무원의 직무범죄이다. 이는 국가의 기능이 직권남용·뇌물 기타의 이유로 부패되는 것을

방지하기 위한 범죄라고 할 수 있다. 본죄의 보호법익은 국가기능이며, 특히 국가질서에 대한 내부로부터의 침해에 그 본질이 있다고 할 수 있다.

㈐ 도주와 범인은닉죄(제9장)에는 법률에 의하여 체포 또는 구금된 자가 도주함으로써 성립하는 도주죄(형법 §145), 수용설비 또는 기구를 손괴하거나 사람에게 폭행 또는 협박을 가하거나 2인 이상이 합동하여 도주함으로써 성립하는 특수도주죄(§146), 벌금 이상의 형에 해당하는 죄를 범한 자를 은닉 또는 도피하게 함으로써 성립하는 범인은닉죄(§151)가 있다.

㈑ 위증과 증거인멸에 관한 죄(제10장)에는 법률에 의하여 선서한 증인이 허위의 공술을 한 때에 성립하는 위증죄(형법 §152①), 타인의 형사사건 또는 징계사건에 관한 증거를 인멸·은닉·위조 또는 변조하거나 위조 또는 변조한 증거를 사용함으로써 성립하는 증거인멸죄(§155①) 등이 있다.

㈒ 무고의 죄(제11장)는 타인으로 하여금 형사처분·징계처분을 받게 할 목적으로 공무소 또는 공무원에 대하여 허위의 사실을 신고함으로써 성립하는 범죄(형법 §156)을 말한다. 본죄는 국가의 심판기능을 주된 보호법익으로 하는 국가적 법익에 대한 범죄이며, 부수적으로는 부당하게 처벌받지 않을 개인의 이익도 보호하는 이중성격을 가진 범죄이다. 다만 무고죄의 주된 보호법익은 국가의 심판기능이라 할 것이므로 피무고자의 승낙은 본죄의 성립에 영향을 미치지 못한다.

3. 경비업무 중 발생우려 범죄

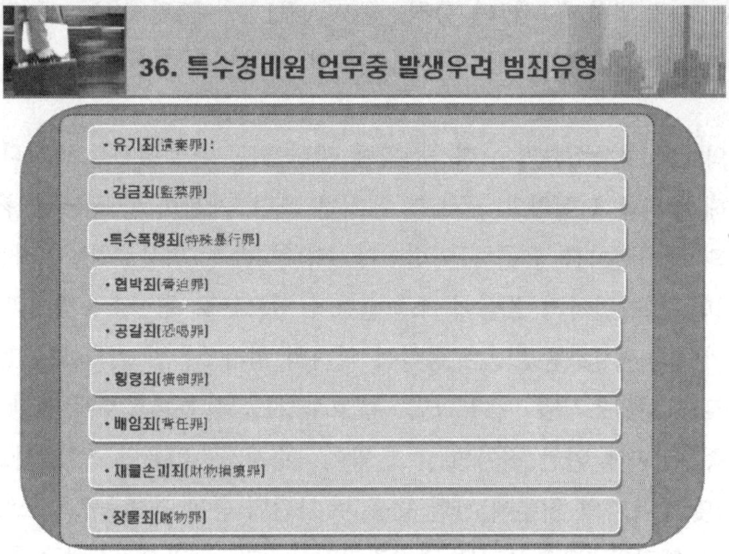

제2절 형사소송법

1. 형사소송이란

(1) 형사소송법의 개념

1) 범죄가 구체적으로 발생하였을 때는 형법에 따라서 현실적으로 범죄사실 및 범죄자를 확인하고 그에 형벌을 과하여야 한다. 그런데 그 절차는 법률이 규정한 공정한 절차에 의하지 않으면 안 된다. 전자의 요구를 실체진실주의, 후자의 요구를 법의 적정절차(適正節次)라고 한다.

2) 국가형벌권을 구체적으로 실현하는 형사재판에 관한 절차가 형사소송이며, 그 절차를 규율하는 법률이 형사소송법이다. 이는 형사소송절차를 규율하는 법률로써, 형사소송절차는 범죄를 인정하고 형벌을 과하기 위한 절차이다. 즉 형벌을 청구하는 자와 방어하는 자가 대립하고, 제3자인 법원이 이것에 관하여 판단한다는 소송의 구조를 가지는 일련의 절차를 규정한 법률이다(절차법 또는 형식법).

3) 형식적 의미의 형사소송법은 「형사소송법」이라는 이름을 가진 법률(1954. 9.23 법률 제341호)을 말하며, 제1편 총칙, 제2편 제1심, 제3편 상소, 제4편 특별소송절차, 제5편 재판의 집행의 제5편 제493조와 부칙으로 되어 있다.

4) 실질적 의미의 형사소송법은 형사절차에 관한 법규범의 총체를 말한다. 즉, 형사사건에 대해 수사를 진행하고, 공소를 제기를 하며, 재판하고, 선고된 형벌을 집행하는 일련의 형사절차를 규율하는 법이다. 정확하게는 형사절차법이라는 용어가 더 적절하지만, 형사절차의 중심이 소송절차에 있으므로 형사소송법이라고 한다.
실질적 의미의 형사소송법에는 형식적 의미의 형사소송법 이외에도 형사조직에 관한 법률로서 법원조직법 · 검찰청법 · 변호사법 등과 특별절차에 관한 법률로서 소년법, 「즉결심판에 관한 절차법」, 그 밖에 「형사소송비용법」 · 「형사보상법」 · 「형의 집행 및 수용자의 처우에 관한 법률」 · 사면법 등과 대법원규칙으로서 형사소송규칙 등과 행정입법으로서 사법경찰관리집무규칙, 검찰사건사무규칙 등 형사절차와 관련되는 모든 법이 포함된다.

(2) 형사소송법의 이념

1) 실체적 진실주의 : 형사소송은 형법을 구체적으로 실현시키기 위한 절차이므로 사건의 진상을 정확하게 밝히는 것이 중요하며, 이것은 실체적 진실주의로 나타난다. 그러나 실체적 진실을 추구함에 있어서 피고인의 인권을 유린할 우려가 있으므로 그 방지를 위하여 ㉠ 적정절차의 원칙과 ㉡ 신속한 재판의 원칙이 강조된다.
실체적 진실주의는 문제되는 사건의 진상을 규명하여 객관적 진실을 발견하는 것을 말하며, 이는 형사절차의 제1의 목표이다. 객관적 진실의 발견이란 죄 있는 자에게는 벌을 주고 죄 없는 자에게 벌을 주지 않음으로써, 죄 있는 자가 벌을 받지 않거나 죄 없는 자가 벌을 받거나 하는 일이 없도록 한다는 것을 의미한다.
실체적 진실주의는 형사소송법상 법원(法院)의 피고인 및 증인의 신문제도, 법원의 직권증거조사제도, 전문법칙, 상소(上訴) · 재심제도 등에 의하여 구현된다. 다만 실체적 진실주의에 대하여는, 인간의 힘으로는 객관적 진실을 완전하게 밝혀내기 어렵다는 사실상의 제약과 형사절차를 통하여 얻어지는 이익보다 더 큰 공익을 위한 초소송법적 이익에 의한 제약이 있다.

2) 적정절차의 원칙 : 형사절차가 공정한 법정절차에 의하여야 한다는 원칙을 말한다. 이는 곧 형사절차가 헌법의 인권보장의 정신에 부합하여야 한다는 것을 의미한다. 적정절차의 원칙은 형사피고인의 인권을 존중할 뿐 아니라, 공정한 형사절차를 유지함으로써 법질서에 대한 신뢰를 제고하고 국가의 형벌권의 남용을 견제하는 데에 그 의의가 있다. 적정절차의 원칙은 헌법에 의하여 선언되어 있으며(헌법 §12), 공정한 재판의 원칙과 과잉금지의 원칙을 내용으로 하고, 형사소송법상 법관의 제척 · 기피 · 회피제도, 피고인에 대한 변호인의 조력권, 법원의 피고인에 대한 묵비권고지의무와 피고인의 묵비권, 구속적부심사제도 등에 의하여 구현된다.

3) 신속한 재판의 원칙 : 신속한 재판의 원칙이란 형사재판절차가 적정한 기간 내에 종료되어야 한다는 원칙을 말한다. 재판의 지연은 재판의 거부와 같은 효과를 가져올 수 있다. 신속한 재판의 원칙은 피고인의 부당한 장기구금과 재판의 지연으로 인해 발생할 수 있는 피고인의 방어력 약화를 방지하고, 피고인의 불안과 피고인에 대한 비난을 최소화하기 위한 것이다. 나아가 신속한 재판의 원칙은 실체적 진실주의 및 적정절차의 원칙을 뒷받침하고, 소송절차의 촉진 및 소송비용의 절감 등 공익을 위해서도 필요하다. 신속한 재판의 원칙은 헌법에 명시되어 있으며(헌법 §27조), 형사소송법상 수사기관의 구속기간제한, 공소시효제도, 공판준비절차, 궐석재판제도, 집중심리주의, 구속기간 및 판결선고기간제한, 신속한 상소심재판의 등으로 구현된다.

형사절차의 진행단계

- 단서(인지, 고소, 고발, 진정 등) – 입건 – 수사(경찰, 검찰) – 기소
- 구속: 현행범과 준현행범은 영장없이 체포 가능. 그러나 사후에 영장을 받아야 한다. 그 외의 구속에는 반드시 검사가 청구하여 법관이 발부한 영장에 의하여야 한다.
- 구속자의 석방 : 구속적부심, 기소전 보석, 보석, 집행유예, 가석방 등

(3) 형사소송의 주체 및 관계인

1) 형사소송의 구조와 관련자: 형사소송절차는 공소권을 행사하여 형벌을 청구하는 원고인 검사와 공소가 제기되어 이를 방어하는 자인 피고인이 대립하고 이에 대하여

제3자인 법원이 심판하는 소송구조를 이루고 있다. 형사소송의 주체는 형사법원·검사·피고인의 3자이다. 즉 국가기관인 검사가 원고로 되며, 공익을 위하여 피고인을 소추하는 재판절차가 형사소송이다.

소송 주체		법원·검사·피고인	
소송관계인	당사자	검사	피고인
	보조인	사법경찰관리	변호인, 보조인
소송 관여자		증인, 감정인, 고소인, 고발인	

2) 법원 : 법관으로 구성되어 사법권을 행사하는 기관(헌법 §101①)을 말한다. 심급을 기준으로 1심법원과 상소법원이 있고, 구성방법에 따라 합의부법원과 단독법원이 있다. 재판은 사건에 따라 판사 한사람이 하기도 하고 판사 3인으로 구성된 합의부에서 하기도 하는데 원칙으로 단기 1년 이상의 징역에 해당하는 사건은 합의부의 관할이다. 단독판사가 한 재판에 대하여는 지방법원의 항소부, 합의부에서 한 재판에 대하여는 고등법원에 각 항소를 할 수 있고 이에 대하여는 다시 대법원에 각 상고할 수 있다.

3) 검사 : 검사는 능동적 당사자, 즉 공소권의 행사를 주요임무의 하나로 하는 공익의 대표자로서 ㉠범죄수사·공소제기와 그 유지에 필요성 행위, ㉡범죄수사에 관한 사법경찰정리의 지휘·감독, ㉢법원에 대한 법령의 정당한 적용의 청구, ㉣재판집행의 지휘·감독 등에 대한 직무와 권한을 가진다. 검사는 공소권을 독점하고(기소독점주의), 소송에 있어서 당사자로서 원고의 지위에 서서 피고인과 대립한다.

4) 피고인 : 형사소송에 있어서 피고인(被告人)이라 함은 수동적 당사자, 즉 형사사건에 관하여 형사책임을 져야 할 자로서 검사에 의하여 공소를 제기당한 자를 말한다. 피고인은 공소를 제기당한 자를 의미한다는 점에서 범죄의 혐의를 받아 수사기관에 의하여 수사의 대상이 되어 있는 자로서 아직 공소의 제기가 없는 피의자(被疑者)와 구별되며, 또한 유죄판결이 확정된 수형자와도 구별된다. 피고인은 당사자로서 각종 소송행위를 할 수 있는 권리가 보장되어 있으며, 진술권과 묵비권(진술거부권 : 형소법 §283의2)을 행사할 수 있다.

5) 변호인 : 형사소송법상 피고인 또는 피의자의 방어력을 보충함을 임무로 하는 보조자를 말한다. 법률의 문외한인 피고인 또는 피의자에게 검사와 대등한 법률지식을 가지고 있는 변호인에게 그를 보조하게 함으로써 공정한 재판을 실현하고 당사자주의의 실효를 거두게 하는데 변호인제도의 존재이유가 있다.

우리 헌법은 구속된 피고인 또는 피의자의 변호인의 도움을 받을 권리를 국민의 기본적 인권의 하나로 보장하고 있다(헌법 §12④). 변호인은 변호사 중에서 선임하여야 한다. 다만 대법원 아닌 법원은 특별한 사정이 있으면 변호사 아닌 자를 변호인으로 선임함을 허가할 수 있는데(형소법 §31), 이를 특별변호인이라 한다. 다만 상고심에 있어서는 변호사 아닌 자를 변호인으로 선임하지 못한다(형소법 §386). 변호인선임의 효과는 그 심급에 한하여 미친다. 따라서 변호인은 심급마다 선임하여야 한다(형소법 §32①). 다만 공소제기 전의 변호인선임은 제1심에도 그 효력이 있다(형소법 §32②). 변호인은 그 선임방법에 따라 사선변호인(형소법 §30)과 국선변호인(형소법 §33 · 283 · 438④)으로 구별된다. ㉠피고인이 구속된 때, ㉡피고인이 미성년자인 때, ㉢피고인이 70세 이상인 때, ㉣피고인이 농아자인 때, ㉤피고인이 심신장애의 의심이 있는 때, ㉥피고인이 사형, 무기 또는 단기 3년 이상의 징역이나 금고에 해당하는 사건으로 기소된 때 등의 어느 하나에 해당하는 경우 변호인이 없는 때에는 법원은 직권으로 변호인을 선정하여야 한다. 또한 법원은 피고인이 빈곤 그 밖의 사유로 변호인을 선임할 수 없는 경우에 피고인의 청구가 있는 때에는 변호인을 선정하여야 한다. 법원은 피고인의 연령 · 지능 및 교육 정도 등을 참작하여 권리보호를 위하여 필요하다고 인정하는 때에는 피고인의 명시적 의사에 반하지 아니하는 범위 안에서 변호인을 선정하여야 한다(형소법 §33).

그리고 일정한 사건에 있어서는 변호인 없이는 개정하지 못하게 되어 있는데(형소법 §282), 이를 필요적 변호라고 한다.

(4) 형사소송절차

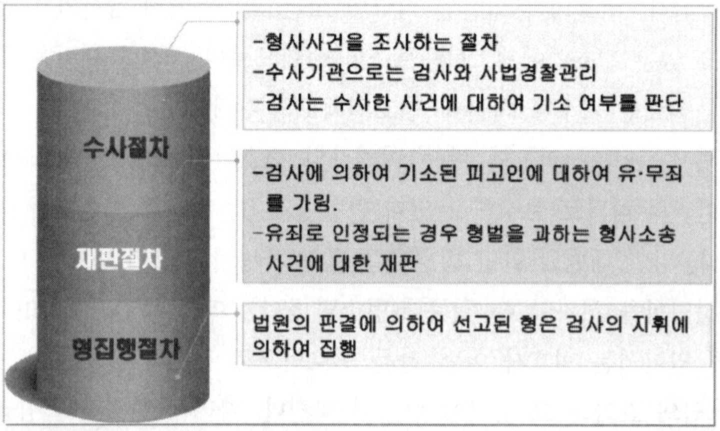

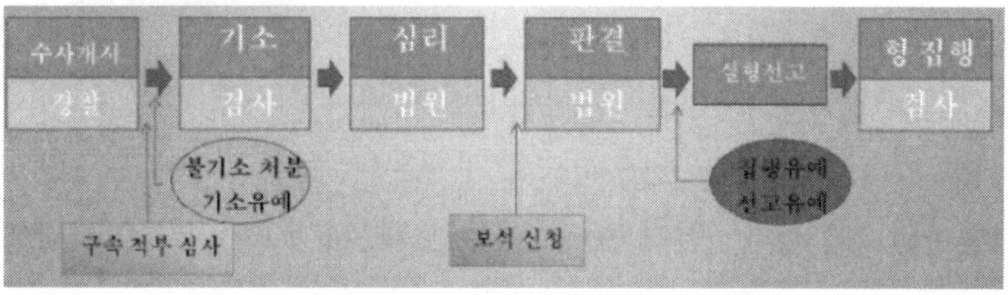

1) 수사

살인사건처럼 어떤 종류의 문제는 너무나 중대하기 때문에 개인들끼리 해결을 하도록 놓아둘 수 없는 것이 있다. 그러한 문제는 국가가 법률로 범죄라고 규정하여 강제로 형벌을 과하는데 이러한 것을 형사사건이라 한다. 수사(搜査)란 범죄의 혐의 유무를 명백히 하여 공소의 제기와 유지 여부를 결정하기 위하여 범인을 발견·확보하고 증거를 수집·보전하는 수사기관의 활동을 말한다. 이러한 활동을 법적으로 규제하는 절차를 수사라고 한다. 형사절차는 수사에 의하여 개시된다. 따라서 수사는 형사절차의 제1단계라고 할 수 있다.

검사가 수사의 주재자이고 사법경찰관리는 검사를 보조하는 기관이다. 수사기관[檢事·司法警察官吏]은 범인을 발견하고 범죄의 혐의가 있다고 생각할 때에는 범죄사실과 증거를 수집활동을 하는 수사를 하여야 한다. 이것은 공소를 제기·수행하기 위하여 범인과 증거를 발견하고 수집하는 절차로서 검사와 그의 감독을 받는 사법경찰관이 행한다. 검사에 필요하면 피의자의 임의적 출두를 구하여 조사하지만 그렇지 않은 특별한 경우는 구속·검색·압수 등의 강제처분에 의하여 하는데 현행범인 이외에는 반드시 법관이 발부하는 영장이 있어야 한다.

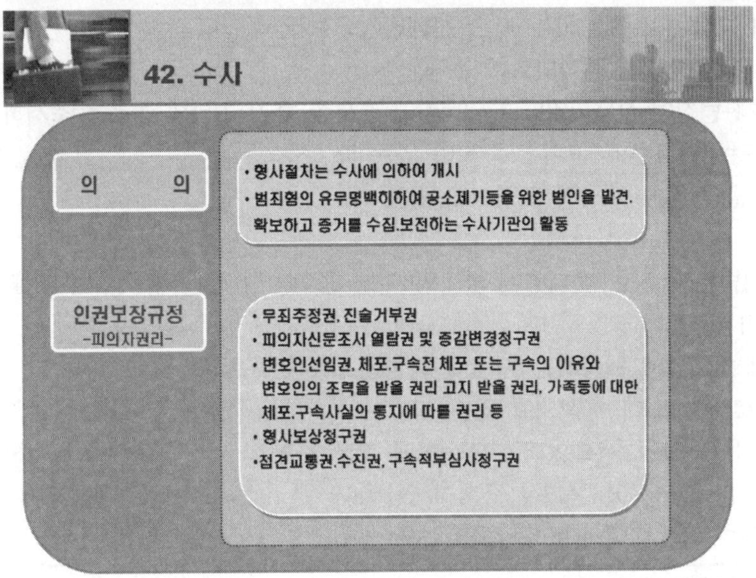

㈎ 수사의 단서: 검사는 범죄의 혐의가 있다고 사료되는 때에 범인·범죄사실과 증거를 수사해야 하며, 사법경찰관은 검사의 지휘를 받아 수사해야 한다(형소법 §195·196). 이와 같이 수사는 수사기관의 주관적 혐의에 의해 개시된다. 범죄수사의 원인이 되는 단서에는 ㉠현행범인의 체포·변사자 검시·불심검문(「경찰관직무집행법」 §3)·보안검색(「항공보안법」 §15)·타사건 수사중의 범죄발견 등과 같이 수사기관자신의 자율적 개시원인과, ㉡고소·고발·자수·진정·범죄신고 등과 같이 타인의 체험의 청취에 의한 경우 및 피해자의 신고, 신문·방송 등의 수사기관의 인지, 투서 등이 있다.

현행범(現行犯)이란 범죄의 실행 중이거나 실행의 직후인 자이며, 준현행범인(형소법 §211②)도 현행범인과 마찬가지로 취급된다. 현행범인은 범행과의 시간적 접착성, 명백성을 전제로 누구든지 체포할 수 있도록 하여 영장주의의 예외를 취하고 있다.

제211조(현행범인과 준현행범인) ①범죄의 실행 중이거나 실행의 즉후인 자를 현행범인이라 한다.

②다음 각 호의 1에 해당하는 자는 현행범인으로 간주한다.

1. 범인으로 호창되어 추적되고 있는 때
2. 장물이나 범죄에 사용되었다고 인정함에 충분한 흉기 기타의 물건을 소지하고 있는 때
3. 신체 또는 의복류에 현저한 증적이 있는 때
4. 누구임을 물음에 대하여 도망하려 하는 때

제211조(현행범인과 준현행범인) ①범죄의 실행 중이거나 실행의 즉후인 자를 현행범인이라 한다.

②다음 각 호의 1에 해당하는 자는 현행범인으로 간주한다.

1. 범인으로 호창되어 추적되고 있는 때
2. 장물이나 범죄에 사용되었다고 인정함에 충분한 흉기 기타의 물건을 소지하고 있는 때
3. 신체 또는 의복류에 현저한 증적이 있는 때
4. 누구임을 물음에 대하여 도망하려 하는 때

제212조(현행범인의 체포) 현행범인은 누구든지 영장없이 체포할 수 있다.

제213조(체포된 현행범인의 인도) ①검사 또는 사법경찰관리 아닌 자가 현행범인을 체포한 때에는 즉시 검사 또는 사법경찰관리에게 인도하여야 한다.

②사법경찰관리가 현행범인의 인도를 받은 때에는 체포자의 성명, 주거, 체포의 사유를 물어야 하고 필요한 때에는 체포자에 대하여 경찰관서에 동행함을 요구할 수 있다.

제214조(경미사건과 현행범인의 체포) 다액 50만원이하의 벌금, 구류 또는 과료에 해당하는 죄의 현행범인에 대하여는 범인의 주거가 분명하지 아니한 때에 한하여 제212조 내지 제213조의 규정을 적용한다.

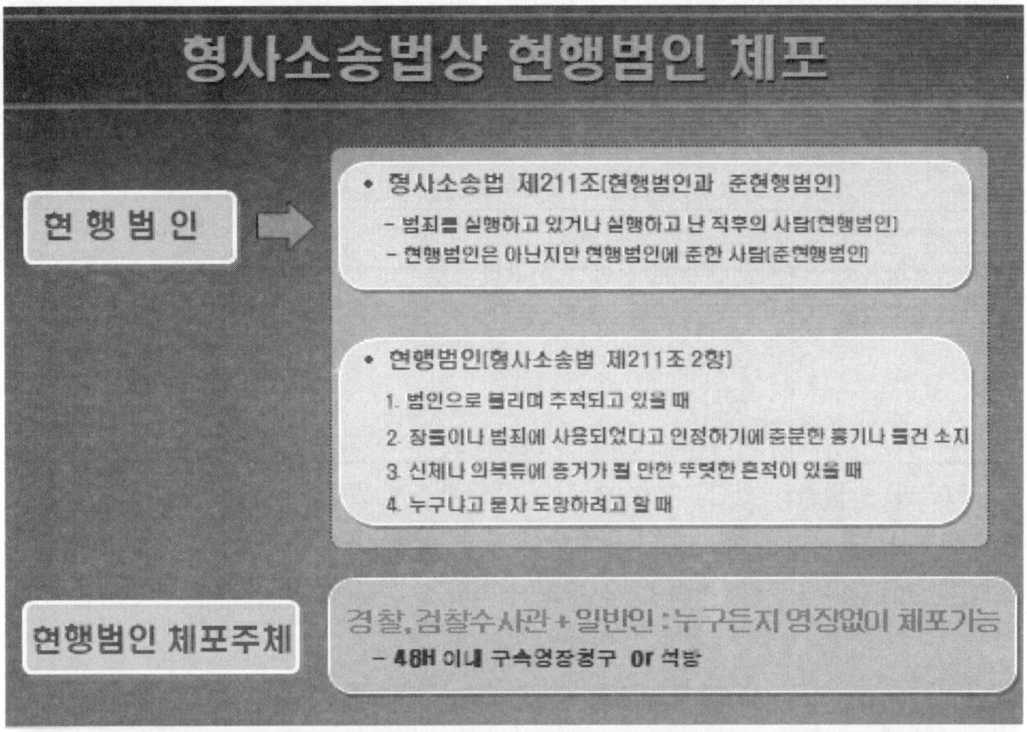
형사소송법상 현행범인 체포
현 행 범 인
• 형사소송법 제211조[현행범인과 준현행범인]
- 범죄를 실행하고 있거나 실행하고 난 직후의 사람[현행범인]
- 현행범인은 아닌지만 현행범인에 준한 사람[준현행범인]
• 현행범인[형사소송법 제211조 2항]
1. 범인으로 불리며 추적되고 있을 때
2. 장물이나 범죄에 사용되었다고 인정하기에 충분한 흉기나 물건 소지
3. 신체나 의복류에 증거가 될 만한 뚜렷한 흔적이 있을 때
4. 누구냐고 묻자 도망하려고 할 때
현행범인 체포주체
경찰, 검찰수사관 + 일반인 : 누구든지 영장없이 체포가능
– 48H 이내 구속영장청구 or 석방

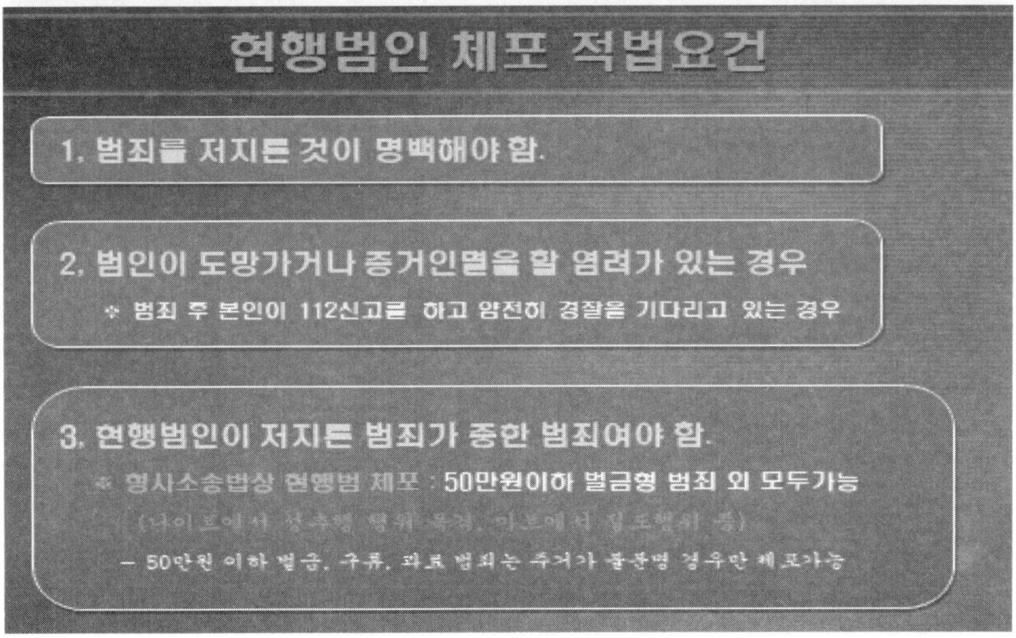
현행범인 체포 적법요건
1. 범죄를 저지른 것이 명백해야 함.
2. 범인이 도망가거나 증거인멸을 할 염려가 있는 경우
※ 범죄 후 본인이 112신고를 하고 얌전히 경찰을 기다리고 있는 경우
3. 현행범인이 저지른 범죄가 중한 범죄여야 함.
※ 형사소송법상 현행범 체포 : 50만원이하 벌금형 범죄 외 모두가능
– 50만원 이하 벌금, 구류, 과료 범죄는 주거가 불분명 경우만 체포가능

❖ 고소와 고발의 차이점

구 분	고 소	고 발
주 체	고소권자	범인 및 피해자외의 제3자
기 간	-비친고죄는 무제한 -친고죄:범인을 안날로부터 6월	무제한
대 리	허용	불허
취소시기	제1심판결 선고전	무제한
재고소·고발	불허	허용
공통점	·수사의 단서가 된다. ·구두나 서면으로 가능 ·자기 또는 배우자의 직계존속을 고소·고발할 수 없다.	

고소(告訴)는 범죄로 인한 피해자나 그와 일정관계에 있는 자, 즉 고소권자가 수사기관에 범죄사실을 신고하여 범인의 처벌을 희망하는 의사표시를 말한다. 이에 대해 고발(告發)은 고소권자와 범인 이외의 제3자가 신고하는 것을 말한다.

형사사건의 처리

(1) 수사개시 - 수사기관이 수사를 개시하는 단서에는 제한이 없다. 고소, 고발처럼 범죄신고를 받거나 풍문이나 신문기사를 보고 시작하거나 우연히 목격하고 인지를 할 수도 있다. 수사기관은 범죄의 혐의가 있다고 사료되는 때는 범인, 범죄사실과 증거를 수사하여야 한다. 그러나 범죄의 혐의가 없거나 범죄가 되더라도 처벌할 수 없음이 명백한 때에는 수사를 할 수 없다.

(2) 입건 - 수사기관이 수사를 개시하여 형사사건으로 되는 것을 입건한다고 하며, 이와 같이 입건이 되어 수사대상이 되면 형사소송법상 '被疑者'가 되는 것이다. 그런데 우리는 가끔 용의자라는 말과 내사라는 말을 듣게 된다. 아직 범죄의 혐의는 뚜렷하지 않아 정식으로 입건하기에는 부족하지만 진정이나 투서가 있다든가 또는 진정 등이 없더라도 조사를 해 볼 필요가 있는 경우에는 정식입건을 하지 않고 내부적으로 조사를 할 때가 있다. 이를 흔히 내사라고 하는데 내사를 할 때에는 내사사건부에 기재함은 물론이다. 그리고 예컨대 살인사건이 났다고 할 때 범인이 아닌가 하는 상당한 의심이 가는 자가 있으나 범인이라는 뚜렷한 혐의가 아직 발견되지 않은 경우 흔히 그 자를 용의자라고 부른다. 이에 대하여 조사가 더 진행되어 범죄의 혐의가 인정됨으로써 정식으로 입건되면 그때부터는 위에서

말한대로 그 자는 피의자의 신분이 되는 것이다.

(3) 체포 – 입건된 피의자가 죄를 범하였다고 의심할 만한 상당한 이유가 있고 정당한 이유없이 출석요구에 응하지 아니하거나 응하지 아니할 우려가 있는 때에는 피의자를 체포할 수 있다. 체포를 하기 위하여는 원칙적으로 판사가 발부한 체포영장이 있어야 하며, 사법경찰관이 피의자를 체포하기 위하여는 먼저 검사에게 체포영장을 신청하면 검사는 판사에게 청구하여 체포영장을 발부받게 되는데, 명백히 체포의 필요가 인정되지 아니하는 경우에는 검사나 판사는 체포영장을 기각할 수 있다. 다만, 수사기관은 범죄가 무겁고 긴급한 사정이 있어 판사의 체포영장을 발급받을 여유가 없을 때에는 그 사유를 알리고 영장없이 피의자를 체포할 수 있는데 이를 긴급체포라 한다(§200의3). 사법경찰관이 피의자를 긴급체포한 경우에는 즉시 검사의 승인을 얻어야 한다. 범죄의 실행중이거나 실행의 직후인 자를 현행범인이라 하는데, 현행범인은 누구든지 영장없이 체포할 수 있다. 수사기관이 아닌 자가 현행범인을 체포한 때에는 즉시 수사기관에 인도하여야 한다. 체포 또는 긴급체포한 피의자를 구속하고자 할 때에는 체포한 때부터 48시간이내에 판사에게 구속영장을 청구하여야 하며, 그 기간이내에 구속영장을 청구하지 아니하거나(영장에 의한 체포 또는 현행범인 체포의 경우) 구속영장을 발부받지 못한 때(긴급체포의 경우)에는 피의자를 즉시 석방하여야 한다.

(4) 구속과 불구속 – 수사기관은 수사를 한 결과 범죄가 무겁고 죄질이 나쁘며 일정한 주거가 없거나 도망 또는 증거인멸의 염려가 있는 경우에는 피의자를 구속 할 수 있다. 구속을 하기 위하여는 증거가 있어야 함은 물론 반드시 판사가 발부한 구속영장이 있어야 한다. 구속영장의 청구절차 및 방법은 체포영장의 경우와 같으며, 상당한 이유가 있는 경우에는 검사나 판사는 영장을 기각할 수 있다.

(5) 구속전 피의자심문제도 – 수사기관에서 피의자의 범죄혐의 유무를 조사하여 피의자가 죄를 범하였다고 의심할 만한 상당한 이유가 있고 도망이나 증거인멸의 우려가 있는 경우에는 법원에 구속영장을 청구하여 판사가 발부한 구속영장에 의하여 피의자를 구속하게 된다. 이 경우 피의자는 수사 과정에서 변명의 기회를 가지게 되는 것은 물론이고 1997.1.1.부터는 형사소송법 개정에 따라 구속여부가 결정되기 전에 판사 앞에서 변명의 기회를 가질 수 있게 되었는데 이 제도가 바로 구속전 피의자심문제도이다. 피의자들중 현행범인이나 체포영장, 긴급체포의 방식으로 수사기관에 체포된 피의자는 위와 같은 구속전 피의자심문을 신청할 수 있는 권리가 있고, 피의자의 변호인, 법정대리인, 배우자, 직계존속, 형제자매, 호주, 가족이나 동거인 또는 고용인은 피의자와 별도로 구속전 피의자심문을 신청할 수

있는 권리가 있다. 다만, 피의자나 변호인등의 신청이 있는 경우에도 판사가 반드시 피의자를 심문하여야 하는 것은 아니며 피의자를 심문하지 않아도 구속여부를 결정할 수 있다고 판단되는 사안에 대하여는 신청이 있는 경우에도 심문을 실시하지 아니한 채 구속영장을 발부할 수도 있다.

또한 피의자가 체포되지 아니한 상태에서 구속영장이 청구되는 경우에는 피의자나 변호인, 가족 등에게 심문 신청권을 부여하지 않고 판사가 직권으로 심문실시 여부를 결정하여 심문이 필요하다고 판단되는 사안에 대하여 심문을 실시한다.

피의자가 체포되지 아니한 상태에서 구속여부를 결정하는 것이기 때문에 따로 심문신청권을 부여하지 않는 것이다. 이 경우 판사가 심문을 실시하고자 할 때에는 피의자의 심문을 위하여 심문을 위한 구인영장을 발부하여 피의자를 법원에 구인한 후 심문을 실시한다.

(6) 송치 – 형사사건화된 모든 사건은 사건의 크고 작음에 구별이 없이 검사만이 수사를 종결할 수 있다. 그러므로 사법경찰관은 그가 수사한 모든 형사사건에 대하여 기록과 증거물을, 그리고 구속한 경우에는 피의자를 검찰청으로 보내야 하는데 이를 송치한다고 한다. 일반인 중에는 간혹 경찰서에서 조사를 받고 다 끝났는데 검찰청에서 또 부르는 것은 무슨 까닭인가라고 묻는 경우가 있는데, 그것은 검사만이 수사를 종결할 수 있는 권한이 있다는 것을 이해하지 못하였기 때문이다. 그리고 사법경찰관은 송치할 때 그동안 수사한 결과를 종합하여 사법경찰관으로서의 의견(예컨대 기소, 불기소 또는 기소중지, 무혐의 등)을 붙여서 송치하는데 이를 송치의견이라고 한다. 이 의견은 검사가 수사를 종결하는데 참고가 되지만 그 의견에 기속되는 것은 아니다. 검사는 그 책임하에 사건에 대하여 종국결정을 하여야 한다.

(7) 체포와 구속의 적부심사제도 – 일단 영장에 의하여 수사기관에 체포 또는 구속되었다고 하더라도 피의자는 적부심사절차에 따라 다시 법원으로 부터 체포 또는 구속의 적부(適否)여부를 심사 받을 수가 있다. 이 절차에서 체포 또는 구속이 부당하다고 하여 법원이 석방을 명하면 피의자는 즉시 석방되며, 이에 대하여 검사는 항고를 하지 못한다. 체포 또는 구속적부심의 청구는 피의자 본인이나 변호인은 물론 배우자, 직계친족, 형제자매, 가족, 나아가 동거인이나 고용주도 피의자를 위하여 청구할 수 있다. 체포 또는 구속적부심은 사건이 경찰에 있는가 검찰에 있는가를 가리지 아니하고, 검사가 법원에 기소를 하기 전이면 청구할 수 있다는 점에서 기소된 피고인에 대하여 인정되는 보석제도와 다르다.

체포 또는 구속적부심을 청구받은 법원은 지체없이 구속된 피의자를 심문하고 증거를 조사하여 결정을 하여야 하는데, 청구권자 아닌 자가 청구하거나 동일한 영장에 대하여 재청구한 때, 수사방해의 목적이 분명한 때 등에는 청구를 기각할 수 있으며, 이에 대하여 피의자는 항고하지 못한다. 형사소송법은 구속의 적부심사를 청구받은 피의자에 대하여도 피의자의 출석을 보증할 만한 보증금의 납입을 조건으로 석방을 명하는 피의자보석제도를 채택하고 있는 바, 석방의 요건·집행절차 등은 보석의 경우와 거의 동일하다.

(2) 공소제기

㈎ 수사종결과 공소제기

사법경찰관리가 범죄를 수사했을 때에는 신속히 관계서류와 증거물을 검사에게 송치하고, 검사는 사건의 기소(공소제기)·불기소(ⓐ혐의없음, ⓑ죄가 안됨, ⓒ공소권 없음, ⓓ각하) 기타의 처분을 함으로써 수사가 종결된다.

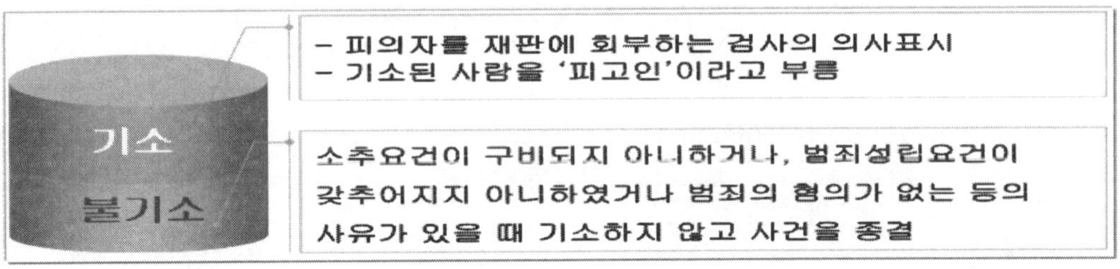

검사가 특정범죄에 관한 형벌권의 존부 및 그 범위를 확정하기 위해 법원에 대하여 심판을 구하는 의사표시를 공소(公訴)라고 하는데, 수사가 끝나 공소가 제기(기소)됨은 공판절차가 개시된다.

㈏ 공소제기의 원칙과 방식

공소는 검사만이 제기할 수 있는데 이것을 기소독점주의(起訴獨占主義)라고 하며 검사에 의해 기소된 사람을 피고인(被告人)이라고 한다.

공소를 제기함에는 ㉠피고인의 성명 기타 피고인을 특정할 수 있는 사항, ㉡죄명, ㉢공소사실(범죄의 시일·장소와 방법을 명시하여 사실을 특정), ㉣적용법조를 기재한 공소장(公訴狀)을 관할법원에 제출하여야 한다(형소법 §254). 공소장에는 피고인 수에 상응한 부본을 첨부하되, 사건에 관하여 법원에 예단이 생기게할 수 있는 서류 기타 물건을 첨부해서는 안된다(공소장일본주의).

(3) 공판절차

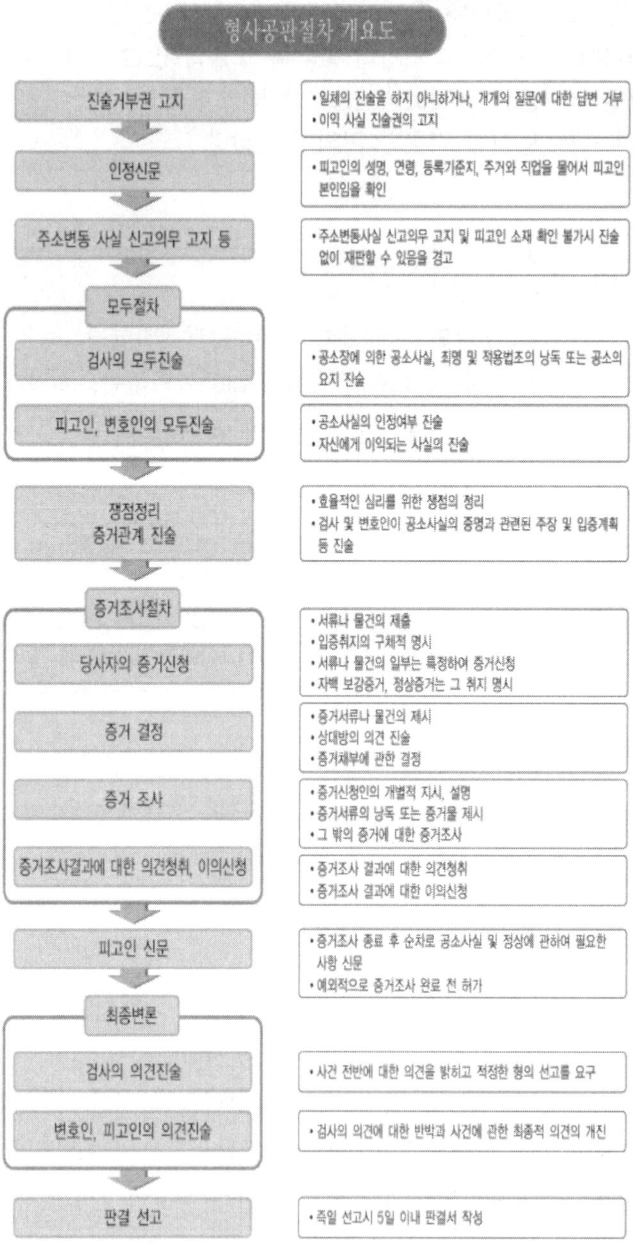

공판절차는 공판기일에서의 심판절차를 말하나 넓은 의미로는 공소제기 이후 종국재

판의 확정에 의하여 소송절차가 종결하기까지 공판법원에 의하여 행하여진 모든 절차를 말한다. 따라서 공판절차에는 공판기일에서의 절차 외에 공판준비절차나 공판법원에 의한 강제처분절차가 포함된다. 그러나 증거보전절차(형소법 §184)나 수사상 참고인에 대한 증인신문절차(형소법 §221의2)는 수소법원과 관계없이 행하여지는 절차이므로 공판절차에 포함되지 않는다. 약식절차 또는 즉결심판절차는 공판절차가 아니다. 이에 대해서 간이공판절차는 공판절차이다. 공판절차는 양당사자의 공격·방어를 중심으로 하여 진행되는 당사자소송구조를 취하고 있으며, 공개주의·구두변론주의·직접심리주의 등의 원칙이 지배하고 있다. 특히 형사소송법은 예심제도를 폐지하였을 뿐만 아니라, 공소장일본주의를 채택하여 법원의 심리를 공판절차에 집중함으로써 공판중심주의를 확립하고 있다.

㈎ 공판준비절차 : 검사가 기소한 사건에 대하여 법원은 공판(公判)을 열어 재판을 하게 된다. 그러나 검사가 약식기소한 사건에 대하여는 공판을 열지 않고 기록만으로 재판을 하지만 판사가 정식재판을 할 필요가 있다고 생각하면 사건을 정식재판에 회부할 수도 있다.

공판은 보통 법원에 마련된 공판정에서 공개리에 진행이 된다. 이 재판에서 피고인은 자기의 억울함이나 정당함을 주장할 수 있고 또 변호인의 도움을 받을 수 있다. 공판절차는 형사소송의 중심단계로서 공개된 법정에서 심리·변론을 거쳐서 피고사건에 관하여 판단하여 종국적으로 재판하는 절차이다.

1. 인정신문	재판장이 피고인의 성명과 연령을 묻는 것
2. 검사의 기소요지 진술	검사가 사건개요와 입증방침을 밝히는 것
3. 검사의 피고인에 대한 신문 4. 변호인의 반대신문	검사와 변호인은 순차적으로 피고인에 대해 신문 재판장은 검사와 변호인의 신문이 끝난 후 신문
5. 증거조사	법원이 인증, 서증, 물증 등 각종 증거방법 조사
6. 검사의 의견진술(구형)	사실과 법률적용에 관한 검사의 의견 진술
7. 변호인의 의견진술 8. 피고인의 최종진술	재판장은 검사의 의견을 들은 후 피고인과 변호인에게 최종진술의 기회를 부여하여야 함.
9. 유죄 무죄 판결	판결선고는 변론종결일로부터 14일 이내에 하여야 함.

「형사소송법」에 있어서는 공판중심주의를 채택하여 변론주의 · 구두주의 · 직접주의 · 공개중의의 원칙이 행하여진다. 공판의 심리 및 변론은 공판정에서 한다. 법원은 검사로부터 공소의 제기가 있으면 지체없이 공소장의 부본을 피고인 또는 변호인에게 제1회 공판기일 5일 전까지 송달하여 변론을 준비할 시간을 주어야 한다. 공판정은 판사와 서기관 또는 서기가 열석하고 검사가 출석하며 피고인과 변호인이 출두하여 개정한다. 공판기일의 소송지휘는 재판장이 한다.

(나) 공판기일 절차

(a) 모두절차

㉠ 진술거부권 등의 고지: 재판장은 인정신문을 하기 전에 피고인에게 진술을 하지 아니하거나 개개의 질문에 대하여 진술을 거부할 수 있고, 이익 되는 사실을 진술할 수 있음을 알려 주어야 한다(형소규칙 §127).

㉡ 인정심문: 공판기일의 절차는 먼저 재판장의 인정심문(人定訊問)에서 시작된다. 즉 재판장은 피고인의 성명 · 연령 · 본적 · 주소와 직업을 물어서 피고인임에 틀림없음을 확인하여야 한다(형소법 §284).

㉢ 검사의 모두진술: 검사는 공소장에 의하여 공소사실 · 죄명 및 적용법조를 낭독하여야 한다. 다만, 재판장은 필요하다고 인정하는 때에는 검사에게 공소의 요지를 진술하게 할 수 있다(형소법 §285).

㉣ 피고인의 모두진술: 재판장은 검사의 모두진술 절차를 마친 뒤에 피고인에게 진술거부권을 행사하는 경우를 제외하고 공소사실을 인정하는지 여부에 관하여 물어야 하며, 피고인 및 변호인은 공소에 관한 의견 그 밖에 이익이 되는 사실 등을 진술할 수 있다(형소법 §286, 형소규칙 §127의2).

(b) 사실심리절차

㉠ 피고인 심문: 검사가 공소장에 의하여 기소의 요지를 진술하고 심판을 구한 후, 피고인심문으로 들어간다. 즉 검사와 변호인은 순차로 피고인에 대하여 공소사

실과 정상에 관하 필요 사항을 직접 신문하고 재판관은 이것이 끝난 후에 심문한다. 검사, 변호인, 재판장, 합의부원(§287)의 순서로 심문하며 방법상 진술강요・유도심문이 금지된다.

㉡ 증거조사 : 재판장의 쟁점정리 및 검사・변호인의 증거관계 등에 대한 진술, 피고인심문이 끝나면 증거조사에 들어간다. 법원은 검사가 신청한 증거를 조사한 후 피고인 또는 변호인이 신청한 증거를 조사하고 그 조사가 끝난 후 직권으로 결정한 증거를 조사한다(§290-§291의2).
증거조사의 방법으로는 증인신문, 요지의 고지 또는 낭독(증거서류), 증거물제시, 제시 및 요지의 고지(증거물인 서류)가 있다.

㉢ 최종변론〈소송관계인의 의견진술〉

ⓐ 검사의 의견진술 (논고와 구형): 공판절차에 있어서 피고인신문과 증거조사가 종료한 때에는 검사는 사실과 법률적용에 관하여 의견을 진술하여야 한다. 만약 검사의 출석 없이 개정한 경우(§278)에는 공소장의 기재사항에 의하여 검사의 의견진술이 있는 것으로 간주한다(§302). 이를 논고(論告)라하고 이에 대해 검사의 양형에 대한 의견의 진술을 구형(求刑)이라고 한다.

ⓑ 피고인의 최후진술: 재판장은 검사의 의견을 들은 후 피고인과 변호인에게 최종의 의견을 진술할 기회를 주어야 한다(§303).

㈐ 법원의 재판과 판결의 선고

법원은 이러한 공판절차를 통하여 구두의 심리 및 변론에 기초하여 재판한다. 심리결과 피고인의 죄가 인정되면 판사는 유죄의 판결을 하는데 정상에 따라 실형을 선고하는 수도 있고 집행유예를 붙여주는 경우도 있으며 정상이 특히 참작될 때는 선고유예를 하는 수도 있다. 집행유예는 형(㊞ 징역 1년)을 선고하면서 일정 기간 그 형의 집행을 미루어 두었다가 그 기간동안 재범을 하지 않고 착실히 살면 형의 선고를 실효시켜 아예 집행을 하지 않는 것이며, 선고유예는 형의 선고자체를 미루어 두었다가 일정기간 무사히 경과하면 면소(免訴)된 것으로 간주하는 것이다. 물론 기소한 사건에 대하여 유죄로 인정할 증거가 없으면 판사는 무죄를 선고한다. 재판은 당해 피고사건에 대한 한 판결(예 면소 · 무죄 · 형의 언도)의 형식이다.

판결은 피고사건에 대한 종국적 판결이므로 당해법원에 있어서는 이를 변경할 수 없다. 다만 피고인 또는 검사가 판결이 확정되기 전에 상급법원에 기간 안에 심판을 청구할 수 있다.

(4) 재판의 집행절차

재판이 이미 소송절차로서 다툴 수 없는 상태, 즉 재판이 확정되었을 때에는 이것을 집행하여 재판의 내용을 실현한다. 이처럼 재판의 내용을 국가의 강제에 의하여 구체적으로 실현하는 절차를 재판의 집행이라 한다. 법원의 판결에 의해 선고된 형은 검찰청검사의 지휘에 의하여 집행되는데(형소법 §460), 형의 집행에는 사형 · 자유형 · 자격형 · 재산형의 집행이 있다.

형의 집행과 실효

법원의 판결에 의하여 선고된 형은 검사의 지휘에 의하여 집행하는데 징역이나 금고형은 교도소에서 집행한다. 그리고 벌금은 판결 확정일로부터 30일 이내에 납부하여야 하며 벌금을 납부하지 않는 경우에는 1일 이상 3년 이내의 범위에서 노역장에 유치하게 되므로 스스로 납부하여 불이익을 면해야 할 것이다.

(1) 가석방과 형집행정지 – 징역 또는 금고의 형의 집행중에 있는 자 가운데 복역성적이 양호하고 뉘우침이 있는 때에는 무기에 있어서는 10년, 유기에 있어서는 형기의 3분의 1을 경과한 후에 법무부장관이 가석방을 할 수 있다. 가석방의 기간은 무기형에 있어서는 10년으로 하고, 유기형에 있어서는 남은 형기로 하되, 그 기간은 10년을 초과할 수 없다. 가석방된자는 가석방 기간중 보호관찰을 받는다. 그러나 가석방 중에 행실이 나쁘거나 다시 죄를 저지르면 가석방이 취소 또는 실효되어 남은 형기를 마저 복역하여야 한다.
그리고 예컨대 형의 집행으로 생명을 보전할 수가 없거나 잉태 후 6개월 이상인 때 또는 연령이 70세 이상인 때 기타 중대한 사유가 있으면 검사는 형집행을 정지시키고 석방할 수도 있다.

(2) 형의 실효 – 징역 또는 금고의 집행을 종료하거나 집행이 면제된 자가 피해자의 손해를 보상하고 자격정지 이상의 형을 받음이 없이 7년을 경과한 때에는 본인이 신청을 하면 재판의 실효를 선고 받을 수 있다. 그러나 일반인들은 이 신청절차 등을 모르고 있기 때문에「형의 실효 등에 관한 법률」을 제정하여 형의 집행을 종료 또는 면제 받은 후 일정기간동안 자격정지 이상의 죄를 저지르지 않은 경우에는 자동적으로 형을 실효시키도록 하였다. 그 기간은 3년을 초과하는 징역 또는 금고는 10년, 3년이하의 징역 또는 금고는 5년, 벌금은 2년이고 다만 구류나 과료는 형의 집행을 종료하거나 그 집행이 면제된 때에 그 즉시 실효된다.

제 4 편

범죄예방론

제1장 범죄예방론 서론

1. 범죄의 개념

※ 사회공동생활에 반하는 행위라고 하더라도 행위의 성질상 또는 법률상으로 처벌하지 않은 경우도 있다

일반적으로 "범죄란 사회질서를 파괴하고 타인에게 육체적 · 정신적으로 피해를 주는 것은 물론, 재산 또는 명예를 해하는 행위로 이는 사회규범에 반하는 행위이며 법이 금지한 행위를 범하는 것"이라 정의할 수 있다.

2. 범죄의 구분

(1) 실질적 의미의 범죄

국가가 보호하는 법익(法益) 즉, 사회 생활상의 이익 또는 가치를 침해하는 반사회적 행위를 의미한다.

(2) 형식적 의미의 범죄

실정법인 '형벌법규에 의하여 형벌이 부과되는 행위, 즉 구성요건에 해당하고, 위법하며, 유책'한 인간의 행위를 의미한다.

3. 범죄예방의 개념

(1) 광의의 범죄예방 - 간접적 & 소극적 방범역할

범죄의 원인을 제거하여 감소시키는 모든 활동 : 범죄수사, 재판, 행형, 교정 등과 같은 형사 과정뿐만 아니라 정치, 경제, 사회, 문화 등 모든 정책이 포함된다.

(2) 협의의 범죄예방 - 직접적 & 적극적 방범역할

직접적으로 범죄가 발생하지 않도록 사전에 원인을 제거하거나 피해를 방지하는 모든 활동 : 일상생활에서 사용하는 '범죄예방'이라는 용어를 말한다.

4. 범죄예방의 필요성

* 사회환경의 변화, 개인생활의 다양화 · 복잡화로 인해 시민의 안전을 위협하는 다양한 위험 요인들이 존재한다.
* 특히, 날로 증가하는 지능화, 흉포화, 기동화 되어가는 범죄의 심각성은 국민의 불안요인으로 작용한다.
* 범죄에 의한 피해를 입게 되면 정신적, 물질적으로 원상회복이 힘들고 원만한 대인관계가 어려워진다.
* 범죄가 사회적 문제로 대두되고 있는 상황에서 최선의 해결책은 범죄를 예방하는 것이다. 공동체의 '공존하는 삶'을 추구하는 노력이 필요하다.

5. 범죄예방의 접근법 : Brantingham and Faust의 범죄예방 접근법

* 1차적 예방 : 범죄행위를 조장하거나 기회를 제공하는 물리적 · 사회적 환경조건을 개선하여 범죄를 예방하는 것 : 자물쇠, 조명, 건축설계, 접근통제, 민간경비, 이웃감시, 경찰활동, 범죄예방교육 등
* 2차적 예방 : 잠재적 범죄자를 초기에 발견하고 범죄기회를 차단하여 범죄를 예방하는 것 : 범죄지역분석, 범죄예측, 전환제도, 우범자 관리 등
* 3차적 예방 : 범죄자들이 더 이상 범죄를 저지르지 못하게 하여 범죄를 예방하는 것 : 실제 범죄자들을 대상으로 하는 교정기관의 처벌, 치료를 통한 교정활동 등

제2장 범죄예방의 제 이론

1. 억제이론

* 18세기에 전개된 고전학파의 범죄이론을 바탕으로 한다.
* 범죄행위에 대한 국가의 강력한 처벌을 통하여 범죄를 억제하려는 것이다.
* 인간의 자유의지와 도덕적 책임감을 강조, 범죄자는 자신의 행동을 실행에 옮기기 전에 합리적으로 결정하고 행동하는 존재로 파악한다.
* 개인은 자유의지에 의해 범죄를 행할 것인지, 행하지 말 것인지를 스스로 선택하고 행동한다.
* 국가는 범죄를 저지른 사람을 처벌함으로써 대가를 받게 하고, 처벌을 통하여 미래의 범죄를 예방하려는 것이다.
* 억제이론에서는 처벌을 통한 범죄 억제를 효과적으로 하기 위해 처벌의 엄격성, 확실성, 신속성이 요구된다.

* 처벌의 엄격성은 수감기간, 벌금액의 정도와 같은 처벌의 가혹성 내지 강도에 관한 것, 억제이론은 처벌이 엄하면 법규 위반율이 낮아질 것으로 가정한다.(예, 음주운전, 적발, 면허취소, 구속 등이 엄하면 엄할수록 음주운전의 확률 줄어들 것임)
* 처벌의 확실성은 처벌의 가능성에 관한 것, 체포와 기소, 제재를 받을 가능성이 높을수록 법규 위반율이 낮아질 것으로 가정한다.(예, 음주운전 적발 가능성이 높을수록 음주운전 하지 않을 가능성이 높을 것, 대리운전이용)
* 처벌의 신속성은 즉각적인 처벌, 법규를 위반하는 것과 처벌을 받는 시점 사이의 시간적 관계에 관한 것을 말한다.

2. 치료갱생 이론

* 19세기 베이컨의 경험론, 다윈의 생물학적 진화론, 콩트의 실증주의, 롬브로조의 결정론적 인간관에 바탕을 두고 있다.
* 이 이론은 기본적으로 범죄자를 생물학적, 심리학적 결함이 있는 인간으로 본다.
* 이러한 결함이 정상인과 다른 속성을 갖게 하고 결국 범죄자가 되게 한다는 것이다.
* 범죄자가 정상인과 다른 생물학적, 심리학적 특성을 갖고 있는가가 관심의 대상이며 이러한 특성을 찾아내고 치료하고 교정하는 것이 주목적이다.
* 갱생의 의미는 장애를 가진 사람에게 사회적 재통합을 위해 장애기능의 회복과 보충을 돕는 것 즉, 재범을 하지 않도록 도와주는 것을 포함한 의미이다.

3. 사회적 발전모델

* 범죄예방에 관한 새로운 전략의 일환으로 제시한 Hawkins and Weiss의 사회적 발전모델은 미국에서 청소년 범죄에 대처하기 위한 장기적 전략으로서 통합적 접근방법으로 제시되었다.

* 이 이론은 통제이론과 문화학습이론의 통합에 기초하고 있다.
  - 통제이론: 사회적 통제가 약화되면 범죄율이 높아지고, 사회적 유대감이나 통제가 강화될 때 범죄가 감소된다는 이론.
  - 문화학습이론: 또래와 지역사회의 역할을 강조하는 이론으로 지역사회의 해체가 범죄의 위험율을 높이는 역할을 한다는 점을 강조하는 이론.

* 사회적 발전모델은 부모에 대한 애착의 발달이 학교에 대한 애착을 증가시키고 나아가서 학업에 몰두하게 되고 이를 통해서 법규준수와 같은 관습적 행동에 몰입하게 된다고 한다.
* 이 이론은 범죄의 원인으로 범죄자의 내재적 성향보다 범죄자의 사회적 환경을 강조한다.

4. 상황적 범죄예방이론

* 특정 범죄를 저지를 기회를 감소시키고, 범죄자에 의해 인식된 위험을 증가시키는 전략이다.
* 1970년대초 Oscar Newman이 '방어공간(defensible space)'이라는 개념을 제시하면서 처음으로 알려지기 시작, 이후 1992년 Ronard Clarke는 자신의「상황적 범죄예방(situational crime prevention)」에서 범죄사건의 감소를 위한 전략을 제시한다.
* 범죄자의 범죄 실행을 어렵도록 만드는 전략, 즉 범죄기회를 감소시키기 위한 방안들을 강조한다.

  잠금장치나 경보장치를 사용함으로써 목표물의 물리적 안전성을 증대시키는 대상의 강화, 시정장치나 울타리 등을 통한 접근통제, 무기 구입이나 공공장소에서의 음주 행위 등을 통제하는 등의 요인통제, 출입자 통제, 그리고 경찰의 순찰증대와 민간경비의 활성화, CCTV 설치 등으로 위험을 증대시키고 보상을 감소시키는 전략이다.
* 이 이론은 범죄의 기회를 감소시킴으로써 범죄를 예방하자는 논의로 합리적 선택이론, 생태학적 이론, 일상활동이론 등에 기초하고 있다.
* 범죄는 사회경제적 구조, 일상활동, 물리적 환경, 범죄기회구조 등이 복합적으로 작용하여 범죄가 발생하고, 이러한 기회구조의 취약점을 제거함으로써 범죄는 예방할 수 있다는 것이다.
* 합리적 선택이론에서는 범죄의 자기책임성이 강조, 범죄자는 자신의 범죄행위에서 비용과 이익을 계산하고 자신에게 유리하다고 판단되었을 때 범죄를 저지르게 되며, 이러한 잠재적 범죄자에게 목표물에 접근 가능성이 없음을 확신시키는 전략 강조한다(경보장치 설치, 경비원 고용 등).
* 생태학적 이론에서 Newman은 '방어공간'의 개념을 통하여 주택건축에 범죄예방을 고려할 것을 주장하였으며, 공공주택의 건축에서 공동체의 익명성을 줄이고 범죄자의 침입 및 도주로 차단, 순찰 및 감시를 용이하게 하는 주택설계를 통한 예방을 의미한다.
  - Jeffery(1971)의 '환경설계를 통한 범죄예방개념 (CPTED)' : 경보장치, 가로등 설치, 이웃감시순찰, 잠금 장치 등의 메커니즘은 범죄기회를 감소시킬 수 있기에

물리적 환경, 주택설계, 주민 참여, 경찰 활동의 요소를 종합적으로 고려, 주택 및 도시 설계를 함으로써 범죄 예방하고 두려움을 제거할 수 있다.

* 일상활동이론(Cohen and Felson 주장)에서는 범죄는 범죄자, 범죄의 대상, 감시의 부재라고 하는 조건이 충족 될 때 발생한다, 따라서 범죄가 발생하는 범죄기회를 통제하여 범죄를 예방하자는 접근법 사용한다.(예, 전문강도범이 고급승용차를 타고 다니는 여성 또는 고급 옷이나 고급장신구를 착용하고 다니는 여성을 범행 대상으로 삼는 것)
* 상황적 범죄예방 이론에서는 범죄자를 범죄환경과 기회조건에 따라 행동하는 역동적인 존재로 본다, 즉 범죄기회가 주어지면 누구든지 저지를 수 있는 행위이며 모든 개인을 정상적인 잠재적 범죄자로 파악하고 있다. 중요한 요인으로는 다음과 같다.
  - 범죄자의 순간적인 동기와 의도, 분위기와 감정
  - 범죄자의 사회 / 인구학적 배경
  - 범죄행위와 관련된 도덕적 판단
  - 범죄기회에 대한 인지와 기회를 만들고 이용할 능력
  - 범죄행위의 위험에 대한 판단

* 구체적 범죄 발생양상의 분석(상세한 범죄조건, 범죄수법 등), 범죄자의 의사결정과정, 범죄예방 프로그램 및 예방장치의 제시: 연구대상
* 정밀한 범죄분석(범죄동기, 범죄조건, 범죄기회, 범죄결과 등 범죄에 대한 구체적 정보 확보): 구체적 상황에서 구체적 범죄예방활동 가능

제3장 범죄예방활동

1. 경찰의 범죄예방활동(생활안전 경찰활동)

* 순찰
* 현장 방범활동 : 방범진단 및 방범심방
* 불심검문
* 금융기관 방범지도
* 방범홍보
* 보호조치
* 위험발생의 방지
* 범죄의 예방과 제지
* 위험방지를 위한 출입
* 방범상담
* 방범정보 수집
* 우범지역 설정
* 방범단체와의 협조
* 계절방범활동

2. 지역사회의 범죄예방활동(Community Policing)

(1) 지역사회방범활동

가정, 직장, 지역에서 개인, 지역주민, 기관 또는 지역사회단체가 스스로 범죄의 발생을 방지하기 위해 방범의식을 높이면서 방범시설 조치를 취하거나 자율적인 순찰 등의 방범활동을 의미한다.

- 지역주민의 자경적 개념
- 주민의 자치의식 + 경찰기능 보완적 측면의 시민방범활동
- 효과적 방범활동 : 민간협력체제의 확립 + 조직적인 운영

(2) 생활방범활동

시민 스스로 일상생활에서 방범의식을 고취시키고 범죄를 예방하여 범죄의 피해자가 되지 않도록 대비하는 노력을 의미한다.

- 범죄행위의 가능성: 일상생활 중 타인의 이상한 행동, 어색한 행동
- 신고: 범행 중인 사람의 체포 및 수상한 행동의 조사 자제 즉시 신고(자신의 의심이 잘못되면 어쩌나 염려하지 말고 즉시 신고)
- 범죄가 이루어지고 있는 정황 / 수상한 사람 및 차량의 식별법 숙지

▶ 수상한 정황 식별법

- 야간에 창고 주변에서 서성이거나 물건을 싣거나 하역하는 경우 : 절도 또는 장물의 이동 등
- 영업장이 아닌 곳에서 수리작업을 계속하는 경우 : 장물의 모양이나 상태변경 등
- 문이 닫힌 점포 혹은 아무도 없는 집의 출입문이 열려 있거나 창문이 깨어져 있는 경우: 주거침입, 시설파괴 등
- 권총 발사음, 비명, 연속적인 개 짖음 등 평상시에 못 듣던 소리가 들릴 경우 : 주거침입, 폭행, 강도, 강간 등
- 유리가 깨지는 소리가 들린 경우 : 주거침입, 시설파괴 등
- 정신적 혹은 신체적 증상이 이상한 사람을 목격한 경우 : 부상자이거나 약물 복용자 혹은 치료조치가 필요한 사람

▶ 수상한 사람 식별법

- 주거지역의 집 뒷편으로 돌아가거나 비어있는 집 혹은 문이 닫힌 점포 앞에서 서성거리는 사람 : 주거침입 등

- 출입문을 강제로 열거나 아무도 없는 집에 들어가는 사람 : 주거침입, 절도, 불법침입 등
- 급하게 뛰는 사람, 특히 어울리지 않는 시간에 값비싼 물건을 소지하고 뛰거나 포장되지 않은 물품을 소지하고 뛰는 사람 : 도주
- 줄을 이어 집을 두리번거리며 드나드는 사람들, 특히 매일같이 그러한 광경을 보이는 사람들 : 매매춘, 장물취급 등
- 비명을 야기한 사람 : 강간, 폭행 등
- 자동차 주위를 배회하거나 안쪽을 들여다보는 사람, 특히 주차장이나 거리에서 그런 행위를 하는 사람 : 자동차 절도 등
- 학교주변, 공원, 혹은 구석진 장소를 배회하는 사람 : 강간, 성추행 등
- 아주 싼 값으로 물건을 팔려는 사람 : 장물판매 등
- 맞지 않는 주소를 가지고 배달원처럼 행동하는 사람
- 이웃을 수차례 배회하거나 자동차를 몰고 여러 번 지나치는 사람

▶ **수상한 차량 식별법**

- 주거지역의 거리, 학교, 운동장 등의 장소에서 라이트를 끈 채 불규칙한 행로를 따라 천천히 움직이는 차량
- 심야시간 등 어울리지 않는 시간에 차량에 탄 채로 주차해 있는 차량
- 점포 혹은 빈 집 앞에 주차된 상태에서 값비싼 물건들이 적재되고 있는 차량
- 이웃에 버려져 있는 차량
- 무기류를 적재하고 있는 차량
- 여성 혹은 청소년을 강제로 태우고 있는 차량
- 학교, 공원주변 등에서 차 안에서 물건을 사고 파는 차량
- 누군가 억지로 차 안으로 들어가려 하거나, 차의 부착물 및 부품을 떼어내고 있거나, 차 안으로부터 물건이 내던져지고 있는 차량

▶ 생활방범: 소매치기 예방

- 안경을 착용하는 사람이 적으며 눈동자가 반짝인다.
- 체격이 호리호리하고 행동이 날쌔다.
- 무엇에 쫓기는 듯 바쁘며 걸음걸이가 빠르다.
- 경찰관이 따르는지 살피기 위해 뒤를 잘 돌아본다.
- 대부분은 간편한 복장이나 올려치기, 안창따기는 신사복이 많다.
- 시장 등에서 활동하는 소매치기는 허름한 차림을 한다.
- 백화점 등 고급 장소에서는 옷을 깔끔하게 착용한다.
- 한자리에 오랫동안 머물러 있는 자
- 종착역에 도착해도 내리지 않고 되돌아가는 자
- 핸드백이나 가방은 반드시 앞으로 맬 것
- 지갑 등 귀중품을 바지 뒷주머니에 넣지 말 것
- 귀금속을 과다하게 노출 착용하지 말 것
- 선반 위에 가방 올려놓은 뒤 관심을 가질 것
- 음주 후 전동차 및 역내에서 졸지 말 것
- 술 취해 조는 승객 주위 맴도는 자를 경계할 것
- 전동차 내 이동하며 주위 살피는 자를 조심할 것
- 혼잡한 틈을 빙자, 심하게 떠미는 자를 경계할 것
- 여러 사람이 주위에서 수상한 행동을 할 때에는 다른 칸으로 이동할 것
- 범행을 당하면 소리를 질러 주위의 시선을 집중시킬 것
- 돈이 들어있는 주머니를 자주 만져보지 말 것
- 지나친 친절을 베푸는 낯선 사람은 일단 의심할 것
- 고액 소지 땐 2~3명 동행하며 범행목격 시 소리를 지를 것
- 귀중품을 소지하였을 때에는 가급적 출입문 쪽에 위치하는 것은 피할 것
- 지갑은 상의 안주머니에 넣을 것

▶ **생활방범: 범죄예방법**

- 부모에게 복종 잘하는 아이일수록 유괴 당할 확률 높다
- '길 가르쳐 달라'고 접근 시 가르쳐주되 손잡지 말라.
- 심야 택시 이용하는 여성, 지인에게 택시번호 알려줄 것.
- "변태행위 하는 남성, 강하게 대처하면 오히려 도망간다"
- '택배상자 버릴 때 배달표 제거' 버린 상자서 전화번호 알아내 배달원 가장 강도
- 휴대폰 112 단축키 설정, 집 비울 때 전등 켜놓기
- 조폭범죄는 신고만이 예방법
- 인질강도 예방; 어두운 주차장은 피하라.
- 고층 아파트라도 반드시 방범창 설치
- 택시강도 예방: 늦어도 합승은 피하고, 반드시 전화번호 알릴 것.

3. 민간경비의 범죄예방활동

(1) 민간경비의 개념과 역할

민간경비는 여러 가지 위해로부터 개인의 이익이나 생명, 재산을 보호하기 위하여 특정 의뢰인인 고객으로부터 받은 보수에 따른 경비서비스를 행하는 것을 의미한다.

* 고객의 유형재산과 무형재산을 보호
* 범죄예방적 측면에서 역할
* 시설경비업무, 호송경비업무, 기계경비업무, 신변보호업무, 특수경비업무

(2) 범죄예방활동(순찰 등)

* 경비원 순찰의 의의

  경비근무자가 구역을 순행하면서 경비대상시설의 안전과 범죄의 예방, 사고의 방지, 정황관찰 등을 위하여 근무하는 것으로 경비원의 기본적인 근무형태를 의미한다.

* 순찰의 기능
  - 범죄 및 사고의 예방 및 처리
  - 정황관찰

* 순찰근무 시 착안상항: 건물내부 착안사항
- 처음 순찰 때의 실내 상황을 잘 기억하였다가 다음 순찰시 변동유무를 주의 깊게 순찰한다.
- 창문, 셔터 등의 파손 및 시건 여부를 확인한다.
- 중요 기밀실의 시건 여부를 확인한다.
- 계단 통로 화장실 등 범인은닉 가능 장소 점검한다.
- 흡연실의 재떨이 상태 점검한다.
- 전기스위치 등을 점검한다.
- 문을 열고 들어갈 때 사람 유무를 확인한다.
- 자물쇠가 잠긴 곳을 열었을 때는 순찰 후 다시 자물쇠를 채우고 확인한다.
- 소화기 상태 점검한다.

▶ 경비근무자의 기본적 준수사항
- 경비업무에 관한 기본 임무를 숙지한다.
- 자신의 구역에서 필요한 임무를 숙지한다.
- 배치된 장소에서 책임을 다한다.
- 소속 상사의 정당한 지시에 따라 맡은 바 직무를 성실히 수행한다.
- 근무 중 음주, 졸음, 오락 등 금지된 행위를 하지 않는다.
- 경비구역 접근자에 대한 철저한 감시를 한다 : 경비근무 시 보안구역 근무 지정 받으면 지위의 상하불문, 허락 받지 않은 사람의 접근 통제
- 유사시 보고를 신속 정확히 한다.
- 인근 근무자와 협조 체제를 유지한다.
- 인수인계는 정확히 실시한다.
- 근무 전 필요한 장구 갖췄는지 점검한다.
- 모든 사건 사고에 대해 즉각 저지, 비상조치 한다.
- 이상 시 원인을 규명한다.
- 감독자에게 근무시작, 종료 상황 보고 / 종료 후 근무자 상태, 이상 유무에 대한 조치 결과, 다음 근무자에게 인계상황 등 보고한다.

제 5 편

테러대응요령

제1장 테러리즘의 이해

제1절 개요

1. 테러의 개념

테러는 어떤 특정한 이념을 가진 조직이 일반인을 대상으로 폭력적인 수단을 이용하여 공격, 대중의 공포를 조장함으로써 자신들의 목표를 달성하려는 행동을 뜻함

2. 광범위한 테러의 개념

국제사회에서는 국가안보 또는 공공의 안전을 위태롭게 할 목적으로 행하는 9개의 테러관련 국제협약 중 어느 하나라도 해당되면 테러로 규정하고 있음

제2절 국제테러정세의 개관

1. 국제테러 정세

- 세계도처에서 불특정 대상 테러 지속발생
  - 이슬람 국가 및 서방국가에서 다수발생

- 테러무기도 갈수록 다양화 고도화 추세
  - 항공기 방사능 향후 드론이용 전망

- 테러대상이 하드타켓에서 소프트타켓으로 변화
  - 다수 민간인 살상 인명피해 발생

2. 테러주체의 변화

- 1970-90년대에는 극좌 극우의 이념적 테러
  * 1972년 뮌헨올림픽 검은9월단 이스라엘선수단 살해
  * 독일적군파와 일적군파의 항공기 및 인질납치 테러

- 2001년 911테러는 본격적인 종교적 테러의 시작
  * 알카에다의 항공기 납치 동시테러

- 2010년대 IS(Islamic State)의 대서방 겨냥 종교적 테러지속
  * 2015.11.13 금요일 프랑스에서 파리 축구장, 공연장 등 6개소 동시테러

3. 테러 무기와 대상의 변천

- 총기 및 칼 등으로 무장한 인질납치 테러
- 폭발물을 이용한 다중이용시설 폭파 테러
- 항공기 및 미사일 등을 이용한 특정대상 테러
- 해킹을 이용한 국가기간시설 마비 사회혼란 테러
- 향후 무인기 및 드론 등 이용한 불특정 테러 예상

4. 국제테러 조직의 현황

- 일적군파, 서독적군파, 팔레스타인 무장혁명군 등
- 탈레반(오마르) : 아프가니스탄 무장단체
- 이슬람 국가(Islamic State) : 이슬람 수니파 무장조직 2006년 결성, 조직원은 3만 명 이상으로 추산, 약탈경제 기반
- 알누스라 : 알 카에다 연계 이슬람 무장조직, 시리아 활동
- 알 카에다 : 사우디 등 무슬림 국가에서 서방세력을 축출, 전 세계 무슬림 국가건설 등을 목표로 미국에서 9.11테러사건을 주도, 빈라덴 사살(2011.5.1)
- 하마스 : 팔레스타인 이스라엘 대항 무장단체(2006년도 집권당)
- 제마이슬라마(JI) : 인도네시아, 필리핀, 태국, 말레이시아 등 이슬람제국 건설

제2장 이슬람 국가(IS)의 테러실태

제1절 국제테러조직 이슬람 국가의 실체

1. 이슬람 국가(IS : Islamic State)의 태동

- 2003년 유일신과 성전에서 시작
- 2004년 6월 한국인 김선일 씨 피랍 참수
- 2006년 알카에다 이라크 지부로 활동
- 2013년 이라크 · 시리아 중심 이슬람국가(IS) 태동
  * 이슬람국가(Islamic State)는 극단적 수니파

- 2014년 6월 29일 이슬람국가(IS)는 "칼리프 제를 건설하는 국가" 라고 선포
  * 전 세계 이슬람교인 수는 약 19억 명으로 그 가운데 수니파가 약 16억 명, 시아파가 약 3억여명으로 나누어지며, IS는 수니파 중 극단적 수니파들로 구성

2. 이슬람 국가(Islamic State)의 공포 선전 전략

- 아시아 및 서방국가 출신의 지하디스트 모집
  - 현재 모집된 인원은 약 3만여명으로 미국, 영국, 프랑스, 독일 등 다양함
  - 지금도 독일, 영국 등 많은 국가에서 10대들이 IS 가입 시도 계속
    * 이슬람 국가는 SNS를 통해 전 세계 젊은이들을 끌어들이는 디지털 테러의 성공적 전략을 보여주고 있음
    * 한국인 김 모군(18세)의 IS 가입여부에 관한 언론보도

- 이슬람 국가는 이러한 잔혹한 행위로 전세계인의 분개와 반감을 유도하여 자신들의 존재를 전세계에 각인 시키는데 성공
- 이것이 테러를 자행하는 목적으로 현재 세계에서 IS의 존재를 모르는 사람은 없음

  • 이슬람 국가(Islamic State)는 훈련시킨 지하디스트들을 본국 또는 타국으로 입국시켜 테러활동에 이용하려 하고 있음
  * 세계 각 국은 향후 이들 지하디스트 활동에 대한 대책마련에 고심

3. 이슬람 국가가 외국의 젊은이들을 모집하는 이유

• 이슬람국가라 칭하는 조직의 구성원 증가와 세력 확장
• 미국을 비롯한 다수의 국가인들이 동참할수록 조직의 합리화는 물론 서방국가의 무력공격을 저지할 수 있는 점
• 지하디스트들을 이슬람국가(Islamic State)의 글로벌 정보수집원으로 활용
• 또한 교육. 훈련을 마친 이들을 본국 및 타국에 대한 테러리스트로 활용

4. 알카에다와 IS(Islamic State)의 공통점과 차이점

〈공통점〉

• 칼리프 제의 이슬람 근본주의 국가건설 목표
  * 칼리프 : 이슬람국가의 최고 권위자

• 시아파 배척, 극단적 이슬람 수니파
• 미국, 영국 등 서방국가에 대한 적개심

〈차이점〉

• 공격의 잔인성
  - IS(Islamic State)는 생포된 요르단 조종사를 산 채로 화형
  - 이에 대해 알카에다는 IS의 잔인성을 비난 성명 발표

• 테러활동의 특성
- IS(Islamic State)는 공개적으로 활동하면서 이라크 모술, 시리아북부를 점령하여 영토화
- 알카에다는 신분과 신변을 숨기고 동굴 등에서 은둔생활

• 자금의 확보
- IS(Islamic State)는 점령영토 내 주민들에게 공식적인 세금징수, 해당 지역의 석유 및 농산물 판매 등으로 거액자금 확보
- 알카에다는 석유재벌 빈 라덴의 재산에 의존했으나 빈 라덴 사후 인질 몸값으로 자금 확보

제2절 이슬람의 주요테러 사건

1. 알카에다에 의한 미국 항공테러사건(2001,9, 11)

• 2001년 9월 11일 알카에다, 4대 항공기 납치테러사건

2. 이슬람의 다중이용시설 테러사건

• 2005. 7. 7 영국 런던 지하철.버스 연쇄 자살폭탄테러런던 G8 정상회의 방해 및 '12년 올림픽결정 축제속에 테러범 4명이 지하철역 3개소, 2층버스 대상으로 자살폭탄테러 감행
※ 55명 사망, 700여명 부상(알카에다 소행 추정)

• 2002.10.12, 2005.10. 1, 2009.7.17 인도네시아 발리 라이트 클럽 · 식당, 자카르타 호텔 자살폭탄테러 이슬람 과격단체인 제마 이슬라미야 추정
• 2006. 7. 11 인도 뭄바이 호텔 · 철도역 등 동시다발 테러열차 연쇄폭탄테러, 200여명 사망

3. 이슬람 국가(IS)의 대서방 및 이슬람 테러

- 2015.1.7 프랑스 파리의 시사주간지 “샤를리 엡도” 본사에 4명이 침입하여 무차별 총격 12명 사망, 11명 부상
  - 동주간지의 이슬람 자극 만평 게재에 반발한 보복성 테러
  - 알카에다도 세계도처의‘외로운 늑대’들의 테러를 격려

- 2015.5.3 미국 텍사스주 댈러스의 모하마드 만평 전시장 주차장에서 총격테러발생. 범인은 테러단체가입을 시도했던 미국인 이슬람인이고 이슬람국가가 자신들의 소행 자처. 특히 미국판 샤를리 엡도라고 불리는 행사에서 발생
- 2015.2.5 요르단 전투기조종사“알 카사스베”(26세)를 오랜지색 옷을 입힌후 산 채로 화형, 동영상 공개
  * 동인은 2014년 12월 작전수행중 전투기 추락, 생포됨

- 2015.3.20 예멘 수도 사나에 있는 모스크(이슬람 사원) 금요예배 시간에 자살폭탄 테러 감행. 142명 사망
  * 같은 이슬람인에 대한 테러도 불사하며 시작이라고 경고

- 2015.11.13. 13일의 금요일 프랑스 파리에서 식당, 축구장, 공연장 등 6개소에서 동시테러 테러 발생, 142명 사망, 사용무기, 테러장소, 유형이 다른 동시다발테러 최초사건
  * 프랑스 대통령 11.14 IS와의 전쟁 선포

- 2023.10.07. 하마스는 이날 오전 6시 30분을 기점으로 이스라엘에 수천발의 로켓을 발사. 이번 공습을 ‘알아크사 폭풍(Al-Aqsa Storm) 작전’
  * 팔레스타인 하마스의 대이스라엘 로켓포 5000발 테러 공격, 특히 공중 침투의 경우 패러글라이더까지 이용
  * 이스라엘 네타냐후 총리는 대국민 성명을 통해 “오늘 상황은 군사작전이 아니라 전쟁”이라며 “이스라엘에 침투한 테러범들을 제거하라고 지시했고, 동시에

대규모 예비군 동원령도 내렸다.

* 이스라엘은 이번 하마스의 테러에 분격, 가자지구의 팔레스타인 하마스를 끝까지 추적, 제거할 것으로 전망

제3절 자생적 테러리스트의 특징 및 테러사건

1. 자생적 테러리스트(외로운 늑대)의 특징

- 특정 조직이나 특정 이념이 없다.
- 정부에 대한 개인적 반감 등을 이유로 테러를 자행
- 테러감행시점 및 방식에 대한 정보수집이 어렵다.
- 정보 부족으로 사전예방이 불가능하고 테러발생 전까지 추적에 한계가 있다.

2. 자생적 테러리스트에 의한 주요 테러사건

- 1995년 4월 19일 미국 오클라호마 시디 연방청사 폭탄 테러
  * 168명 사망 680명 부상, 6500만 달러의 재산피해 발생
  * 테러범 멕베이(26세)은 연방정부 반감 이유로 테러자행

- 2013년 4월 15일 미국 보스턴마라톤대회 결승점에서 발생한 신종 압력밥솥 테러, 3명 사망 29명 부상. 911테러 공포
  * 테러범은 형제 체첸 이슬람인으로 10년간 미국에 체류하면서 미국정부의 이슬람인인 자신들에 대한 차별적 대우에 반감, 테러 자행

제3장 한국대상 테러 실상

제1절 테러리치란 무엇인가 ?

1. 테러리치의 정의 및 연간수입

- 테러리치의 정의 : 테러리스트와 슈퍼리치의 합성어
  * 수퍼리치는 금융자산 3천만 달러 이상의 부호

- 테러단체의 연간수입 순위

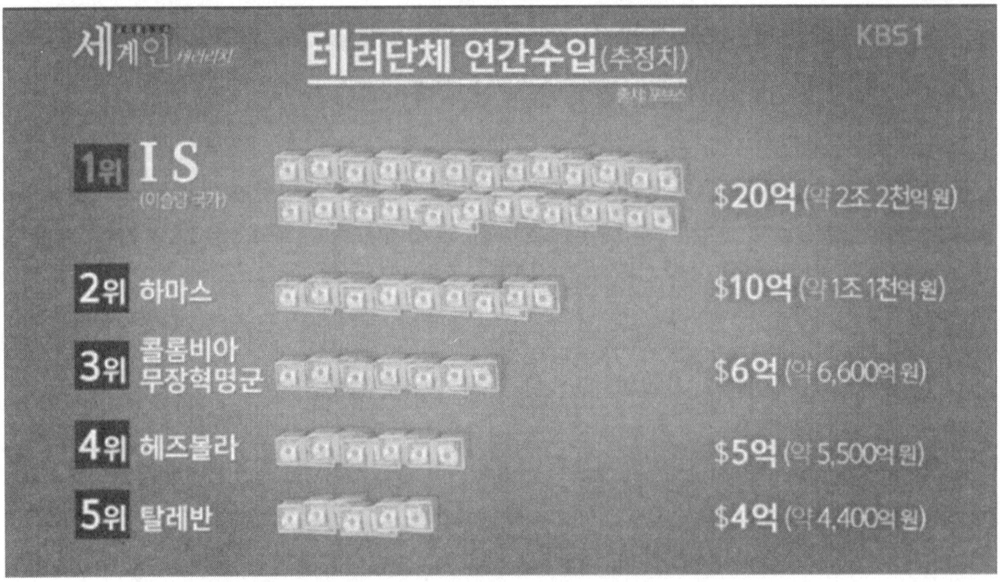

* 2014년 2월 미국 경제지 포모스 발표, 그러면 6위의 테러단체는 !

제2절 우리나라에 대한 테러위협

1. 북한의 대남테러 및 위협

- 무장간첩, 우리나라 항공기 북한으로 납치
  * 대한민국의 사회혼란 조성목적

- 86아시안게임 및 88서울올림픽 등 국가중요행사 방해 테러
  * 86.9.14 김포공항 테러사건 및 88.11.29 대한한공 858기 폭파테러사건

- 김정남, 이한영 등 김정은 친인척 암살테러

2. 이슬람 국가 한국을 테러대상으로 지목

- 지하디스트중 한국인 유학생이 IS에 가입했다는 제보
- 미국 등에 협조적인 동북아시아 국가겨냥 테러가능성 시사
  * 한국도 종합적인 IS의 테러 대책 마련 필요

3. 이슬람 테러조직의 주요 테러사건

- 2003.11.30 이라크 티크리트 고속도로에서 오무전기 직원 피격사망
- 2004.6.22. 가나무역 직원 "김선일"씨 이라크 팔루지에서 무장단체에 납치된 후 한 달 만에 시신으로 발견
  * 우리나라에서는 최악의 테러 공포

- 2007.7.19. 분당 샘물교회 신자 23명이 아프가니스탄 탈레반에 파랍
  * "배00 목사. 심00" 씨 피살

- 2009.3.15. 예멘 고대 유적지 시방에서 폭발물 공격으로 한국인 관광객 4명 사망
- 2014.1.19 리비아 트리폴리에서 코트라 무역관장 "한00"씨가 피랍, 사흘 뒤 구출

- 2014.2.26 이집트 시나이반도 타바인근에서 진천 중앙교회 성지순례단 탑승버스 (35명)에 폭탄테러 3명 사망, 20여명 부상
  * 당시 가이드 제진수(56세)씨가 차량 입구에서 몸으로 폭발물을 막아 희생 최소화
  * 당시 테러는 알카에다 연계 조직의 소행

4. 요인암살 및 항공기 · 공항관련 테러사건

- 1969.12.11 강릉발 김포행 대한항공 YS11기(51명 탑승)납치, 북한 원산 인근 선덕 비행장 착륙
- 1971.1.23 속초발 김포행 대한항공 F27기 납치, 해변 불시착
- 1983.10.9 전두환 대통령 일행, 버마 아웅산 국립묘지, 폭발물테러, 당시 이범석 장관등 각료 17명 사망
- 1986.9.14 김포공항 국제선 1청사 쓰레기통에서 사제시한폭탄 폭발,
  * 5명 사망, 29명 부상

- 1987.11.29 이라크 바그다드 출발 대한항공 858기(115명탑승)기 아랍에미레이트 수도 아부다비에서 기착후 출발하여 미얀마 안다만 상공에서 공중폭발, 전원사망

제4장 국가 대테러 활동

제1절 대테러 활동

1. 대테러 활동의 개념

- 대테러활동이라 함은 테러관련 정보의 수집, 테러에 이용될 수 있는 위험물질 등 테러수단의 안전관리, 중요시설 및 장비의 보호, 테러위협에 대한 대응 무력진압 등 테러. 대비와 대응에 관한 제반활동을 말함

2. 국가 대테러활동 법적근거

- 1982.1.21. 대통령 훈령 제 47호 국가대테러 활동지침 제정 : 최초 법적 근거
  * 국가 대테러 활동 운영체계 확립

- 2016.3.2. 테러방지법 제정(국가대테러업무 수행을 위한 법적근거)
  * 시리아인 A씨, 이슬람국가(ISIS) 가입권유 적발, 법적 조치

3. 테러경보 단계

- 테러 위험도에 따라 관심 - 주의 - 경계 - 심각 단계로 구분

4. 테러예방의 중요성

- 테러발생이 가능한 취약시설 사전점검 취약요소 제거, 테러발생시 생명과 재산피해 최소화

• 사전 준비로 테러발생시 야기될 수 있는 심리적 공황상태를 벗어나 신속한 대응 가능토록 준비하는 것이 무엇보다도 중요

5. 유형별 테러 대응요령

• **폭파 협박전화 대응요령**

* 근무현장의 전화를 통해 협박전화를 받을 경우 침착 통화

* 전화기 발신 전화번호 확인 및 녹음

* 메시지 기록 및 가능한 길게 통화하면서 폭발물 설치 장소. 시간 파악에 주력

* 전화 음성, 언어장애, 억양 등도 잘 파악

* 전화 종료후 모든상황을 상황실과 경찰에 신고

• **의심 우편물(소포) 및 폭발물 대응요령**

* 의심 우편물 및 폭발물 발견시 상활실 및 경찰에 신고

* 동의심 물건으로부터 사람들 격리조치 및 현장보존

* 소포 우편물의 이상한 소리나 냄새가 나는지 확인

* 통상 소포우편물과 다른 점이 있는지 확인

• **폭탄테러 발생시 대응요령**

* 사건발생 상황을 알게된 경우 즉시 관계기관에 신고하고

* 현장을 통제구역으로 설정하고 출입자 통제 및 대피조치

• **항공기 테러발생시 대응요령**

* 항공기 테러사실을 인지시 상황실 및 관계기관에 전파

* 관계기관의 지시사항에 따라 본연의 임무 수행 철저

• **인질 테러발생시 대응요령**

* 인질납치 사건이 발생한 경우에는 관계기관에 신속 전파

* 사람들의 접근을 통제하는 경계경비업무 등 조치 강화

* 납치범의 목소리, 언어, 신체특성, 납치경로 등 파악지원

제6편

폭발물처리 요령

제1장 화약류 및 군용폭약

제1절 화약류의 정의 및 분류

1. 폭발물의 정의

폭발물이란 열, 충격 또는 기계적인 작용에 의해 급격한 반응을 일으켜 다량의 가스와 열을 방출하면서 분해 또는 재배열하는 화합물 또는 혼합물을 말한다.

성능에 의한 분류에 따르면 폭발물은 저성능 폭발물과 고성능 폭발물로 분류되는데, 저성능 폭발물은 일반적으로 화약이라 부르며 폭발속도는 초당 400m내외이고 단계적 연소(폭연)방식에 의한 폭발이 일어난다.

고성능 폭발물은 일반적으로 폭약 또는 작약이라 부르며, 순간적인 분해(폭탄)에 의한 폭발이 일어난다. 폭발속도는 초당 1,000~8,000m 정도에 이른다.

일반적으로 저성능 폭발물은 총알 또는 폭탄을 쏘아 보내는 추진제로 사용되며, 고성능 폭발물은 파괴용으로 사용되지만 저성능 폭발물도 폭발시 생긴 압력을 보존할 수 있는 장치(철재 파이프 또는 철재통에 넣었을 때)가 되어 있다면 고성능 폭발물과 유사한 정도의 피해를 가져올 수 있다.

공장에서 완제품으로 제조한 폭약이 아닌 개인이 여러 가지 화공약품을 섞어 만든 사제폭탄이 있으나 이 경우 화학물질의 성질, 조성 등에 따라 저·고성능이 결정된다.

(1) 저성능 폭발물 Low Explosive

어떤 상황 하에서도 폭굉파 Detonation Wave 를 만들어 낼 수 없는 폭발물 배합으로서 열로 인해 기폭되고 폭발을 위해서는 밀봉이 요구되며 폭발속도 VOE는 3000ft/sec 미만이다. 대표적인 저 폭발물로는 흑색화약 Black Powder, 무연화약 Smokeless Powder, 소이탄, 염소산혼합물 등이 있다.

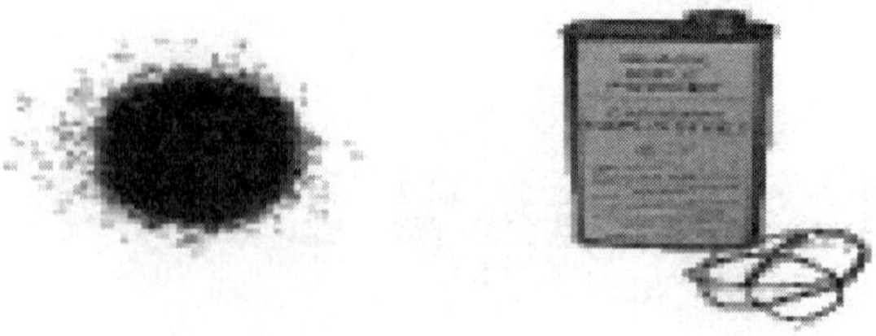

<흑색화약 Black Powder>

(2) 고성능 폭발물

밀봉하지 않아도 폭발을 하는 폭발물로서 충격 또는 열에 의해 기폭되며 폭발속도 VOE 가 3300ft/sec 이상이고 높은 파괴력을 지닌다. 대표적인 고 폭발물로는 다이너마이트, ANFO, PETN 등이 있다.

1) 기폭약

대부분의 폭약은 점화하면 연소만 하고 바로 폭굉의 단계에 도달하지 않으나, 어떤 종류의 폭약은 점화만으로 쉽게 분해를 일으켜 극히 평탄하게 최고 폭발속도에 도달한다. 이런 폭약을 기폭약이라고 한다. 감도는 가장 예민하나 위력은 가장 약한 폭약으로 주로 공업 뇌곤, 신관 등의 기폭제로 사용된다.

2) 전폭약

도선이나 기폭관으로부터 기폭 작용을 증대시켜, 작약을 기폭시켜 주는 역할을 한다. 대표적인 전폭약으로 PETN과 RDX가 있다

<RDX>

3) 작약

감도는 가장 둔감하나 위력은 강한 폭약으로서 실제 폭발물의 파괴력은 이 작약으로부터 나온다. 대표적인 작약으로는 다이너마이트, TNT, ANFO, C-4 등이 있다.

〈TNT〉

〈COMP-4 C-4〉

2. 화약류의 정의

화약류(火藥類, Explosive Materials)란 폭발물의 일종으로 충격, 마찰, 열 등의 외부작용에 의하여 짧은 시간에 화학반응을 일으킴으로써 고온의 열과 고압의 가스를 발생시켜 순간적으로 큰 힘을 얻을 수 있는 물질을 말한다. 화약류는 분자결합이 불안정한 상태로 평형을 유지하고 있기 때문에 외부로부터 약간의 충격을 받으면 분자결합이 깨어지고 이때 발생하는 반응열은 아직 분해되지 않은 층으로 전파되어 급격한 반응을 일으키게 된다. 이에 따라 높은 온도의 열과 많은 가스가 발생하여 처음보다 훨씬 큰팽창을 하고 큰 파괴력을 가지게 된다. 또한 화학류는 화학성분 중 산소를 포함하고 있어 공기가 없는 상태에서도 반응이 가능하다.

〈그림 6-1 화약류 폭발원리〉

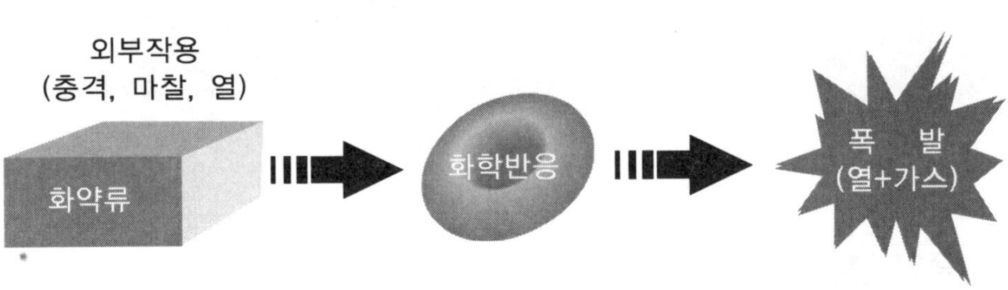

3. 포 탄약 탄두부의 일반적인 구조

(1) 폭발물의 구성

폭발물은 각기 다른 용기 내에 각각의 성질이 다른 작용제를 주입하여 폭발하도록 설계되어 있다. 따라서, 용기안에 화학제를 넣으면 화학탄이 세균을 넣으면 생물학무기가 방사능을 넣으면 핵무기가 되며 이를 발사하거나 매설, 투척, 투하, 유도를 통해 목표지점에서 폭발하도록 구성된다.

〈그림 6-2 신관과 탄두의 일반적인 구조〉

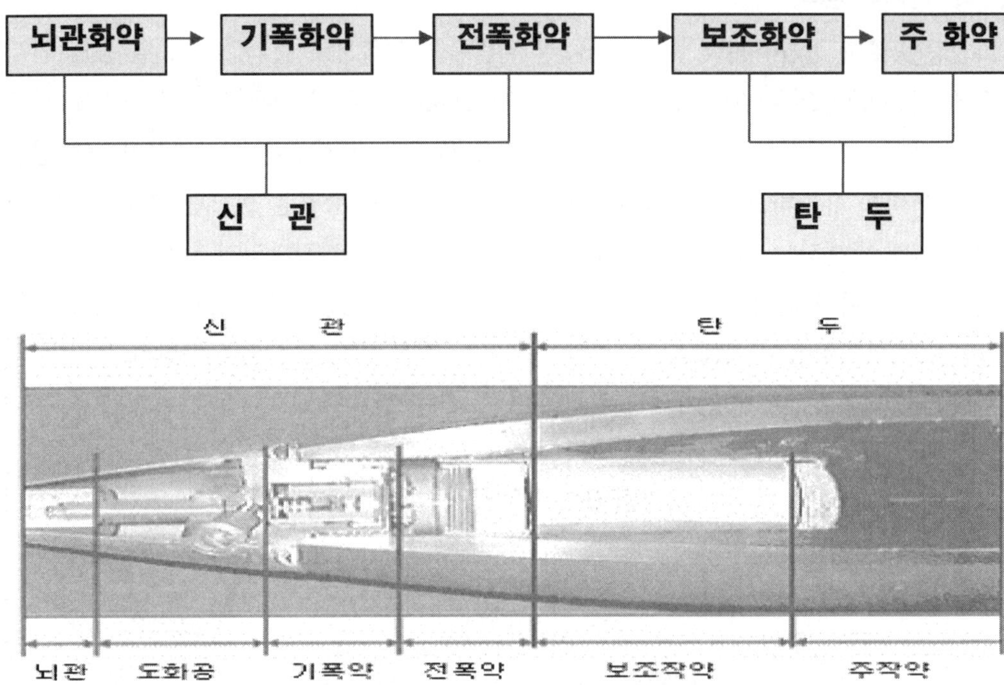

4. 화약류의 분류

화학류(火藥類, Explosive Materials)는 크게 법규에 의한 분류, 성능에 의한 분류, 조성에 의한 분류, 용도에 의한 분류, 사용목적에 의한 분류로 나누어지며 법규, 성능, 조성, 용도의 한 부분으로도 분류되어 여러 가지 용도로 사용된다.

(1) 법규(총포 · 도검 · 화약류 등의 안전관리에 관한 법률)에 의한 분류

① 화약 : 흑색화약, 무연화약, 기타 추진효과가 큰 특성을 가진 것

② 폭약 : TNT, 콤포지션 C4, 다이나마이트, 니트로글리세린 등 파괴효과가 큰 특성을 가진 것

③ 화공품 : 뇌관, 도폭선, 도화선 등

(2) 성능에 의한 분류

① 화약: 추진효과가 큰 특성을 가지고 폭발속도가 1,000m/sec 미만인 것

② 폭약: 추진효과가 큰 특성을 가지고 폭발속도가 1,000m/sec 이상인 것

(3) 조성(造成)에 의한 분류

① 혼합화약류 : 두 가지 이상의 비폭발성 물질을 기계적으로 혼합하여 공업적 이용 가치가 있는 화약류 폭발성 혼합물질로 만들어진 화약류(질산염 혼합화약류, 염소산염 혼합화약류 등)

② 화합화약류 : 단일화합무로부터 성립되는 화약류(니트로글리세린 등)

(4) 용도에 의한 분류

① 발사약: 탄환의 발사에 사용, 추진약이라고도 함(무연화약, 흑색화약)

② 파괴약

- 폭파약 : 광업, 토목, 군사 등 암석이나 토양 등의 폭파에 사용
  (TNT, 테트리톨, 콤포지션, 다이나마이트 등)
- 작약 : 탄환, 지뢰 등의 내부에 사용(테트릴, TNT, 콤포지션 등)

③ 기폭약 : 연소 또는 폭발에 의하여 다른 화약 등에 점화 또는 점폭을 목적으로 하는 것(뇌홍, 질화연)

④ 화공품: 화약류를 어느 목적에 적합하게 가공한 것(뇌관, 도화선, 도폭선 등)

(5) 사용목적에 의한 분류

① 군용폭약 : 군사적 목적으로 사용되는 폭약

② 상용폭약 : 민간에서 건설현장 등에 사용하는 폭약

제2절 폭파의 개념 및 3대 효과

1. 폭파의 기본개념

폭파(爆破, Demolitions)란 폭약을 사용하여 물체를 파괴하는 작업으로 군사적인 폭파와 일반적인 발파로 구분하며 발파는 바위 같은 데에 구멍을 뚫어 화약을 장전하여 암석을 폭파하는 일을 말한다.

2. 폭파의 3대 효과

(1) 폭풍효과

- 가스는 폭발지점 주변의 대기 1인치 평방미터당 약 700톤의 압력을 가하며 폭발지점으로부터 주변 공기를 압축시키면서 1시간당 최고 13,000마일 니트로 글리세린 1L/B : 20,917km/h 의 속도로 팽창
- 폭발물 폭발 시 1/10,000초 동안에 팽창력이 큰 고온가스 방출
- 수톤의 압력을 가진 압력파 즉 폭풍파는 원형을 그리면서 폭발 지점으로부터 퍼져 나감

(2) 파편효과

- 폭약을 싸고 있던 외피는 폭발 시 생기는 가스의 압력에 의해 파열되어 약 810 m/s 2,700f/t 의 속도로 비산되고, 고성능 폭발물에 의한 파편은 화재를 일으킬 수 있음

(3) 화염효과

폭발 시 고온의 열이 발생하여 주위의 물질을 연소시키며 섬광이나 불꽃으로 나타남 3가지 효과 중 가장 경미함

※ 폭발 시 발생하는 열 : 약 2,000 ~ 4,000℃

제3절 테러에 활용되는 폭약

1. 흑색화약 Black Powder

- 용도: 도선의 심약, 소총의 실탄 발사약
  ※ 파이프 폭탄의 제조용으로도 사용

- 특징: 충격, 열, 마찰 등에 민감, • 폭속 : 400m/sec
- 식별요령
  - 회흑색의 분말, 과립형, - 불에 태우면 많은 연기가 남
  - 약간의 재가 남으며 물에 녹음

2. T N T Trinito toluene

- 용도: 군용폭탄, 절단용, 파괴용 장약
- 특징: 모든 폭발물의 기본
- 폭속: 6,700~6,800m/sec
- 식별요령
  - 연황색, 적갈색, 블록형태, - 태웠을 때 검은 연기를 내며 연소
  - 테러범들은 가루로 만들어 사용
    ※ 옥수수가루, 메주가루와 유사

  - 햇볕에 노출시킨 채 오래두면 짙은 갈색으로 변색

3. R D X Hexogen

- 용도 : 뇌관 작약, 도폭선 심약
- 특징 : TNT의 1.6배의 위력, 안정성 양호
- 폭속 : 8,500m/sec
- 식별요령
  - 백색, - 뜨거운 아세톤이나 페놀에 녹음
  - 방수에 강하며 유독성 가스에 주의, - 충격, 마찰에 민감
  - 불로 폭발 가능

4. Semtex – H

- 용도 : 파괴용 폭약
- 특징 : 전 세계 테러범들에 의해 사용, • 폭속 : 7,300m/sec
- 식별요령
  - 오렌지색
  - 체코에서 개발한 것으로 콤포지션-4와 유사

5. 스트레이트 다이너마이트 Straght Dynanmite

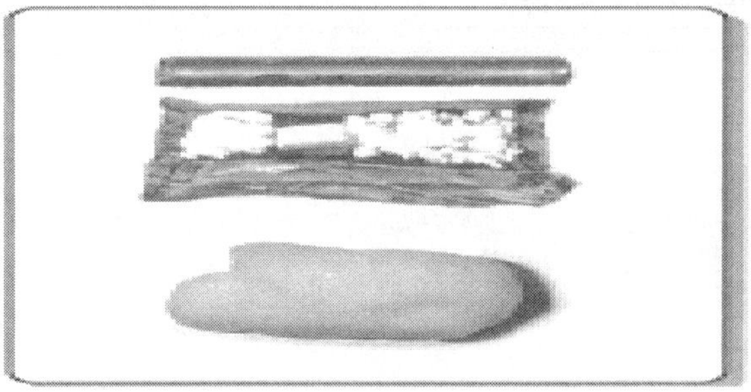

- 용도 : 광산, 토목공 사용
- 특징 : 50m 거리에서 쏜 총탄의 충격으로 폭발 가능, TNT의 0.92배
- 폭속 : 4,400m/sec
- 식별요령
  - 황갈색, 적갈색, - 기름종이로 싼 막대기형
  - 열, 충격에 민감, - 폭약 속에 흙이나 톱밥이 들어 있음
  - 장기간 저장 시 NG냄새가 나며 두통을 유발함

6. 젤라틴 다이너마이트 Gelatine Dynamite

- 용도 : 광산, 토목공 사용
- 특징 : 교질상태가 우수함 진득진득한 감촉,
- 폭속 : 4,000~6,200m/sec
- 식별요령
  - 폭발력이 강함
  - 포장지에 Gelamite, Gelatine Dynamite로 표기
  - 물속에서도 사용 가능함, - 겨울철에도 얼지 않음 빙점이 높음

7. A N F O Ammonium Nitrate & Fuel oil

- 용도: 광산, 토목 공사용
- 특징: 테러용으로 많이 사용, • 폭속 : 3,000~3,300m/sec
- 식별요령
  - 연분홍색이며 강한 디젤냄새가 남
  - 감도가 둔하며 뇌관 1개로 기폭
  - 장기간 저장이 부적합, - 흡습성이 높고 수공에는 사용 불가

8. 초유폭약 플러스 ANFO Plus

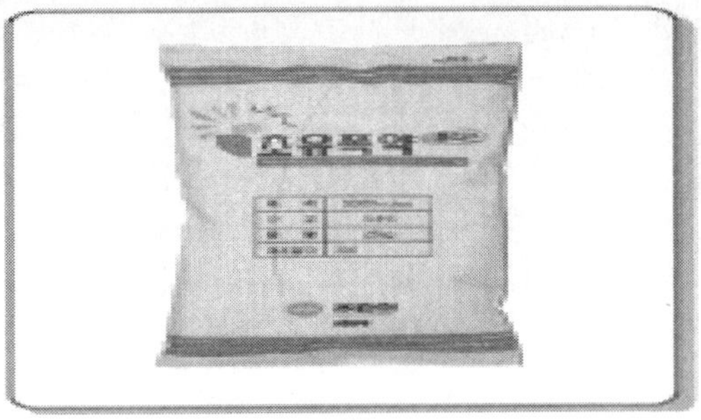

- 용도 : 대규모 OPEN 발파 현장용
- 특징 : 질산암모늄과 연료유가 주성분, 안전성이 우수
- 폭속 : 3,300m/sec
- 식별요령
  - 뇌관 비기폭성 폭약, - 첨단 포장재를 사용, 누유성이 없음
  - 가비중이 낮고, 분진을 최소화함

9. 마브렉스 Marblex

- 용도 : 석재, 채석용에 주로 사용
- 특징 : 흑색화약을 구형으로 성형한 제품, • 폭속 : 400~700m/sec
- 기타 :
  - 질산칼륨, 유황, 목탄의 혼합화약
  - 특수 방수제로 코팅, 내습성 우수, - 연소 시 고온·고압 발생
  - 가스로 암석을 절단함

10. 뉴마이트 플러스 New MITE Plus

- 용도 : 터널 OPEN 발파용
- 특징 : 내한성, 내수성, 안전성이 우수
- 폭속 : 5,700m/sec
- 기타
  - 위력, 후가스가 양호
  - 취급이 용이하고 약상을 자유롭게 조절 가능
  - 에멀젼 폭약의 위력을 보강 알미늄 첨가

11. 뉴벡스 New VEX

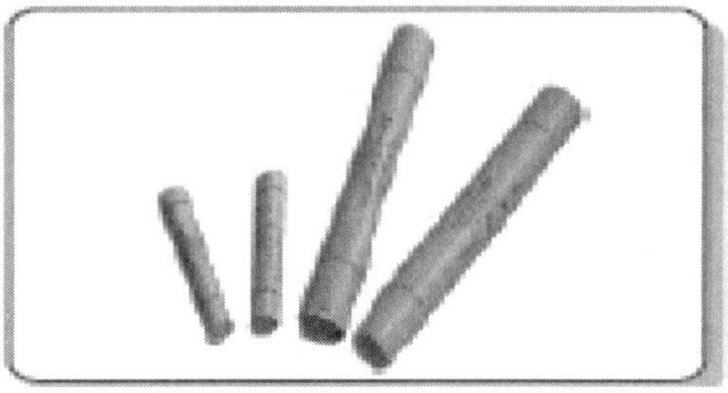

- 용도 : 탄광용
- 특징 : 함수폭약을 한층 개선시킴
- 폭속 : 4,500m/sec
- 기타
  - 안정성, 내수성, 후가스 개선
  - 메탄가스에 대한 안정성이 뛰어남

12. T A T P Triacetone Triperoxide – 액체폭약

- 용도 : 테러용으로 사용
- 특징 : 가벼운 화공약품 냄새가 남, 충격이나 불꽃에 매우 민감
- 폭속 : 5,300m/sec
- 식별요령
  - 기폭제로 사용 가능
  - 니트로 계열의 화합물
  - 중화제로 클로르 포름 사용

13. 컴포지션류(Composition)

(1) Composition C-3

- 황갈색으로 Block형이며 파괴용 플라스틱 폭약이다. 손으로 주물러서 필요한 형태로 쓸 수 있는 가소선 폭약이며, 폭발속도는 초당 7,600m 정도이다.

(2) Composition C-4

- 흰색으로서 손으로 주물러서 어떤 형태로든지 변형이 가능하며, 폭발속도는 초당 8,040m 이다.

(3) Composition A, A-2,A-3

- 담황색으로 Block형이며 흡수성이 없고 RDX분말이나 입자를 왁스 등으로 코팅한 것으로 A-3경우 91% RDX에 9% 비폭약 가소제이며, 폭발속도는 초당 8,100m 이다.

(4) Composition B

- 황갈색으로 주물로 된 Block형이며, TNT, RDX와 혼합물이다. 폭발속도는 초당 7,900m~8,060m 이다.

14. 액체폭발물이란?

폭발물의 원료가 액체로서 혼합방법과 화합반응에 의한 제조방법으로 폭약의 종류를 결정.

폭약의 원료로는 크게 니트로계열과 질산계열으로 분류 할 수 있으며,

(1) 니트로글리세린(액체) ⇒ 다이나마이트(고체)

(2) 니트로메탄(액체) ⇒ 항공유, 산업용매(액체)

(3) 질산(액체) ⇒ C-4, PETN, RDX, TNT등(고체)

제4절 폭파부수 기재

1. 뇌 관(Blasting Cap Detonator)

뇌관은 폭발물을 기폭시키기 위해 사용하는 폭파 부수 기재로서 뇌관 속에는 매우 민감한 제 1고성능 폭발물이 들어있다. 떨어뜨리거나 서로 비비면 폭발한다.

2. 비전기식 뇌관

도화선의 불꽃에 의해 기폭되므로 전기뇌관과 같은 전기식이 부착되어 있지 않고 구리 또는 알루미늄 관체로 되어있다.

3. 전기식 뇌관

뇌관 속에 들어 있는 필라멘트가 전기저항에 의해 내는 불꽃에 의해 기폭되도록 장치된 뇌관이다.

4. 도 화 선

(1) 뇌관을 점화시킬 목적으로 사용되는 화공품, 물속에서도 연소 가능
(2) 비전기식 폭파 방식때 사용

5. 도 폭 선

(1) 도화선과 모양은 같으나 그 자체가 고성능 폭발물이다.
(2) 도폭선은 여러 개의 폭파 목표물을 도시 폭파시 사용
(3) 색상 : 백색, 적색, 분홍색, 국방색
(4) 충전물은 PETN, RDX, TNT, HMX

제5절 사제폭발물

1. 정 의

테러단체나 개인이 수위환경과 복적에 적합하게 여러 형태의 성능으로 일정한 규격 없이 제조된 폭발물

2. 특 징

(1) 은닉이 용이함(일반생활용품 및 일상 사용물품에 은닉 탐지 곤란)
(2) 제작이 용이함(재료를 쉽게 구입, 제작가능)
(3) 발견시 처리작업이 곤란함(규격화되지 않아서 처리가 상당히 힘들고 고도의 기술을 요함)

3. 구 성 품(E.D.P.S)

(1) 폭약(Explosives): C-4, TNT, 저성능 폭약, 발화성 화공약품
(2) 뇌관(Detonator): 전기식, 비전기식 뇌관
(3) 전원(Power): 건전지(일반건전지)
(4) 스위치(Switch): 전자부품용

4. 점화장치 종류

(1) 기계식 점화장치

(2) 화학식 점화장치

(3) 전자식 점화장치(센서, 타이머 등)

(4) 전기식 점화장치

5. 설치장소

(1) 움직이거나 압력이 가해지는 곳(출입문, 차량, 의자등)

(2) 수시로 사용되는 물건(전화기, TV등)

(3) 관심의 대상이 아니거나 식별이 곤란한 장소(화장실, 쓰레기통등)

(4) 다중 집합 장소(대합실, 회의실, 행사장등)

(5) 설비의 중심부(발전실, 방송실등)

6. 설치절차

대상결정 → 사전답사 → 예행연습 → 제조 → 침투 → 설치 → 폭파준비 → 철수

7. 사제폭발물 식별요령

(1) 배선이나 외부 전원, 인계철선등이 노출되어 있는 물건

(2) 비 정상적으로 장시간 방치된 물건

(3) 가벼운 기계장치나 전자장치가 있는 물건

(4) 시계소리가 과도한 물건

(5) 폭파용 부수물(뇌관, 폭약등)이 노출되어 있는 물체

(6) 비 금속성 물체에서 금속성 탐지물건

(7) 주인 없이 장시간 방치되거나 행방이 묘연한 물건

제2장 지역내 자주 발견되는 폭발물 식별요령

제1절 개 요

탄약의 식별방법에는 외형에 의한 식별과 표기에 의한 식별 및 도색에 의한 식별이 있다.

제2절 탄약식별 방법

1. 외형에 의한 식별

(1) 육안을 통해 확인 가능한 크기, 모양을 통해 탄약을 식별하며 여기에는 발사탄약과 비발사탄약 및 유도탄약 등이 있다.

(2) 발사탄약은 구경의 크기 또는 모양과 탄대 및 날개가 있으며, 비발사탄약은 수류탄, 지뢰, 투하탄 등이 있다.

2. 표기에 의한 식별

(1) 탄약의 포장과 탄체의 표기를 통해 탄약을 식별하며, 식별내용으로는 국가재고번호, 국방식별기호, 명칭, 로트번호가 있다.

(2) 국가재고번호(NSN : National Stock Number)란 보급품목을 식별하기 위하여 세계 모든 국가가 공통적으로 사용하는 번호부여 체계로서 이는 종전에 사용하던 연방저장번호(FSN)가 발전된 것이며 1974년 10월부터 채택 적용되고 있다.

(3) 국가재고번호는 13자리 숫자로 구성되어 있다. 예를 들어 1315-00- 926-3930일 경우 13은 연방보급그룹(FSG : Federal Supply Group)으로서 탄약을 의미하며 15는 연방보급분류(FSC)로서 구경을 의미하는데 구경 75~125mm의 탄약

이 해당되며 00은 국가지정번호(NC)로서 00,01은 미국이고 37은 대한민국이며 926-3930은 품목식별부호(IIN)이다.

(4) 국방식별기호란 탄약 품목간 상호 호환성 여부를 식별할 수 있도록 하기 위하여 부여하는 기호로서 탄약표기 내용 중 국가재고번호, 완전명칭, 형 번호, 로트번호가 서로 다를지라도 국방식별기호가 같으면 상호 호환사용이 가능하다. 예를 들어 5.56mm 보통탄에서 A071, KA071, KA09 등이다

(5) 명칭이란 탄약식별을 위한 표준명칭, 신관형태, 발사화기 등을 명시한 것을 말한다.

(6) 로트번호란 생산공장에서 완성탄약이나 정비조성품에 부여하는 일련의 번호로서 제조회사, 제조연월, 제조순위를 식별할 수 있는 번호이며 탄약포장 및 탄체 등에 표기한다.

[예] 풍산동 91바 001 003 가

- 풍산동: 생산공장 식별부호로서 주식회사 풍산 동래공장을 의미
- 91바: 1991년 6월에 생산됨을 의미
- 001: 로트 중간번호로서 국방부 품질관리소 승인번호 의미
- 003: 로트 일련번호로서 생산회사에서 부여하는 순위번호 의미
- 가: 로트 접미어로서 탄약지원사령부에서 부여하는 번호

* 따라서 위의 예를 풀이하면 " 풍산 탄약회사에서 91년도 6월 001의 중간번호 내에서 3번째로 제작되어 첫 번째로 정비 작업한 탄약"을 의미한다.

3. 도색에 의한 식별

(1) 도색의 목적은 방청, 위장, 식별이며 도색방법은 탄체 바탕색, 띠, 표기 등을 통한 식별색상을 표시한다 소화기탄약의 도색은 그 용도를 표기하기 위하여 탄환의 끝부분에 도색한다.

〈표 6-1 직사화기 탄약의 도색〉

탄 종	탄환부 도색
보통탄약	무색(신형탄약 : 녹색)
소이탄약	흑색
예광탄약	오렌지색(적색, 밤색)
공포탄약	탄환부가 없고 약협입구 적색마개로 막힘
철갑소이탄	은색

〈표 6-2 포 탄약의 도색〉

탄 종	도 색
고 폭 탄	국방색
연 습 탄	청 색
조 명 탄	백 색
철 갑 탄	흑 색
연 막 탄	엷은녹색

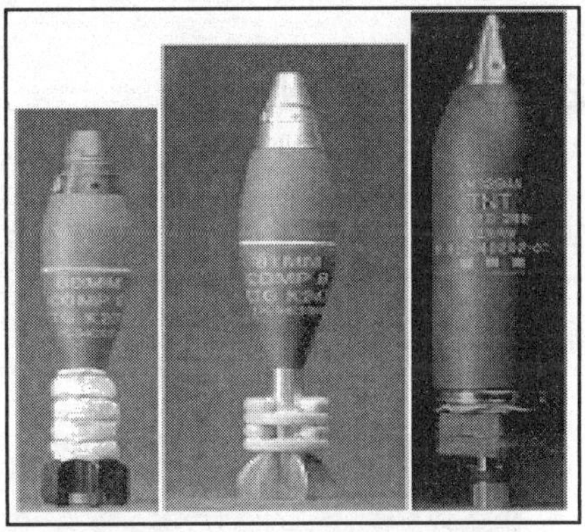

※ 탄약의 기본도색에서 구경 30mm이하의 탄약, 공포탄약, 포 탄약의 추진장약, 신관 등은 제외한다.

제3절 지역내 유기 및 불발된 군용탄약 식별요령

1. 60mm 고폭탄

접근 시 유의사항 열에 매우 민감하며, 불발탄의 신관부위가 특히 예민하여 충격에 의해 폭발위험이 있으므로 절대 촉수를 금지해야 한다.

〈그림 6-3 60mm 박격포 완성탄과 불발탄 〉

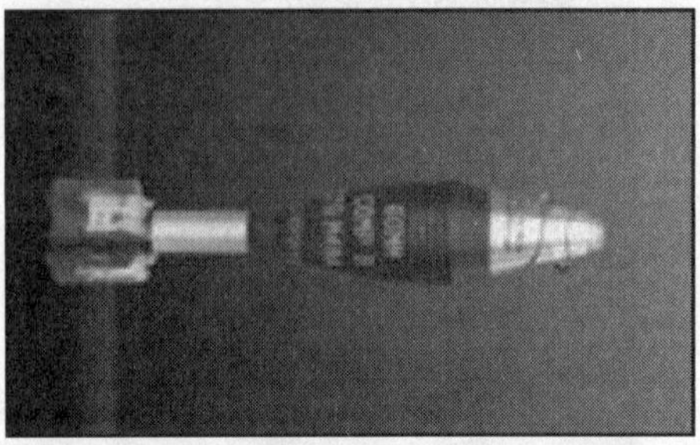	
완 성 탄	유기 / 불발 탄

구분	중량(kg)	전장(cm)	직경(mm)	충전물
수치	1.5/1.8	29.4/37.4	60	Comb B

2. 81mm 고폭탄

접근 시 유의사항 열에 매우 민감하며, 불발탄은 원형모양을 유지하며 탄두부분의 신관이 가장 위험하며 충격에 의해서도 폭발이 가능하다.

〈그림 6-4 81mm 박격포 완성탄과 불발탄〉

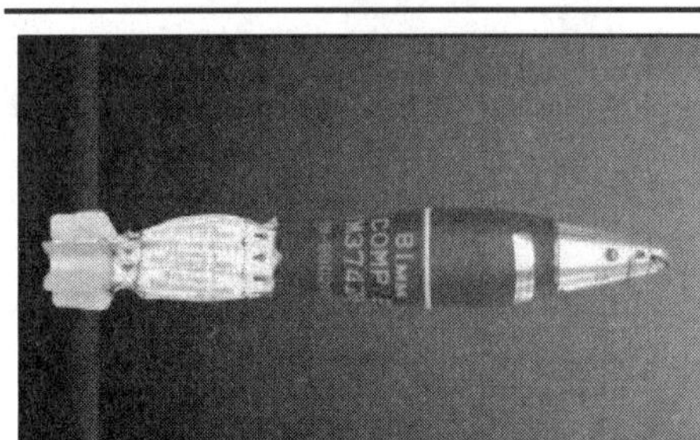	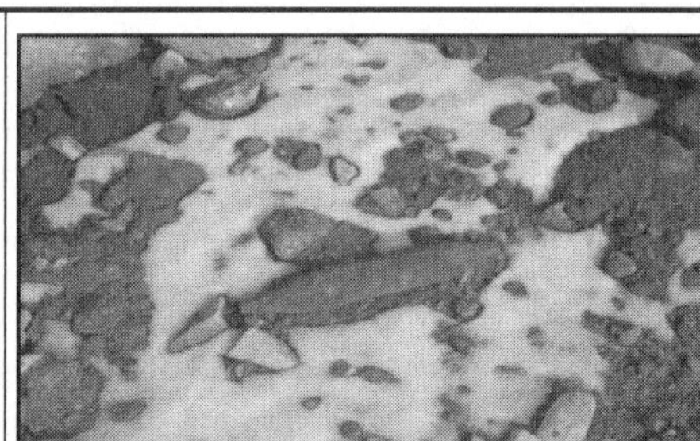
완 성 탄	유기 / 불발 탄

구분	중량(kg)	전장(cm)	직경(mm)	충전물
수치	3.22/4.25	33.3/53	81	Comb B

3. 105mm 고폭탄

불발탄은 원형모양을 유지하며 탄두부분의 신관이 없어도 열에 민감하므로 만지거나 분해해서는 안된다.

〈그림 6-5 105mm 고폭탄 완성탄과 불발탄〉

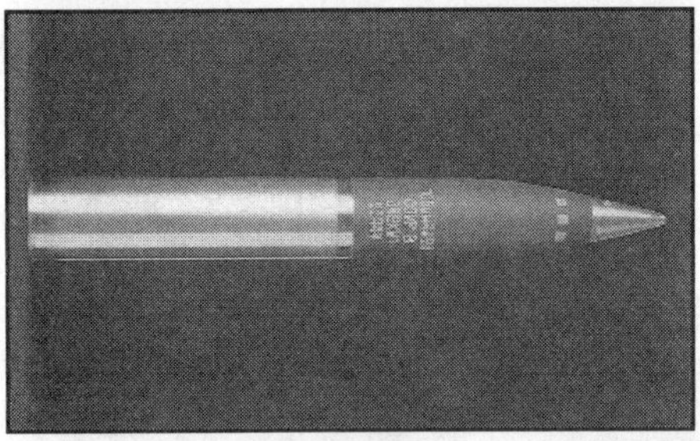	
완 성 탄	유기 / 불발 탄

구분	중량(kg)	전장(㎝)	직경(mm)	충전물
수치	18	77.7	105	Comb B

4. 155mm 고폭탄

155mm 고폭탄은 파편형으로 되어 있으며, 불발탄의 신관부위가 특히 예민하여 충격에 의해 폭발위험이 있으며 열에 민감한 포탄이다.

〈 그림 6-6 155mm 고폭탄 완성탄과 불발탄 〉

	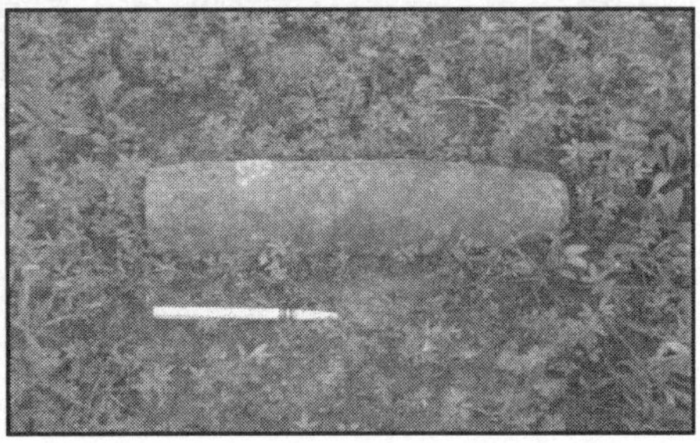
완 성 탄	유기 / 불발 탄

구분	중량(kg)	전장(cm)	직경(mm)	충전물
수치	41.86	68.4	155	TNT

5. 세열수류탄

뇌관을 치는 공이의 힘이 약하거나, 안전크립이 제거되지 않아 불발이 가능하며, 불발 탄약은 뇌관에 충격이 가하여지면 폭발하므로 건드리지 말고 즉시 안전조치 후 신고가 요망되는 폭발물이다.

〈그림 6-7 수류탄의 완성탄과 불발탄 〉

완 성 탄 | 유기 / 불발 탄

구분	중량(kg)	전장(cm)	직경(mm)	충전물
수치	0.45	8.97	60	Comb B

6. 3.5인치 대전차 고폭탄

발사된 탄약은 모든 탄약중에서 가장 민감하여 작은 충격이나 열, 전기에도 폭발이 가능하며 제조년도가 오래되면 불발이 많은 탄약이다.

〈그림 6-8　3.5인치 대전차 고폭탄의 완성탄과 불발탄 〉

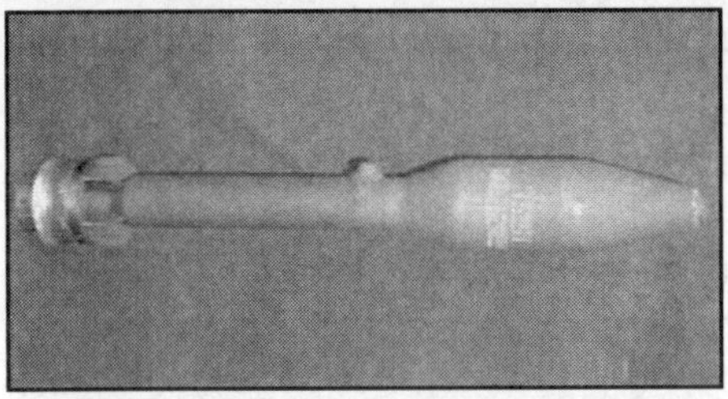	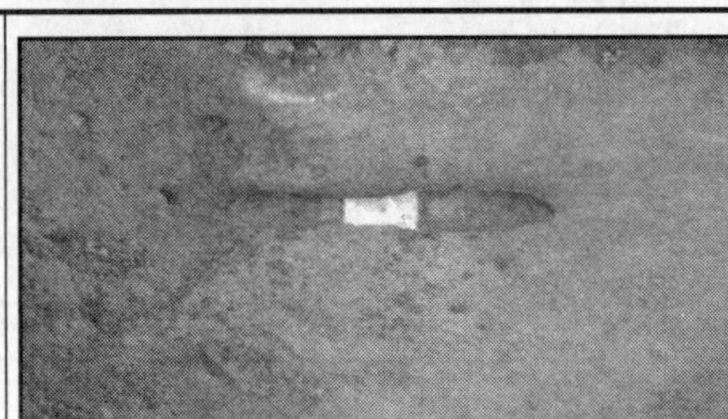
완 성 탄	유기 / 불발 탄

구분	중량(kg)	전장(㎝)	직경(mm)	충전물
수치	5.8	58.4	8.9	Comb B

7. M14 대인지뢰

탄체의 재질이 플라스틱이고 지뢰탐지기로 탐지가 불가능하며 크기는 작으나 위력이 크고 매설 및 불발된 탄약은 작은 충격에도 폭발이 가능하다.

〈그림 6-9　M14 대인지뢰의 완성탄과 불발탄〉

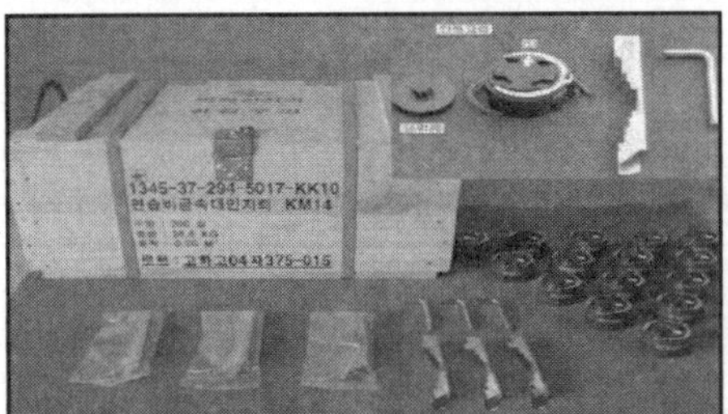	
완 성 탄	유기 / 불발 탄

구분	중량(kg)	전장(㎝)	직경(mm)	충전물
수치	0.94	42	55.6	테트릴

8. M16 대인지뢰

불발탄약은 안전장치가 해제된 상태이므로 작은 충격에도 폭발이 가능하며 특히 신관 부분이 민감하므로 유의해야한다

〈 그림 6-10 M16 대인지뢰의 완성탄과 불발탄 〉

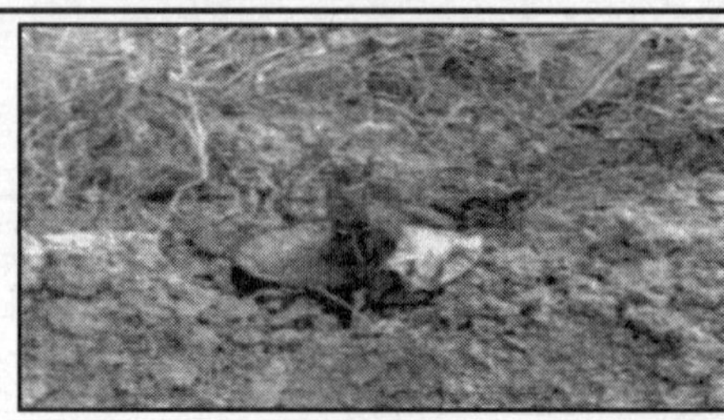

완 성 탄	유기 / 불발 탄

구분	중량(kg)	전장(cm)	직경(mm)	충전물
수치	3.54	20	10.3	TNT

9. M15 대전차 지뢰

불발탄은 안전장치가 해제된 상태이므로 충격에 약하며 특히 신관부분이 취약하므로 유의해야 한다.

〈그림 6-11 M15 대전차지뢰의 완성탄과 불발탄 〉

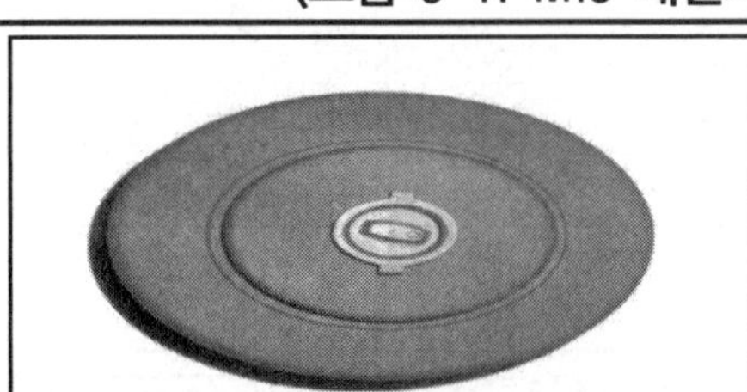
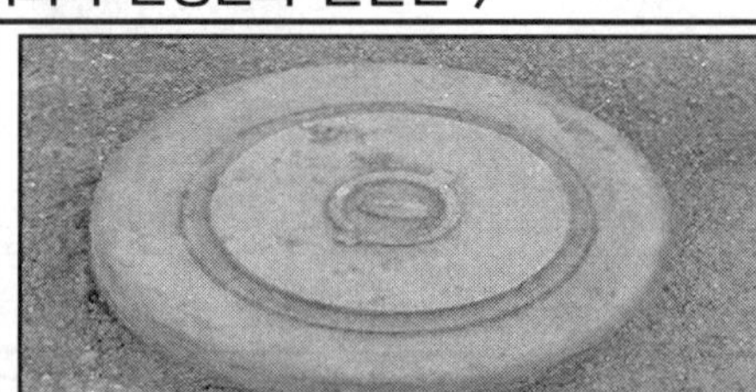

완 성 탄	유기 / 불발 탄

구분	중량(kg)	전장(cm)	직경(mm)	충전물
수치	8	22.8	20.6	Comb B

제4절 지역내 유기 및 불발된 적성국 탄약 식별요령

적성 탄약이란 한국 전쟁 중 주로 사용 하였으며, 주로 소련(러시아)제 무기에 맞게 고안된 탄약 이며, 특징은 쉽게 제조되었고, 과거 중국, 이란, 이스라엘, 요르단, 레바논, 북한, 베트남, 시리아 등 22개 국가에서 사용하고 있으며, 탄약의 크기를 1인치 크게 또는 작게하여 우방국 화기에 사용하지 못하도록 고안된 탄약이다. 특징으로는 단순한 안전장치와 잘 터지도록 제작되어 있으며 신관공(장착 구멍)이 동맹국 탄약보다 작으며 안전장치가 1~2중으로 구성(동맹국: 3중 안전장치로 구성)되어 있다.

〈그림 6-12 소련제 23mm고폭탄〉

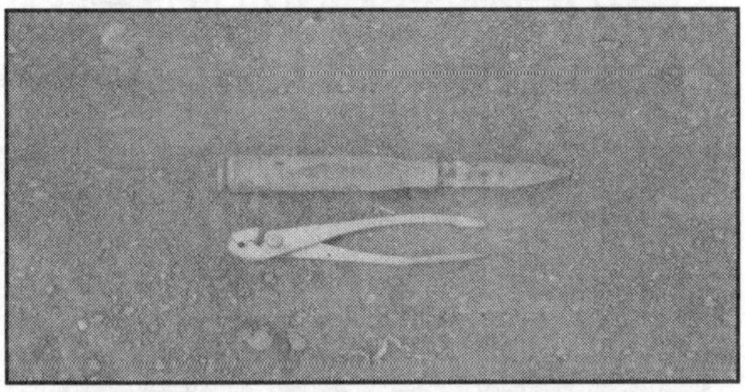

〈그림 6-13 중국제 60mm고폭탄〉

〈그림 6-14 유고제 120mm 백린연막탄〉

〈그림 6-15 불가리아제 수류탄〉

〈그림 6-16 중국제 130mm용 신관〉

〈그림 6-17 중국제 150mm용 신관〉

〈그림 6-18 중국제 82mm 신관〉

〈그림 6-19 소련제 73mm RPG 추진체〉

제3장 폭발물처리 요령

제1절 탄약처리 방법

1. 개 요

처리대상 폭발물은 탄약저상시설에 저장, 취급간 발생하는 불량탄과 작전지역에서 발생 또는 발견되는 각종 유기, 불발탄약과 폭발물로서 폭발 위험 요소를 제거하는 일련의 절차로서 최종치리 방법은 안전하게 폭발요소를 무력화 시키는 방법이다.

2. 회수 후 기폭에 의한 처리

(1) 대상탄종

기폭에 의한 처리 대상 탄종은 탄체에 고성능 화약이나 화학제가 충전된 탄약 및 폭발물로서 신관이 장착된 포탄약, 항공용 투하탄약, 박격포 탄약, 대전차 및 대인지뢰, 로켓탄약, 수류탄 및 총류탄약, 신관, 뇌관, 각종 불발탄약 등이다.

(2) 기폭처리에 소요되는 부수자재 소요기준

전기뇌관은 폭약 3L/B당 1개 도화선은 비전기뇌관 1개당 4피트(120㎝) 도폭선은 폭약 1L/B당 4피트 대전차 및 대인지뢰가 필요하며 부수자재는 처리 대상탄종 및 처리량에 따라 조정한다.

3. 소각에 의한 처리

(1) 대상탄약

소각처리 대상탄약은 흑색화약이나 덩어리 폭약 등 연소성이 있는 탄약 및 폭발물로서 흑색화약과 무연화약, 각종 폭약(TNT, 콤포지션, 테트리톨 등), 군용화학제(조명제), 뇌관(전기뇌관, 비전기뇌관 제외), 신관, 기폭관 및 전폭관과 소화기탄약, 기타 신관을 제거한 각종 포탄약(화학탄 제외)등이다.

(2) 소각처리 요령

소각처리 요령은 첫째, 흑색화약은 1회 소각량은 50L/B로 하고 5-7.5㎝ 넓이 이상 살포를 금지하며 점화는 풍향의 반대방향에서 점화를 시도하고 작업요원의 대피를 위한 시한장치를 하여 점화하며 불꽃은 3m이상 높지 않도록 조정한다.

둘째, 고성화약은 흑색화약 처리요령과 동일하되 1회 소각량을 달리해야 한다. 예를 들어 TNT는 500L/B, 테트리톨과 콤포지션은 50L/B로 조정해야 한다.

4. 분해처리

경제적으로 활용할 수 있는 가치가 있을 때 한하여 분해할 수 있다.

5. 매몰처리

지하매몰 등의 처리로서 다른 영구적인 처리방법이 준비될 때 까지 임시방편적인 위험감소 대책으로 매몰처리 방법을 활용한다.

제2절 對 민·관 폭발물 처리 지원 절차

1. 개 요

국내 전 지역에서 신고된 군용폭발물을 신속하고 안전하게 처리하기 위해 국방부와 관련 정부부처는 상호 긴밀한 협조와 합의된 임무를 철저히 이행함으로써 폭발물로부터 국민의 생명과 안전을 보호하는 것을 목적으로 한다.

2. 대민·관 지역에서 신고된 폭발물 처리체계

(1) 최종 식별 및 확인 : 경찰청 책임하에 실시한다.

(2) 식별 결과 군용폭발물은 국방부(각 군)로 처리지원 요청하고, 지상탄약에 육군 EOD반에서 처리 지원한다.

☞ 경찰청 의뢰 군용폭발물은 최단시간내 처리 지원하며 대민안전 요구사항은 경찰청과 행정기관 협조(교통통제, 시설물 보호, 토목작업 등)를 요청하며 처리에 소요되는 병력, 장비, 자재는 군자산으로 지원한다.

(3) 민수용 폭발물(IED: Improvised Explosive Device)

① 경찰청 자체 EOD반에서 처리한다.

② 경찰청 자체 처리 곤란시는 군으로 지원요청 시 처리 지원한다.

③ 대민피해 발생시에는 군·경 합동으로 조사한다.

3. 처리지원 책임

(1) 국방부(각 군 및 사령부)

① 신고된 군용 폭발물처리 대민지원 임무를 조정 통제한다.

② 관련부처와 협조체계를 유지한다.

③ 해중 및 수중에서 발견된 군용폭발물은 해군에 협조지원 요청을 할 수 있으며, 해군은 해중 또는 수중의 군용폭발물을 식별, 처리 및 지상인양을 담당하고 지상

에 인양된 폭발물은 책임지역 처리반에 인계할 수 있다.

④ 군용 폭발물처리 대민지원은 책임지역 폭발물처리반이 출동 지원함을 원칙으로 하며, 출동 군에서 타 군에 지원을 요청할 경우 지원을 요청받은 군은 지원해야 한다.

⑤ 합의서에 규정되지 않은 사안으로 지원이 요청되었을 경우 지원 가부 결정을 한다.

(2) 경찰청

① 군용 폭발물처리 대민지원의 주무협조 부처로서 대 국민 관련 업무를 주관한다.

② 군용폭발물이 신고되었을 경우 안전예방조치 업무를 수행하며 군 폭발물처리 요원에 의해 안전조치절차가 완료될 때까지 업무를 협조한다.

③ 신고된 폭발물이 민수용 폭약이거나 사제폭발물일 경우에는 경찰청에서 담당하고, 군용폭발물일 경우에는 가까운 군사령부나 책임지역 폭발물처리반에 출동지원을 요청한다.

④ 대민지원 임무 중 국방부의 필요에 의한 인력, 장비, 물자, 폭발물 이동차량 등의 지원요청이 있을 경우 이를 협조하며 현장처리가 요구 될 경우에는 주변장소를 물색하여 안내하고 굴삭기 등의 장비지원과 안전예방조치에 협조한다.

⑤ 위 “라”항을 포함하여 폭발물 적재차량이 이동할 경우 호송을 지원한다.

⑥ 신속하고 원활한 폭발물처리 지원을 위해 국방부와 유·무선 통신망을 구축한다.

(3) 해양경찰청

① 관련부처와 협조체계를 유지한다.

② 해중 또는 선박내의 군용폭발물이 해양경찰청에 신고되었을 경우 국방부 또는 책임지역 폭발물처리반에 출동지원을 요청한다.

③ 해중 현장처리가 요구될 경우에는 주변의 어선소개, 선박통제, 현장경비 등의 안전예방조치를 담당하며, 현장처리가 완료될 때까지 업무를 협조한다.

④ 대민지원 임무 중 국방부의 필요에 의한 인력, 장비, 물자, 선박 등의 지원요청이 있을 경우 지원에 협조한다.

⑤ 선박 내의 사제폭발물 처리를 담당한다.

(4) 건설교통부

① 관련부처와 협조체계를 유지한다.

② 건설교통부 소관 사업 중 폭발물이 발견될 경우 경찰청에 신고하여야 하며, 군용 폭발물일 경우 국방부에 지원을 요청할 수 있다.

③ 공항(항공기 내부 포함) 및 철도(차량 내부 포함)에서 군용폭발물이 발견되었을 경우 국방부에 지원을 요청할 수 있다.

④ 공항(항공기 내부 포함) 및 철도(차량 내부 포함)의 사제폭발물은 경찰청과 협조하여 처리한다.

⑤ 승객 물품 검색 중 발견되어 보관 중인 군용 폭발물류는 국방부에 처리를 요청할 수 있다.

(5) 산업자원부

① 관련부처와 협조체계를 유지한다.

② 철강협회 및 업체에 대하여 다음 사항을 지도감독 및 협조한다.

- 폭발물을 발견하였을 경우 경찰청에 신고한다.
- 폭발물처리 요원이 도착하기 전까지 폭발물에 대한 위험표시설치, 격리저장, 인원통제등 제반 안전예방조치를 수행한다.
- 안전요원에 대한 폭발물 식별교육 실시 및 군 위탁교육 등으로 출동지원량을 최소화한다.
- 철 스크랩을 외국으로부터 수입할 경우 폭발물이 포함되지 않도록 한다.

4. 폭발물 신고 / 처리 지원 체계도

신고 체계도	조치내용	비 고
발견자 (지역주민)	ㅇ발견시 건드리거나 이동금지 ㅇ가까운 경찰서 및 군부대 신고	ㅇ발견 위치,크기,수량,형태 ㅇ신고 및 안내자 통보
관할경찰관서 (해경청)	ㅇ현장출동 후 안전조치 - 위험표지, 주민/교통통제, 현장경비 등 안전조치 - 탄종/수량, 크기 통보 ㅇ사제폭발물인 경우 경찰청과 협조처리 ㅇ군용폭발물인 경우 군부대 통보	ㅇ대 국민 안전조치 실시 ㅇ책임지역 폭발물처리반에 처리지원 협조요청
관할군부대	ㅇ군용폭발물 발견 신고접수 - 군 지휘계통에 신속보고 후 처리지원 지시	ㅇ출동처리반과 유ㆍ무선 연락 체계 구축
각군본부/ 군사령부 상황실	ㅇ처리지원 요청 및 보고 접수 - 처리지원 지시 - 타 군 지원 협조 - 관련부처 협조	ㅇ유관기관과의 협조체계 구축 및 협조
해당군/지역 폭발물처리반	ㅇ출동지시에 의한 처리지원 ㅇ필요시 타 군 처리반 지원요청 ㅇ대 국민 통제관련 업무 경찰청과 협조 ㅇ폭발물 수거 이동시 적재 차량 지원요청 ㅇ현장처리시 경찰청과 협조	ㅇ타 군 및 대외기관과 업무 협조사항 발생시 보고 ㅇ실시간 진행사항 보고 ㅇ처리 지원임무 종료시 계통에 의한 보고

5. 신고 된 군용 폭발물 처리 대민지원 절차

(1) 신고 접수자는 폭발물의 위치, 수량, 길이, 직경, 모양 등 획득 가능한 상세한 정보를 입수한다.

(2) 신고된 군용폭발물은 책임지역 폭발물처리반에서 군 기본 업무수행에 지장이 없는 범위 내에서 타 업무에 우선하여 군 보유자산(인원, 처리장비, 처리자재, 처리기술)으로 지원한다.

(3) 현장에 도착한 폭발물처리 요원은 즉시 폭발물을 식별하고 폭발물의 상태를 판단하여 어떠한 안전조치절차(RSP)를 수행할 것인가를 경정한다.

(4) 안전조치절차(RSP)수행시 최소인원으로 수행하고 불필요한 인원, 장비는 안전거리 이상으로 대피시켜야 하며, 주변인원 대피 및 차량 통제 등 안전예방조치를 경찰청에 협조 요청한다.

(5) 현장처리가 불가피할 경우 폭발물처리 요원은 현장처리의 불가피성을 설명하고 적합한 장소, 이동차량, 굴삭기, 호송지원, 안전예방조치 등 필요한 요청을 하고, 경찰청은 이에 적극 협조해야 한다.

(6) 현장처리를 할 경우에는 안전을 고려하여 매몰 기폭처리를 원칙으로 한다. 폭발물처리 요원은 안전거리를 충분히 확보하였을 경우와 차량, 인원통제 등 안전예방조치가 완벽할 경우에만 현장처리를 하여야 한다.

(7) 안전조치절차가 완료된 폭발물은 부대로 수거한다.

(8) 수거할 폭발물의 적재가 불가능하여 운반차량을 요청할 경우 경찰청은 이를 협조 지원한다.

(9) 폭발물 적재차량이 이동할 경우 경찰청은 호송을 지원한다.

제 7 편

화재대처법

제1장 화재 개요

제1절 완벽한 화재방어

1. 타지않는 물질
2. 소방시설
3. 전문가, 관리자
4. 교육, 훈련
5. 전 국민의 예방 활동

제2절 화재개요

1. 화재란 무엇인가?

실화 또는 방화 등으로 사람의 의도의 반[反]하여 발생, 확대 되는 연소현상으로 사회 공익을 해치거나 인명 및 경제적인 손실을 수반하기 때문에 이를 방지하기 위하여 소화 시설 또는 이와 같은 정도의 효과가 있는 것을 사용할 필요가 있는 연소현상을 말한다.

2. 화재의 정의 !

v 인간의도, 목적, 통제를 벗어난 것
v 인명, 재산상 피해발생
v 소화활동이 필요

불의 양면성
(불은 생활 전반의 필수 불가결 존재 화재 시 평화로운 삶을 위협하는 공포의 대상)

3. 화재의 4요소

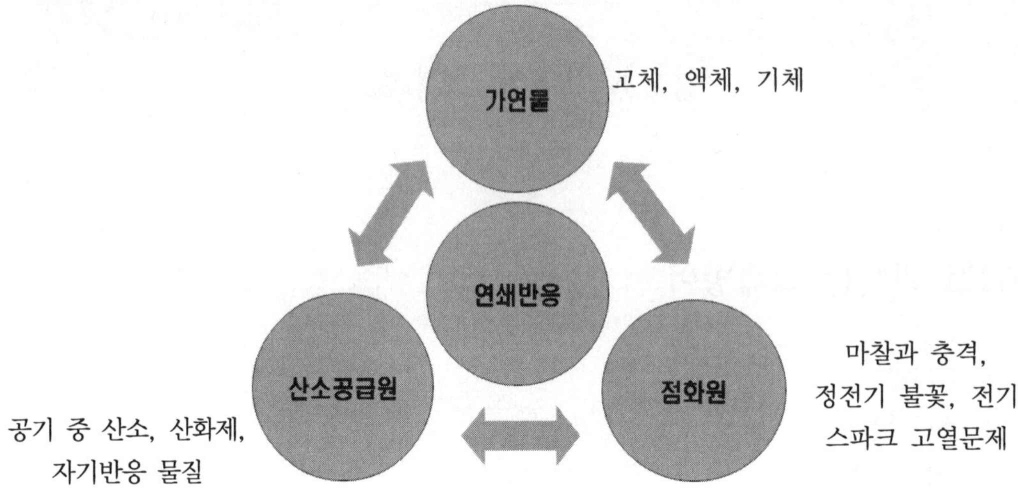

4. 화재의 종류

(1) 일반화재(A급 화재)

• 가연물인 나무, 종이, 섬유류 등에 의한 화재(백색 표시)

• 화재발생빈도 및 피해액이 가장 큰 화재

(2) 유류화재(B급 화재)

• 석유 등 가연성 액체의 유증기가 타는 화재(황색 표시]

(3) 전기화재(C급 화재)

• 전기가 통하고 있는 전기 시설물이 타는 화재(청색 표시)

제3절 화재원인 분석

제4절 화재발생 주요원인

1위 → 부주의 화재

1. 담배꽁초 방치
2. 음식물조리중
3. 쓰레기 소각

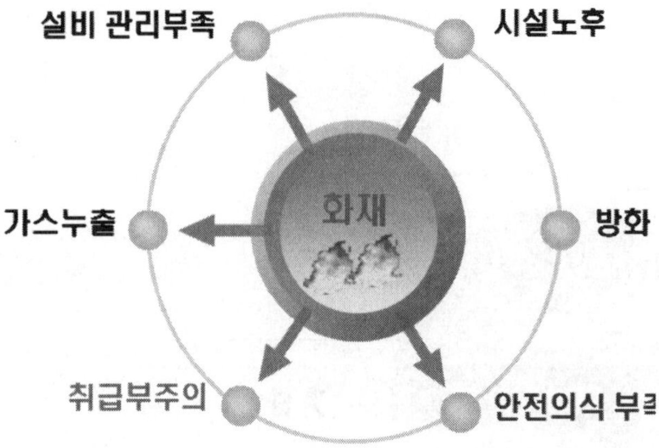

2위 → 전기적 화재

1. 콘센트
2. 가전제품

제5절 화재의 발생현황

1. 발생원인별 분석

- 전기(30%) 〉 담뱃불(10%) 〉 기타

2. 발생 장소별 분석

- 주택아파트(30%) 〉 차량(20%) 〉 산업현장(10% 이상)

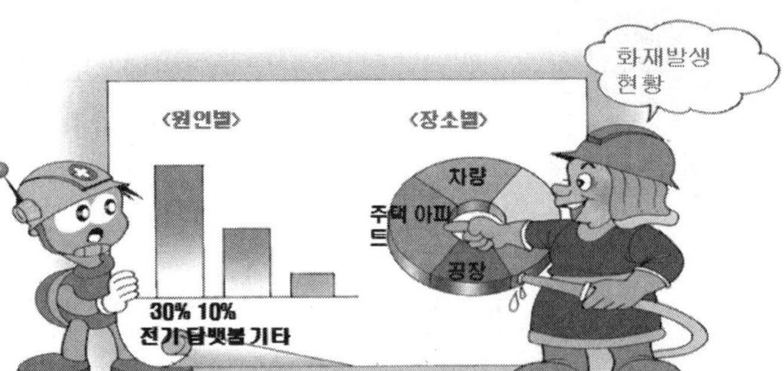

제6절 소화의 원리

1. 냉각소화

- 타는 물질의 온도를 발화점 또는 인화점 이하로 냉각시켜 연소를 중단시킴
- 대표적인 냉각소화제 : 물

2. 제거소화

- 가연성 물질을 연소장소에서 제거하여 불의 확산을 저지
- 소화방법
  ▶고체 가연물을 다른 상소로 이동
  ▶가스밸브를 잠금

3. 질석(희석)소화

- 가연물질이 연소하는데 필요한 산소의 양을 감소시켜 소화하는 방법(일반화재: 산소농도 15%미만, 유류화재 산소농도 5%미만)
- 소화방법: 포소화약제를 사용, 거품으로 산소공급 차단

제7절 원인별 화재예방요령

1. 전기화재

▶ 주요 원인

합선 / 문어발식 코드 사용으로 인한 과부하 / 누전/ 접촉불량 / 정전기 / 제품 결함 / 취급 부주의 등

▶ 예방요령(1)

- 전기설비는 사용 전 점검
- 전기제품은
  → KS마크가 있는 것 사용
  → 정격용량의 전선 사용
  → 노후된 전선 교체

▶ 예방요령(2)

- 누전차단기 설치
- 문어발식 코드 사용 금지
- 퓨즈는 정격용량의 규격품 사용 (철사 사용 금지)
- 평상시 불필요한 전원은 끄고, 퇴근시 사용하지 않는 전원코드는 뽑아둠
- 전원 플러그를 뺄 때 전선을 당기지 않음
- 전선이 문틈으로 통하거나 전기장판을 접지 않음
- 전기난로는 커튼 등으로부터 바람이 불어도 닿지 않는 거리에 설치

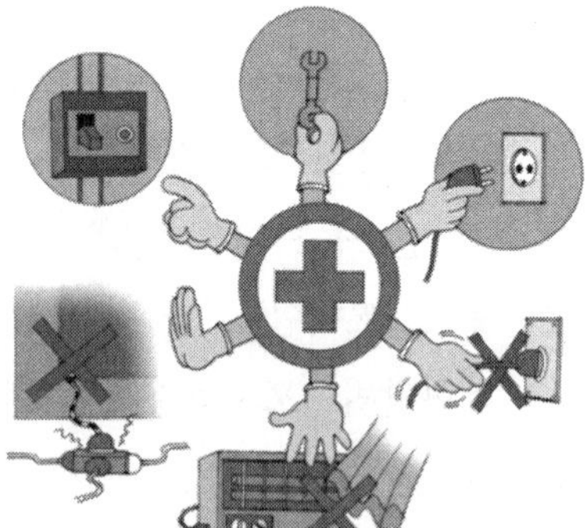

2. 담뱃불 화재

- 전체 화재건수의 20% 정도가 담뱃불로 인해 발생
- 유류보관소 등 화재발생 위험장소에서 흡연 금지
- 담배꽁초를 아무데나 버리는 행위 금지

3. 가스화재

- 사용 전 및 외출 후 창문 개방 및 충분한 환기 실시
- 가스배관과 호스의 연결부위는 비눗물을 이용, 누설여부 수시 확인
- 사용치 않을 시 가스레인지 조절기 및 중간밸브를 잠금

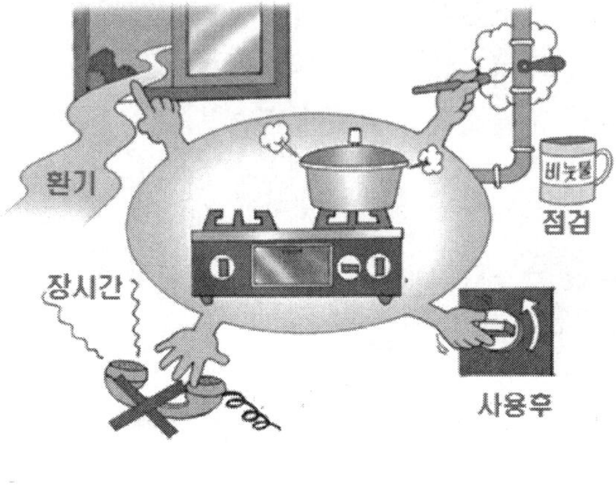

4. 유류화재

- 연료주입시는 반드시 전원을 끄고 깔대기를 사용
- 불이 붙은 채로 난로의 이동 금지
- 난로 주변에 빨래를 널지 않음
- 화기 주변에 작은 소화기나 모래주머니 3~4개 비치

5. 전기용접 불티 화재

- 주변의 가연물 제거 후 작업
- 작업장 주변에는 소화기 및 물 양동이 비치
- 바닥에 부직포를 깔 것

제2장 화재발생 초기대응

제1절 화재 대응 단계별 행동

1 대응
〈 화재신고〉

화재사실
- 전화 신고 119. 발신기, 큰목소리

2 대응
〈 초기진화〉

자체 진화
- 소화기, 옥내소화전 사용하여 소화

3 대응
〈피난 및 피난유도〉

피난실시
- 피난실시 및 손님 피난유도 시행

제2절 화재발생시 초기대응

- 최초발견자 또는 자위소방대(지휘반) 전화신고, 발신기 사용 통보

- 최초발견자 또는 자위소방대(진압반) 소화기, 옥내소화전 사용 소화

- 피난실시 및 여객 피난유도 시행

1. 자위소방대 구성

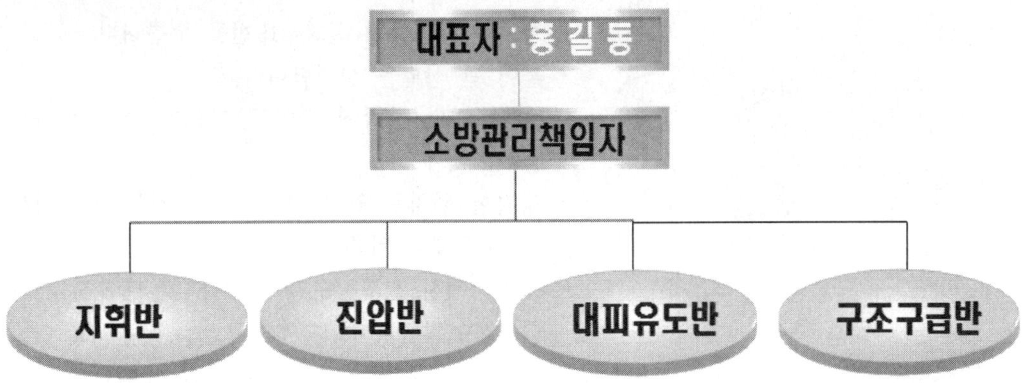

2. 자위소방대 의무

지휘반	진압반	대피유도반	구조구급반

평상시 각 반의 임무조정 화재진압 등에 관한 훈련 계획수립.시행 화재시 119 또는 공항소방대 신고, 건물 내 화재발생 통보	평상시 소화기구(소화기, 옥내소화전) 위치.사용법 숙지 화재시 근무하는 건물 또는 실(室)의 화재진압	평상시 양방향 피난로 숙지 및 장애요소 제거 화재시 근무자 등을 안전한 장소로 대피유도(노약자 및 장애인의 피난보조 포함)	부상자 응급조치 및 인명구조

3. 화재발생사실 주위 전파 방법

- 화재를 발견하면 전화 119번을 누릅니다.
- 불이 난 상황을 설명합니다.
  (ㅇㅇ 식당 주방에 불이 났어요. ㅇㅇ 상가건물2층 이에요)
- 정확한 위치를 알려 줍니다. (00건물0층00면세점/00우체국 뒤쪽이에요)
- 소방서에서 신고접수가 되었다 할 때까지 전화를 끊지 않습니다.

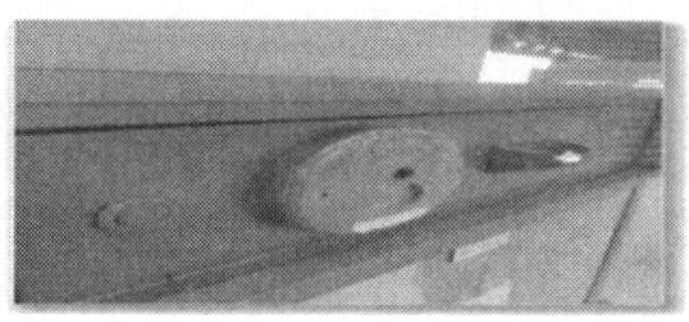

4. 소화기 사용

소화기 사용

옥내소화전 사용

① 소화기를 바닥에 놓고 몸통을 잡고 안전핀을 뽑는다.
② 호스를 빼고 화점에 대고 손잡이를 누른다.

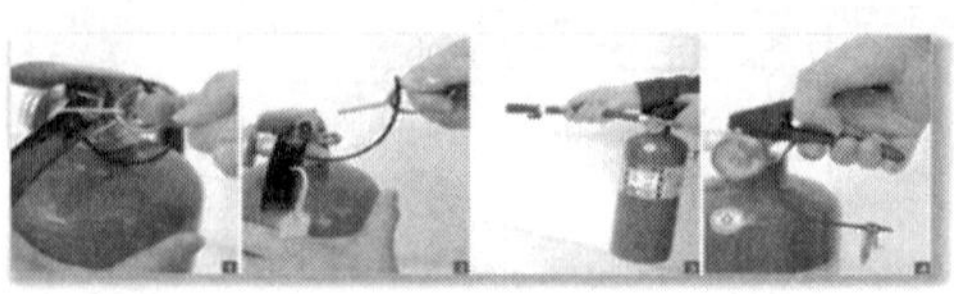

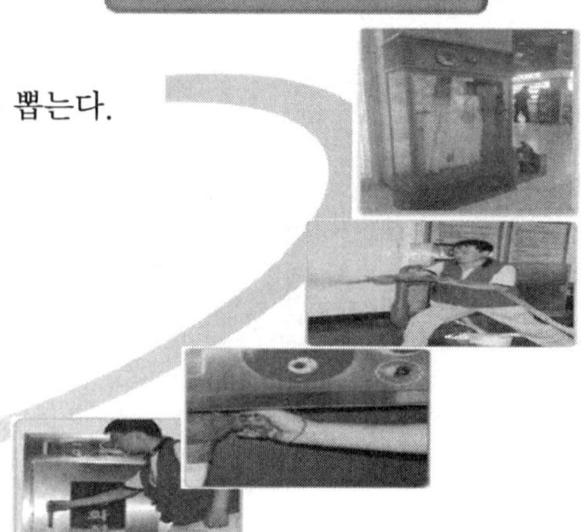

5. 소화기 점검 방법

① 약제가 굳었는지 흔들어 확인
② 각 실마다 설치되었는지 확인
③ 압력계 지침이 녹색을 가리키면 정상, 노랑색이면 압력미달

가압식노후소화기는 폭발 위험성 등으로 수거 폐기
- 소방서 또는 119 안전센터로 방문하여 반납(기간 : 2013.9.12~2015.12.31)

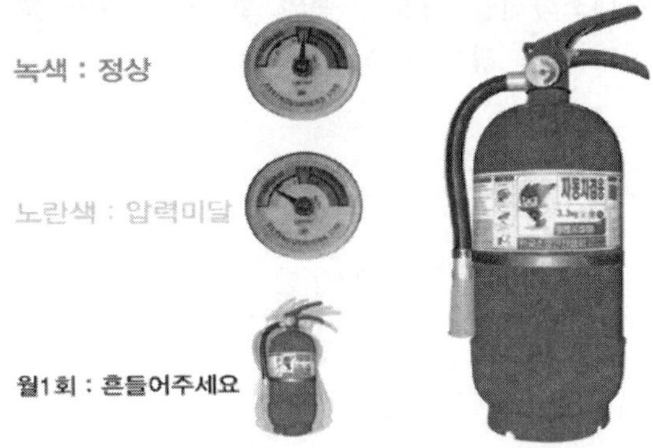

6. 화재발생시 단계별 대응

7. 옥내 · 외 소화전 사용방법

옥내소화전을 사용시 주의 할 점 불길이 잡히지 않을 경우를 대비해 퇴로 확보

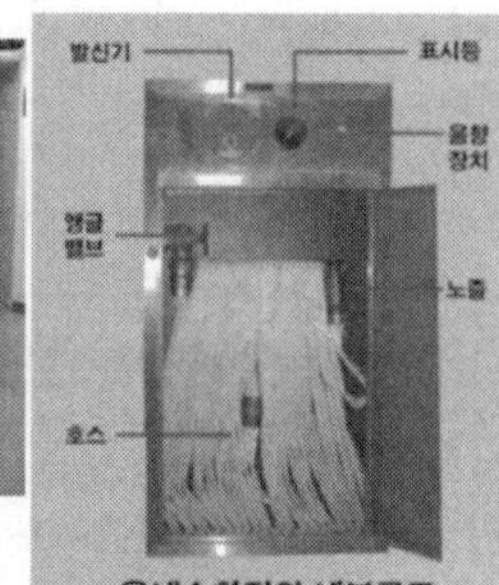

옥내소화전의 내부구조

(1) 소화전함 상부의 기동용 버튼 또는 발신기를 누름

(2) 한 사람은 소화전 함 내 호스를 꺼내 불이 난 장소로 전개

(3) 다른 사람은 소화전 함 내 개폐밸브를 개방한 후 호스를 보조

(4) 노즐을 잡고 화점을 향해 방수

8. 소화전 사용방법

① 발신기 버튼을 누른다

② 건물에 벨이 울린다

③ 소화전함을 연다

⑤ 호스를 꼬임없이 편다

⑥ 불 가까이가면 소리로 알린다

⑦ 핸들을 돌려 밸브를 연다

⑧ 호스와 노즐을 단단히 붙잡는다

제3장 피난시 행동요령

제1절 연기의 이동속도

* 화재시 사망에 이르는 가장 큰 원인은 연기〈유독가스〉에 의한 질식이 다수

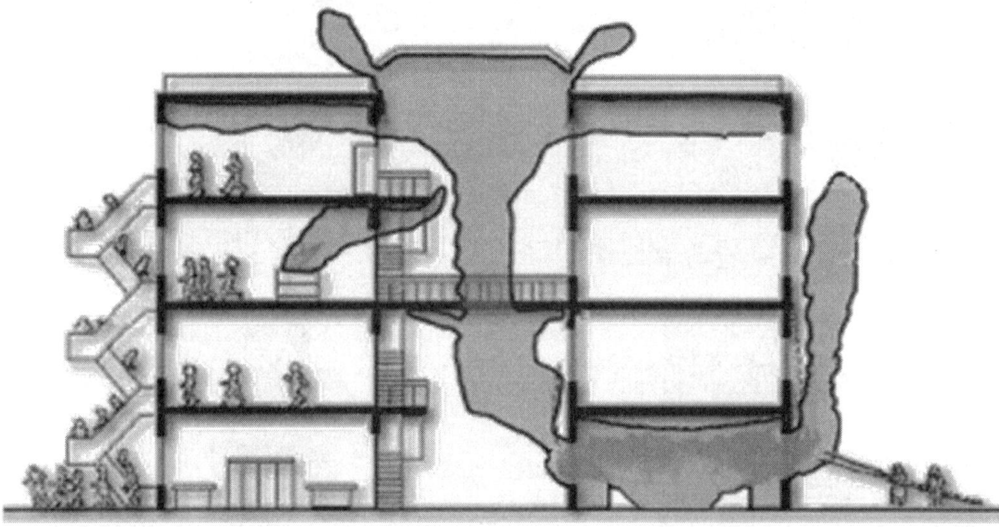

연기의 속도

수평방향 : 약 0.5m/초
수직방향 : 화재 초기 약 1.5m/초
중기 이후 농연시 3~4m/초
엘리베이터, 계단실 3~4m/초

인간의 보행속도(보통사람) 1초에 0.5 – 1m

제2절 행동요령

* 평소 화재발생시 행동방법을 생각하고 모의 실행 하여 본다
* 큰소리보다는 침착하고 자연스럽게 유도
* 반드시 2방향 이상으로 유도(비상구, 계단 이용)

* 노인 또는 장애인, 어린이 는 보행속도가 느린 것을 감안하여 유도
  단. 자력으로 움직일 수 없는 장애인은 이동 할 수 있는 휠체어 등 기구 사용
* 화장실에 있는 공항이용객에게 피난상황 알림
* 피난유도 종료 후 유도자는 방화문은 반드시 닫고 피난할 것

✓좌회본능
✓추종본능
✓퇴피본능
✓귀소본능
✓지광본능

제3절 아파트 화재시 → 피난경로

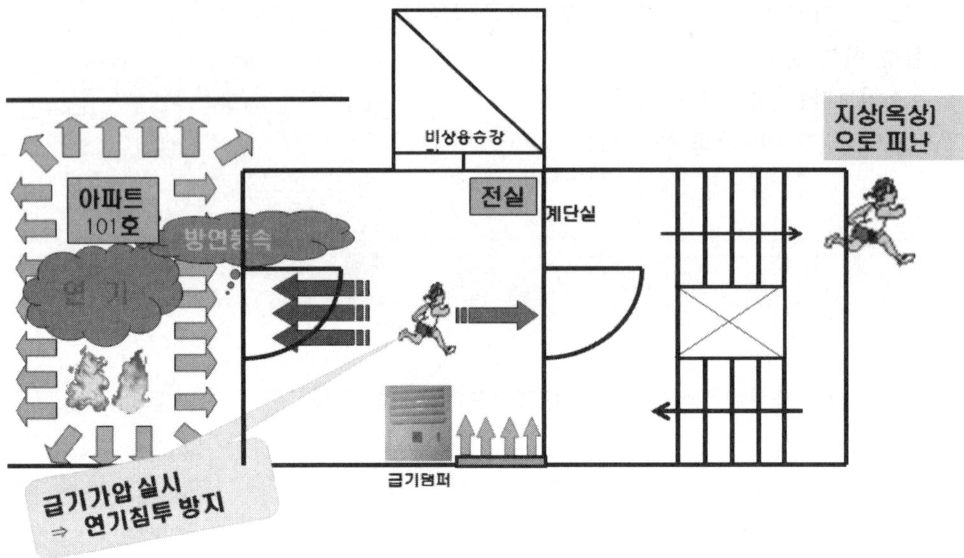

제4절 피난설비의 종류

완강기

피난용 사다리

피난 구조대

제5절 소방시설의 종류

1. 완강기

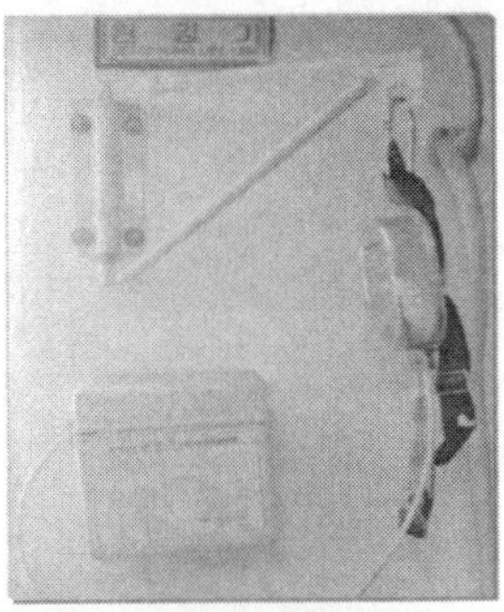

완강기사용 방법

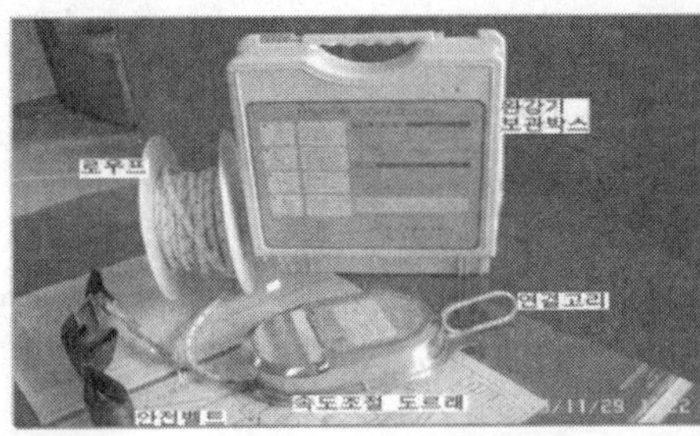

2. 방화셔터

건물의 용도상 시야가 개방된 넓은 공간을 필요로 하는 곳이나 고정 벽을 설치하기 곤란한 큰 개구부에 주로 설치하여 평상시에는 개방된 상태를 유지하다가 화재 시 연기나 열에 의하여 자동으로 차단하여 방화구획을 형성하는 설비이다.

3. 방화문

분리형

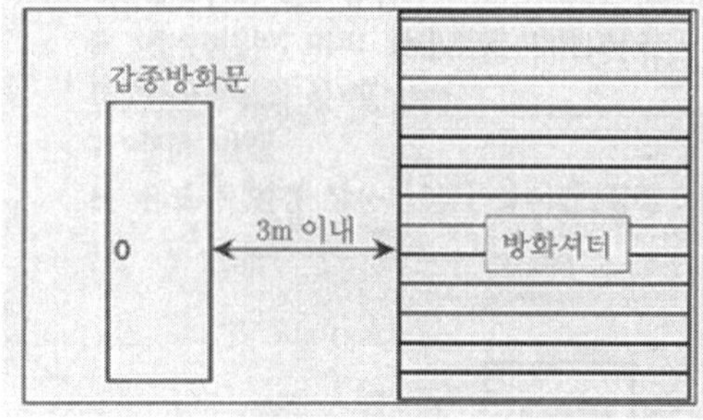

일체형

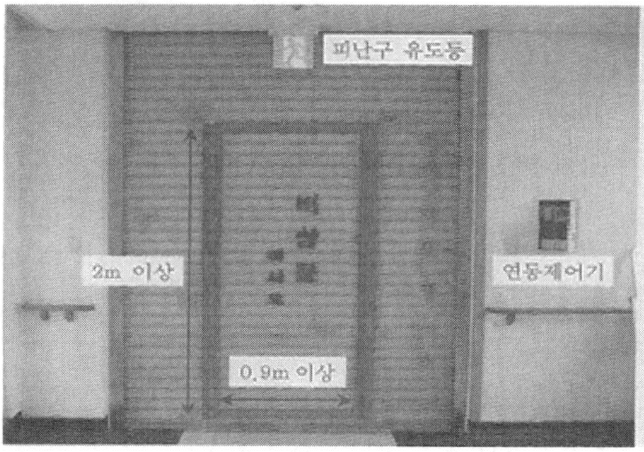

제4장 소방시설의 종류

제1절 소방시설의 종류 5가지

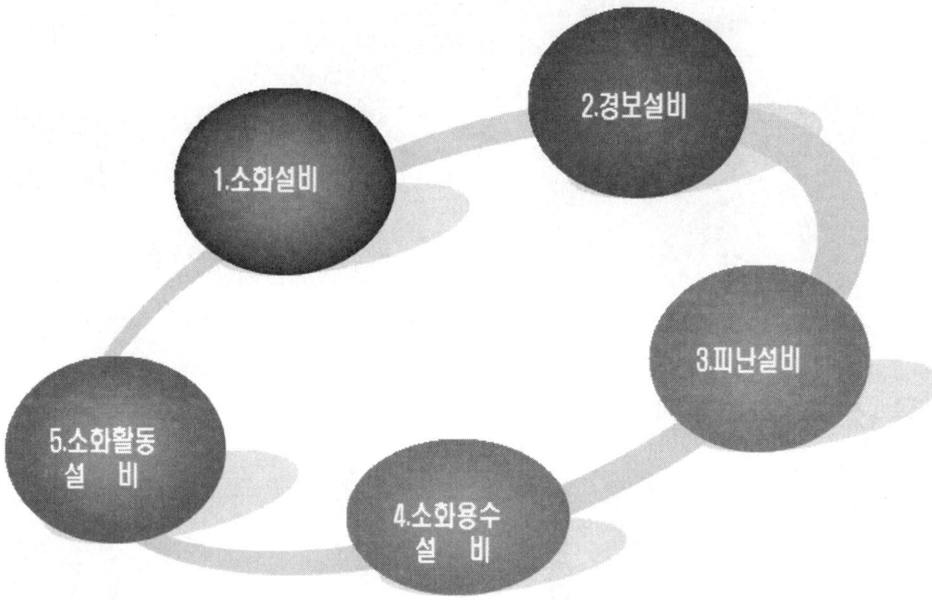

제2절 소화설비 시스템 작동

제3절 소화기의 종류

[분말소화기]

[이산화탄소소화기]

[할로겐화합물소화기]

[청정소화약제소화기]

제4절 자동화재탐지 설비

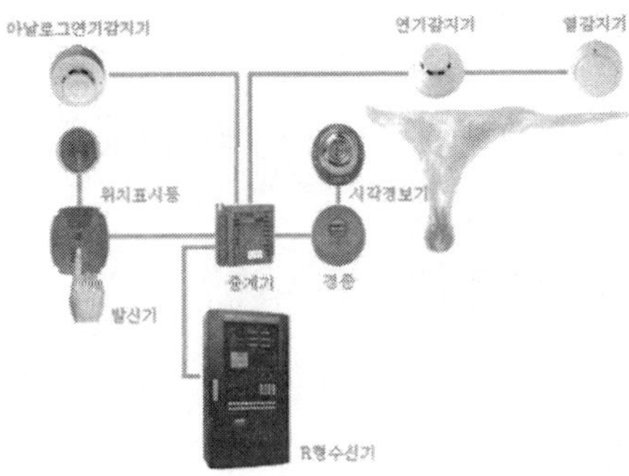

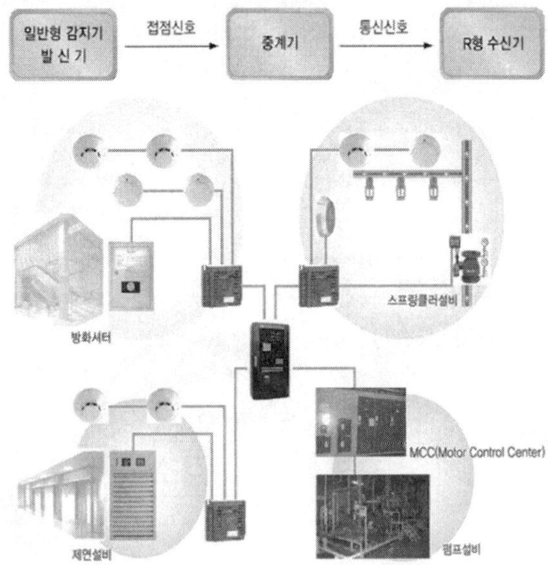

제5절 감지기 종류

1. 일반형

1) 차동식 열감지기

[설치장소 : 거실(사무실) 등]

주위 온도가 일정상승률(℃/sec) 이상일 경우 동작하는 감지기

2) 정온식 열감지기

[설치장소 : 주방, 보일러실]

주위 환경이 미리 정해진 온도에 도달하면 동작하는 감지기

3) 연감지기

[설치장소 : 복도, 계단, 경사로]

- 이온화식 : 연기입자에 의한 감지기 내부의 전류변화를 감지·동작하는 감지기

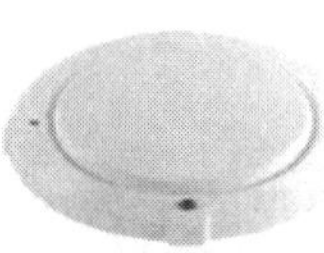
차동식 열감지기 (다이아프램식)

차동식 열감지기 (반도체식)

정온식 열감지기(70℃)

정온식 열감지기(110℃)

이온화식 연기감지기

광전식 연기감지기

2. 광전식 분리형

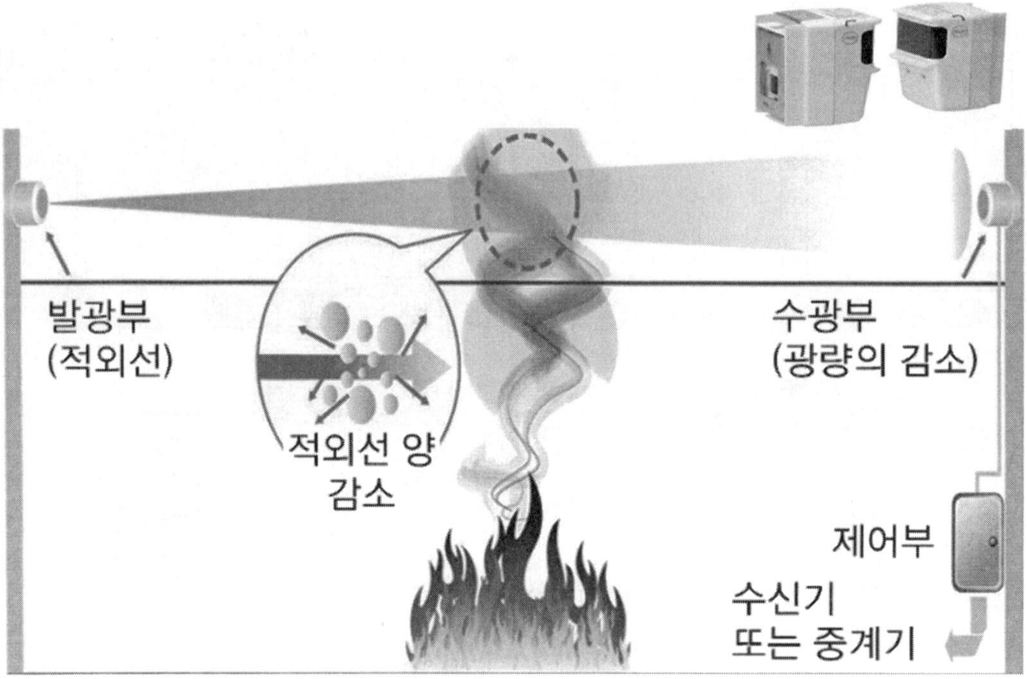

제6절 소방시설의 종류

1. 자동 화재 감지기

화재시 발생되는 연소 생성물(연기, 열, 불꽃 등)의 변화량을 검출하여 화재신호를 방재센터로 송출하는 기능을 가지고 있는 자동화재탐지설비

* 단독경보형 감지기

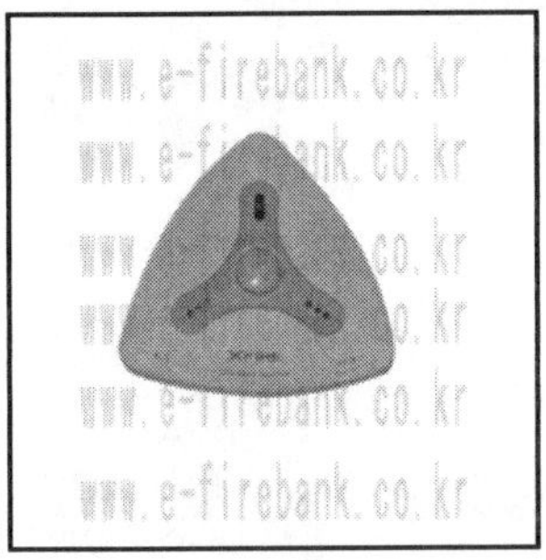

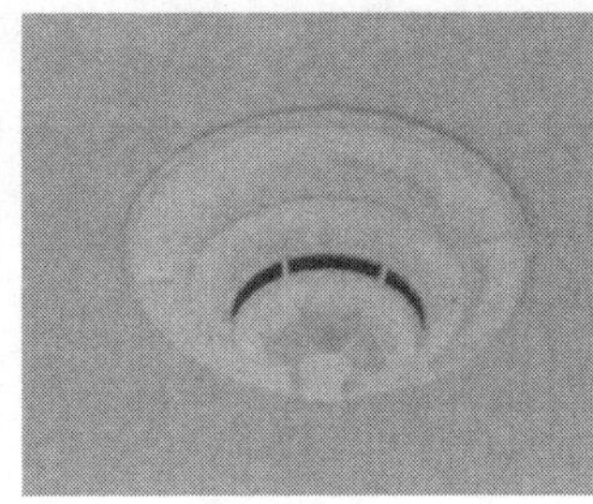

사용전압: 9v (건전지)

사용기간: 10년 이상

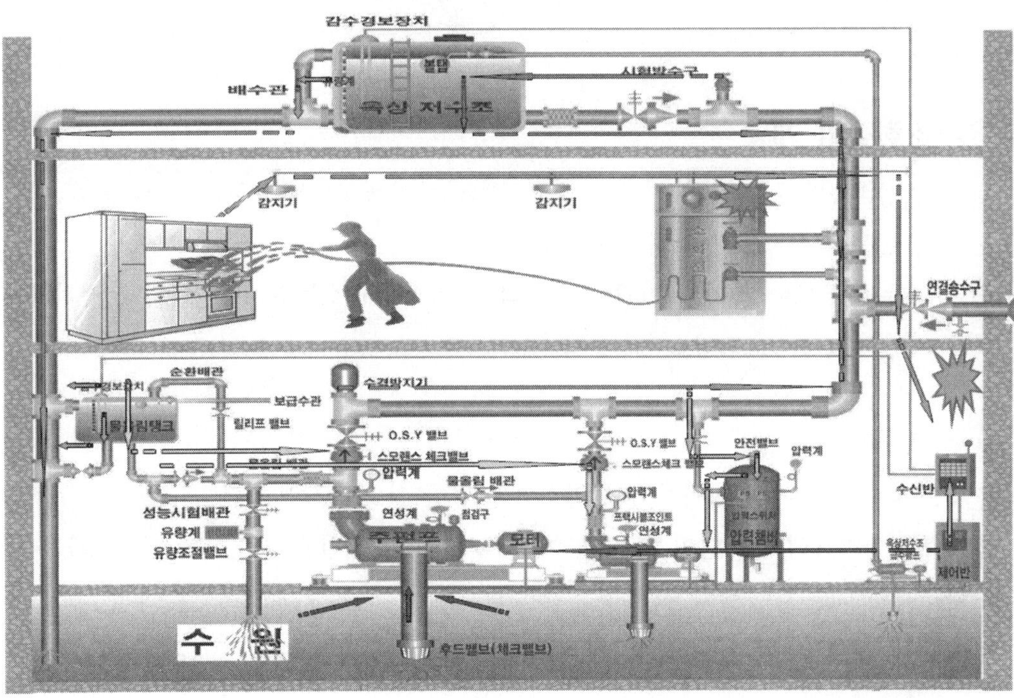

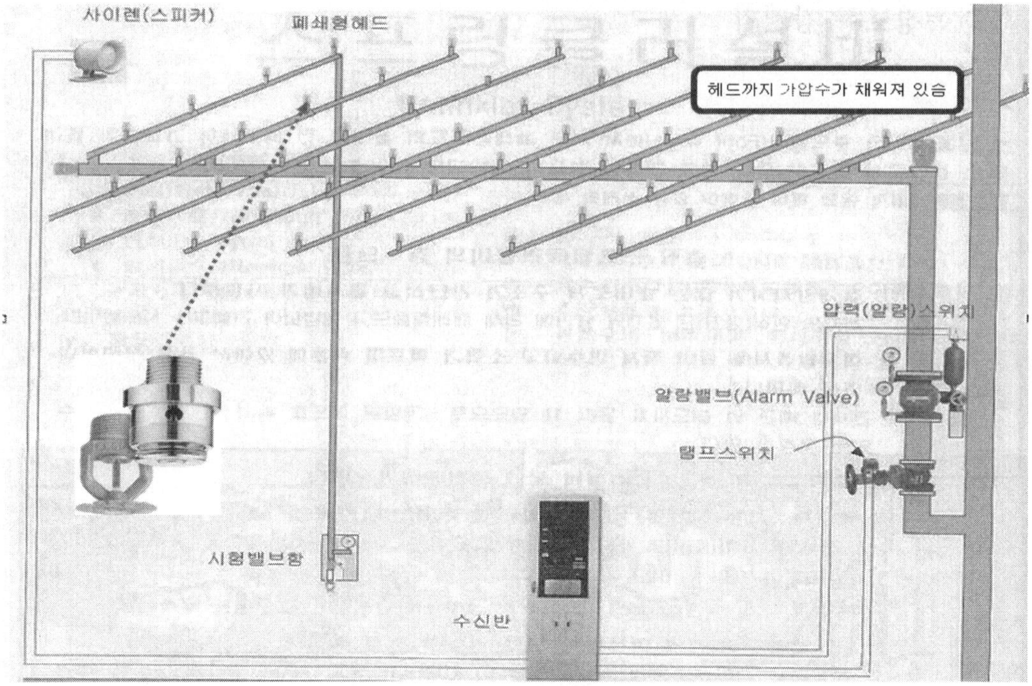

2. 포 소화설비 개요

물에 일정비율의 첨가제(포약제)를 혼합한 후 여기에 공기를 주입 또는 불어 거품(foam)을 만들어 화재를 진압하는 약제.
생성된 포는 유류보다 가벼운 미세한 기포의 집합체로 연소물의 표면을 덮고 공기와의 접촉을 차단하여 질식효과와

v 소화원리

질식소화 : 포가 유면에 방사되면 연소면을 덮어 산소공급을 차단

냉각소화 : 수용액이 유면이 열을 흡수하여 기화되면서 열을 탈취함께 냉각효과를 나타낸다.

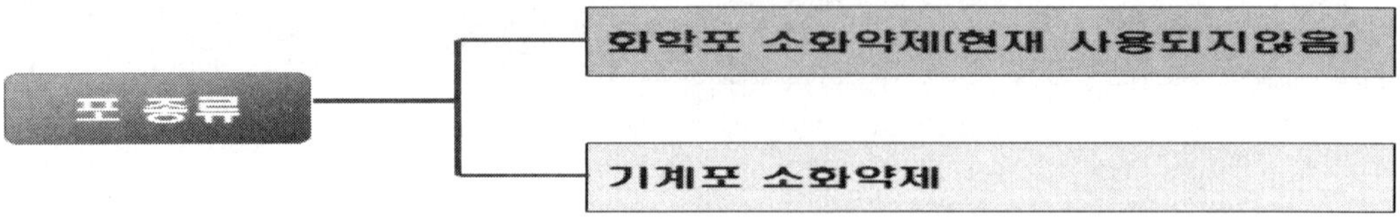

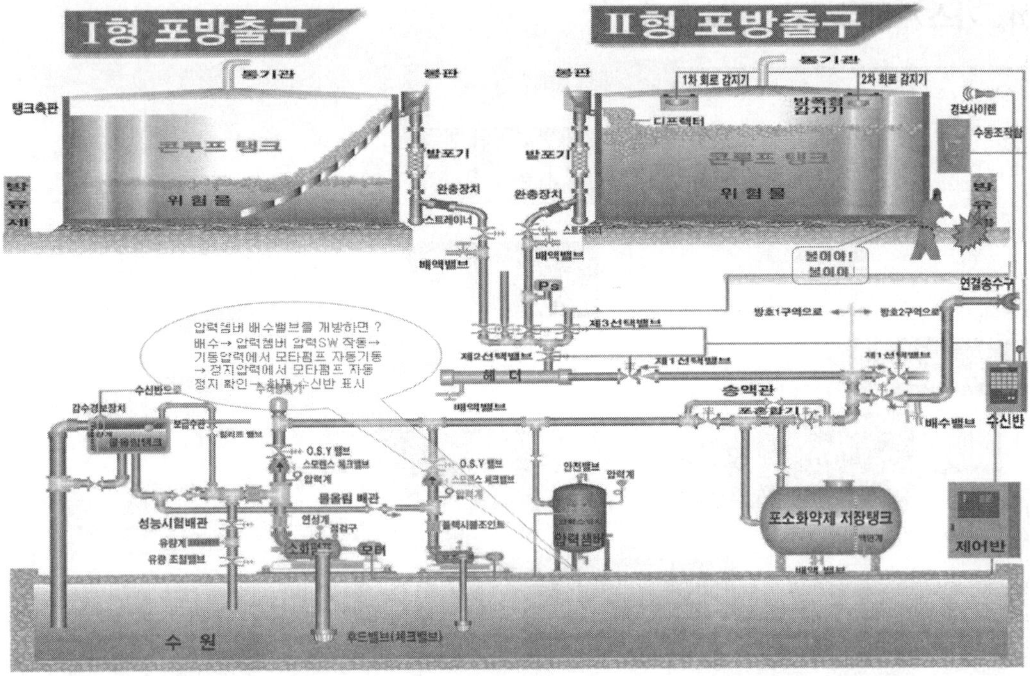

3. 포 소화약제 방출사진

1 방출전 격납고

2 방출시작 30초

3 방출시작 2분 후

4 방출시작 3분 후

5 방출시작 4분 후

4. 가스계설비 작동순서

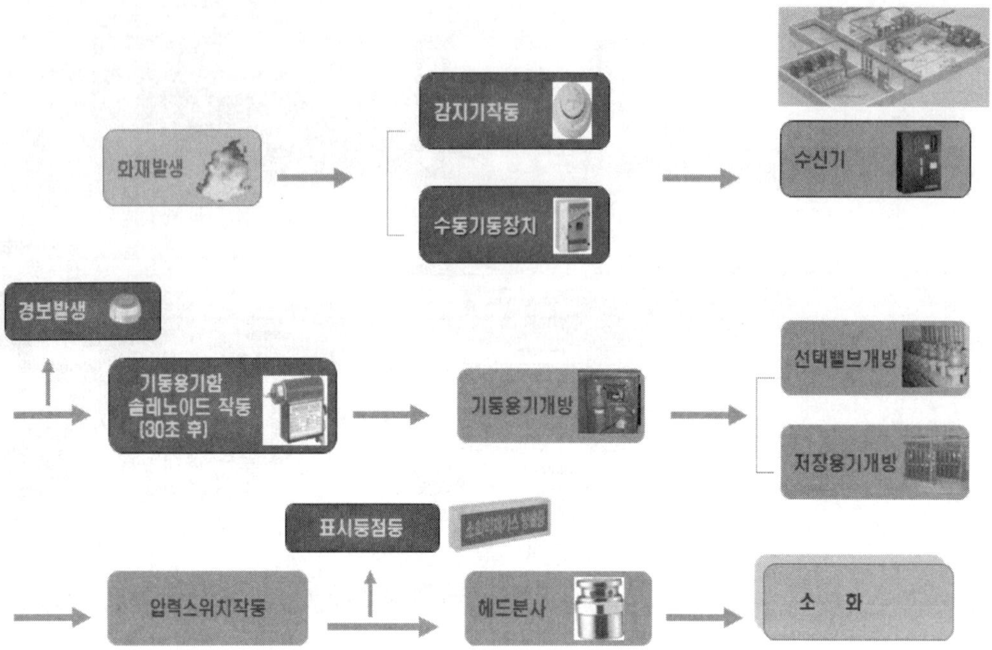

※ 이산화탄소 가스방출

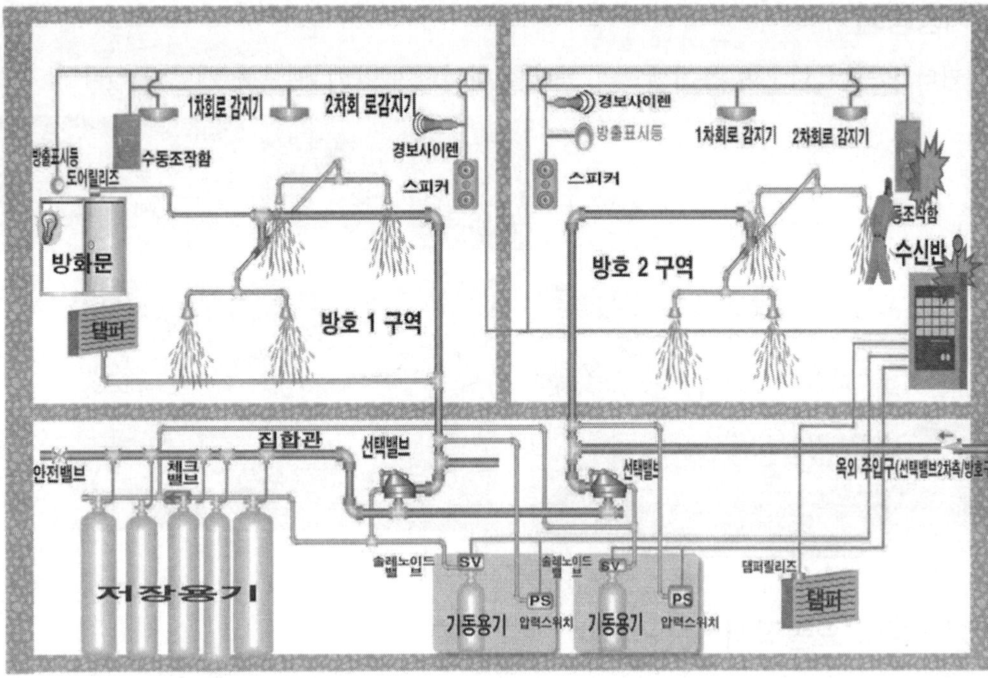
1차회로 감지기
2차회 로감지기
수동조작함
방출표시등
도어릴리즈
경보사이렌
스피커
방화문
댐퍼
방호 1 구역
경보사이렌
방출표시등
1차회로 감지기
2차회로 감지기
스피커
방호 2 구역
수신반
집합관
선택밸브
안전밸브
체크 밸브
선택밸브
옥외 주입구(선택밸브2차측/방호구역별)
저장용기
솔레노이드 밸브
SV
솔레노이드 밸브
SV
PS
기동용기
압력스위치
PS
기동용기
압력스위치
댐퍼릴리즈
댐퍼

5. 기동배관 연결 상태

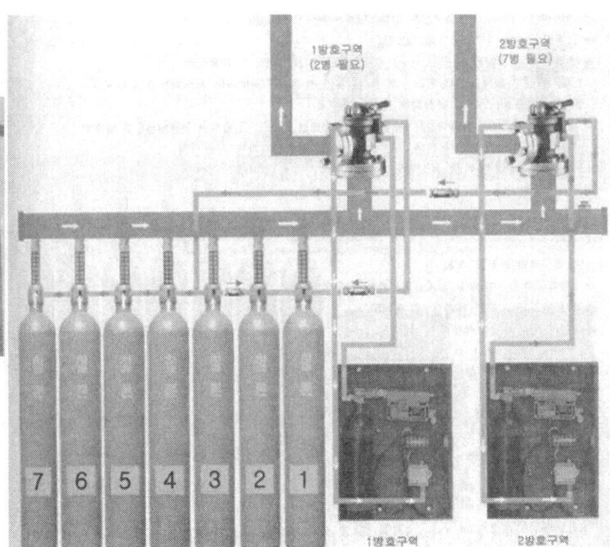
1방호구역
(2병 필요)
2방호구역
(7병 필요)
7
6
5
4
3
2
1
1방호구역
기동용기함
2방호구역
기동용기함

6. 기동용기

* 커터가 튕겨 나오며 용기밸브의 봉판을 파괴하여 용기 밸브를 개방 시킨다.

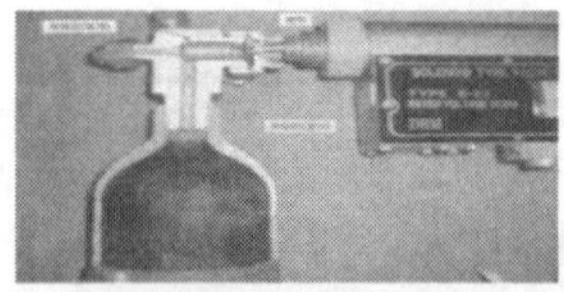

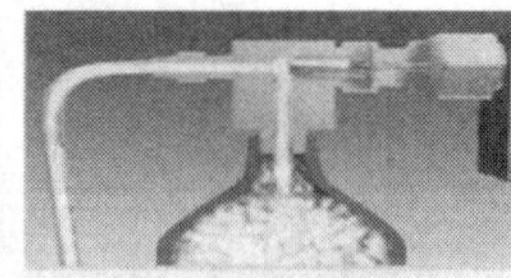

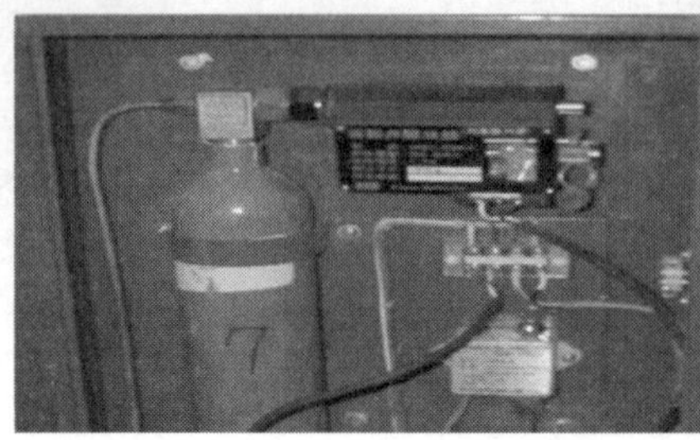

7. 가스설비 오동작시 행동방법

① 수동스위치 실수조작

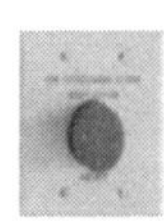

② 감지기 오작동

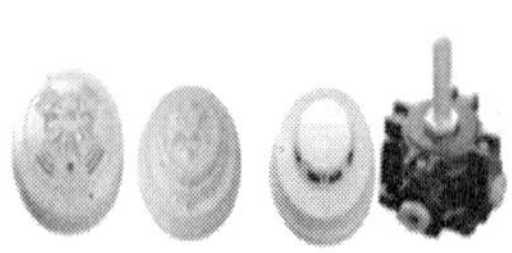

1. 방출지연스위치(abort) 눌러 방출을 정지 (이산화탄소에는 없음)
2. 수신기의 연동정지 ON
3. 30초 타임 릴레이를 뺀다.

8. 피난설비

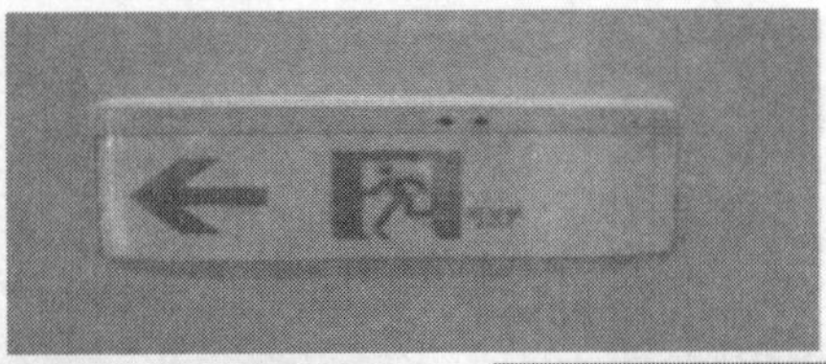

휴대용조명등

9. 송풍기

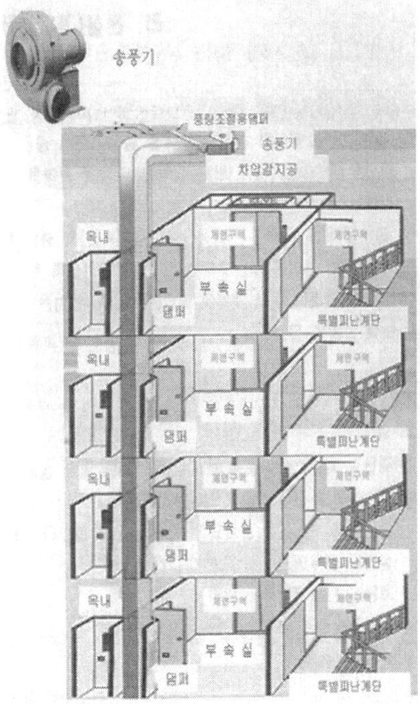
송풍기
풍량조절용댐퍼
송풍기
차압감지공
옥내
부속실
댐퍼
특별피난계단
옥내
부속실
댐퍼
특별피난계단
옥내
부속실
댐퍼
특별피난계단
옥내
부속실
댐퍼
특별피난계단

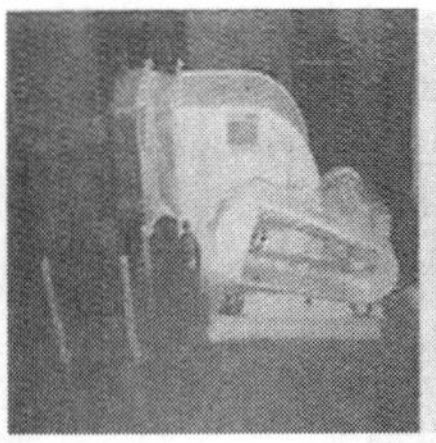

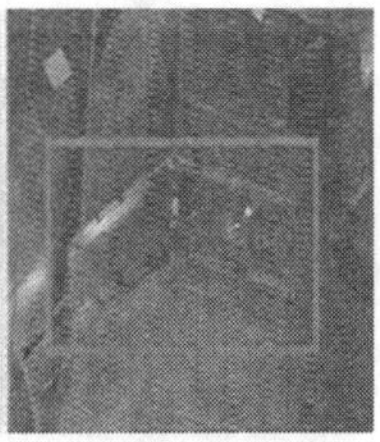

10. 피난설비의 종류

완강기

피난용 사다리

피난구조대

11. 연결송수관설비

12. 비상콘센트

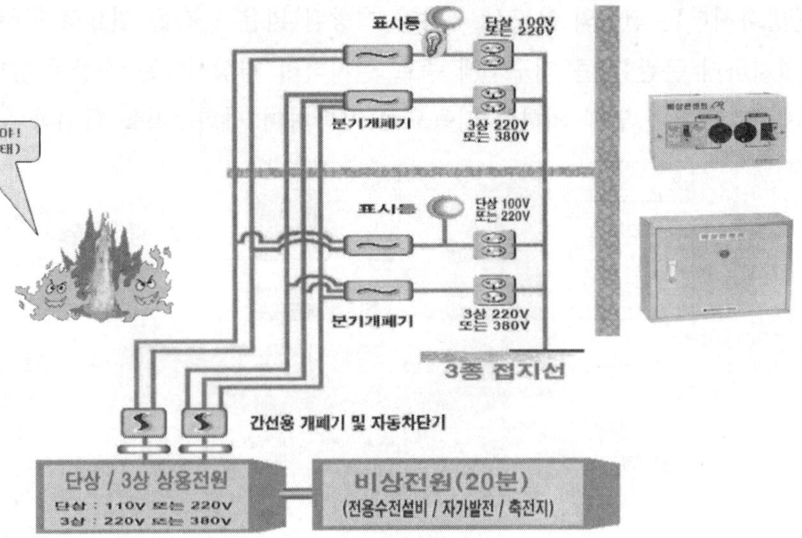

13. 무선통신보조설비

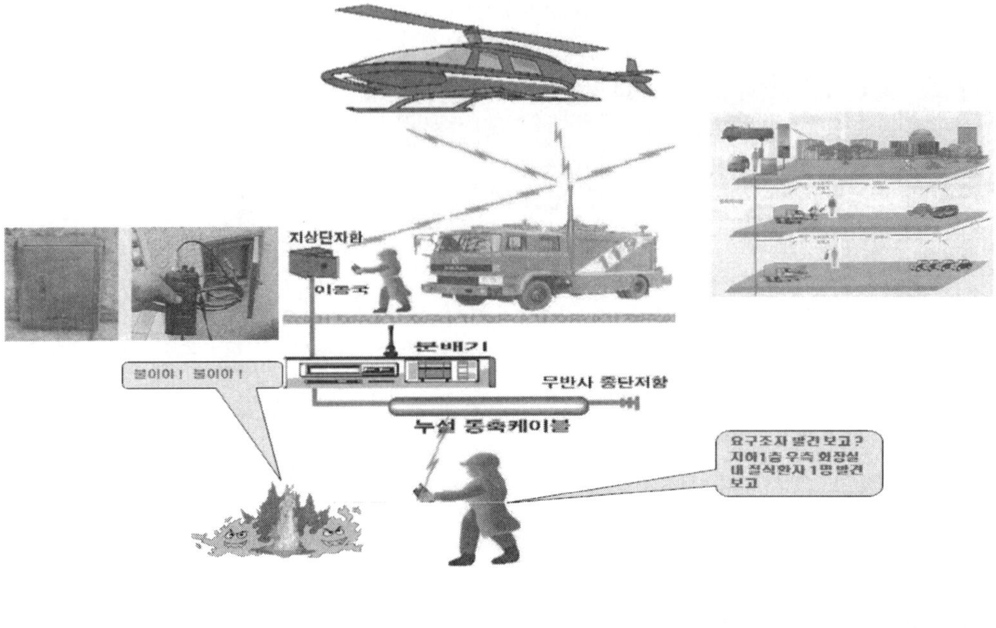

14. 방화셔터

자동방화셔터는 건물의 용도상 시야가 개방된 넓은 공간을 필요로 하는 곳이나 고정벽을 설치하기 곤란한 큰 개구부에 주로 설치하여 평상시에는 개방된 상태를 유지하다가 화재 시 연기나 열에 의하여 자동으로 차단하여 방화구획을 형성하는 설비이다.

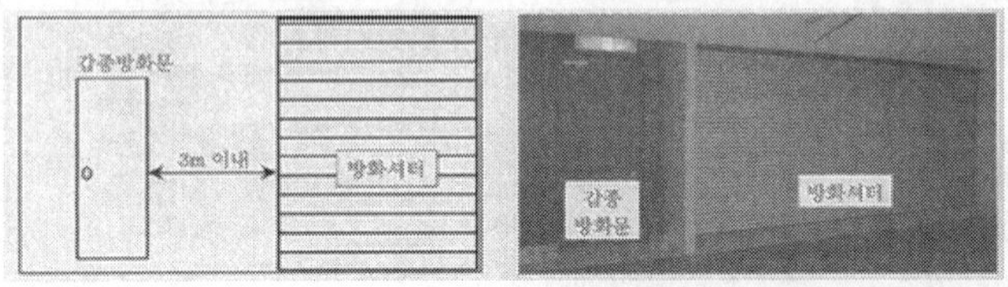

분리형

일체형

제5장 대형화재 사례

1. 개요

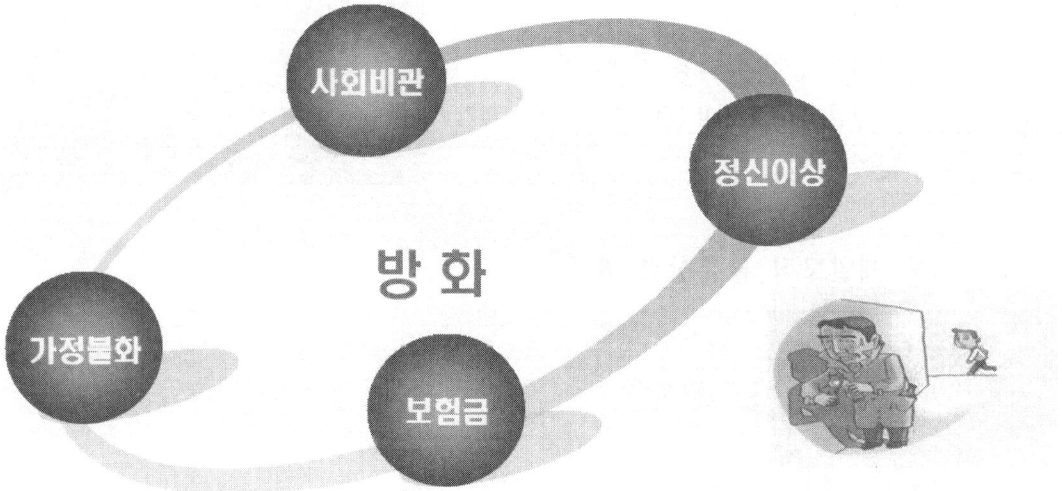

▶ 방화는 은폐된 공간에서 행해져 화재발견이 늦고 피해범위가 크다.

▶ 보험금을 노린 방화범죄가 많다.

▶ 인명에 대한 방화가 많으므로 화재시 인명피해를 동반한다.

▶ 계획적, 우발적, 습관적에 의해 발생되며, 화재로 인해 증거가 파괴되므로 증거를 찾기가 힘들다.

2. 화재사고 사례

(1) 김포 제일모직 물류창고 화재

* 화재일시 : 2015.05.25.(월) 오전02:16경 발생

* 장　소: 김포시 고촌읍 물류창고

* 인명피해 : 사망 1명(보안직원 남자. 35세)

* 화재원인 : 원한관계의 방화 추정

* 예방대책 강구

① 화재시 승강기 사용 절대금지

② 화재현장 보호장비(방열복, 공기호흡기) 없이 재진입 금지

(2) 김포 제일모직 물류창고 화재

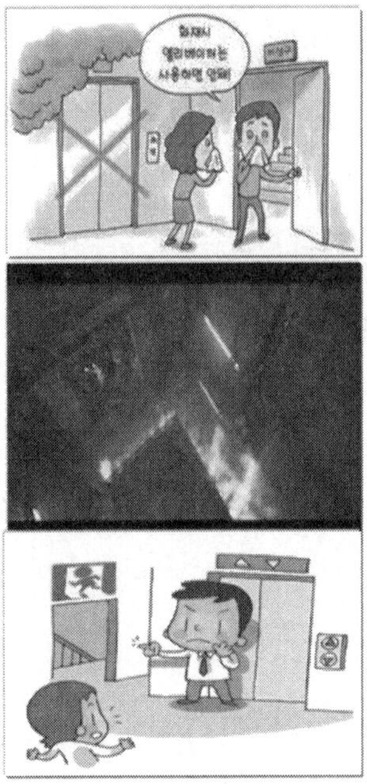

제일모직 물류창고

김포 제일모직 물류창고 화재가 발생된 가운데 사망자 윤모 씨의 마지막 통화 소식이 전해졌다.

25일 오전 2시 15분쯤 경기도 김포시 고촌읍 제일모직 물류창고에서 큰 불이 나 약 3시간 40분 만에 간신히 진화됐다.

이 화재로 실종된 경비직원 윤모(35)씨는 물류창고 6층 엘리베이터에서 발견돼 인근 병원으로 옮겨졌지만 끝내 숨을 거뒀다.

경찰에 따르면 윤 씨는 제일모직 물류창고에 불이 나자 즉각 119에 신고했고 현장 확인을 위해 승강기를 탔다가 연기에 질식해 변을 당한 것으로 추정된다.

윤 씨는 2시 20분쯤 임신한 아내에게 마지막 전화를 걸었고, "너무 뜨겁다. 숨을 쉴 수가 없다"고 가슴 아픈 말을 남겼다고 유족들은 전했다.

윤 씨는 화재 신고가 접수된 지 5시간 만인 오전 7시에 발견, 평소 책임감이 강한 것으로 정평이 난 윤 씨는 현장을 둘러보러 갔다가 봉변을 당한 것으로 전해져 안타까움을 샀다.

한편 김포 제일모직 물류창고 화재는 누군가에 의한 방화로 추정되는 가운데, 경찰은 CCTV를 근거로 용의자를 수색 중이다.

(3) 의정부 대봉그린 아파트 화재

* 화재일시 : 2015.1.10.(토) 오전09:25경 발생
* 장소: 의정부동 대봉그린아파트 주차장
* 인명피해: 사망 5명(부상자 130명)
* 화재원인: 1층 4륜 오토바이에서 발화
* 예방대책 강구
  ① 화재사실 인지시 신속한 피난
  ② 피난방법 제대로 알고 실행하기

(4) 전라남도 담양군 펜션 화재

* 화재일시: 2014.11.15.(토) 오후09:45경 발생
* 장 소 : 전남 담양군 대덕면 H펜션 바비큐장
* 인명피해 : 사망 4명(부상자 5명)
* 화재원인 : 숯불기름에 의한 화재 확대
* 예방대책 강구
  ① 기름화재 적절한 대응방법 숙지 및 교육
  ② 기본소화설비 비치 및 출입구 2방향 강구

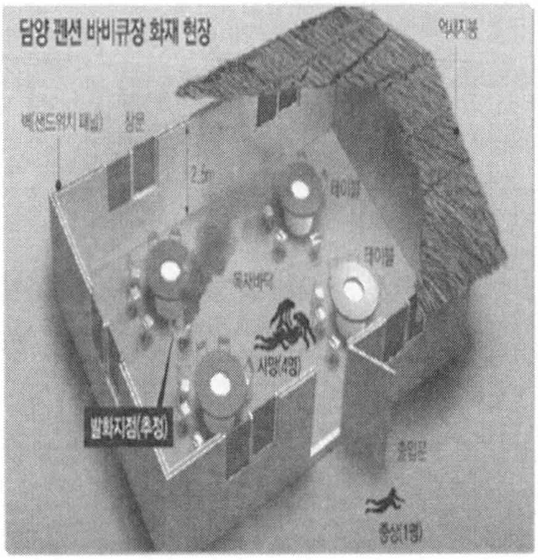

(5) 전라남도 장성 효사랑 요양병원 화재

* 화재일시: 2014.5.28.(수) 새벽00:25경 발생
* 장　　소: 지상2층 306호
* 인명피해: 사망 21명(중상자 6명)
* 화재원인: 치매노인의 방화
* 예방대책 강구
  ① 화재대응 직원 교육 강화
  ② 소화설비 등 정상작동 유지

(6) 경기도 고양시 고양시외버스종합터미널

* 일시: 2014.5.26.(월) 오전09:00 경 발생
* 장소: 지하 1층 공사 현장 인근 화장실
* 인명피해: 사망 7명(중상자 24명)
* 화재원인: 공사장 전기용접 화재 추정
* 예방대책 강구
  ① 공사장 화재예방 안전 수칙 준수
  ② 용접작업시 안전관리자 확인

(7) 부산 해운대 주상복합 화재

* 2010.10.01 오전 11시 34분경
* 피해 규모: 인명 없음, 재산피해 100억
* 화재원인: 4층 미화원 대실 문어발식콘센트 사용 인한 화재

(8) 이천냉동창고 화재

▶ 2008. 12. 5 오후12시 10분 화재발생

▶ 인명피해 : 7 명 사망, 1명 부상

초고층 건축물 화재발생 사례

건축물명	베이징 CCTV HEADQUARTER S 빌딩 화재 (2009)	한국 삼성동 화진화장품 빌딩 화재 (2008)	일본 히로시마 모토읍 고층 아파트 화재 (1996)	스페인 마드리드 WINDSOR 빌딩 (2005)
	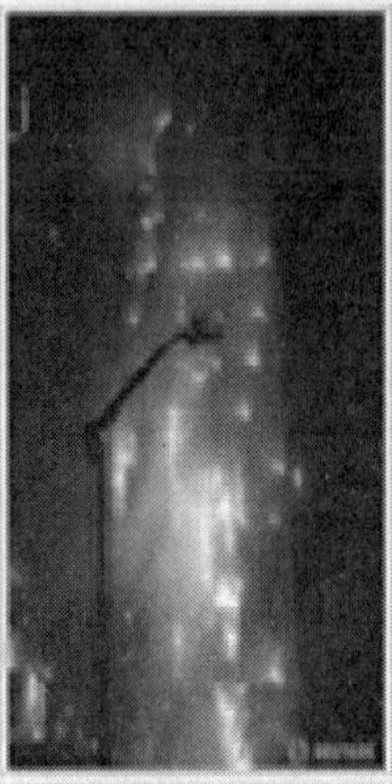			
건축물 규모	30층(159M)/복합용도	18층 / 업무용시설	20층 / 아파트	32층(106M) / 상업시설
화재개요	공사중 옥상에서 화재가 발생하여, 외벽을 통해 아래층으로 급격히 확산 (화재지속시간 5시간 30분)	1층 외벽에 담뱃불로 인한 화재가 발생하여 외벽을 통해 화재 수직 확산 (화재지속시간 20여분)	9층에서 화재발생하여 발화후 30분 이내에 20층까지 발코니를 통한 확산 (화재지속시간 2시간 30분)	리뉴얼 공사중 21층에서 화재가 발생하여 2층 이상의 모든 층 전소 (화재지속시간 : 18~20시간)
피해	- 외벽면의 심한 손상 - 사망 1명, 6명 부상	- 건물외형 손상 - 인명피해 없음	- 16세대 전소, 50세대 피해 연소면적 580㎡ - 사망 0명, 부상 2명	-17층 이상 슬라브 붕괴 및 전소 - 16층 이하 전소
화재방호 시스템	-철근콘크리트 구조 -소방시설 미작동(시공중)	-철근콘크리트 구조 -소방시설 작동	- 내화구조 - 스프링클러 설치	- 철근콘크리트 내화구조 - 스프링클러 미설치

77

우신 골든 스위트 아파트(2010.10.01 11:33분 발생)

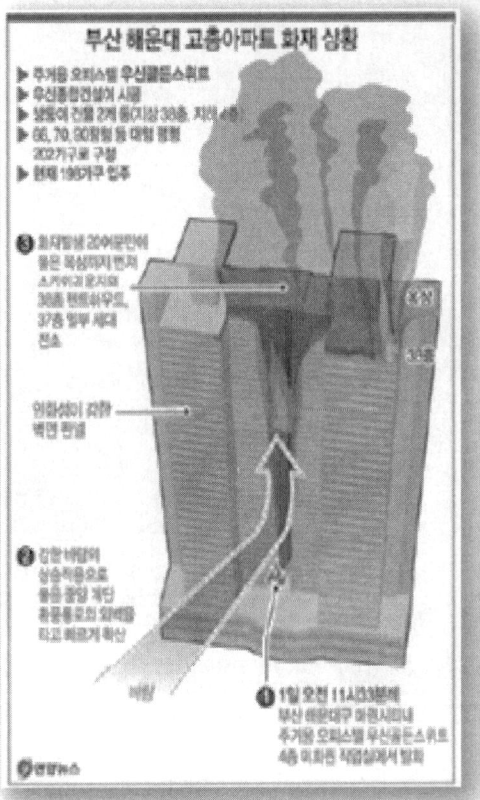

영국 그렌펠 타워 화재 [17.6.14 수 00:54]

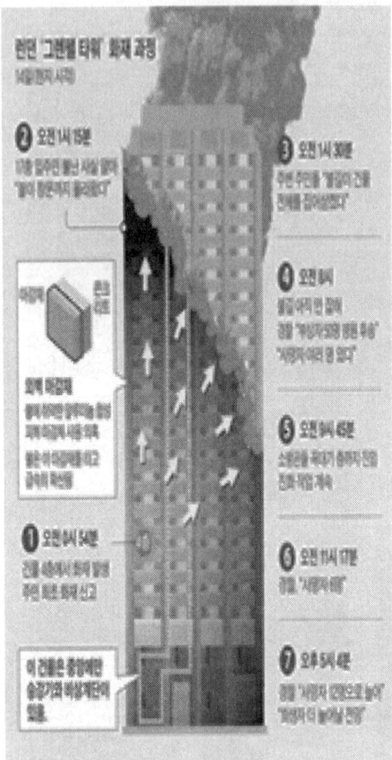

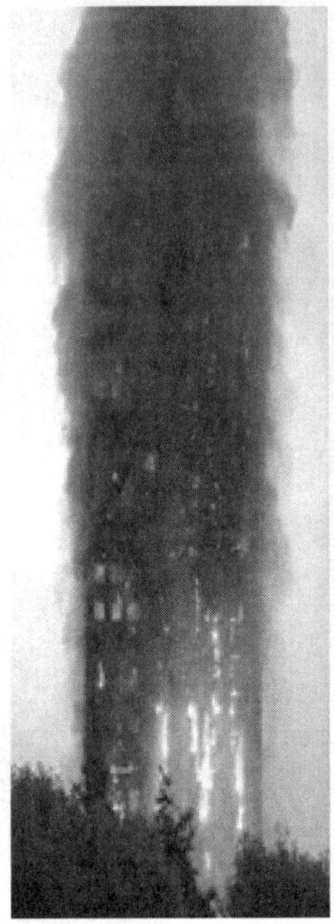

127세대 거주, 81명 사망추정
가연성 우레탄폼 단열재로 알루미늄복합패널 외장재사용

우리나라 30층이상 2,315동 중
가연성외장재 사용 135동 있음
2018년도 부터 6층이상건물 스프링클러설비

76

화재피해 복구 안내

☞ 화재로 당장 생계가 막연할 때 대한적십자사나 소방관서로 연락하면 소정의 구호금을 받을 수 있습니다.

소방서에는 《화재피해주민지원센터》를 설치하고 서비스를 제공한다.

＊긴급복지지원법에 의해 화재등으로 주택,건물에서 생활이 곤란할 때 1월동안 생계 지원
(2011년 4인 기준 97만원 생계지원)

☞ 화재로 인한 부상시에는 직장의료보험 및 사설 보험사에 연락하여 보험혜택을 받을 수 있습니다.

☞ 세무서에서 납기 연장, 징수 유예 등 세정 지원을 받을 수 있습니다.

☞ 재해손실세액을 공제 받을 수 있고, 부가가치세 환급금을 신속히 지급받을 수 있으며, 화재로 인한 대체취득에 대한 비과세 인정과 지방세를 감면 받을 수 있습니다.

☞ 한국은행 본점과 지점에서 화재로 인해 소손, 오손된 현금도 교환 받을 수 있습니다.

☞ 화폐 교환은 완전히 탄 경우, 일부가 탄 경우 등 교환기준이 있습니다. 불에 탄 돈의 재를 원형으로 보존하여 한국은행에 가져가야 액면금액에 가깝게 교환 받을 수 있습니다.

81

제8편

응급처치법

제1장 응급처치의 목적 및 필요성

1. 한국인의 주요 사망원인

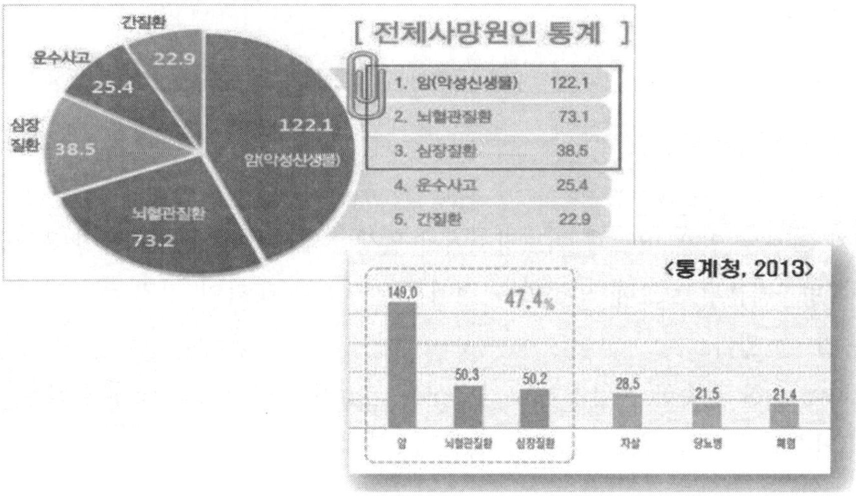

2. 심정지 현황

☑ **심정지 발생**

- **연간 2 만명 (41명/10 만명)**

☑ **심정지 목격비율 : 40.1%**

- **목격자 심폐소생술 : 1.4 %**

☑ **119 반응시간:**

- **현장까지: 7.8 분**
- **ER까지: 24.9 분**

<2008년 병원기반 심내혈관질환 등록감시체계 구축사업 보고서>

☑ **심정지 발생장소**

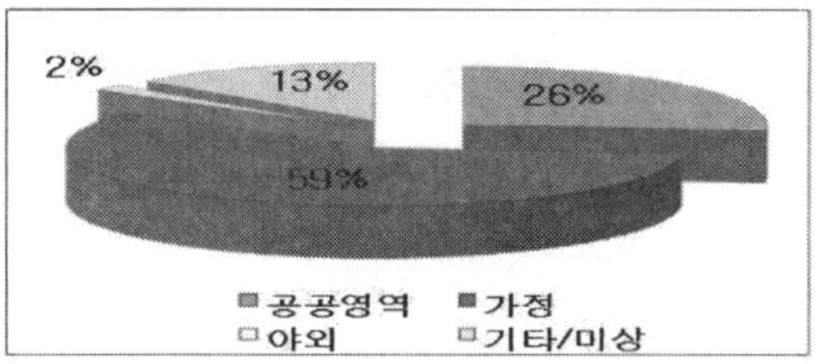

- 약 60% 집에서 발생

- 목격자 : 가족

3. 목격자 심폐소생술의 중요성

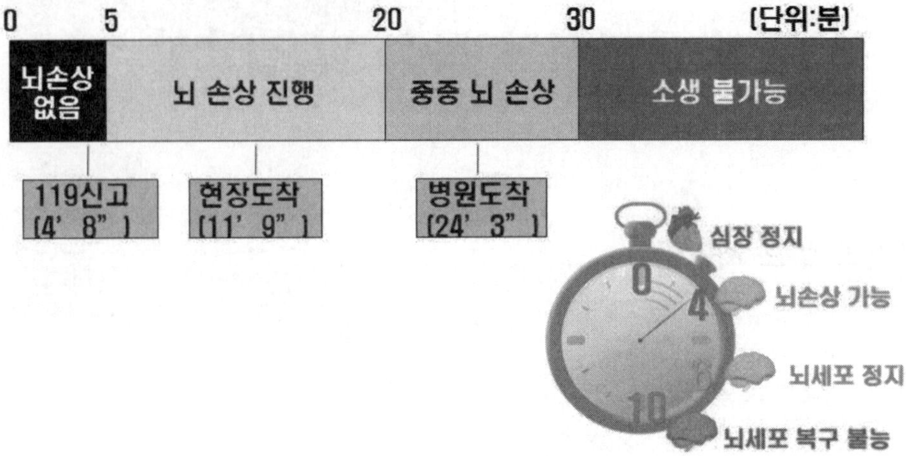

심정지 환자는 언제 어느때 어느장소에서 발생할지 예측하기 어렵지만 2019년 소방청 및 질병관리본부 보고에 의하면 가정에서 발생하는 확률이 거의 50%에 이른다는 사실을 알 수 있다.

목격자에 의한 신속한 응급처치의 중요성은 심정지 발생시 4분 이내 응급처치를 했을 때는 두뇌손상이 가장 적으나 4분이 지나고 6분에 이르면 두뇌손상 가능성이 높아지며 6분 ~ 10분이 경과하게 되면 심한 뇌 손상을 초래하게 되고 10분 이상 지나게 되면 뇌사 또는 사망에 이르게 된다. 일반인의 심폐소생술 시행율을 보면 2018년 기준으로 살펴보면 시행율은 8.6% 인 반면, 심폐소생술 시행으로 인한 소생 확률은 23.5%로 나타난 결과를 보면 이는 심폐소생술을 시행 했을 때 생명을 살릴 수 있는 확률이 3배 이상 높다는 사실을 알 수 있다.

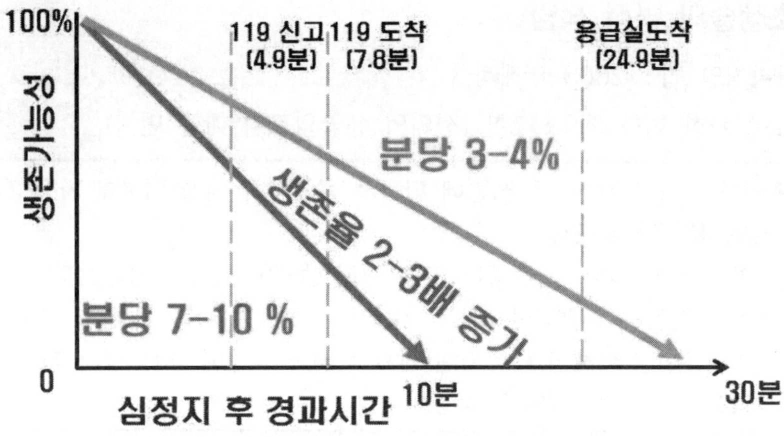

심정지는 대개 갑작스럽게 일어나며 환자 스스로 구조요청을 할 수가 없다. 또한 심정지 발생으로부터 4-5분이 지나면 뇌손상이 시작되기 때문에 목격자의 신속한 응급처치가 필수적이다. 통상 제세동이 1분 지연될 때마다 생존율이 7-10% 감소하지만, 심폐소생술을 실시할 시 1분당 2.5-5% 감소한다. 또한 목격자가 심폐소생술을 실시했을 때 생존율이 실시하지 않았을 때 생존율의 2-3배에 이른다.

최근 질병관리본부가 발표한 '2006~2016년 급성 심정지 조사 주요결과'를 보면 국내 일반인 심폐소생술 시행률은 2008년 1.9%에서 2016년 16.8%로 약 9배 증가했다. 하지만 이 같은 수치는 30~50%에 달하는 선진국의 시행률에 비해서는 낮은 수준이다. 또한 대한민국에서 구급대가 4분 이내에 도착하는 비율은 8.9%, 환자를 8분 안에 병원까지 이송하는 비율은 0.7%에 불과하기 때문에 구급대가 도착하기 전 일반인의 심폐소생술에 대한 필요성이 높다.

4. 목격자 심폐소생률이 낮은 이유

① 낮은 심폐소생술 보급률
② 실습 교육 부재에 따른 자신감 결여
③ 도덕적 / 법률적 책임에 대한 두려움
④ 감염 등 인공호흡에 대한 거부감
⑤ 기타 (당황해서, 심정지인지 몰라서…)

5. 심폐소생술의 법적 책임

'선한 사마리안 법'- 2008년 제정

응급의료에 관한 법률 제5조 2항 (선의의 응급의료에 대한 면책)

응급의료종사자가 아닌 자, 다른 법령에 따라서 응급처치 제공 의무를 가진 자가 아닌 자, 응급의료종사자 및 응급처치 제공의무를 가진 자가 업무 수행 중이 아닌 때에 생명이 위급한 응급환자에게 응급의료 또는 응급처치를 제공하여 발생한 재산상 손해와 사상 (死傷)에 대하여 고의 또는 중대한 과실이 없는 경우 해당 행위자는 민사 책임과 상해에 대한 형사 책임을 지지 아니하고 사망에 대한 형사 책임은 감면한다.

※ 선한 사마리아인 법이 적용되는 경우

- 생명이 위급한 상황에서 행동을 할 때
- 올바른 신념에 따라 행동을 할 때
- 보상을 바라지 않고 행동을 할 때
- 악의에 찬 행위, 또는 지나친 과실을 범하지 않았을 때

□ 응급처치 전 알아두어야 할 사항(동의)

▶ 명시적 동의

▹환자가 의식이 있는 경우

허락이나 동의 없이 신체에 접촉하는 행위는 위법이기 때문에 어떠한 경우에는 법적 소송[폭행]에 휘말릴 수 있다

▶ 묵시적 동의

▹환자가 의식이 없는 경우

주변의 가족에게 동의를 구하거나 환자가 응급처치에 동의할거라고 가정한 상태로 처치를 하여도 무방하다

제2장 심폐소생술

1. 심폐소생술의 필요성

심폐소생술(心肺蘇生術, 영어: CPR, Cardiopulmonary Resuscitation)은 심장의 기능이 정지하거나 호흡이 멈추었을 때 사용하는 응급처치이다. 심장마비의 경우 신속히 조치하지 않을 시 사망하거나 심각한 뇌손상을 입을 수 있으므로, 환자를 발견한 목격자가 신속히 심폐소생술을 실시하는 것이 필요하다.

(1) 소생의 사슬(Chain of Survival)

미국심장협회에서는 병원 도착 전(이후 병원 전) 심정지 환자의 소생률을 높이기 위해 생존 사슬(Chain of survival)이라는 개념을 도입했다. 이는 기본적으로 평상시 심상마비의 예방 및 조기발견과 환자 발생시 응급의료체계로의 신속한 신고(빠른 시간 내 전문구급팀이 현장에 도착할 수 있도록 빨리 119에 신고), 목격자에 의한 신속한 심폐소생술, 신속한 제세동, 그리고 신속한 전문소생술(119 구조대의 전문 응급 구조사에 의한 병원 전 전문소생술 및 병원 내 응급의료팀에 의한 전문적 응급치료)로 구성되어 있으며 이러한 고리들이 빨리 연결되어 성취될 수 있을 때 병원 전 심정지 환자의 소생률을 크게 높일 수 있다는 것을 의미한다. 이 중에서 전문 의료인에 의한 통합치료를 제외하고 심정지가 발생한 현장에서 최초 목격자 및 일반인들에 의해 이루어지는 모든 과정들이 환자의 생명을 살리는데 얼마나 중요한 역할을 하는지 알 수 있다.

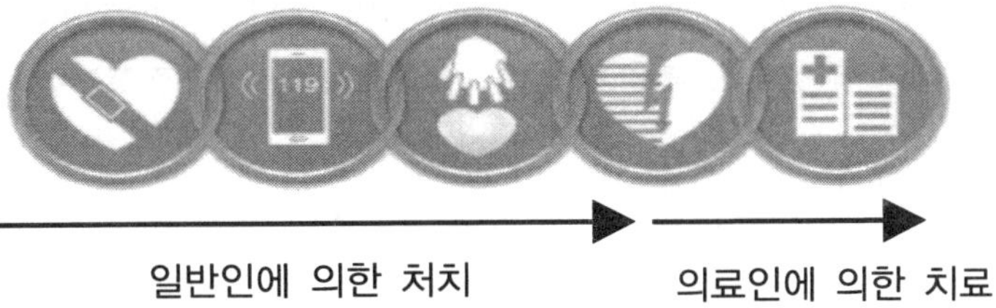

2. 성인 기본 소생술

(1) 의식확인 및 도움요청

심장마비가 발생하면 환자는 갑자기 의식을 잃고 쓰러지게 되며, 드물게는 전신경련이 동반되거나 비정상적인 호흡이 발생하기도 한다. 심장마비를 목격하거나 의식이 없는 환자를 발견하게 되면 즉시 의식상태를 확인하고 119구급대에 구조요청을 해야 한다. 의식확인은 환자의 양쪽 어깨를 가볍게 두드리며 큰 소리로 '여보세요, 정신차리세요, 또는 괜찮으세요?'라고 외치면서 환자의 반응을 확인한다.

환자가 의식이 없다는 것이 확인되면 즉시 큰 소리로 주변사람에게 도움을 요청한다. 자신이 심폐소생술을 할 수 있다면, 주변 사람에게 119신고와 자동심장충격기(AED)를 가져다 줄 것을 요청한다.

(2) 가슴압박

심정지 환자에게 효과적인 가슴압박을 실시하기 위하여 구조자는 환자를 평평한 바닥에 바르게 눕힌 뒤 환자의 옆에서 무릎을 꿇은 자세를 취한다. 그리고 환자의 가슴이 보이도록 환자의 의복을 벗긴 뒤 구조자의 손꿈치를 환자의 가슴뼈 아랫족 1/2지점(가슴중앙)에 위치한 다음 다른 한손을 깍지를 끼어 포갠다. 이 때 손가락은 서로 깍지를 끼고 압박 시에 손가락이 환자의 갈비뼈에 닿지 않도록 주의해야 하며, 팔꿈치는 곧게 펴고 팔이 바닥과 수직을 이루도록 한다. 효과적인 가슴압박을 실시하기 위해서는 구조자의 체중을 이용하여 강하고 빠르게 압박해야하며 성인 심정지환자의 경우에는 분당 100~120회의 속도, 약 5~6cm의 깊이로 가슴압박을 시행한다. 이 때 유의할 점은 깊이가 6cm가 넘지 않도록 하고, 압박된 가슴의 불충분한 이완은 흉강내부의 압력을 상승시켜 심장으로의 혈액 관류량을 감소시키기 때문에 구조자는 압박된 가슴이 완전히 올라오도록 해야 한다. 다만 올바른 압박의 위치를 유지하기 위하여 구조자의 손이 환자의 가슴에서 완전히 떨어지지는 않도록 하고 흉부압박 중단은 심장으로의 혈류를 급격히 감소시키기 때문에 가슴압박이 중단되는 것을 최소화하도록 주의한다.

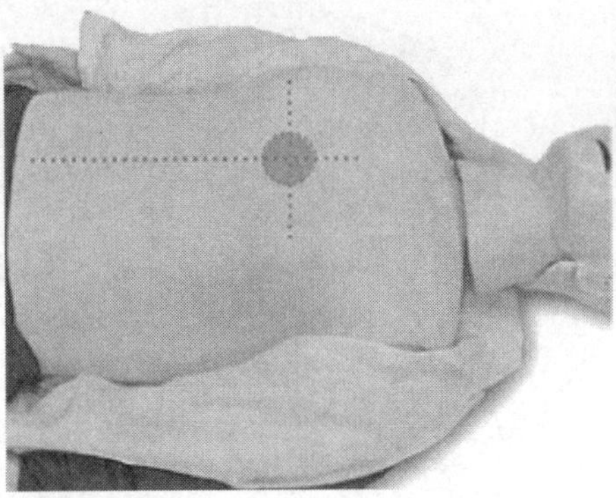

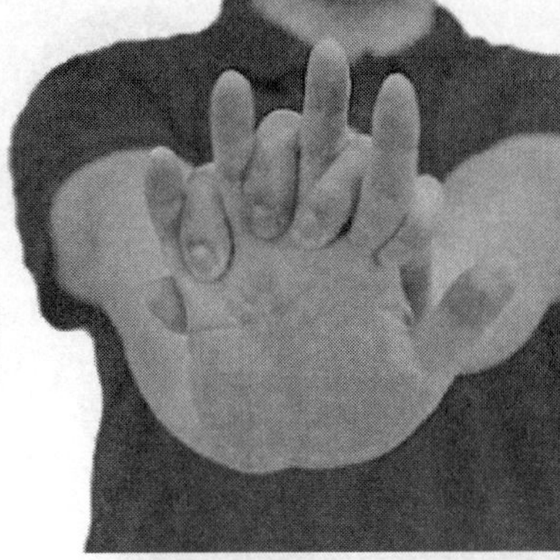

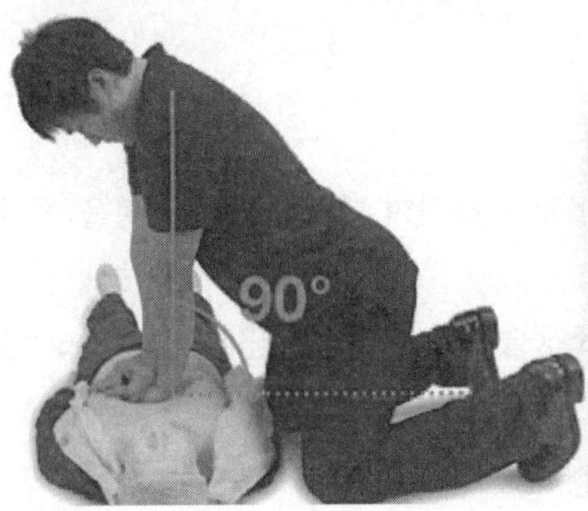

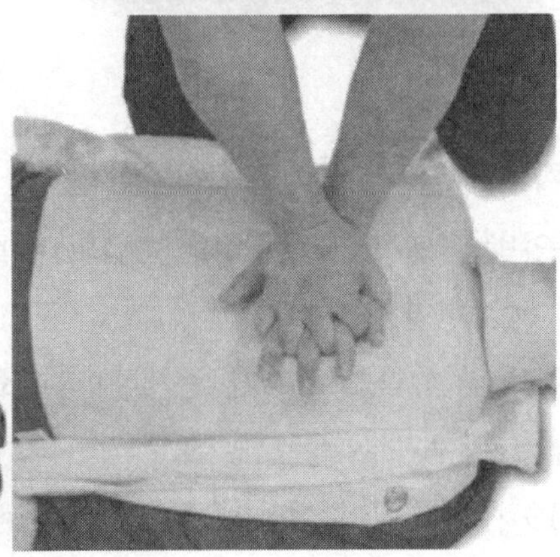

(3) 기도열기 및 인공호흡(2회)

심정지 또는 혼수상태인 환자는 근육의 긴장도가 저하되어 혀가 밑으로 쳐지기 때문에 기도폐쇄가 유발된다. 따라서 심정지 환자는 두부후굴-하악거상법을 이용하여 기도를 개방해 주어야 하며, 환자의 머리를 뒤로 젖히고 턱을 들어주면 하악골이 상승되어 이완된 혀의 근육이 더욱 당겨져 올라가므로 기도가 열리게 된다. 구조자는 환자의 기도를 열린 상태로 유지하면서 한손으로 환자의 코를 막고 입으로 환자의 입을 완전히 덮은 다음 1초 동안 가슴이 충분히 올라올 정도로 숨을 불어 넣도록 한다. (환자의 가슴이 올라오지 않는다면 기도 개방 상태를 재확인) 이때 구조자는 심호흡이 아닌 정상호흡으로도 충분하며 환자의 가슴이 올라오는 것을 확인한다.

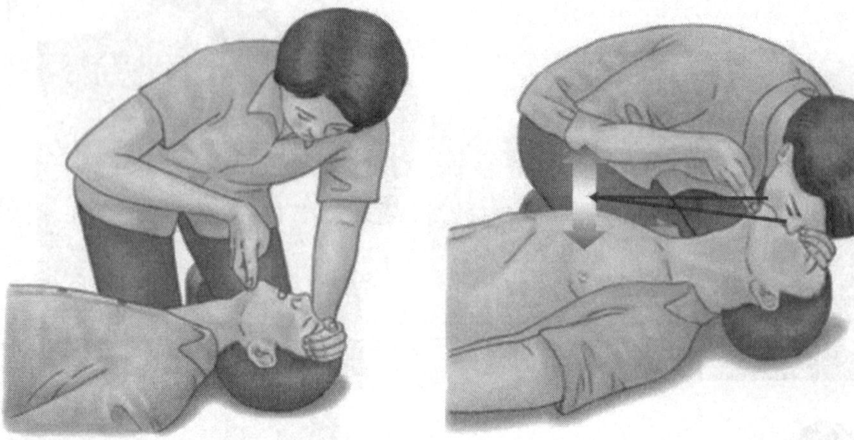

(4) 가슴압박과 인공호흡의 반복

가슴압박과 인공호흡은 각각 30:2의 비율로 반복하며 다음과 같은 상황을 제외하고는 지속되어야 한다.

- 두 명 이상의 구조자가 존재해 심폐소생술을 교대할 경우(30:2의 비율로 5세트씩 약 2분 주기로 반복 후 교대)
- 119 구급대원이 현장에 도착해서 환자를 인계할 경우
- 환자의 순환이 회복되어 움직일 경우

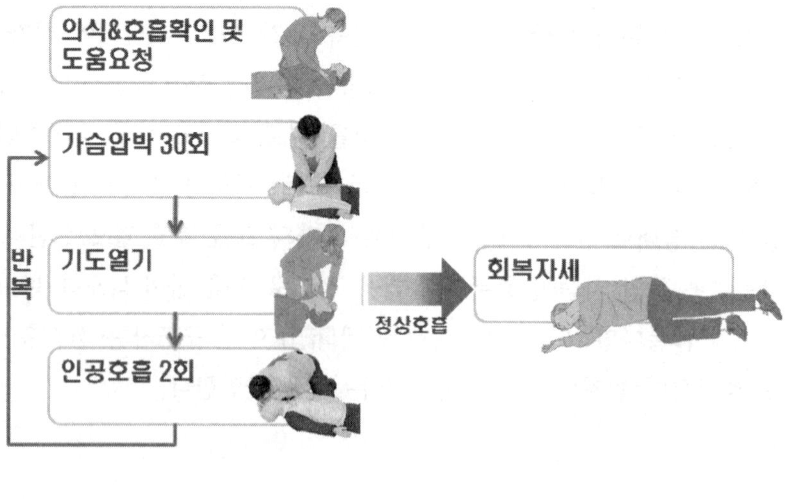

환자 발견
무반응 + 무호흡
또는 비정상호흡 (심정지 호흡)

↓

119 신고 및 자동 제세동기 요청

↓

가슴압박 30회: 인공호흡 2회 반복

<가슴압박>	<인공호흡>
• 가슴 중앙	• 가슴이 올라올 정도로
• 빠르게 (분당 100~120회 속도)	• 방법을 모르거나 꺼려지면
• 강하게 (5~6 cm 깊이)	• 가슴압박만 시행 (hands only)
• 완전한 이완	
• 압박 중단을 최소화	

양질의 심폐소생술 →

- 적절한 가슴압박 속도
- 적절한 가슴압박 깊이
- 완전한 가슴이완
- 압박중단의 최소화
- 적절한 인공호흡

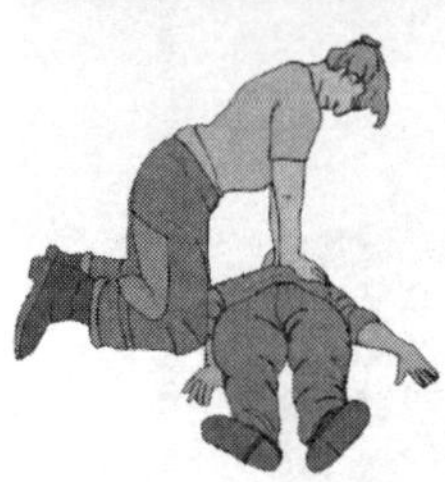

제3장 자동심장충격기(자동제세동기)

1. 자동심장충격기(자동제세동기)란?

보통 심장 정지가 갑자기 발생할 경우 4분이 지나면 뇌 손상이 오고 10분 이상이 경과되면 뇌 손상이 심각해지거나 뇌사 상태에 빠지게 된다. 최초 응급 처치가 환자의 소생 여부를 결정짓게 되는 셈인데, 심장 기능이 정지하거나 호흡이 멈추었을 때 심장 박동을 정상화하기 위해 전기 충격을 가하는데 쓰는 의료 장비를 일컬어 자동심장충격기 또는 자동제세동기(AED, Automated External Defibrillator)라고 한다.

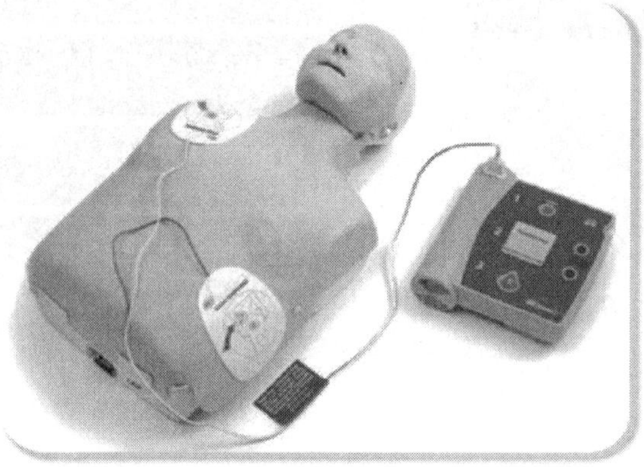

2. 자동심장충격기 사용 방법

(1) 자동심장충격기의 전원 스위치를 켠다.

(2) (음성 메시지에 따라) 정확한 위치에 두 개의 패드를 부착한다.

- 패드 1 : 오른쪽 쇄골 바로 아래
- 패드 2 : 왼쪽 젖꼭지 아래 겨드랑이쪽

(3) 전극의 커넥터를 자동심장충격기 본체에 연결한다.(자동으로 분석 시작)

(4) "분석 중-"이라는 음성 메세지가 나오면 환자에게서 손을 떼도록 한다.

(5) 제세동이 필요하다면 기계가 자동으로 충전을 하며, 충전 후 제세동 버튼을 누르라는 메시지가 나온다. → 제세동 버튼을 누른다.

〈주의〉 버튼을 누르기 전 주변 사람들에게 환자와 떨어지도록 확인!

(6) 제세동 실시 후 지체없이 심폐소생술 시행(2분이 경과하면 다시 심장 리듬 분석)

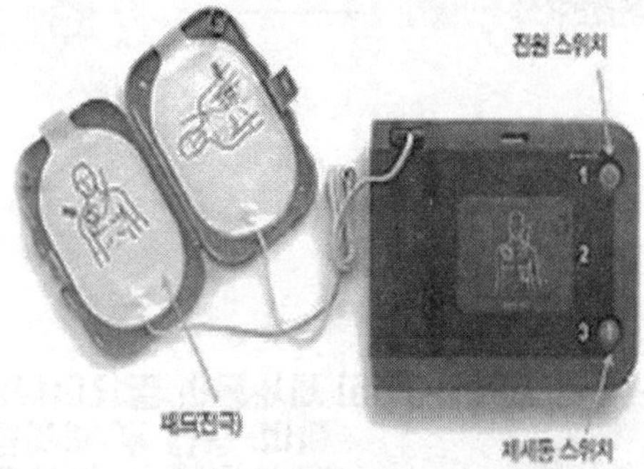

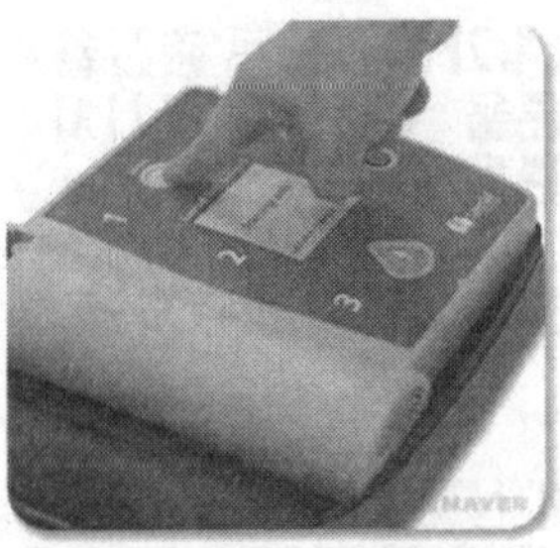

(1) 자동제세동기의 전원 스위치를 켠다.

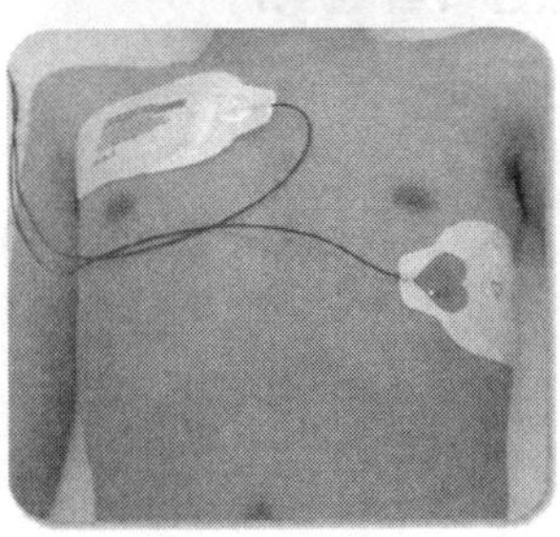

(2) (음성 메시지에 따라) 정확한 위치에 두 개의 패드를 부착한다.

- 패드 1: 오른쪽 쇄골 바로 아래

- 패드 2: 왼쪽 젖꼭지 아래 겨드랑이쪽

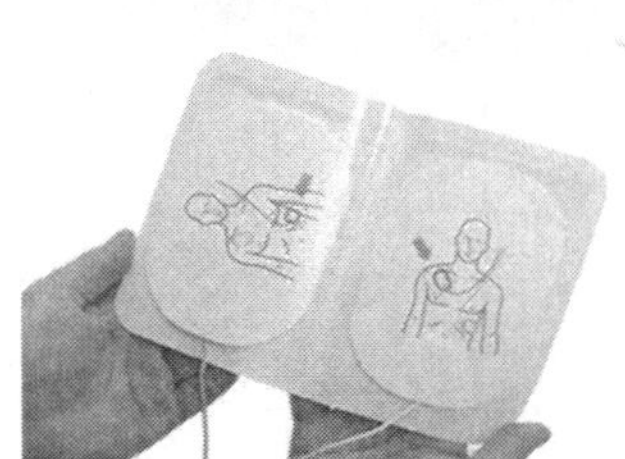

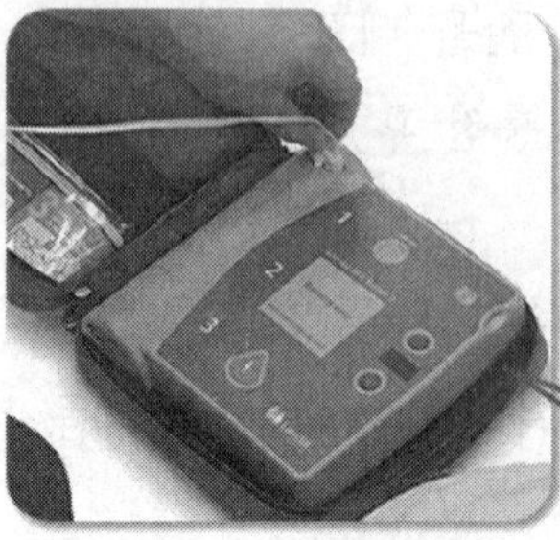

(3) 전극의 커넥터를 자동제세동기 본체에 연결 한다.(→ 자동으로 분석 시작)

(4) "분석 중-" 이라는 음성 메세지가 나오면 환자에게서 손을 떼도록 한다.

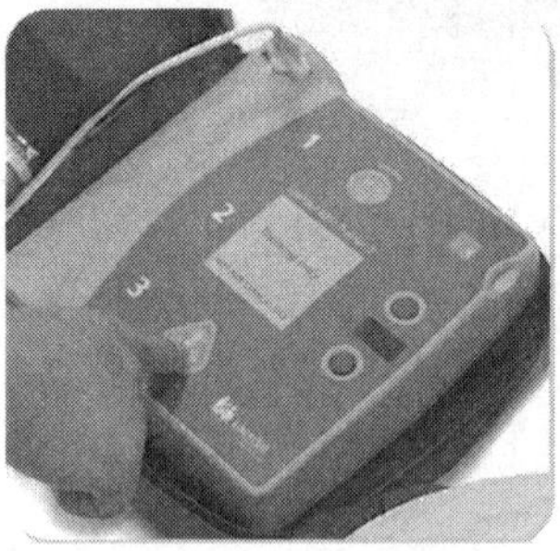

(5) 제세동이 필요하다면 기계가 자동으로 충전을 하며, 충전 후 제세동 버튼을 누르라는 메시지가 나온다. → <u>제세동 버튼을 누른다.</u>

주의) 버튼을 누르기 전 주변 사람들에게 환자와 떨어지도록 확인!

(6) 제세동 실시 후 지체없이 심폐소생술 시행 (2분이 경과하면 다시 심장리듬 분석)

제4장 기도폐쇄

1. 기도폐쇄란?

이물질이 기도를 막아 호흡이 정지되는 현상

- 급격한 혈중 산소 포화도 감소
- 의식을 잃고 급격히 사망에 이르게 됨
- 치아없는 노인, 의식저하 환자 및 소아에게서 흔히 발생

2. 증상 및 처치 방법

기도폐쇄는 정도에 따라 부분적으로 폐쇄된 경우와 완전히 폐쇄된 경우로 나눌 수 있다.

▶ 부분 기도폐쇄: 호흡은 할 수 있으나 색색거리는 거치 소리와 지속적인 기침이 유발된다. 이 경우 이물질 배출을 위해 지속적으로 기침을 유도하며 환자 곁에서 지켜보면 된다. 혹 지속적인 기침에도 이물질이 나오지 않고 호흡 곤란 등으로 상태가 악화된다면 즉시 119에 신고하고 완전 기도폐쇄에 준하는 응급처치를 실시한다.

▶ 완전 기도폐쇄: 주로 성대 주위의 상기도에서 발생되며 호흡과 기침, 그리고 말을 할 수가 없다. 때문에 환자는 호흡곤란에 의한 청색증이 유발되며 기도 부위의 목을 움켜쥐는 동작을 하게 된다.

(1) 복부 밀어내기(하임리히법)의 처치

① 환자 뒤에 서서 한 손은 엄지손가락을 말아서 주먹을 쥐고 엄지 손가락 방향을 환자의 상복부(배꼽 바로 위, 명치 아래쪽)에 대고 반대 손으로 감싸 잡는다.

② 양 팔로 환자의 복부를 안쪽으로 잡아당기는 동시에 위쪽으로 빠르게 밀쳐 올린

다. 주먹이 중심선에서 밀쳐지지 않도록 주의하며 한번에 확실하게 시행함과 동시에 이물질이 제거되었는지 확인한다.

(2) 환자가 비만하거나 임산부인 경우 → 가슴 밀어내기법 시행

① 환자 뒤에 서서 양 팔을 환자 겨드랑이 사이로 넣고 한 손의 엄지 손가락 방향을 흉골 중앙에 댄 뒤 반대편 손바닥으로 주먹 쥔 손을 감싼다.

② 양 손으로 환자의 가슴을 빠르게 수평으로 압박하며 이물질이 제거될 때까지 반복해서 시행한다.

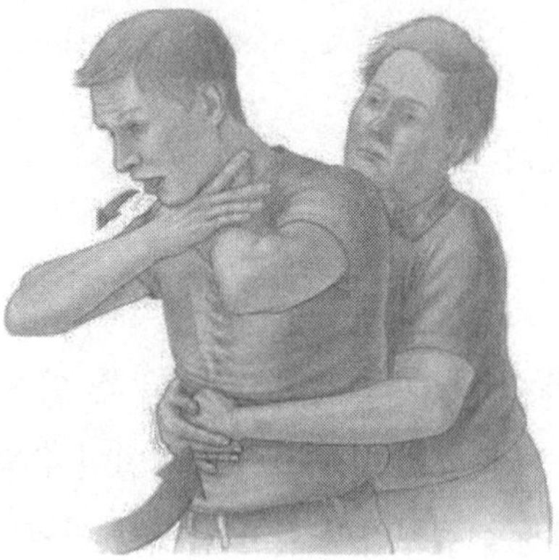

〈밀어내기법〉

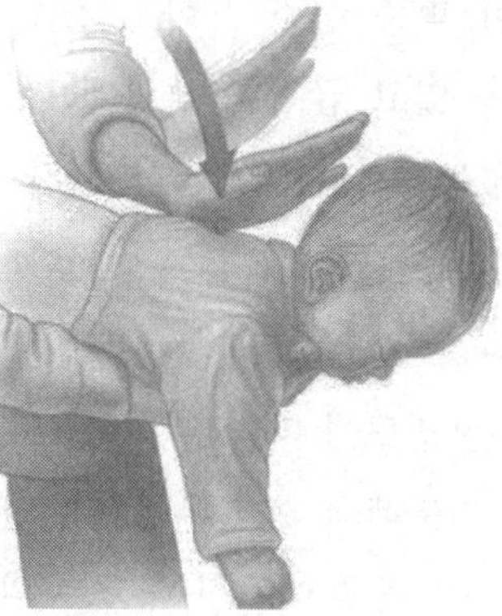

〈영아 기도폐쇄 등 두드리기〉

(3) 의식있는 영아의 기도폐쇄→ 등 두드리기와 가슴압박(5회씩) 시행

① 영아의 얼굴을 아래로 향하게 엎드린 후 손바닥 밑부분으로 등 중앙부를 5회 두드린다.

② 한 손으로 영아의 머리와 목을 받치고 다른 손으로 턱을 잡은 다음 영아의 얼굴이 위로 향하게 뒤집은 다음 이물질이 나오는지 확인한다.

③ 영유아의 머리가 가슴보다 아래로 향하게 기울여 눕힌 채 손가락을 이용해 가슴 중앙 직하부를 약 4cm(가슴두께의 1/3) 깊이로 5회 압박한다.

④ 음식이나 이물질이 나올 때 까지 등두드리기, 가슴압박을 반복하여 시행해 준다. 영아의 몸집이 크거나 구조자의 손이 작아서 충분히 영아를 지탱할 수 없을 경우에는 의자에 앉아서 시행하는 것이 더 효과적이다.

(4) 의식이 없는 기도폐쇄의 경우

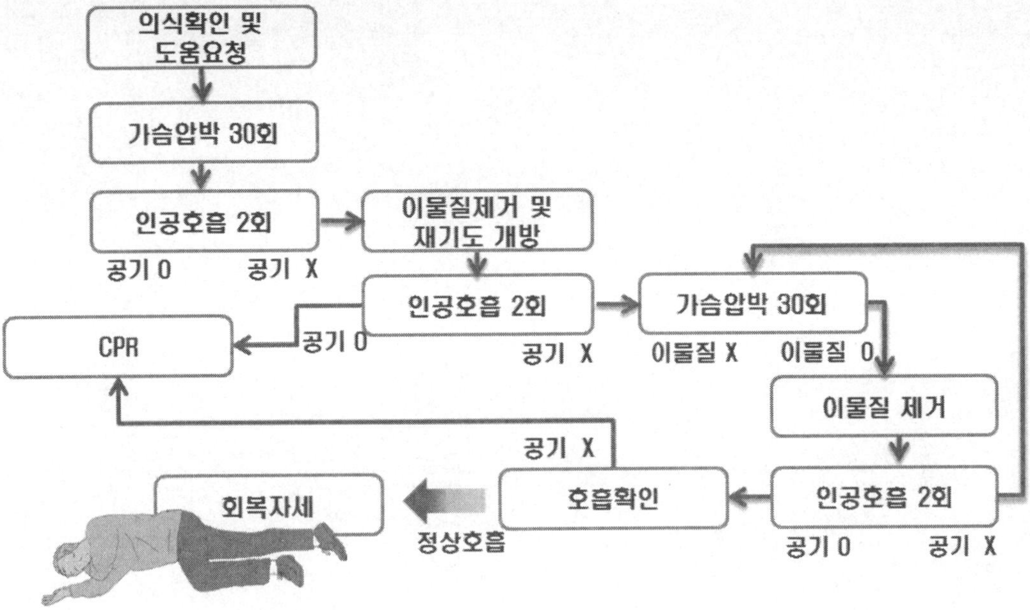

제 9 편

장비사용법

(CCTV 등 보안장비를 활용한 경비요령 포함)

제1장 개 요

공항 등 대통령령이 정하는 국가중요시설의 경비 및 도난·화재, 그 밖의 위험발생을 방지하는 등 특수경비 업무를 수행하고 있는 특수경비원은 관할 경찰서장, 공항경찰대장 등 국가중요시설의 경비책임자와 시설주의 감독을 받는다.

또한 국가중요시설에 근무중인 특수경비원은 경비업법에서 규정한 경비원의 휴대장비 외 국가중요시설에 경비에 필요한 다양한 장비, 즉 순찰장비. 감시장비. 출입 통제장비. 보안검색장비 등으로 경비업무를 수행하고 있다.

따라서 특수경비원은 국가중요시설에 설치된 주요장비에 대해서 올바르게 관리 및 사용함으로서 국가중요시설 경비에 완벽을 기해야 할 것이다.

제2장 법적근거

1. 법적근거

가. 경비업법 제16조의2(경비원의 장비 등)에 의거 장비를 사용하거나 휴대가능

나. 경비원이 휴대할 수 있는 장비의 종류는 경적 · 단봉 · 분사기 등 행정안전부령으로 정하되, 근무 중에만 이를 휴대할 수 있다.

다. 경비업자가 경비원으로 하여금 분사기를 휴대하여 직무를 수행하게 하는 경우에는「총포 · 도검 · 화약류 등 단속법」에 따라 미리 분사기 소지허가를 받아야 한다.

※ 근무시에만 휴대와 사용 가능

라. 경비원은 경비업무를 위하여 필요하다고 인정되는 상당한 이유가 있을 때에는 필요한 최소한도에서 장비를 사용할 수 있다.

마. 누구든지 장비를 임의로 개조하여 통상의 용법과 달리 사용함으로써 다른 사람의 생명. 신체에 위해를 가하여서는 안됨.

바. 특수경비원은 국가중요시설의 경비를 위하여 무기를 사용하지 아니하고는 다른 수단이 없다고 인정되는 때 필요한 한도 내에서 무기를 사용할 수 있으며 공격적인 용도로 제작되지 않는 장비이어야 함

사. 다음의 해당하는 때를 제외하고는 위해를 끼쳐서는 안됨

1. 무기 또는 폭발물을 소지하고 국가중요시설에 침입한자가 특수경비원으로 부터 3회 이상 투기 또는 투항을 요구받고도 이에 불항하면서 계속 항거하는 경우 이를 억제하기위하여 무기를 사용하지 않고는 다른 수단이 없다고 인정되는 때
2. 국가중요시설에 침입한 무장간첩이 특수경비원으로부터 투항을 요구받고도 불응할 때

제3장 경비원의 휴대장비

1. 경비원 휴대장비의 종류

경비원 휴대장비의 구체적인 기준(제20조제2항 관련)

장 비	장 비 기 준
1. 경적	금속이나 플라스틱 재질의 호루라기
2. 단봉	금속(합금 포함)이나 플라스틱 재질의 전장 700㎜ 이하의 호신용 봉
3. 분사기	「총포・도검・화약류 등의 안전관리에 관한 법률」에 따른 분사기
4. 안전방패	플라스틱 재질의 폭 500㎜ 이하, 길이 1,000㎜이하의 방패로 경찰공무원이 사용하는 안전방패와 색상 및 디자인이 명확히 구분되어야 함
5. 무전기	무전기 송신 시 실시간으로 수신이 가능한 것
6. 안전모	얼굴을 가리지 아니하면서, 머리를 보호하는 장비로 경찰공무원이 사용하는 방석모와 색상 및 디자인이 명확히 구분되어야 함
7. 방검복	경찰공무원이 사용하는 방검복과 색상 및 디자인이 명확히 구분되어야 함

2. 경적(호루라기)

가. 주의 촉구 또는 경계를 위한 다급한 상황에서 자신의 위치를 알려 도움을 받을 수 있는 소리 장비

나. 경적신호방법

1) 집합신호 : 한 호흡으로 길게 불어줌

2) 구원신호 : 한 호흡으로 길게 1회, 짧게 2회 불어줌

3) 경계신호 : 혀로 입구를 띄었다, 붙였다 반복

3. 단봉

가. 흉기를 든 범인 또는 다수인이 공격할 때 적용에 따라 호신술, 제압술, 체포술 등 다양한 기술을 사용하여 제압

나. 어느 장비보다도 안전하고 위험성이 적은 효용 가치가 있어 헌병, 교도관 등 공경비 뿐만 아니라 청원경찰. 특수경비원. 자율방범대 등 민간경비에서도 기본장비로 활용

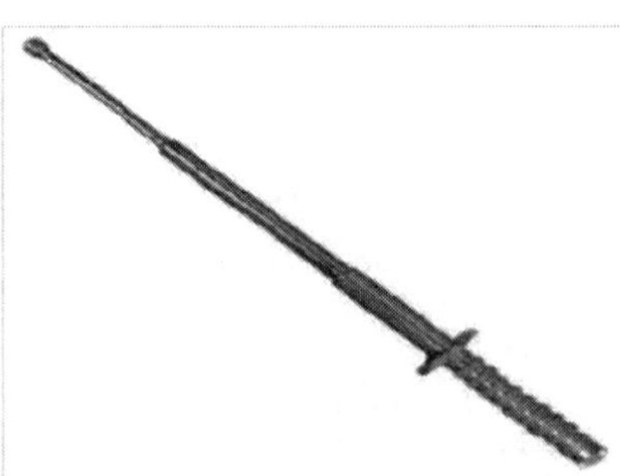

펼쳤을 때

접었을 때

4. 안전방패

가. 방패의 종류는 모델에 따라 다양함

나. 경찰방패와는 다르고 사용에 편리해야함

다. 방패소지의 목적: 상대방의 공격을 막는 용도

라. 안전방패의 제원 및 특징

1) 모델명 : 일반방패

2) 색상 : 반청색

3) 재질 : 폴리카보네이트

4) 두께 : 3~5mm

5) 크기 : 폭 50cm 높이 100cm

6) 무게 : 2,150~3,350g

7) 특징 : 저온 충격성 / 온도변화에 강함

마. 안전방패의 규격 및 대상

1) 플라스틱재질의 폭 500mm이하 / 길이 1000mm이하의 방패

2) 경찰공무원이 사용하는 안전방패와 색상과 디자인이 명확히 구분되어야 함

3) 대상 : 청원경찰, 일반경비원, 특수경비원, 경비관련 종사자

5. 안전모

가. 만약의 사고에 대비하여 필수 착용

나. 안전모의 규격

1) 안면을 가리지 아니하면서 머리를 보호하는 장비

2) 경찰공무원이 사용하는 방석모와 색상 및 디자인이 명확히 구분되어야 함

다. 안전모 착용방법

안전모에 정착된 끈을 머리에 맞게 조이고 턱끈을 완전히 채워야 함

6. 방검복

가. 주로 특수경비원이나 은행 호송경비원이 착용

나. 너무 무겁지 않고 간편한 방검복 선호

다. 불시의 사고나 위해대상자의 공격으로부터 자신을 보호하는 목적

라. 방검복의 형태

경찰공무원이 사용하는 방검복과 색상 및 디자인이 명확히 구분

마. 방검복 착용방법

1) 어깨와 옆구리 끈을 조절하여 몸에 맞게 착용

2) 업무수행에 따라 바깥 또는 외투안에 착용 가능

제4장 순찰 장비

1. 가스분사기

가. 가스분사기 정의

1) 사람의 활동을 일시적으로 곤란하게 하는 최루 또는 질식 등의 작용제를 분사할 수 있는 기기
(총포. 도검류. 화약류 등 안전관리에 관한 법 제 2조 4항)

2) 사람의 활동을 일시적으로 곤란하게 하는 최루 또는 질식 등의 작용제를 내장된 압축가스의 힘으로 분사하는 기기
(총포. 도검류. 화약류 등 안전관리에 관한 법 시행령 제 6조의 2)

나. 분사기 소지허가

1) 개요

가) 분사기를 소지할 수 있는 사람은 개인과 법인으로 구분

나) 적정의 구비서류를 갖춰 주소지 관할 경찰서에 제출

다) 결격사유 미 해당 시 소지 허가(허가권 자: 주소지 관할 경찰서장)

2) 소지허가 결격 사유

가) 20세 미만인 자

나) 심신 상실자. 마약. 대마. 향정신성의약품 또는 알콜 중독자 그 밖의 이에 준하는 정신장애자

다) 금고이상의 실형선고를 받고 그 집행이 종료(집행이 종료된 것으로 보는 경우를 포함)되거나 집행이 면제된 날로부터 5년이 지나지 아니한 자

라) 총포. 도검. 화약류 등 안전관리에 관한 법 규정을 위반하여 벌금형의 선고를 받고 5년이 지나지 아니한 자

마) 특정강력범죄를 범해 징역이상 형의 집행유예를 선고받고 그 유예기간이 끝난 날부터 5년이 지나지 아니한 자

바) 총포. 도검. 화약류 등 안전관리에 관한 법 규정을 위반하여 금고 이상의 형의 집행유예선고를 받고 그 집행유예기간이 끝난 날로부터 3년이 지나지 아니한 자

사) 총포 등의 소지허가를 받은 사람 등에 대한 행정처분에 의한 허가취소 처분을 받고 1년이 지나지 아니한 자

다. 분사기 소지허가 절차 및 구비서류

1) 개인

가) 개인소지 허가 원칙, 구입할 시 구입 총포사에서 허가 대행 가능

나) 신청접수 : 관할 경찰서 민원 봉사실(생활 안전계)

다) 신청서류

(1) 분사기 소지허가 신청서

(2) 신체검사서(운전면허가 있는 경우 면허증 사본)

(3) 분사기 출처를 증명할 수 있는 서류

(4) 증명사진 2매

라) 처리기간 : 7일 이내

2) 법인

가) 법인의 대표자. 대리인. 사용인. 기타 종업원이 분사기를 소지하고자 할 경우 법인의 대표자가 그 법인의 주된 사무소를 관할하는 관할 경찰서장에게 분사기 소지 허가서 제출

나) 허가권 자: 법인의 주된 사무소 관할 경찰서장

다) 허가 신청서류

(1) 대표자 개인 허가신청서

(2) 사용자 지정 신청서

(3) 실제 사용자 전원의 신체검사서(운전면허가 있는 경우 면허증사본)

(4) 분사기의 출처를 증명할 수 있는 서류

(5) 정관 및 대표자와 임원의 명단

라. 분사기 사용요령

1) 분사기 사용

가) 평소 분사기 사용법 / 제원 등 숙지

나) 지속적인 반복 숙달로 긴급상황 발생 시 효과적 대응

다) 업무간 현행범 조우 시 신속. 과감한 분사기 사용으로 체포

2) 액체 분사기

가) 안전장치 해제(OFF → ON)

나) 목표물을 향해 신속하고 정확하게 조준

다) 방아쇠를 당겨 과감하게 분사

라) 제압여부를 확인하고 다음 약제발사여부를 신속히 판단

마) 주의사항

(1) 바람의 영향을 크게 받지는 않지만 가급적 바람을 등지고 사용

(2) 추가 사용시 약제 통 신속히 교체

(3) 사용 전 충분한 경고조치

3) 분말 분사기

가) 약제를 장전하거나 분리 시는 약제 통을 회전

나) 안전장치를 해제(S에서 F로)

다) 목표물을 향해 신속하고 정확하게 조준

라) 방아쇠를 당겨 과감하게 분사

마) 주의사항

(1) 바람의 영향을 크게 받으므로 반드시 바람을 등져야 함

(2) 분사간 분말에 의해 경비원 자신이 피해를 입지 않도록 특히 주의

(3) 분말 분사기의 안전장치는 통상 상하로 작동

※ 안전장치 위치: 아래로 놓으면 안전, 위로 올리면 분사

2. 무전기

가. 개요

1) 전파를 이용하여 음성, 영상 데이터를 서로 송수신하여 통신할 수 있도록 하는 기기이다.

2) 일반적으로 사용하는 무전기는 반이중 통신 방식으로, 서로 통신을 주고받을 수는 있지만 주고받는 것을 동시에 할 수는 없다. 상대가 하는 말은 끝까지 들어야

되는 것이다. 같은 망을 사용하는 A, B, C, D라는 네명이 있을 때 A와 B가 교신 중에는 전혀 관계 없는 C와 D의 교신까지 제한되는, 의외로 불편한 물건이다. 이 문제를 해결하기 위해, 반이중 통신방식에서는 대역폭을 잘게 나누어서 비슷한 대역을 다수의 사람이 쓸 수 있게 하는데 이를 '채널'이라고 부른다. 채널은 한 서버상의 다른 채팅방이라고 생각하면 쉽다.

3) 전화와 다르게 Push To Talk 방법을 사용함으로 무전기를 처음 사용하는 사람들이 실수로 이 버튼을 계속 누르고 있어 계속 채널을 점유하고 있는 경우도 있다.

나. 통화요령

1) 개인통화

구 분	호출시
요 령	**상대부호 + 여기는 + 자기부호** 이상
예 문	상대 호출부호가 한라산이고 내 호출 부호가 지리산일 경우의 호출예문 “ 한라산 여기는 지리산 이상 ”

2) 집단통화 (동시에 상황전파 시 사용)

구 분	호출시
요 령	**집단호출 부호 + 여기는 + 자기부호** 이상
예 문	집단호출 부호가 영산강이고 내 호출부호가 기러기일 경우의 호출예문 “영산강 여기는 기러기 이상”

※ 집단호출 경우 건제순으로 응답, 3~4초 동안 응답이 없으면 다음 호출자가 응답하고 빠진 호출자는 마지막에 등장

다. 통화 시 주의사항

1) 되도록 짧고 간단한 용어 사용
2) 통화 간 경어 사용 금지
3) 할 말이 끝나면 “이상”
4) 통화내용을 미리 생각한 후에 통화
5) 무전기로 장난 / 농담 금지, 개인모드 사용금지
6) 통화 우선순위 준수 / 끼어들기 금지

3. 순찰시계

가. 순찰시계의 종류

1) 회사마다 기능이나 모델이 다름
2) 열쇠를 넣어 돌리는 수동식에서부터 센서에 접촉하면 인식되는 다양한 전자식으로 발달 중

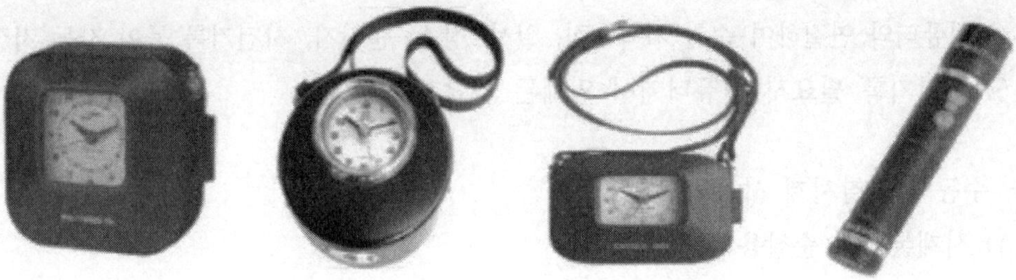

나. 전자식 순찰 시계의 구성

1) 센서 감지부 : 순찰자 카드와 순찰지점의 센서를 읽는 부분

2) LED 신호등 : 전자순찰시계의 상태를 표시

3) USB 케이블 연결부 : PC와 순찰시계 간 USB케이블을 연결하는 부분

4) 스피커 : 순찰시계의 상태를 비프음으로 출력하는 부분

다. 전자식 순찰기 리더기 제원(예)

1) 크기: 175mm X 35mm X 40mm

2) 무게: 120g

3) 소재: ABS (내충격성)

4) 동작온도: -20℃ ~ 50℃

5) 동작습도: 10% ~ 90%

6) 알람: 진동 + 알람음 + LED

7) 저장 이벤트 수: 최대 10,000 건

8) 인식범위: 0~5 cm

9) 배터리: 2200mAh, 3.7V, Li-ion

라. 전자식 순찰기 사용법

1) 순찰자는 순찰전 순찰기 리더기 인원설정카드 체크

2) 각 지점 순찰장소 센서체크

※ 리더기에서 삑 소리가 나거나 LED가 깜박임

3) 사건기록 센서 체크
4) 컴퓨터와 연결하여 순찰 기록수집, 일시. 장소. 순찰자. 사건기록 등이 자동 저장됨
5) 순찰기록 필요시 컴퓨터에서 언제든 열람가능

마. 수동식 순찰시계 사용법
1) 시계본체에 순찰용지를 넣음
2) 각 동마다 순찰을 돌면서 각동에 설치된 열쇠를 시계에 넣고 돌림
3) 순찰용지에 순찰시간과 장소가 체크되는 천공발생

바. 수동식 순찰시계 확인방법
1) 순찰용지의 천공상태 확인(시간. 장소)
2) 순찰시계는 감독자만 확인
3) 순찰시계의 임의조작 불가능

제5장 감시장비(CCTV)

1. 개요

Closed-circuit Television의 줄임말로 보안용(감시) 카메라를 뜻한다. 폐쇄회로 텔레비전. 반대말은 'Open-circuit Television', 곧 '개방회로 TV'인데, 우리가 말하는 보통 TV를 말하며, 불특정 다수에게 보여주는 TV를 뜻한다. 그러므로 폐쇄회로 TV는 특정목적을 위하여 특정인들에게 제공되는 TV라는 뜻이다.

이러한 목적에 따라 CCTV는 유무선으로 밖과 연결되지 않아서 '폐쇄회로 TV'로 불리는 것이다. 좀 더 쉽게 풀이하자면 TV는 방송국이 다른 도시에 있어도 얼마든지 영상 송출이 가능하지만 CCTV는 CCTV가 설치된 구역 안에서만 영상 송출이 가능하다는 차이가 있다.

다만 2020년대 현재 대부분의 감시 카메라는 IP 시스템을 통해 인터넷망에 연결되어 있어, 폐쇄회로가 아니고 개방회로다. 실제로 비밀번호 변경 등 보안 조치를 제대로 하지 않은 감시 카메라 화면이 인터넷에 실시간으로 유출되는 사례는 많다. CCTV를 구성하는 요소는 카메라와 이 카메라가 찍는 영상을 녹화해 줄 DVR(Digital video recorder)로 구성된다. DVR은 영상을 녹화하는 장비로, CCTV를 구성하는 요소 가운데 사실상으로 가장 비싸다. 최소 3만 원대부터 몇 억 원대까지 하는 장치이다. 이 장비의 성능에 따라 녹화 가능 영상의 화질이나 동시 녹화 가능 카메라 수가 다르다.

2. CCTV 용도

방범, 감시, 화재예방 등 안전을 위해 설치한다. 사람들이 많이 지나다니는 번화가 같은 곳과 범죄 다발 지역, 건물 내부와 외곽, 군부대, 국가중요시설(공.항만. 기타 등) 그리고 엘리베이터나 지하철 등에서 이 CCTV를 설치해서 그 곳의 상황을 알 수 있다. 물론 이 CCTV로 찍은 영상을 녹화할 수도 있다.

3. CCTV 시스템 구성

가. PTZ카메라

1) Pan, Tilt, Zoom 등의 광학기능이 있는 카메라를 말한다.

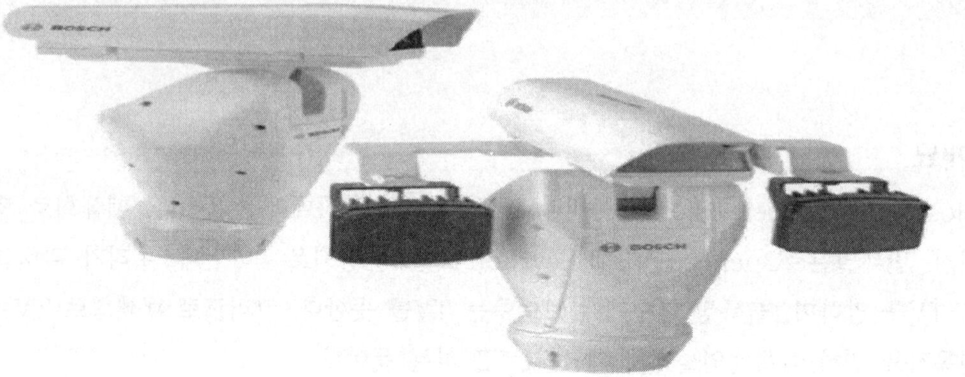

2) 박스형 카메라

네모난 형태의 비교적 덩치 큰 카메라. 카메라와 PTZ Unit을 결합해 기능을 수행하게 된다.

3) 돔형 카메라

주로 실내에서 쓰인다. 기본적으로 카메라에 BNC 선, 전원선만 달려있는 CCTV로 실내에는 거의 이 돔형 CCTV를 사용한다.

4) 스피드 돔형카메라

PTZ 계통중에서도 화각 변동의 신속성과 기동성을 살려 만들어지는 제품으로 PTZ형 제품군 중에선 가장 인기가 좋다.

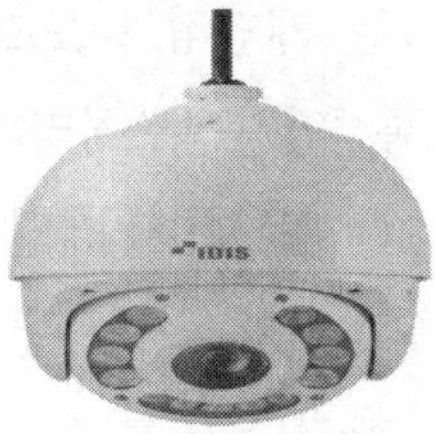

5) 불루엣 카메라

박스형 카메라와 비슷한데 총알 형태로 만들어져 있으며 카메라 하우징 자체가 방수방진이 되도록 제작되어 실내 및 실외에 그대로 부착이된 가능한 카메라를 말한다.

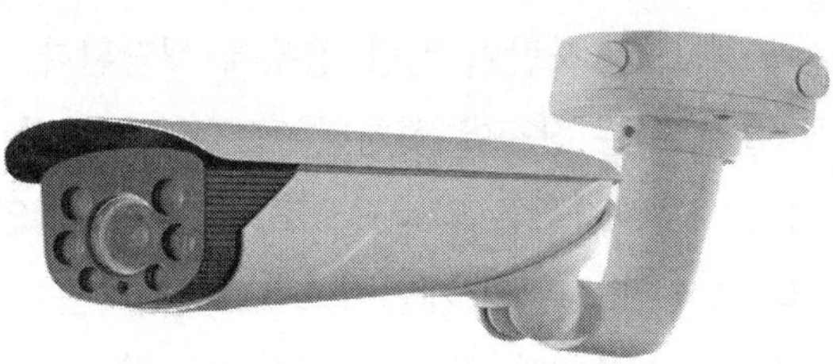

나. DVR/NVR

DVR 및 NVR은 카메라로부터 전송된 영상을 인코딩하여 저장하고 분석하는 기능을 한다.

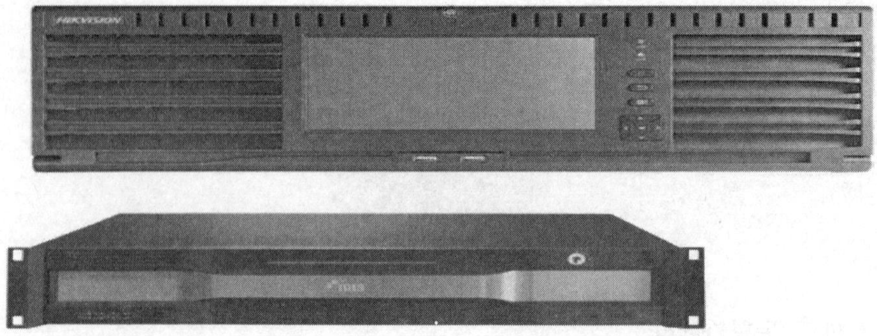

4. 합법적인 CCTV 설치

합법적으로 설치할 수 있는 CCTV는 개인정보 보호법에 근거하며, 이에 근거하지 않은 설치는 불법이다. 법령에서는 보통 "영상정보처리기기"라는 용어를 사용하고 있는데, 그 범위는 엄밀히 말하면 CCTV보다는 좀 넓다. 개인정보 보호법 제2조(정의)에서 사용하는 용어의 뜻은 다음과 같다. "영상정보처리기기"란 일정한 공간에 지속적으로 설치되어 사람 또는 사물의 영상 등을 촬영하거나 이를 유·무선망을 통하여 전송하는 장치로서 대통령령으로 정하는 장치를 말한다.

5. 촬영주체의 동의를 받는 경우

CCTV에 촬영되는 모든 사람에게 동의를 받은 경우는 합법이다. 다만 CCTV가 설치된 곳을 왕래하는 사람들이 많아지면 사실상 동의받기가 불가능하므로 보통은 사업장처럼 공공장소가 아니면서 드나드는 사람이 뻔한 경우에 해당된다.

공공장소의 경우 보통 잘 보이는 장소에 설치된 CCTV 가동 안내판으로 동의를 구하는 것을 대신한다. 안내판을 본 사람들은 암묵적으로 CCTV에 촬영되는 것에 동의한 것으로 치는 것이다. 개인의 경우에도 위의 개인정보 보호법만 준수하면 누구나 CCTV를 설치 할 수 있다. 단 다른이의 사유지가 비쳐서는 안되며, 촬영 범위내에 공개장소가 포함되어 있으면 공공장소 CCTV 마냥 명판을 눈에 잘 띄이는 곳에 부착해야한다.

6. CCTV 열람 등 자료의 제공

가. 개인정보취급 및 개인정보의 수집. 이용. 제공 등의 내용에 동의한 경우에만 열람 신청 가능하다.

나. 정해진 장소에서만 열람이 가능하다.

다. 개인정보처리 방침에 의거 영상정보에 대한 접근 권한자만이 접근열람이 가능하며, 회사별 규정한 개인정보처리 및 CCTV 열람신청 절차 매뉴얼에 의하여 열람 및 자료제공이 가능하다.

제6장 출입통제장비

1. 출입인원 통제장비

가. 보안시설의 일종으로 출입인원이 특정한 카드 혹은 물체를 찍지 않으면 차단막이 안으로 진입하지 못하도록 막는 시설이다. 출입문이라 부를 만도 하지만 일상적으로 아는 문 모양과는 달라서 그런지 출입 게이트라고 많이 부른다. 보안업체나 경비원들이 출입 게이트를 관리하며 보안검색 요원이 상주하여 출입자를 검색하기도 한다. 이와같은 출입통제 장비는 출입통제시스템과 연동하여 출입이 허가된 직원과 방문자 등을 선별하여 출입시킴으로서 다양한 형태로 설계되어 운용하기도 한다.

나. 사전에 등록된 인원에 한하여 권한을 부여하고 출입을 통제하는데 사용되며 출입자 현황, 인원, 시간 등을 통합적으로 관리가 가능한 시스템으로 기본적인 카드, 번호 이외에 보안성이 높은 홍채인식. 얼굴인식. 지문인식. 카드 / 번호인식 등 다양한 인증방식이 있다.

다. 출입 GATE 종류

출입 게이트는 근무지 특성에 따라 스피드 게이트. 플랩 게이트. 턴 게이트, 센서 게이트 등 여러 가지 형태의 게이트를 설치하여 운용할 수 있다.

1) 스피드 게이트

2) 플랩 게이트

3) 턴 게이트

4) 센서 게이트

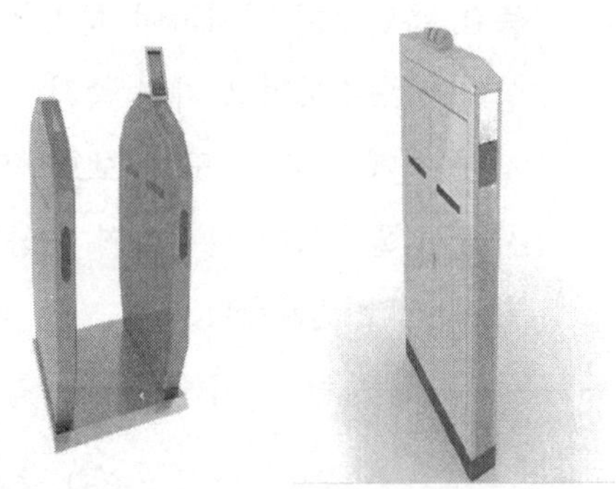

2. 출입차량 통제장비

가. 미인가 차량이 보호구역 내로 진입하지 못하도록 설치한 각종 장애물로써 로드블록. 타이어킬러. 차단봉. 바리게이트. 볼라드. 차량 하부 검색 시스템 등 많은 장비들을 활용하고 있다. 이와같은 장비들은 근무간 위험성이 많기 때문에 사전 사용법을 숙지하는게 중요하다.

나. 로드블록

보호구역내로 차량에 의한 강습 테러를 예방하기 위하여 진입로상에 설치하여 운용하며 안전사고 위협이 많으므로 사전 충분한 사용법 숙지가 요망된다.

다. 타이어킬러

중요 출입구에 설치하여 차량을 검문하거나 확인하기 위한 목적으로 운용하며 대상자가 도주하려고 하면 즉시 타이어 킬러를 새워 타이어가 펑크나게 해서 도주하지 못하게 하거나 또는 보호구역으로 차량에 의한 강습 테러를 예방하기 위하여 차량 진출로상에 설치하여 운용하며 안전사고 위협이 많으므로 사전 충분한 사용법 숙지가 필요하다.

라. 차단기0

미 인가차량이 임의로 들어가지 못하도록 설치한 장애물이다.

마. 바리게이트

시가전이나 농성 따위에서, 적이나 진압하는 이들의 침입을 막기 위하여 통, 철조망 따위를 사용하여 임시로 만든 방벽을 말한다.

바. 볼라드

자동차가 들어가지 못하도록 설치한 장애물이다.

사. 차량하부 검색 시스템 / 검색 경

차량하부를 검색하기위한 장비로서 취급에 안전이 요망된다.

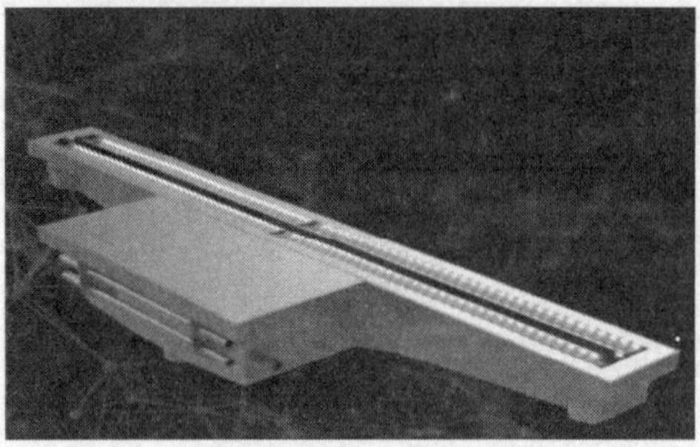

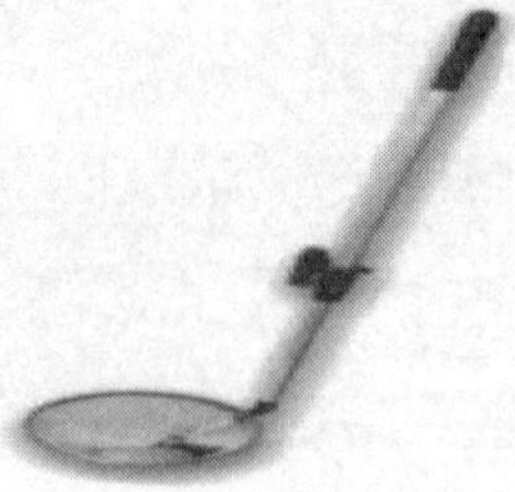

아. 슬라이딩 게이트

제7장 보안검색장비

1. 개요

보안검색장비란 엑스선 검색장비, 금속탐지장비, 폭발물 탐지장비, 액체폭발물 탐지장비 등 보안검색에 사용되는 장비를 말한다. 엑스선 검색장비는 엑스선 발생장치를 이용하여 검색대상물에 엑스선을 조사하고 그 내용을 모니터에 영상으로 표시하는 검색장비를 말한다. 금속탐지장비는 전기 자기장을 이용하여 묻어있는 화학성분을 흡입하여 화학적인 이온 분석방볍 등을 이용하여 폭발물 및 폭약성분의 흔적을 탐지하는 장비를 말한다. 액체폭발물 탐지장비란 폭발성이 높거나 연소성이 높은 액체류 위험물 및 액체 상태의 폭약 성분을 탐지하는 장비를 말한다.

2. X RAY 검색장비

가. 검색대상물에 투사되는 X-ray는 물질의 고유특성에 따라

나. 검색물질 내부에서 투과. 흡수. 산란되어 검출기에서 감지되고,

다. 물질특성에 따라 유기물. 무기물. 혼합물. 탐지불가물질로 구분표출

구 분	색 상	물 품	비 고
유기물	오렌지색	폭발물, 마약, 가죽제품, 음식류, 플라스틱, 의류, 설탕, 지폐	색상 및 밀도
무기물	청 색	금속류(총기, 실탄, 도검)등 금속물질, 천연 소금류, 귀금속	모양
혼합물	녹 색	가스가 들어있는 가스통, 유기물과 무기물의 혼합물	색상 및 모양
탐지불가	흑 색	두꺼운 금속물질, 납 포함물질	색상 및 모양

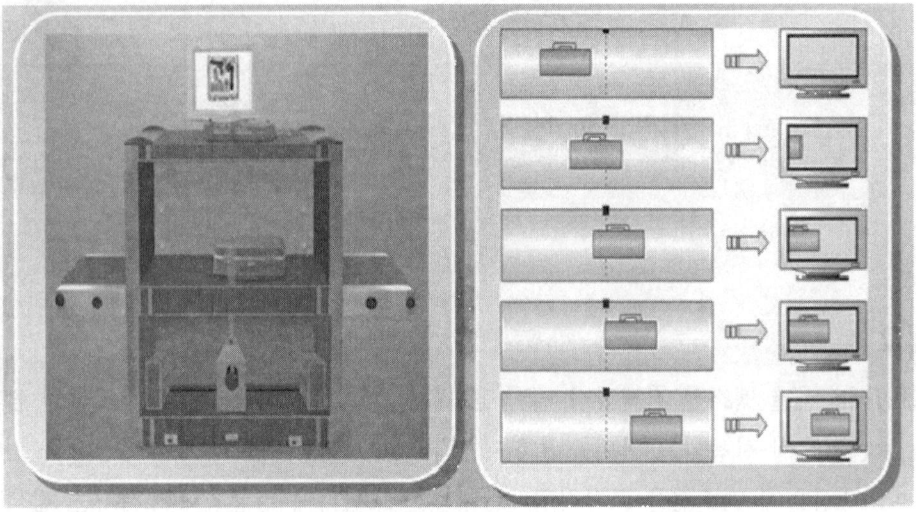

3. 금속탐지장비

가. 전기 자기장을 이용하여 금속물질을 탐지하고 탐지된 정보를 램프 또는 음향으로 탐지위치를 표시하는 장비로 문형 금속탐지장비와 휴대용 금속탐지장비로 나뉨

나. 금속탐지장비의 종류

문형 금속탐지장비

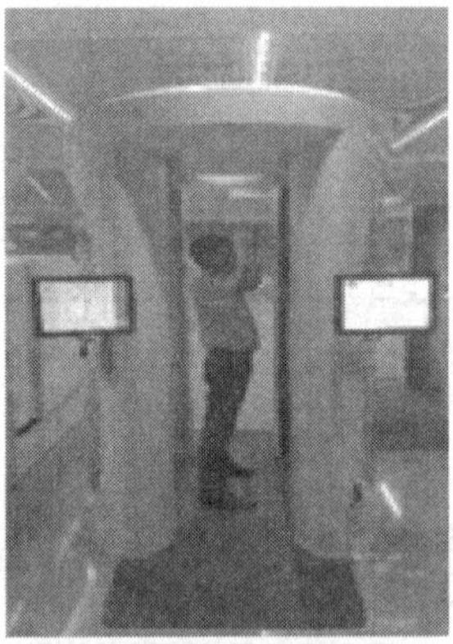

원형 금속탐지 장비

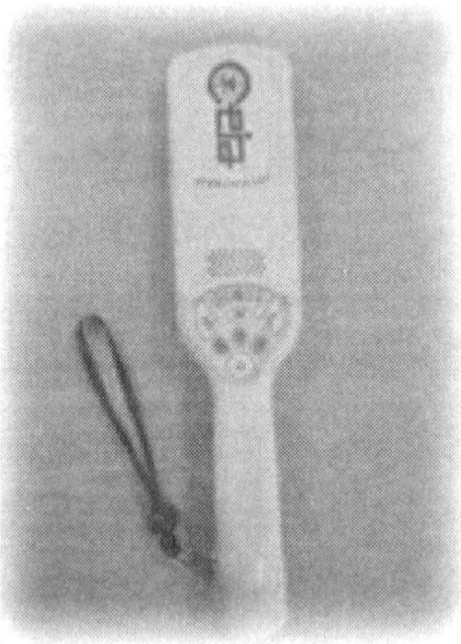

휴대용 금속탐지 장비

다. 문형 금속탐지 장비의 특징

1) 탐지구역 : 여러 개의 구역으로 세분화
2) 탐지속도 : 분당 50명 (양방향 탐지 가능)
3) 탐지감도 : 조정가능 (00~99 단계)
4) 탐지물품 : 금속 및 비철금속
5) 금속 감지 시 알람. 램프로 위치 표시

라. 휴대용 금속탐지 장비의 특징

1) 탐지 시 청각 및 진동으로 동시 표시
2) 철금속물과 비철금속물을 모두 탐지
3) 전이 필요한 경우 경보음이 발생
4) 탐지능력은 탐지물체와 직접적인 접촉을 하지 않고 5㎝ 떨어진 거리에서 무게 5.5g, 직경 25㎜의 원형 금속물질을 탐지
5) 탐지된 위치에서 즉시 경고음 등이 발생

4. 폭발물 흔적 탐지장비(ETD Explosive Trace Detector)

가. 개요

검색대상물에 묻어 있는 화학성분을 채취하고, 전기 화학적인 이온분석 방법 등을 이용하여 폭발물 또는 폭발성분의 흔적을 탐지하는 장비

나. 종류

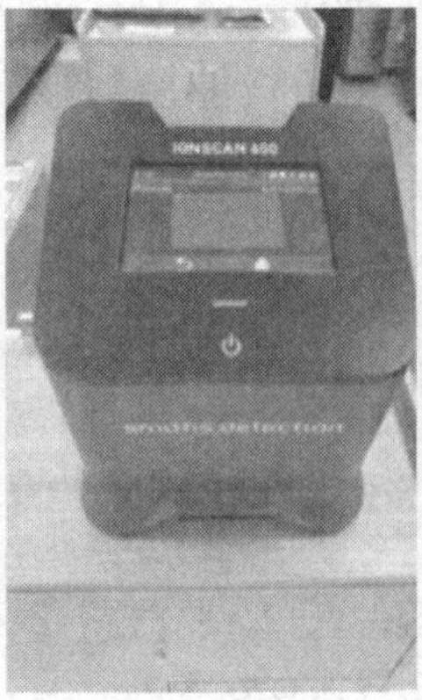

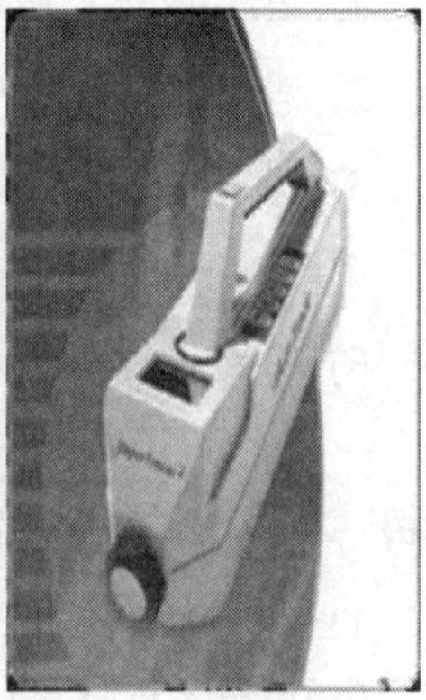

다. 특징

1) 1차 X-ray 검색 후 폭발물로 의심되는 물품에 대한 2차 검색장비로 사용
2) 한번에 1개의 가방 및 아이템 검색
3) 분석시간은 최대 10초 이내
4) 최소 6가지 이상의 폭발물질 탐지 가능
5) 최소 200피코그램(1그램의 1조분의 1 그램)의 폭약 감지 가능

5. 액체 폭발물 탐지장비

가. 개요

폭발성이 높거나 연소성이 높은 액체류 위험물 등을 탐지하는 검색장비

※ 위험 액체류 : 가솔린. 벤젠. 에탄올. 경유. 등유. 신나 등

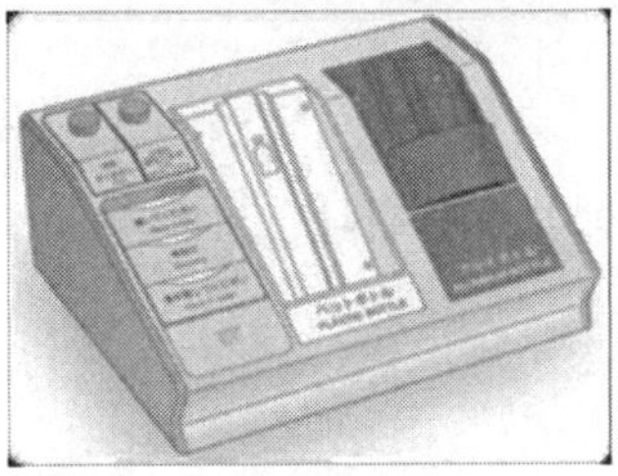

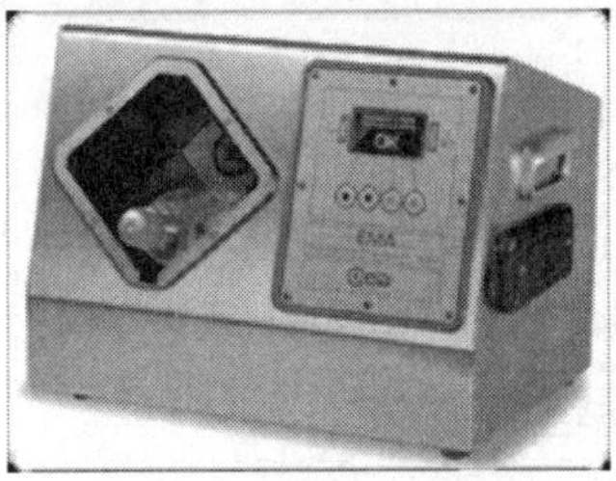

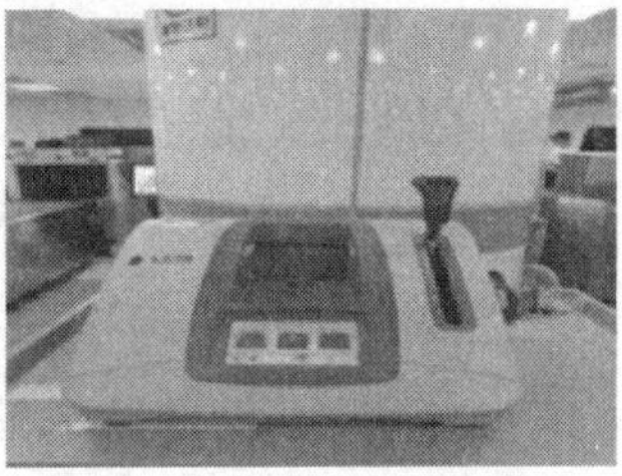

나. 특징

1) 장비 운용: X-ray 검색 또는 개봉검색으로 액체류 발견 시 내용물의 분석이 필요한 경우 사용

2) 장비 성능

가) 폭발성이 높거나 연소성이 높은 여러 종류의 액체류에 대한 위험성 여부를 탐지 분석

나) 액체용기의 미 개봉 상태에서 위험성 분석 가능

다) 위험물질 탐지 시 즉시 모니터에 영상으로 표시 또는 경고음 발생

문 제

1. 다음중 경비원의 휴대장비가 아닌 것은? (다)

가. 경적 나. 단봉 다. 수갑 라. 안전방패

2. 다음 설명 중 틀린 것은? (나)

가. 분사기 소지허가신청 시 구입 총포사에서 허가신청 대행이 가능하다

나. 20세 미만인자에게도 분사기 소지허가가 가능하다.

다. 가스발사총은 총포의 일부로 규정한다.

라. 분말 분사기 사용 시 바람을 등지고 사용한다.

3. CCTV 열람 등 자료의 제공시 준수사항 중 틀린 것은? (나)

가. 개인정보취급 및 개인정보의 수집. 이용. 제공등의 내용에 동의한 경우에만 열람 신청 가능하다.

나. 장소를 구애받지 않고 관제실이면 아무곳이라도 열람이 가능하다.

다. 개인정보처리 방침에 의거 영상정보에 대한 접근권한자만이 접근열람이 가능하다

라. 회사별 규정한 개인정보처리 및 CCTV 열람신청 절차 매뉴얼에 의하여 열람 및 자료 제공이 가능하다.

4. 다음 중 보안검색 장비가 아닌 것은? (라)

가. 문형 금속탐지장비

나. 폭발물 흔적 탐지장비

다. 액체 폭발물 탐지장비

라. 스피드 게이트

제10편

출입통제요령

제1장 국가보안시설 대상 및 보호
제2장 보호구역 통제절차 및 방법
제3장 보호구역 출입증 발급
제4장 물리적인 출입통제수단

제1장 국가보안시설 대상 및 보호

제1절 국가보안시설 대상 및 분류

1. 개요

여기서 먼저 "국가중요시설"과 "국가보안시설"의 의미에 대해서 이해를 하여야 할 것 같다. 왜냐하면 같은 의미를 서로 다르게 사용하고 있기 때문이다.

국가중요시설이라고 하는 용어는 통합방위법과 관련된 법규, 보안업무규정에서 사용되고 있고 국가보안시설(과거 국가보안목표)이라는 용어는 국가대테러활동지침, 국가보안시설 및 보호 장비관리지침에서 사용되고 있다.

국가중요시설은 통합방위법, 통합방위지침에 의거 국방부가 공공기관, 공항 · 항만, 주요 산업시설 등 "적에 의하여 점령 또는 파괴되거나 기능이 마비될 경우 국가안보와 국민생활에 심각한 영향을 주게 되는 시설"로 지정하는데 비하여 국가보안시설은 국가정보원법, 보안업무규정, 국가보안시설 및 보호장비 관리지침에 의거 국가정보원장이 "국가안보 및 국민경제에 미치는 영향과 기능, 규모, 가치의 정도 등을 고려하여 자체 분류기준에 따라 감독기관의 장과 협의를 거쳐 등급별(가, 나, 다)로 지정한 시설"을 말한다.

그리고 보호구역을 지정하는 대상도 국가보안시설의 소유주 및 관리주에 따라 다소 차이점이 있을 수 있다는 것을 전제한다.

2. 국가보안시설대상 및 분류

(1) 국가보안시설 대상

① 주요 국가기관, 금융기관 및 공공의 안전과 관련된 정부투자기관

② 중화학 · 방위산업, 대규모 가스, 유류저장시설 등 기간산업시설

③ 원자력발전소, 대용량 발전소 및 변전소 등 주요 전력시설
④ 전국 및 지역권 방송국, 송신 · 중계소 등 주요 방송시설
⑤ 국제위성지구국, 해저통신중계국, 안보통신전화국 등 주요 통신시설
⑥ 항공관제소, 철도관제센터, 지하철사령실 및 교량 등 주요 교통시설
⑦ 국제공항 및 주요 국내공항과 대형 선박의 출. 입항이 가능한 항만
⑧ 대형 취수. 정수시설 및 다목적댐 등 주요 수리시설
⑨ 핵연료개발, 항공우주. 전자통신. 생화학연구 등 국가안보상 주요과학연구시설
⑩ 교정 · 정착지원 시설, 불법입국 등 외국인 수용시설
⑪ 주요 전력 · 통신 · 상수도 등을 수용하고 있는 대도시 지하공동구
⑫ 대형 항공기 및 선박

(2) 국가보안시설 분류

국가보안시설은 국정원장이 국가안보 및 국민경제에 미치는 영향과 기능 · 규모 · 가치의 정도 등을 고려하여 분류기준에 따라 감독기관의 장과 협의를 거쳐 “가” · “나” · “다”급으로 분류한다.

3. 국가보안시설 보호

시설주는 국가보안시설을 보호하기 위해서는 경비인력 · 조직운영 및 지휘감독체계를 비롯하여 경비인력배치, 근무요령, 교육 및 훈련계획, 출입인원 · 차량에 대한 출입통제 및 보안검색, 외곽 울타리 및 초소설치, CCTV 등 과학보안장비 운용, 무기 확보, 장애물 등 대테러장비운용, 경찰 · 소방 등 유관기관과 지원 및 협조체제, 핵심시설에 대한 출입통제 및 경비 · 보안대책 및 도난 · 화재 · 무단침입 등 사태별 대응조치요령 등 자체 실정에 맞는 경비 · 보안대책을 수립 · 시행하여야 한다.

제2절 보호구역의 지정 및 보호대책

1. 보호구역 지정

(1) 보호구역이란?(보안업무규정 제32조)

① 파괴, 기능 마비 또는 비밀누설로 인하여 전략적으로 또는 군사적으로 막대한 손해를 끼치거나 국가안전보장에 연쇄적 혼란을 일으킬 우려가 있는 시설 또는 지역(이하 "국가보안시설"이라 한다)이나 선박 · 항공기 등 중요장비(이하 "보호장비"라 한다)를 관리하는 기관 등의 장과 각급기관의 장은 국가비밀 · 암호자재와 국가보안시설 · 보호장비의 보호를 위하여 필요한 장소에 일정한 범위의 보호구역을 설정할 수 있다.

② 제1항에 따른 보호구역은 그 중요도에 따라 제한지역, 제한구역 및 통제구역으로 나눈다.

③ 제1항에 따른 보호구역에 접근하거나 출입하려는 사람은 각급기관의 장 또는 국가보안시설 · 보호장비를 관리하는 기관 등의 장의 허가를 받아야 한다.

④ 보호구역을 관리하는 사람은 제3항에 따른 허가를 받지 아니한 사람의 보호구역 접근이나 출입을 제한하거나 금지할 수 있다.

※ "공항보호구역(airside)"이란?

「항공보안법 제12조」에 의거 보안검색이 완료된 구역, 활주로 및 계류장, 화물청사 등 공항시설의 보호를 위하여 공항운영자가 국토교통부장관의 승인을 받아 지정한 구역을 말한다.

(2) 보호구역설정 (보안업무규정 제30조 및 같은 규정 시행규칙 제42조)

각급 기관의 장과 국가중요시설 · 장비 및 자재를 관리하는 자는 국가비밀의 보호와 국가중요시설 · 장비 및 자재의 보호를 위하여 필요한 장소에 일정한 범위를 정하여 보호구역을 설정할 수 있고, 그 중요도에 따라 제한지역, 제한구역 및 통제구역으로 나누며 보호구역설정자는 보호구역에 보안상 불필요한 인원의 접근 또는 출입을 제한하거나 금지시킬 수 있다.

1) 보호구역지정

① **제한지역**

비밀 또는 정부재산의 보호를 위하여 국가보안시설 울타리 내 전 지역으로 경비원에 의하여 일반인의 출입의 감시가 요구되는 지역으로 소속직원은 별도의 승인 절차를 거쳐 신분증으로 출입이 가능하다.

② **제한구역**

비밀 또는 주요시설 및 자재에 대한 비인가자의 접근을 방지하기 위하여 그 출입에 안내가 요구되는 구역으로 경비상황실, 공조(空調)시설, 발·변전실, 기계실, 원전폐기물저장고, 전자통신실, 국제공항만CIQ장·계류장, 인화·폭파성 물품 저장고, 등 점거·파괴시 국가보안시설의 주요기능 유지와 운영에 심대한 영향을 미치는 보안상 중요한 구역으로 출입인가자를 사전에 지정하고 출입 비인가자는 관리책임자에게 출입목적 등을 기록하고 안내를 받아 출입한다.

③ **통제구역**

비인가자의 출입이 금지되는 보안상 극히 중요한 구역으로 통합비밀보관소, 안보장비 통신실, 무기고, 탄약고, 중앙제어실, 방송 주조종실, 참단제품 연구개발실, 핵심공정생산설비, 고위험 병원체 보관실, 관제탑지역 등 점거 및 파괴시에 국가보안시설의 전체기능을 마비시키거나 운영을 중단시킬 수 있는 핵심구역으로 출입인가자를 사전에 지정 및 출입자 명단을 비치하고 상시근무·감독자외 원칙적으로 출입이 금지된 곳이다. 업무상 출입이 필요한 경우에는 사전에 관리책임자의 허가를 받아 출입하되 출입자에 대하여는 안내 및 입회감독을 하고 모든 출입자는 출입대장에 기록을 유지한다.

2) 보호구역 보호대책

국가 법적체계 내에서 취약한 부분과 보호가 필요한 민감한 구역이 확인되어 보호구역으로 지정이 되면 보안요원과 물리적인 보호조치의 결합을 통해 비허가된 출입으로부터 보호되어야 한다.

보안업무규정 시행규칙 제42조 제4항에 의하면 보호구역에 대하여는 철저한 보안대책을 수립, 이행하여야 하며, 특히 제한구역 및 통제구역에는 그 구역의 기능 및 구조에 따라 출입인가자의 한계설정과 비인가자의 출입 통제대책, 주·야간 경계대책, 외부로부터의 투시, 도청 및 파괴물질의 투척방지 대책, 방화대책, 경보대책 등 필요한 보안대책이 강구되어야 한다.

보호구역은 출입자 통제 등 보호대책을 다음 각 호와 같이 마련하여야 한다,

① 제한지역

가) 외곽에 울타리 설치, 외부인 무단침입 방지

나) 출입문에 경비인력 배치. 출입통제 실시

다) 소속직원은 별도의 승인절차 없이 신분증으로 출입가능

② 제한구역

가) 출입인가자 사전 지정

나) 출입 비인가자는 관리책임자에게 신고 후 출입통제 대장에 출입목적 등을 기록하고 안내를 받아 출입

다) 출입인가자의 경우 출입목적과 무관하고 보안상 특별한 통제가 필요한 지역 이외는 시설내에서 자유 이동, 접근 가능

라) 외부에서의 투시. 도청 및 위험물 투척방지대책 강구(국제공항만 CIQ장은 제외)

마) 출입문에 잠금장치. 인터폰 등 부착, 무단출입 방지

③ 통제구역

가) 출입인가자 사전 지정 및 상시출입자 명단. 사진 비치

나) 상시 근무. 감독자 이외 원칙적 출입금지(단, 보안업무 총괄, 유지, 보수 등 업무상 출입이 필요한 자는 사전 관리책임자의 허가를 받아 출입가능)

2. 보호구역 경비대책

(1) 국가중요시설의 경비 · 보안 및 방호책임

통합방위법 제21조 등에 의하면 국가중요시설의 관리자(소유자)는 경비 · 보안 및 방호책임을 지며, 자체방호계획을 수립하는 등의 업무를 수행하여야 한다.

① 청원경찰, 특수경비원, 직장예비군 및 직장민방위대 등 방호인력, 장애물 및 과학적인 감시 장비를 통합하는 것을 내용으로 하는 자체방호계획을 수립 · 시행하여야 한다.
이 경우 자체방호계획에는 관리자 및 특수경비업자의 책임하에 실시하는 통합방위법령과 시설의 경비 · 보안 및 방호 업무에 관한 직무교육과 개인화기(個人火器)를 사용하는 실제의 사격훈련에 관한 사항이 포함되어야 한다.
그리고 자체방호를 위한 통합상황실과 지휘 · 통신망의 구성 등 필요한 대비책을 마련해야 한다.

② 관리자와 대대 단위 지역책임 부대장(경찰관할지역은 경찰서장)은 국가중요시설의 방호를 위한 역할분담 등에 관한 협정을 체결하고, 자체방호계획 또는 대대 단위나 경찰서 단위의 방호지원계획을 작성하거나 변경하는 때에는 그 사실을 서로 통보한다.

(2) 3지대 방호 개념

공항의 3지대 방호개념은 타 시설 방호개념과 상이하므로 기지의 특성을 고려하여 방호하여야 한다. 지역이 넓고 개활지이므로 여객청사, 화물청사, 관제탑, 동력동 등 시설별 자체보호, 거부장애물 설치, 주변 감제고지 통제 등이 이루어져야 하며 5분대기조를 분산 보유해야 한다.

① 제1지대(경계지대)는 적의 침투 및 적 화기의 사거리를 고려하여 이를 저지할 수 있는 예상 접근로상의 "목"지역 및 감제고지와 항공기 이 · 착륙 회랑(기지특성 고려 활주로방향 8~12km)을 통제하는 경계지대로서 불규칙적인 수색정찰이나 매복활동과 관측소 및 검문소 운용과 대비책을 수립 시행한다.

② 제2지대(주 방어지대)는 공항울타리 외곽1 ~ 2Km 범위내에서 적 침투 및 공격을 저지 격멸하는 주방어지대로서 전면방어 개념을 적용하여 진지를 편성하고 경비

요원, 주·야간 초소 운용, 순찰 ,활동으로 출입자를 통제하고 현대화된 과학화 장비 및 시설물을 설치와 5분대기조를 보유하는 등적의 침투대비책을 수립 시행 한다.

③ 제3지대(핵심방어지대)는 시설의 주 기능에 결정적인 영향을 미치는 핵심시설로서 주방어지대의 종심을 보강하고 침투한 적을 최종적으로 격멸하기 위해서 초소운영 유사시 전면방어를 할 수 있도록 5분대기조를 분산 운영하여 적의 침투에 대비한다. 울타리로부터 외곽으로 소총유효사거리를 기준으로 하되, 지형지물을 고려하여 설정하며 시설주가 방호한다.

제2장 보호구역 통제절차 및 방법

제1절 보호구역의 의미

1. 보호구역 출입통제란?

시설지역과 시설에 인접된 지형 및 건물 또는 그 일부로서 일반인의 출입이 통제되어 있는 지역으로 인가된 자, 차량, 화물 및 물품이 반입되는 지역으로 비 인가된 자, 차량, 화물 및 물품은 통제를 받아야하며 이를 발견시 관련기관 또는 관련자에게 알려서 적절한 조치를 취하는 것을 말한다.

2. 일반사항

(1) 보호구역을 일반지역으로부터 분리하여야 하며, 일반지역과 보호구역 간의 경계가 구분될 수 있도록 외곽 보안울타리 또는 장벽을「국가 보안시설 및 보호장비 관리지침」기준에 따라 설치하여야 하며, 외곽 보안울타리 또는 장벽을 정상적인 상태로 유지하여야 한다.

(2) 보호구역으로 출입하는 인원, 차량 및 장비 등에 대해서는 보안검색을 실시하여야 하며, 보안검색을 거부하는 사람 및 물품에 대해서는 보호구역 출입 및 반입을 금지하여야 한다.

(3) 시설주는 보호구역 안으로 진입할 수 있는 출입구를 설치하여야 하며, 출입구에는 물리적 방어 기능을 갖춘 장벽 또는 이와 유사한 시설물을 설치하여야 하고, 보호구역 출입구에는 경비요원 배치 및 출입통제 시스템 등을 설치하여야 한다.

(4) 보호구역 출입구에 관계자 외 출입을 제한 한다는 출입통제표지판을 설치하여야 하고 보호구역 출입통제 지점에는 경비요원을 배치할 수 있는 초소를 설치 · 운영하여야 한다.

(5) 순찰업무와 외부에서 내부로 뿐만 아니라 내부에서 외부로의 침입 방지를 위하여 외곽 울타리 또는 장벽 양쪽의 개방지역 및 내부 울타리 지역에 순찰로를 설치하여야 한다. 또한, 보호구역 내부로의 침입 또는 외부로의 도주 방지를 위하여 보안 시설물을 설치 · 관리하여야 하고, 울타리 인접 지역의 월담 보조물을 정비하여야 한다.

(6) 시설 내 보호구역 및 내 · 외곽 울타리 근처를 시간 · 순찰로 등을 변경하여 지속적으로 순찰하여야 한다.

(7) 보호구역을 출입하는 경우에는 출입증을 패용해야 하며, 차량을 운행하여 출입하는 경우에는 해당 차량의 운전석 앞 유리창에 차량출입증을 부착하여야 한다.

(8) 출입통제시스템을 통해 각 출입증 소지자의 출입허가권한 변경사항(허가구역 변경, 회수 등)을 접수한 경우에는 즉시 각 출입통제 초소 근무자가 인지할 수 있도록 조치하여야 한다.

(9) 보호구역등을 출입하는 사람 또는 차량에 대하여 기록하고 작성한 날로 부터 1년 이상 보존한다.

제2절 보호구역 출입허가 및 출입통제

1. 보호구역 출입허가

시설주는 보호구역에서 상시적으로 업무를 수행하는 사람, 건설이나 시설의 유지 · 보수 등을 위하여 보호구역에서 업무를 수행할 필요가 있는 사람. 그 밖에 업무수행을 위하여 보호구역에 출입이 필요하다고 인정되는 사람은 시설주의 허가를 받아 보호구역에 출입할 수 있다.

2. 출입통제방법

(1) 시설주는 국가보안시설의 출입자에게 항상 출입증을 패용(차량출입증은 반납시까지 차량 전면부에 비치)하게 하고, 허가받지 않은 지역의 출입을 통제하여야 한다.

(2) 시설주는 국가보안시설의 기밀보호 및 기능유지를 위해 출입 인원과 차량에 대하여 보안검색을 실시할 수 있다.

(3) 보호구역의 경비근무자는 출입인원 및 차량 등 모든 출입사항을 기록 유지하여야 한다.

3. 대상별 출입통제

(1) 인원에 대한 출입통제

① 출입자는 출입통제시스템에 의한 출입통제를 받으며, 보안검색완료구역으로 진입할 때에는 승객과 동일하게 100% 보안검색을 받는다.

② 시설주는 보안검색을 거부하는 사람 및 물품에 대하여는 보호구역으로의 출입 및 반입을 거절하여야 하며, 필요 시 관계기관 협의를 통하여 보호구역 출입을 제한한다.

③ 보안요원은 보안검색 과정에서 안보위해물품 등 특이사항이 발생되는 경우에는 즉시 공항운영자에게 통보하여야 하고, 시설주는 관련기관에 통보, 필요시 합동조사를 실시하며, 기타 세부사항은 위해물품 처리절차를 준용한다.

(2) 차량 및 장비 등에 대한 출입통제

① 보호구역으로 출입하는 모든 차량, 장비 및 해당 운전자 등은 경비요원에 의해 출입이 통제되며, 보호구역 출입증규정을 적용한다.

② 보호구역에 출입하는 모든 차량 및 장비 등은 출입증발급소의 출입 허가를 받아

차량출입증을 차량 전면에 부착하며, 경비요원이 식별할 수 있도록 하여야 한다.

③ 보호구역으로 출입하는 모든 차량, 장비 및 탑승자는 출입통제와 보안검색을 받아야 한다.

④ 시설주는 화재 · 구조 등 비상차량을 대상으로 보호구역에 우선 출입조치를 취할 수 있다.

(3) 항공기에 대한 출입통제

① 항공기내에 어떠한 물건도 남겨두고 내리지 않도록 하여야 한다. 다만, 수상한 물품이 발견된 경우 즉시 공항상주 보안기관 또는 경찰에 통보한 후 기내 보안점검을 실시한다.

② 야간에 항공기를 주기하거나 주간에 5시간 이상 주기가 예상되는 경우 비인가자가 항공기에 접근하거나 항공기 안으로 진입할 수 없도록 대책을 수립하여야 한다.

③ 비 인가된 자의 출입을 막기 위해 항공기 유지보수작업, 청소 등 항공기 운항준비를 할 때는 항상 감시되어야 한다.

④ 주기된 항공기에 대한 출입통제를 위하여 「항공보안법 시행규칙」 제7조 제3항의 탑승계단의 관리. 탑승교 출입통제. 항공기 출입문 보안조치. 경비요원의 배치 등의 대책을 수립하여야 한다.

⑤ 승객의 항공기 탑승을 위해 탑승교에 주기중인 항공기의 출입문을 잠그지 아니한 경우 비인가자가 항공기 안으로 진입하지 못하도록 필요한 조치를 하여야 한다.

⑥ 항공기에 대한 위협이 증가할 경우 항공기 출입문에 봉인조치를 하거나 경비원을 배치하여야 하며 경비원을 배치할 수 없는 경우 항공기 감시를 위한 CCTV 시스템 설치, 순찰 등의 대체할 보안대책을 수립하여야 한다.

(4) 보호구역 위해물품 반입 및 관리대책

① 위해물품 반입금지물품이 보호구역 안으로 반입되지 않도록 하여야 한다.
다만, 공무수행을 목적으로 관할 관공서의 허가를 받은 물품, 보호구역내 공사목적 또는 시설의 유지보수업체를 위해 필요한 공구류 및 장비류 등의 경우에는 반입을 허가할 수 있다.

② 시설 유지보수 등의 고유 업무수행에 사용될 수 있는 공구류, 장비류 등을 보안 검색 후 보호구역 반입을 허가 할 수 있으나, 반드시 비인가자가 접근할 수 없는 곳에 보관·관리토록 조치하여야 한다.

가) 위해물품을 사용하는 장소에 승객 또는 비인가자가 접근할 수 없도록 통제한다.

나) 영업이 종료된 후 보호구역내에서 보관하고자 하는 경우 시건장치가 있는 보관함에 보관한다.

다) 보호구역내에서 기내 반입금지 위해물품의 판매 및 대여 금지한다.

제3장 보호구역 출입증 발급

제1절 출입증 발급목적 및 발급절차

1. 목적

보호구역 출입통제를 효율적으로 수행하기 위하여 시설운영상 출입이 필요하다고 인정되는 자와 차량에 한하여 출입증을 발급함으로서 출입자의 신분확인 및 차량접근통제를 원활히 한다.

2. 출입증 발급권한 및 발급절차

(1) 출입증 발급권한은 국가보안시설의 시설주에게 있으며 필요시 보호구역내 상주기관시설 및 그 지역을 관할하는 행정기관의 장과 협의한다.

(2) 출입증 발급절차

① 보호구역 등을 출입하려는 사람은 시설주가 정하는 출입허가신청서를 제출하여야 한다. 이 경우 차량을 운행하여 출입하려는 사람은 그 차량에 대하여 따로 차량출입허가신청서를 제출하여야 한다.

② 시설주는 따른 사람에게 보호구역 등에 출입허가를 하려면 「보안업무규정」 제31조에 따른 신원조사를 조사기관의 장에게 의뢰하여야 한다.

③ 시설주는 보호구역 등의 출입허가를 한 경우에는 신청인에게 시설주가 정하는 출입증 또는 차량출입증을 발급하여야 한다. 이 경우 시설주가 관할하지 않는 지역의 출입허가를 하려면 관할 행정기관의 장과 미리 협의하여야 한다.

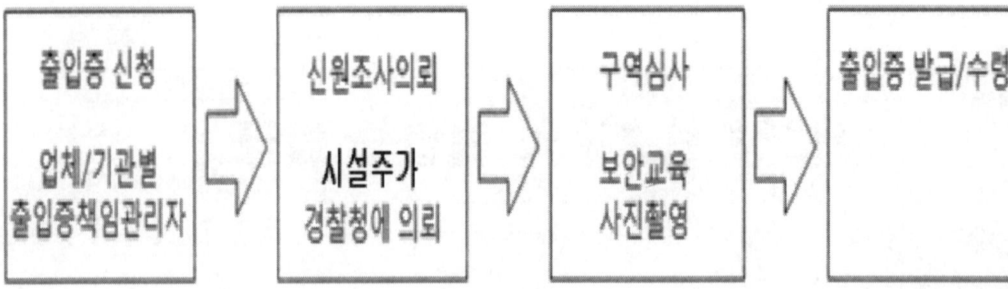

주)"신원조사(background check)"란 보안통제업무 수행 적합성 또는 보안 통제구역 단독출입 허용 등을 확인하기 위하여 해당자의 신원 및 범죄경력 등을 점검하는 행위를 말한다.

※ 신원조사 결과 특이자 심사(공항의 경우)

신원조사를 의뢰한 자 중 신원특이자에 대하여는 다음 각 호에서 정하는 바에 따라 정규출입증 발급을 제한한다. 이 경우 해당 기관(업체)의 장은 공항운영자에게 재심사를 요청할 수 있다.

공항운영자는 출입증심의위원회 또는 보안관련기관 합동회의에서 심사하여 그 결과에 따라 출입증 발급여부를 결정하며 출입증 발급제한대상자는 다음과 같다.

① 금고 이상의 형을 선고받고『형의 실효 등에 관한법률』에 의거 형이 실효되지 아니한 자 또는 선고유예 기간 중에 있는 자

② 항공보안법, 관세법, 출입국관리법, 외국환거래법, 형법상 문서에 관한 죄, 성범죄관련법(보안요원에 한함), 마약류관리법 위반으로 벌금형을 선고 받고 『형의 실효 등에 관한법률』에 의거 형의 실효가 되지 아니한 자

③ 형사사건(재판)이 진행 중이거나 처분이 미확정된 자

4. 보호구역 출입구역의 구분

출입구역 구분은 시설주가 정하고 보호구역을 효율적으로 통제하기 위하여 출입구역별로 고유문자를 부여하되 개인별 직무수행을 감안하여 출입구역을 부여한다.

5. 출입증 발급

(1) 시설주는 출입증 인쇄 및 사진 촬영

출입증 인쇄는 시설주가 하는 것을 원칙으로 한다. 다만, 필요하다고 인정할 만한 사유가 있는 경우에는 외부업체에 용역을 의뢰할 수 있다. 외부에 용역을 줄 경우, 보안 담당관은 출입증 등이 외부에 유출되지 않도록 적절한 보안조치를 취하여야 하며, 그 조치에는 최소한 보안 담당자 입회, 원판 및 잉여분 회수, 외부로 유출되어 보호구역 출입통제에 문제가 발생시에 민사상 책임을 질 것을 확약하는 보안각서징구 등의 조치하여야 한다.

(2) 출입증 디자인

출입증의 디자인에 대한 사항은 시설주가 결정하되, 필요시 보안관련 기관과 사전 협의 후 변경하고 출입증의 디자인은 다음 사항을 포함하여야 한다.

① 인원정규출입증의 경우는 사진, 유효기간, 출입허가지역, 성명, 회사명 또는 로고, 소속 기관명, 발행 일련번호, 출입증 소지자 준수사항이 포함된다.

② 차량정규출입증의 경우는 차량 등록번호, 차량소유주 및 소속회사 명칭, 출입허가 지역, 유효기간, 발행 일련번호, 회사명 또는 회사로고가 포함된다.

(3) 출입증 발급비용

신규출입증 제작, 정기적인 출입증 갱신, 출입증 분실, 출입실적 저조에 따른 출입증 재발급, 기타 소지자의 관리 부주의 등으로 발생하는 모든 발급 비용은 신청자 부담을 원칙으로 한다.

제2절 출입증의 종류

1. 개요

공항의 출입증은 인원과 차량의 정규 및 임시출입증, 방문증 등으로 구분하며 정규출입증은 인원정규출입증, 차량정규출입증이 있고 임시출입증은 상주, 비상주 임시출입증, 차량 임시출입증, 공용출입증, 비표가 있으며 방문증은 단기(1일)로 보호구역 출입이 필요할 경우 발급 사용한다.

2. 출입증의 종류

(1) 인원출입증

1) 정규출입증

정규출입증 발급 대상자는 공항에 상주하고 있는 기관, 항공사, 업체의 소속직원으로 보호구역 내에서 3개월 이상 업무를 수행하는 자, 보호구역내 공항운영, 유지보수, 건설공사 등을 위하여 3개월 이상 상주하고 업무를 수행하는 자, 외교관으로 보호구역에서 업무를 수행하는 자, 공항운영자 소속 직원으로서 보호구역에서 업무를 수행할 필요성이 있는 자 등이 사용한다.

2) 임시출입증

임시출입증은 정규출입증을 제외한 상주임시출입증, 비상주임시출입증, 기관대여임시출입증, 비표 등으로써 비상주자로 업무상 보호구역 출입이 필요한 사람이 사용한다.

3) 방문 또는 순찰 출입증

보호구역내 출입이 필요하다고 인정된 경우, 해당구역의 정규출입증소지자가 출입증신청시스템을 이용하여 신청하여야 한다.

(2) 차량출입증

1) 정규출입증

정규 출입증 발급은 보호구역내에서 공식 업무 수행 차량, 기타 보호구역내에서 업무수행을 위해 필요하다고 인정되는 업무용 또는 개인 차량으로 한다.

2) 임시출입증

각종 공사 등으로 보호구역 출입이 임시 또는 단기간 필요한 차량에 한하여 보호구역 차량임시출입증을 발급한다.

주) 출입증 변경 및 갱신

시설주은 기존에 발행한 출입증에 대하여 업무상 출입이 불필요하다고 인정되는 사람과 출입실적이 극히 저조한 사람에 대하여는 출입증을 회수하거나 출입구역을 축소할 수 있으며, 출입구역 변경 사유가 발생한 경우에는 출입구역을 변경하여 재발급할 수 있다. 그리고 정한 기간을 지나거나 정규출입증 발급수량의 5%이상 분실 등의 경우는 갱신하여야 한다.

제4장 물리적인 출입통제수단

제1절 출입통제 수단

1. 울타리

울타리에 의한 보안수준 정도는 울타리의 높이, 울타리 재질, 철조망, 침입감지시스템, 보안등, CCTV와 같이 보안수행능력 또는 효율성을 높이기 위해서 사용된 부가적인 보안장치와 연계되며 외곽에 설치된 울타리는 월담이 곤란한 높이 2.7m이상으로 시설외곽에 설치하고 울타리 내·외곽에 침입자가 은폐 및 월담을 방지하기 위하여 울타리 5-10M까지 장애물이 없도록 하고 도보 또는 차량 순찰로를 설치하여 경비근무투입 및 교대, 근무감독 등이 원활하게 되도록 하여야 한다. 울타리가 핵심시설과 장비에 근접해 있을 경우 내부투시 및 위험물이 투척되지 않도록 창문, 지붕, 환풍구 등에 대한 보안조치를 강구하여야 한다.

2. 외곽침입탐지 시스템

외곽침입탐지시스템은 외곽울타리를 넘어 침입을 시도하거나 침입한 침입자를 탐지하여 경보를 알려주는 전자장치이다. 이러한 전자장치는 울타리이나 경비요원의 외곽보호대책의 효율성을 높일 수 있지만 오경보가 작동하므로 CCTV 또는 경비요원과 같은 경보확인시스템이 같이 사용되어야 한다. 그리고 외부탐지시스템의 설치를 하기 전에 외곽울타리 길이, 공격탐지지역을 설정할 수 있는 충분한 공간여부, 토양 및 지상표면상태, 설치지역의 기상 및 야생동물 출몰빈도, CCTV나 경비요원이 경보를 확인할 수 있는 자원 등을 조사하여야 한다.

3. 보안등

보안등은 경비요원에 의한 직접감시 또는 폐쇄회로를 통한 간접감시를 효율적으로 하기 위해 필요한 조명을 제공하는 것 외에 잠재적인 침입자에게 활동 억제역할을 할 수 있다. 이러한 보안등 설치 조건은 첫째 침입자가 목표물에 도달하기 전에 경비요원이 발견할 수 있어야 하고 둘째 침입자로부터 경비요원을 은폐할 수 있도록 하며 셋째 침입자 저지 또는 그들의 목적수행을 저지하여야 한다.

4. CCTV

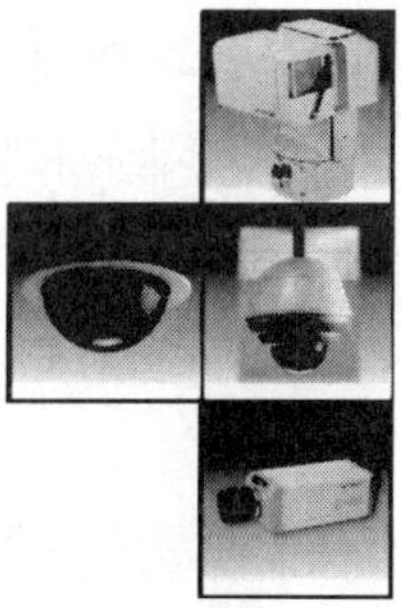

CCTV는 인력을 절감할 수 있으며 침입탐지시스템 및 자동출입통제시스템과 연동하여 사용하는 경우에 외곽 또는 광범위한 지역을 보호하는데 유용하게 사용할 수 있다 특히 외곽침입 탐지시스템에서 발생한 경보를 확인하기 위해서 사용한다면 이는 위험, 악천후 또는 관련 업무를 위해 수행하여야 하는 불편한 일에 노출되어 있는 경비요원의 근로조건을 향상시킬 수 있다

그리고 CCTV시스템은 간단한 실내 · 외 시스템에서부터 복잡한 다중카메라 저조도 시스템까지 다양하다.

5. 자동출입통제 시스템(AACS)

자동출입통제 시스템은 사용자의 신원을 확인하는 즉시 출입구에 있는 잠금쇠를 풀어 자동으로 출입을 허용하는 통제장치에 연결되어 있는 전자기계 시스템이다. 자동출입통제시스템의 원리는 확인된 사람만이 통제지역으로 출입할 수 있도록 인가자의 신원을 확인하고 출입을 통제하는 것이다.

6. 생체인식 시스템

생체인식 시스템은 컴퓨터 메모리 내에 저장된 기록과 비교해서 출입 장소에서 받는 신체적 특징을 조사하여 사용자의 신원을 확인하는 시스템이다. 현재 가능한 시스템은 지문, 손 형태, 망막, 정맥 형태, 음성 및 서명 등이다. 생체인식시스템의 주요 장점은 다른 시스템들은 카드와 비밀번호만을 인식하지만 이 시스템은 출입하는 사람들의 신원을 인식할 수 있다.

7. 차량출입통제시스템

폭발물을 차량에 은닉하여 테러를 감행할 목표시설로 이동한 후 폭파를 통해 대규모 사상자 및 재산상의 피해를 방지하기 위하여 차량출입구에는 차량 진출입을 통제하기 위해 타이어킬러, 로드블럭 등 차단기를 설치하고 차량검색경 등을 비치하여 차량하부검색에 활용함으로서 차량을 효과적으로 통제할 수 있다.

(타이어 킬러)

(로드블럭)

제2절 외곽경비통합시스템

1. 시스템 구성

침입탐지 시스템의 설치는 탐지센서, 사건기록과 프린터를 갖춘 조작판, 경보표시, 설치선(installation wiring), 조작판과 경보표시를 연결하는 경보신호체계, 대응보안요원, 독립 또는 예비전원으로 할 것인지 등의 요소를 모두 또는 일부 포함할 것인지

결정하여야 한다.

시설의 특성을 감안하여 경비과학 장비는 외곽울타리지역에는 장력감지시스템, 충격감지시스템, 광 신호 및 적외선 감지시스템 등을 설치운영하고 내곽지역은 진동감지 및 지문인식기, 적외선 감지기 등을 설치하여 운영한다, 그리고 내·외곽 지역에는 CCTV을 설치하여 감지와 감시를 동시할 수 있어 더욱 효과적이다.

이러한 장비 설치시는 초소, 경비인력, 울타리, 순찰 등 경비체계와 주변의 기상, 동물의 출몰 빈도 등 취약 환경요인과 감시범위, 기능, 특성을 고려하고 장비성능과 취약점 보완장비를 병행하여 설치하고 핵심시설과 취약지역은 조밀하게 설치하여야 한다.

2. 운영

침입 상황발생시 중앙통제시스템에 경보신호를 하여 상황본부에 있는 대응요원이 유·무선통신을 이용하여 경비인력초소에 전파하고 순찰요원 또는 5분대기조를 신속히 출동시켜 상황을 처리토록 하는 경비형태이다. 경보는 일반적으로 시각적, 청각적 수단으로 전달되며 센서에 의한 경보, 외부조작에 의한 경보, 전원손실에 의한 경보의 내용을 알려주이야 하며 경보발생 위치도 알려주어야 한다. 좀 더 정교한 대형시스템에서는 컴퓨터그래픽과 시각표시장치가 경보 발생한 특정회로, 경보 발생지역, 경비요원이 취해야 할 행동을 알려주는데 사용된다.

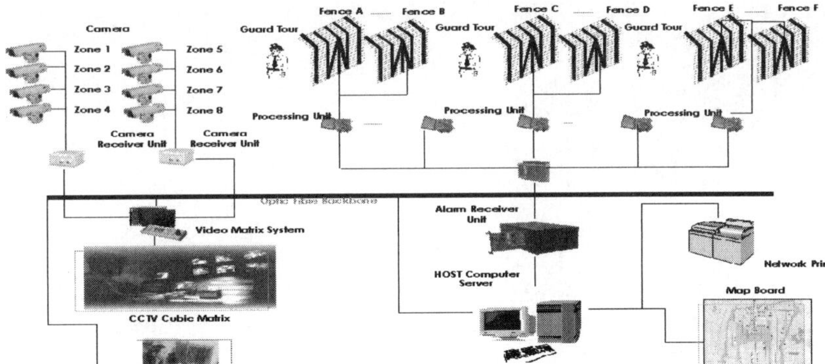

〈외래침입감지시스템 구성표〉

제 11 편

직업윤리 및 서비스

(예절 및 인권교육 포함)

제1장 인권

1. 인권의 개요

(1) 인권의 의미

인종이나 성별, 사회적인 신분과 상관없이 인간이라면 누구나 누려야 할 보편적 권리. 하늘로부터 부여 받은 권리라는 뜻으로 천부 인권이라고 불리기도 함.

(Right : 도덕적, 올바름, 합리적, 합법적, 정당함)

(2) 인권의 역사

마그나 카르타는 '대헌장'이라고도 불리며 1215년 영국의 존(John)왕이 귀족과 다툼 끝에 서약한 문서입니다. 이 문서는 국왕의 권리를 문서로 명시한 것으로, 국왕은 의회의 승인 없이 세금을 부과할 수 없고, 법에 따르지 않는 체포나 감금을 할 수 없음을 규정했다. 이 문서로 인해 전제 군주의 절대 권력은 제동이 걸렸고, 귀족의 권리가 상승했다.

하지만 아직시민 대부분은 여전히 인권을 보장 받지 못했습니다. 인권에 관한 관념과 제도한 근대시민 혁명을 계기로 하여 정립 되었다. 인간과 시민을 권리의 주체인 인격으로 인정하여 모든 인간의 이름으로 인권선언. 재도화 하는 것은 근대적 근거를 내세운 사상을 무엇인가 을 살펴본다. 근대 시민사회에서 이룩된 위대한 진보이다.

(3) 자본주의

근대 이전의 봉건적 구체적 안에서는 자본주의가 발달함에 따라 구지배 계급에 대립하는 시민 계급이 대두 하였다. 이 시민계급중. 상층 시민은 일찍이 어용상인 특허 상인으로서 사회적. 경제적 발전의 토대를 마련하였다.

(4) 시민혁명

그 뒤에 산업 발전으로 시민 계급은 독자적인 정치적 발전과 경제적 권익보장을 요구하기에 이른다. 사회적(질곡 몹시 자유롭지 못함) 시민계급이 농로와 도시하층 계급과 연대하여 구체제에 도전하여 정치적 주도권을 장악하기에 이른 것이 시민 혁명이다. 그 전형적인 사건이 1789년 프랑스 혁명이며 이 혁명의 이념과 목표를 천명 하는 것이 [인간관 시민의 권리선언이다.] 이 시민혁명의 사상은 한마디로 근세 자연법사상이다.

(5) 자연법사상

자연법 사상을 계승한 체제제의 인권의 성질은 다음과 같다.

- 인권은 모든 사람이 누려야 하는 권리라는 점에서 보편성을 지니고 있고
- 인권은 사람으로서 태어난 사람은 본디부터 가지고 있는 권리라고 하는 점에서 고유성을 지니고 있으며
- 인권은 사람이 일시적으로 누리는 권리가 아니라 항구적으로 누리는 권리자라는 점에서 항구성이 있으며
- 인권은 정부 권력 등 외부침해를 당하지 않는다는 뜻에서 불가침성이 있다.

(6) 인권의 구성원

인권은 어느시대 어느 사회에 사람으로서나 나라의 구성원 으로서나 누리고 행사해야 할 자유와 권리를 말하는 것이기 때문에 시대와 사회가 변동하여 새로운 문제가 제기 될 때에 그 내용이 추가되고 변화하기도 한다.

(7) 인권 침해

인간으로서 존엄을 실현하기 위해서 반드시 보장되어야 하는 최소한의 기본적 권리들을 침해하는 일.

근대 시민 국가의 기본 과제는 정치권의 자의적 침해로부터 의 자유에 있다. 그런데 현대 자본주의 사회에 이르면서 정치 권력에 의한 인권침해 이외에 사회계급 세력간의 갈등과 거기서 일어나는 인권침해 문제가 심각한 문제로 제기된다.

8) 인권침해사례

① 차별로 인한 인권침해

- 성별, 연령, 성 정체성, 결혼여부, 신체적 조건 등을 이유로 한 차별행위
- 종교, 사상또는 정치적 의견을 이유로 한 차별행위
- 사회적 신분, 학력, 장애, 가족상황, 병력 등을 이유로 한 차별행위
- 출신 지역, 출신 국가, 출신 민족, 인종, 피부색 등을 이유로 한 차별행위

② 자유권을 보장하지 않은 인권침해

- 생활과 통신, 개인정보를 함부로 간섭하는 행위
- 종교나 신념, 양심에 따라 행동하고 의견을 자유롭게 표명할 권리를 제한하는 행위
- 집회, 결사의 자유, 선거권과 피선거권을 함부로 제한하는 행위
- 징계 등에 있어 절차적 권리를 무시하는 행위

③ 폭력으로 인한 인권침해

- 생활과 통신, 개인정보를 함부로 간섭하는 행위
- 종교나 신념, 양심에 따라 행동하고 의견을 자유롭게 표명할 권리를 제한하는 행위

제2장 직업 윤리 및 예절

제1절 직업

1. 직업이란?

"사회에서 생활하는 사람들이 재능과 능력에 따라 업에 종사하며, 정신적 · 육체적 에너지의 소모에 따른 대가로서 경제적 급부를 받아 생활을 지속해 나가는 활동양식"을 말한다.

2. 직업의 의미 분석

"인간은 누구나 사회생활을 영위하는 한 사회적 역할을 분담하지 않을 수 없고, 그러한 점에서 직업을 갖지 않을 수 없다. 따라서 직업생활은 사회생활의 기초이며 골격이라 할 수 있다. 직업은 개인을 사회의 구성원으로 만드는 필수적인 자격요건이기도 하다.

3. 직업의 목적

직업은 생계유지를 위한 수단인 동시에, 사회공동생활에 참여하는 통로이며, 자아실현을 도모하고 인격의 성장을 이룩하는 광장이요, 도장이다.

4. 동서양의 직업윤리

가. 동·서양이 강조하는 직업윤리

동양과 서양에서는 직업정신으로 장인정신, 정명정신, 소명의식, 청백리 정신을 강조한다. 이들은 공통적으로 직업의 귀천을 떠나 자신이 맡은 직업에 긍지와 자부심을 갖고 근면성과 성실성으로 임할 것을 강조하고 있다.

나. 서양의 직업윤리

직업 소명설의근거하여 직업 윤리설로서 '직업은 신의 부름에 응하는것'이라고 본다. 직업은 신으로부터의 소명에 의한 것이므로 직업은 천직이며 노동은 신성한 것. 자기의 직업에 충실하게 임하는 것이 신의 부름에 임하는 것이므로 신명을 다해야 한다고 하였다.

다. 동양의 직업윤리

유교문화에 기반을 둔 직업의 가치에 대하여 차별을 두고 농공행상에 의하여 양반계층은 노동을 하지 않고, 경제중에서도 이중시 되었으며, 상업과 공업이 천시되었다.

5. 우리의 전통적 직업관과 병폐

가. 우리의 전통적 직업관

1) 상부상조 정신 강조 : 두레라는 공동체를 구성하여 상부상조의 정신

2) 근면성·성실성 강조 : 자신의 일에 정성을 다하는 근면성과 성실성

3) 청백리 정신 강조 : 청렴하고 결백한 윤리의식을 가진 청백리 정신

나. 우리 전통적 직업관의 병폐

1) 전 근대적인 관존민비 의식

2) 직업에 대한 차별의식

3) 비합리적인 업무처리

4) 정밀성과 절제의식의 결여

5) 소명의식의 결여

6. 윤리의 의미

가. 윤(倫) : 인간관계에 있어 필요한 길, 도리, 질서를 말합니다.

나. 리(理) : 다스린다, 바르다, 원리, 이치, 가리다(판단), 밝히다 등 윤리란 인간으로써 할 도리를 바르게 지키는 것과 사회에 필요한 올바른 질서

다. 직업윤리란? “모든 직업을 수행하는 사람들 사이에서 지켜야 할 것으로 정해진 행동규범 같이 즐겁게 일하기 위한 서로간의 행동규범

라. 직업윤리의 일반성

모든 직업에서 공통적으로 지켜야 할 행동규범인간 일반에게 요구되는 윤리와 상당 부분 중첩됨

마. 필요한 덕목 : 정직, 성실, 신의, 책임, 의무 등

바. 직업윤리의 특수성

다른 직종에는 요구되지 않지만, 특정 직업에 요구되는 윤리의 성격이나 지켜야 할 행동 범이나 보편적인 윤리의 토대 위에서 정립

제2절 직업 윤리 사례

1. 직업윤리에 반한 사례

가. 청원경찰이 ATM기 현금 탈취(2015. 2. 9)

나. 핵심기술 노린 산업스파이.... 눈 뜨고 당한다 (18. 7)

다. 수술 도중 마취환자에 욕설, 윤리 잊은 의사 (18. 6)

라. 명지전대 연영과 미투 운동 관련 교수 4명 보직 해임 (18. 3)

마. 제자 성추행, 마약, 뺑소니... 교사 일탈행위 점입가경 (17. 9)

바. 저질급식의 악몽 뒷돈 1억 원 받은 영양사들?! (16. 8)

사. 불량 돼지고기가 ‘명품 한우 떡갈비’로 둔갑 (16. 7)

아. 소비자들이 뿔났다!.... 옥시 퇴출 ‘전국 확산’ (16. 5)

자. 물리치료사의 두 얼굴, 女 환자 ‘성희롱’ 논란 (15.1)

2. 직장인의 매너

가. 조직 활동이란?

1) 조직의 활동은 어떻게 이루어지고 있으며, 또한 조직 활동이 추구하는 목적은 무엇인지에 대해 명확히 알아 둘 필요가 있다.

2) 통합과 자기통제를 추구하는 활동이고. 조직 활동을 통해 개개인의 욕구와 조직의 기대를 일치시킨다.

나. 자기통제에 의한 자아실현을 지속적으로 추구하며. 삶의 보람을 찾는 활동이다. "조직은 조직구성원의 삶의 보람을 찾는 곳 이다"라고 할 수 있다. 하루 24시간 중 가장 중요한 시간을 보내는 직장에서 삶의 보람을 찾는다는 것은 가장 중요한 과제이다.

3. 바람직한 조직 활동

가. 공동체의식과 팀워크

팀워크란 개인의 이해보다는 팀 전제의 이해나 능률을 번서 생각하는 사람에 의해 이루어지는 것이다. 팀워크는 조직구성원이 자발적인 생각과 행동 의미가 포함되고, 인간의 각자의 욕구에 따라 행동하고자 하므로 그대로 맡기면 상호간에 이익의 대립이 생기고 분쟁, 불만이 생기게 된다.

나. 조직 내의 개개인은 공동체의식과 팀워크 정신을 갖고 다음의 사항을 실천해야 한다.

1) 공통의 목표달성에 자발적참여
2) 동료의 업무를 잘 인식해 협조·협력
3) 항상 상대방과 상호신뢰를 구축
4) 바람직한 인간관계를 유지
5) 상호간 커뮤니케이션을 소중히 한다.

다. 저해요인의 소화

공동체의식과 팀워크 조직과 부서가 처한 상황변화를 이해하고 부응하는 행동을 하고. 조직 내에서 팀워크 발휘에 동참하려면 다음과 같은 팀워크의 저해요인을 소화시켜야 한다.

1) 조직에 대한 이해의 부족
2) 질투나 시기로 인한 분쟁
3) 이기주의
4) 그릇된 인정
5) 자아의식의 과잉
6) 사고방식의 차이에 대한 무시

4. 직장생활

가. 직장이란?

1) 일하는 장소이다
2) 집단생활을 하는 사회집단이다
3) 생활의 장이다
4) 자기를 극복을 하는 수련장과 같다
5) 직장은 배우는 학교이다
6) 봉사하는 곳이다
7) 창조하는 곳이다

나. 직장생활의 원칙

1) 상대방의 입장을 존중한다.
2) 약속은 반드시 지킨다.
3) 능률을 생각한다.

다. 직장인의 바람직한 태도

1) 정직하고 성실한 태도

어떠한 종류의 직업에 종사하는 경우 든, 정직하고 성실한 태도로 하는 사람들이 국가와 사회에 이바지하는 바가 크며 '자아의성장이 좋은 결과를 가져올 확률이 높다.

2) 능동적이고 적극적인 태도

자진해서 일할 때는 그 일이 즐거워서 건강에 도움이 되지만 마지 못하여 억지로 할 때는 그 일이 괴로워서 건강을 해치게 된다.

3) 공적인 영역과 사적인 영역을 구별하는 태도

사적인 영역은 개인의 이기나 사심이 개재되어 있어 관계의 공평성을 해치고 이 불공평성은 조직 내의 위화감을 조성한다.

4) 창의적인 태도

적극적인 사고방식과 열정은 창의력을 낳는다.

5) 원만한 대인관계 형성

인간관계가 원만한 사람은 직장생활이 즐겁고 인간관계가 원만치 못한 사람은 직장이 긴장과 갈등발생. 직장에서 원만한 대인관계는 인화와 협동을 유발하고 종국적으로 일의 능률과 생산성을 높일 수 있다.

6) 예절이 원만한 인간관계와 예절은 밀접함, 예절은 삶의 현장에서 두루 중요한 구실을 하거나 성공적인 직장생활을 위해서도 매우 중요하다.

5. 업무에 대한 자세

가. 업무에 대한 애정

1) 목표달성 의욕을 갖는다.

2) 흥미를 갖고 즐겁게 일한다.

나. 업무의 삼면등가(三面等價)원칙

1) 권 한

할당된 직무수행 과정에서 필요한 결정·지시·행위를 할 수 있는 권리이며, 권리를 행사할 수 있는 지식·기능·개성을 포함한 개인의 능력을 의미한다.

2) 책 임

최선을 다해 자신의 능력을 최대한으로 발휘하고 할당된 임무를 수행해야 하는 개인의 의무를 말한다.

3) 책무 : 책임완수에 따른 설명·보고·해명의 의무를 말한다.

다. 자기혁신

1) 자기 특성을 살린다.

2) 프로의식으로 함양시킨다.

조직 내의 경영자와 관리자는 의욕을 발휘해 주고 업무능력이 완벽하면서 특성을 크게 살린 직원을 일반적으로 선호하고 있다. 평상시 업무에 임할 때는 항상 다음의 사항을 유의해야 할 것이다.

가) 안이한 생각은 버릴 것

나) 주변 사람에게 의지하려는 마음은 버릴 것

다) 자기 생각대로 방법을 바꾸지 말고, 지시한 상사의 동의를 받아야 한다.

라) 모든 것에 원가가 있다는 원가의식을 가질 것

마) 계획적으로 할 것

바) 일을 빠르고 바르게 깨끗이 한다.

라. 일에 임하는 자세

1) 일을 끝까지 완수한다.

2) 능동적으로 일을 한다.

마. 업무에 대한 자세

직장에서 남들이 좋아하는 동료, 싫어하는 동료

1) 좋아하는 직장동료

가) 업무능력이 탁월하고 매사에 솔선수범하는 사람

나) 책임감이 강한 사람

다) 항상 미소 짓는 얼굴, 순진성과 명랑성을 지닌 사람

라) 협동정신, 희생정신이 강한 사람

마) 마음(배려)을 두루 쓰고 재치 있는 사람

바) 비즈니스 매너를 잘 알고 있는 사람

사) 애경사에 적극 참여하는 사람

2) 싫어하는 직장동료

가) 개인 사정을 우선하는 사람

나) 마무리가 없고 멋대로 하는 사람

다) 이론만 앞세우고 실천력이 없는 사람

라) 즉시 불평불만을 하는 사람

마) 늘 표정이 어두운 사람

바) 남을 생각하지 않으며 이기적인 사람

사) 동료 험담을 일삼고 약점을 노리는 사람

아) 협동심이 없고 매사에 냉소적인 사람

제3절 직업에 귀천이 있는가?

1. "밥줄 이야기의" 예) (이동권 저)

때밀이, 누드모델, 무명가수, 트럭노점상, 숙박업 종사자, 시각 장애인, 안마사, 교도관, 밴드 마스터 등

예) 도부들은 비애감 속에서 자신의 삶에 최선을 다 함. ⇒ 도축하는 일이 거칠다 보니 술을 많이 마셔요… 종일 물질을 하다 보니 손이 험해요… 우리를 소 돼지를 도축업을 하니 "백정"이라고 손가락질해요…

* 직업은 부의 획득수단, 자기 과시수단이 아닌 신성한 것

⇒ 스스로 최선을 다할 때 자신과 사회에 기여가 가능하다.

생산직 근로자와 임원을 대할 때 동일한 마음가짐 귀천☞ 無

2. 우리는 어떠한 일을 해야 하는가?

가. 시설경비업무 : 경비를 필요로 하는 시설 및 장소에서의도난·화재 밖의 혼잡 등으로 인한 위험발생을 방지하는 업무가?

나. 호송 경비업무 : 운반 중에 있는 현금·유가증권·귀금속·상품 그 밖의 물건에 대하여 도난·화재 등 위험발생을 방지하는 업무

다. 신변보호업무 : 사람의 생명이나 신체에 대한 위해의 발생을 방지하고 신변을 보호하는 업무

라. 기계경비업무 : 경비대상시설 기기에 의하여 감지·송신된 정보를 관제 시설의 기기로 수신하여 도난·화재 등 위험발생을 방지하는 업무

※ 특수경비업무 : 공항 등 국가중요시설의 경비 및 도난·화재 그 밖의 위험 발생을 방지하는 업무

3. 나는 어떻게 할 것인가?

가. 올바른 직업 인식을 갖자

직업은 인생의 목적을 성취시켜 주는 수단이기도 하지만, 한편으로는 직업 활동 그 자체가 곧 인생의 목적이다. 일정한 직업에 오래도록 종사하려는 마음가짐이 필요하다. 즉, 하늘이 나에게 준 직업에 최선을 다하겠다는 천직 의식 모든 직업은 평등하다는 가치관 필요하다. 어떤 직업이든 그 나름대로 국가와 사회에 기여하는 바가 있음. 직업은 경제적 수단일 뿐 아니라, 일을 통해서 또는 배움을 통해서 얻는다.

나. 자아 발견 및 실현의 터전이다.

직업심리로 바라본 직업(경비업무)과 나 "나"를 먼저 안다는 것이 중요하다.

경비업무는 서비스직으로 고객(출입자)의 어려움을 들어주는 직업. 즉, 감정노동자로 분류될 수 있으며, 내 감정 상태를 잘 바라볼 수 있어야 고객들의 불만 사항을 잘 해결할 수 있다. 내 감정(나쁜 감정)을 잘 해소해야 고객의 감정을 잘 담아줄 수 있다.

현재의 사례 예) -화를 억지로 참기만 한 아파트 경비원의 불행

☞ 정신적 고통 상담 : 자살예방 상담(1393), 1588-9191 등 표현하지 않으면 병이 된다 ☞ 진솔한 자기표현

☞ 내 감정을 내가 먼저 알아주기

화난 감정을 스스로 알아주고 대응 ⇒ 해소 ⇒ 정신건강 UP

☞ 나의 감정을 제대로 표현하기

감정표현에 대한 자신감, 믿음 ⇒ 지인에게 옹알이 식 표현

제4절 분노조절 장애 극복방법

인간관계는 쇼핑과 다르다.

인간관계는 좋은 파트너를 "선택"하는 일이 아니라, 좋은 파트너가 "되는" 친구 사이에서도 그렇고, 연인 사이에서는 더욱 그렇다. 그런데도 사람들은 자꾸만" 밑지지 않는' 선택을 하려고 한다.

하지만 관계란 호혜적인 것이기 때문에 상대방도 밑지지 않겠다고 나오는 순간, 서로 행복할 수 있는 선택이 불가능 해져 버린다.

〈김난도, '아프니까 청춘이다'〉

☞ 분노조절 장애 극복방법

▶역지사지 (易地思之) = 배려와 존중

"반드시 나의 입장과 타인의 입장을 생각하여 행동하자."

제5절 나는 어떻게 할 것인가?

- 본인에게 맞는 다양한 직업 즐기기
- 직업으로 내 안의 숨은 열정을 찾아보기
- 지금 현재'를 소중하게 생각하고 살아가자.
- 타인과 비교하지 말자 머뭇거리기에는 인생이 너무 짧다. 시간이~
- 행복한 삶을 위한 일과 놀이를 병행 할 수 있는 일을 찾자.
- 스트레스를 풀 수 있는 건전한 취미생활-취미생활
  (걷기, 산행, 헬스 등)
- 열정이 있어야 하고 잘 놀아야 일이 즐겁다.
- 자원봉사(즐거움을 나타내는 도파민, 세레토닉, 호르몬 생성)
- 평소 관심 있는 분야 자기계발하기(영화, 독서, 동호회 등)

제6절 나는 어떤 놀이를 하고 싶은가?

1. 성공하는 자의 습관

가.. 매일 책을 15분 이상 읽는다.(보고)

나. 매일 테입, mp3, 동영상을 1개 이상 시청한다(듣고)

다. 매일 미팅에 100% 참여한다.(만나고)

라. 매일 제품을 애용한다(경험하고)

마. 매일 잘 한 일을 스스로 칭찬을 한다(자랑한다)

* 나. 인간관계 = 스트레스의 시작, 좋은 인간관계 형성이 필요하다.
  !! 좋은 인간관계 형성 = 분노조절 + 즐거운 경비업무 보장!!
  5.5.5실천(5'간, 5명과, 5회의 대화)

2. 올바른 직업관

가. 바람직한 직업관【자기발전수단으로서 직업관】

1) 직업을 통해 개인의 잠재력을 발휘하고 개인가치를 실현하여 행복을 체험하는 것
2) 자아실현 수단으로서 직업관을 가진 사람은 직업에서 의미와 보람을 느끼며 헌신적 투신으로 즐겁고 행복한 직업에 종사할 수 있다.

나. 사명 천직으로서의 직업관

1) 직업을 하늘이 부여한 책임이나 사명으로 이해하는 직업관
2) 자기가 하는 일보다 다른 사람의 직업이 수입이 많고 지위가 높더라도 자신의 직업에 긍지를 느끼며 그 일에 열성을 가지고 성실히 임하는 직업의식
   ☞ 현 직업을 임시로 잠시 머무르는 곳, 혹은 경험을 얻는다는 정도로 임하면 여러 가지 문제 파생

3. 올바르지 못한 직업관

가. 바람직하지 못한 직업관 생존 수단으로서의 직업관

1) 의식주의 수단으로만 본다면 직업은 고통스런 노역밖에 되지 못한다.
2) 직업의 통해 기업의 발전 / 국가에 봉사 / 삶의 이상실현 등을 느끼지 못한다면 일의 능률은 떨어지고 하자 및 불량품 발생을 초래하여 망하게 된다.
   (물질적 유복 수단으로 서의 직업관)
3) "말 타면 종 부리고 싶다' 인간의 욕망은 한이 없다.
4) 물질적 욕망과 본능적 충동만을 추구할 때 실존적 욕구를 만족시키지 못하기 때문에 불행해진다.(더 큰집, 새 차, 새로운 성적 상대, 마약 / 알코올 속에서 향락과 퇴폐문화로 전락), 성공(출세)수단으로 서의 직업관
5) 일류대학병, 고시 병, 국회 의원병 등 출세 병으로 패가망신 사례 예)
6) 출세목적을 위해서 수단과 방법을 가리지 않게 되면 공멸 하게 된다.

제7절 서비스, 고객만족 (CS), 예절

1. 개 요

2. 고객 만족을 위한 서비스란?

3. 고객 만족(CS)

4. 고객을 위한 전략(6가지)

가. 시대에 따른 패러다임의 변화

어떤 한 시대 사람들의 사고나 인식을 근본적으로 규정하는 이론적인 틀이나 체계

☞ 사고방식, 관점, 인식, 접근방법 등의 개념으로 사용 고객중심으로 생각하는 업무만 살아남을 수 있는 시대로 변화 CS(고객만족)는 선택이 아닌 필수시대

나. 고객 만족을 위한 서비스란?

1) 비지니스에는 서비스가 따르기 마련이고, 그것은 하나의 '의무' 라고도 할 수 있다. 그러나 단순히 그것을 의무라고 생각해서 마지못해 한다면 그것 처럼 피곤한 일도 없을 것이다.

2) 또한 나만 피곤한 것이 아니라 고객에게도 그 "마지못해 함"이 자연스럽게 전달되고 마는 것이다. 또한 나만 피곤한 것이 아니라 고객에게도 그 "마지못함"이 자연스럽게 전달되고 마는 것이다.

3) 기뻐하며 기쁨을 주는 그러한 모습 가운데 참된 서비스가 존재 할 수 있는 것이기 때문이다.

〈마쯔시타 코오노스케〉 * 사업가, 파나소닉 설립자

다. 서비스(SERVICE)의 7가지 의미

1) 서비스란?

개인적으로 남을 위하여 여러 가지로 봉사하는 것. 특히, 장사에서 손님을 접대하

고 편의를 제공하는 것을 말한다.

S (Smile & Speed) : 서비스는 미소와 함께 신속하게 하는 것.

E (Emotion) : 서비스는 감동을 주는 것.

R (Respect) : 서비스는 고객을 존중하는 것

V (Value) : 서비스는 고객에게 가치를 제공하는 것I (Image) : 서비스는 고객에게 좋은 이미지를 심어 주는 것.

C (Courtesy) : 서비스는 예의를 갖추고 정중하게 하는 것.

E (Excellence): 서비스는 고객에게 탁월하게 제공되어져야 하는 것.

2) 고객 만족의 3요소

하나. Hardware : 갖추어진 시설, 인프라, 업무환경 등

둘. Software : VOC, CSI 등 업무 프로세서 등

셋. Humanware : 경비근무자 태도, 친절도, 언어, 용모·복장 등

3) 의사소통의 효과 비중 (첫인상) : 메러비안 법칙

☞ 언어7%, 시각(복장, 표정, 태도)55%, 청각38%를 차지한다.

가) 나의 복장과 얼굴 표정과 자세는 어떤가?

나) 나는 어떤 내용을 말하는가?

다) 나의 음성 톤과 속도, 말투는 어떤가?

4) 고객 만족을 위한 전략(예절)

가) 좋은 이미지 만들기

나) 인사 잘하기

다).바른 자세 만들기

라) 올바른 대화하는 요령

마) 전화응대 요령

* 친절한 전화 응대의 3요소(상황에 맞게, 예의 바르게)기억하자.

① 발음을 정확하게 ② 말은 간단하게 ③ 언어는 정중하게

※ 예절교육 필요성 : 좋은 인간관계, 신뢰 조성, 질서유지를 원칙으로 한다.

5. 인사예절

(1) 인사의 종류

구 분	목례(약례)	보통인사	정중한 인사
각 도	상체를 15도 숙임	상체를 30도 숙임	상체를 45도 숙임
시 선	상대방을 주시	상대를 보고나서 고개를 숙임	
자 세	어깨는 수평, 가슴은 곧게 펴고, 발 뒤꿈치는 모으고 손 : 여자는 오른 손을 위로 하여 두 손을 앞으로 모으고 남자는 바지 옆 재봉선에 주먹을 살며시 쥔듯한 상태로 둔다		
방 법	상체를 굽혀 머리,목,등이 일직선이 되게 한다. 숙였을 때 1초간 멈추었다가 천천히 든다 바로선 상태에서 상대의 눈을 보며 미소 짓는다.		

(2) 인사의 포인트

내가 먼저, 상대방의 눈을 보고 미소 지으며, 밝은 표정과 명랑한 목소리로 인사.

(가) 출근 인사

- 아침에는 활기찬 표정과 태도로서 명랑한 인사를 나눈다.
- 윗사람이 들어서면 일어서서 인사를 한다.

(나) 퇴근 인사

- 서로 수고의 위로로 인사를 나눈다.
- 아랫사람이 윗사람에게 '수고하셨습니다. 수고하세요' 인사는 사용하지 않는다.
- 상사가 일이 끝나지 않았는데 먼저 나갈 경우
  '아직 일이 많으신가 보지요. 제가 할 일은 없는지요.' 하는 것이 예의다.

(다) 외출 시

- 외출할 때는 가능하면 미리 상사에게 말씀을 드린다.
- 반드시 언제, 어디로, 무슨 일로 가는 것을 서면으로 혹은 구두로라도 보고를 하고 나간다.

(3) 상황에 맞는 인사요령

(가) 회사 내에서의 인사는 가능한 한 적극적으로 하는 것이 바람직하다. 상황에 따라 인사하는 센스도 아울러 갖추고 있어야 한다. 상황에 맞지 않거나 형식을 제대로 갖추지 않은 인사는 오히려 결례나 군더더기에 불과하다.

(나) 상사나 동료들과 만날 때마다 인사를 해야 하는가?

- 처음 만났을 때는 정중하면서도 밝고 명랑하게 인사를 하고,
- 다시 만나게 될 때는 밝은 표정과 함께 가볍게 목례를 하는 것이 좋다.

(다) 작업 중일 때의 인사는?

- 작업중인 일이 인사할 정도의 여유가 있다면 상황에 맞게 가볍게 목례를 한다. 그러나 도저히 인사를 할 수 없는 경우에는 하지 않아도 좋다.

(라) 모르는 타부서 사람이 인사를 하는 경우에는?

- 우선 인사를 한 후에 주위 동료에게 누구인지 물어보고 다음에 마주쳤을 때 가벼운 인사말을 먼저 건네면 더욱 좋을 것이다.

(마) 화장실에서의 인사는?

- 화장실에서는 인사하지 않는다. 다만 눈이 마주칠 경우 목례 한다.

제8절 직업윤리 교육의 필요성

1. 직업의 분업화, 전문화에도 불구하고 3D현상(더럽고, 어렵고, 위험한 일 기피)이 나타나 외국인력이 국내 노동시장을 잠식하였고 이들에 의한 각종 사회문제 야기

2. IMF이후 대규모의 정리해고 시행, 외국인의 국내기업 투자 및 장악으로 직업윤리에 대한 새로운 각성과 교육의 필요성 대두

3. 직업윤리 문제는 경제생활의 순환과정에서 발생하는 기업윤리, 노동윤리, 노사관계의 윤리, 소비생활의 윤리 등 경제 전반에 걸친 문제 뿐만아니라 전문적인 직업분야에서도 필수 불가결한 조건이 됨.

◈ 경찰청 경비원에 의한 강·절도 등 범죄 발생에 따른 재발방지책 강구지시

1. 일시 : 매년 초(연말) 경비업체 경비원 교육 강화 지시공문 하달
2. 배경 : 경비원 관련 사건사고 잇따라 발생 및 언론보도
3. 경찰청 요청 및 지시사항
   가. 경비원 신임· 직무교육시 인성 교육 및 직업윤리교육 강화
      * 일부 경비원 직업관, 윤리의식 부족으로 기회성 범죄 지속발생
   나. 경찰, 경비업체, 경비지도사에 의한 경비원 실질적인 지도감독실시
   다. 고객정보 관리 유출방지 대책 수립
   라. 한국경비협회는 경비업체에 대한 반복 지도
   마. 관할 경찰서는 년 2회 이상 실질적인 경비업체 지도점검

◈ 두 달 세 4번 밀입국한 인천항 사례 예)

1. 상황 개요

   중국인 선원이 울타리에 사다리를 걸치고 월담하여 밀입국(두 달 세 4회)한 사실을 두 달이 넘도록 몰랐음.

2. 문제점

가. 적외선 감지시스템이 무용지물

나. 중국인 선원 밀입국 사실을 2개월이 넘도록 모르고 있었음.

다. 넓은 지역을 경비원 2명이 담당.

라. 관리자의 전문성 부족 등

◈ 경비원으로 직권 남용

1. 상황 개요

00년 6월 2일 경기도 용인시 수지지구 편의점에 불친절하다는 이유로 특수경비원이 가스총으로 종업원 위협한 사건

2. 결과 내용

가. 편의점 종업원 신고로 경찰출동 1차 훈방 조치

나. 특수 협박협의로 형사입건

◈ 경비원에 의한 성추행 / 성폭행

1. 상황 개요

가. 00. 4. 30 서울 모 여중학교 경비원 이모(60세)씨가 11:45경 교실에 시험 답안지 찾으려 온 여학생을 3층 계단에서 성추행한 혐의로 구속

나. 00 . 5. 7일 부천 오피스텔 경비원 A모씨(68세)가 입주자 초등학생 A양(9살)을 6차례 성폭행한 혐의로 구속

다. 00. 4. 7부산 동래 모아파트 경비원 문모씨(57세)가 입주자 결손가정(편부) 초등학생 B양(12세)을 상속 성폭행 / 임신시킨 혐의로 구속

2. 결과 내용

가. 고령의 경비원에 의한 성추행 관련사고 빈번히 발생 처벌강화

나. 오해소지 없도록 주의, 아무리 귀여워도 절대 손대지 말 것(머리 쓰다듬거나 엉덩이를 툭툭치는 행위 금지)

다. 아동 성교육 강화(경비아저씨가 엉덩이 만졌다)

라. 형사처벌 강화(최근 경비원 성폭행 징역 6년 선고)

▶ 경비원(직업인)의 근무자세(경비원이 금지해야 할 행동)

1. 껌을 씹으면서 대하는 것
2. 고객을 앞에 두고 음식물을 먹는 일
3. 담배를 피우며 손님을 맞는 행위
4. 신문을 펼쳐보는 것
5. 하품을 하거나 소리를 내어 재채기를 하는 행위
6. 고객 앞에서 불요불급한 서류를 정리하는 것
7. 동료를 큰 소리로 부르는 행위
8. 전화기를 소리 나게 놓는 행위
9. 바둑, 장기, 오락 등을 하는 행위
10. 책상 위의 먼지를 서류 등으로 터는 행위
11. 의자를 소리 나게 끄는 행위
12. 옆 사람과 잡담을 하는 행위
13. 점심시간이라고 자리를 모두 비우는 것
14. 이를 쑤시거나 귀지를 후비는 행위
15. 큰소리로 웃거나 떠드는 행위
16. 개인 용무로 전화를 거는 행위
17. 고객을 두고 상급자가 왔다고 몰려가는 행위
18. 요란하게 뚜벅뚜벅 구두소리를 내거나 슬리퍼를 끄는 행위
19. 휘파람이나 콧노래를 부르는 행위
20. 덥다고 옷을 벗거나 부채질을 하는 행위
21. 고객이 있는 데서 화장을 하는 행위

위와 같은 직업인의 근무자세로 경비원으로써 금지해야 할 행동임을 몸에 배어 있어야 함을 명심하여야 한다.

제9절 결 언

1. 직업윤리의 핵심은,

① 정직성인데 고객과의 신뢰 관계를 구축하는데 있어서 중요한 역할이 기본적인 윤리적 가치 중 하나이고. 자신의 직무를 정직하게 수행하는 문제나 오류에 대한 책임지는 태도, ② 책임감이고 최신의 정보와 지식을 습득하려면 꾸준한 ③교육과 학습이 필요하고. 동료로 부터 열린 마음으로 수용하고 서비스를 제공하는 ④피드백 수용 및 반영이며. 동료와의 원활한 소통과 협력을 통해 더 나은 결과를 도출하는 것이 중요할 것이다.

2. 종합적으로 보면 직업윤리는 그 직업의 가치와 존경을 높이기 위한 필수요소이며. 훌륭한 서비스는 고객에게 미소 짓는 것이 아니라, 고객이 당신에게 미소 짓게 만드는 것이다."라고 말씀 드리고 싶습니다.

따라서 해당 분야에서 최고의 전문가가 되기 위해서는 직업윤리를 준수하고 지속적인 노력을 통해 전문성을 향상시켜야 할 것입니다.

제 12 편

기계경비실무

제1장 기계경비 업무의 의의

1. 기계경비 업무의 의의

기계 경비는 기존의 인력경비 방식에서 벗어나 첨단경비를 사용하여 경비를 실시하는 시스템을 말한다.

시큐리티는 기능상 인력경비와 기계경비로 분류되며, 인력경비는 사람에 의한 경비를 말하고, 기계경비는 각종 기계장치(첨단장비와 컴퓨터 시스템)를 이용하여 시큐리티의 목적을 달성하는 것을 말한다.

기계경비는 순수 무인 기계경비와 인력경비와 기계경비가 혼합된(혼합경비시스템) 두 종류가 있다.

2. 로컬 기계 경비 시스템과 무인기계 경비 시스템

기계경비업무는 크게 두 가지로 구분할 수 있다.

첫째, 센서(기기)에 의한 감지장치나 영상정보처리시스템과 같은 감시장치 등에 의해 사업장 내 · 외의 감시센터에서 상주 경비원이 근무하면서 이상이 발견되거나 감지될 때 출동하여 대처하는 경비시스템을 말하는데, 보통 로컬 시스템(Local system)이라 불린다.

둘째, 경비대상 사업장에 경비원을 배치함이 없이 각종 센서(감지기)와 주장치(콘트롤러) 등의 기계장치를 설치하여, 이상이 발견되거나 감지될 때 기계장치에 의해 나타난 신호에 의해 출동요원이 출동하여 처리하는 시스템으로 보통 무인기계경비라고 불린다.

3. 시스템 계통도

경비회사와 고객의 계약에 의해 경비대상 시설에 각종 센서(감지기)와 기계장치(송수신장치, 전원장치, 출입관리기 등)를 설치하고 상황본부(관제센터) 사이에

통신 회선망(무선, 전용회선, 공중회선)이 구축되면 경비업무가 개시되고 가입자(고객)가 설치된 기기를 작동(setting)시키면 이 때부터 일체의 경비 책임은 경비회사에서 담당하게 된다.

경비 기기가 작동하는 동안에 일어난 침입이나 기타의 이상 경보는 경비대상 시설에 배치되어 근무 중인 순찰요원(대처요원)이 관제센터의 무선지령에 의해 경찰과 합동으로 처리하며 중요사항은 그때마다 고객이 원하는 연락처에 유선 통보를 하는 것이다.

시스템 계통은 고객 · 관제센터 · 긴급출동 차량의 삼각 연락망이 유선 · 무선으로 연결되어 상호 유기적 체계를 유지하게 되며 그 흐름은 감지, 송신, 수신, 분석, 판단, 지령, 대처, 조치, 완료의 순으로 된다.

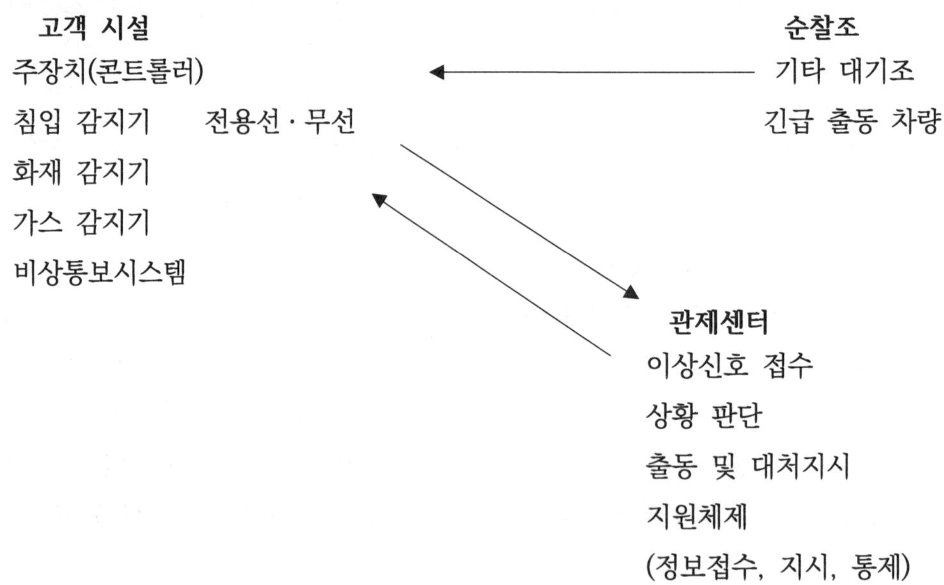

필요시 구급 차량, 112, 119 신고

제2장 기계경비시스템의 종류

1. 로컬기계경비시스템

경비대상물에 장소 별로 각종 감지기와 주장치, 영상정보처리기를 설치하고, 중앙감시센터에서 상주 경비원이 집중 감시하며, 침입자에 의한 침입신호가 중앙감시센터에 수신되면 상주 경비원이 출동하여 조치한다. 로컬기계경비시스템은 주로, 대규모 공장 · 고층빌딩 · 주상 복합상가에 설치하며 사람과 기계의 혼합시스템이다.

(1) 구성

1) 감지장치

① 옥외용

옥외 외곽의 담장, 펜스, 공간을 통해 침입하는 것을 감지한다.
적외선 감지기, 마이크로웨이브 감지기, 광케이블센서, 펜스센서, 전자파센서가 있다.

② 옥내용

건물 내부의 창문, 출입문을 통해 침입하는 것을 감지한다.
열선감지기, 자석감지기, 유리감지기, 셔터감지기, 적외선감지기, 충격감지기가 있다.

2) 경보장치

감지기에 의한 감지 시 경보를 발생하는 장치로 경보등, 사이렌, 부저가 있다.

3) 확인장치

외부로부터 침입하는 자의 동태를 파악하며, 사고 발생 시 영상녹화와 재생장치로 영상정보처리기의 카메라와 모니터, 주변기기가 있다.

4) 통제장치

감지기로부터 보내온 신호 처리와 영상신호를 처리하는 장치, 상황통제, 경보방송 장치가 있다.

5) 경비원: 상황 대처

2. 무인기계경비시스템

경비 대상 시설물에 각종 감지기 및 주장치를 설치하고 원격지의 경비업체 관제센터에서 관리하는 시스템을 말하며, 주로 침입, 화재, 가스 누출, 비상 통보 등 이상 신호 수신 시 관제센터에서 출동차량으로 유·무선으로 지령하면 출동요원이 현장으로 출동하여 상황 조치를 하는 시스템이다.

(1) 구성

1) 감지장치

① 옥외용

외부의 담장, 철조망, 펜스에 설치하는 감지기로 적외선 감지기, 마이크로웨이브 감지기, 펜스 감지기가 있다.

② 옥내용

내부로 침입하는 창문, 유리, 셔터, 출입문에 설치하는 감지기로 열선 감지기, 셔터감지기, 유리 감지기, 자석 감지기, 금고 감지기, 충격 감지기, 화재 감지기, 비상스위치, 가스 누설 감지기가 있다.

2) 주장치(콘트롤러)

옥외, 옥내에서 설치된 감지기에서 송신되는 감지신호를 분석하며 통신장치를 통해 경비업체 관제센터로 보내는 장치로 경보등, 사이렌, 부저를 동작시키는 장치이다.

3) 통신장치

주장치에서 보내온 신호를 원격지에 있는 경비업체 관제센터로 신호를 송신하는 장치로 공중회선, 전용회선, 무선이 있다.

4) 관제장치

주장치의 통신장치에서 보내온 신호를 수신하여 분석하고 처리하는 장치이며, 음성 또는 무선으로 상황의 내용을 지령하는 장치이다.

5) 출동차량

관제센터에서 관제사가 지령 시 고객에게 출동하는 차량으로 무전기, 무선 데이터 송수신장치가 있다.

(2) 무인기계경비시스템의 장점

① 장기적인 안목에서 경비절감의 효과가 있다.
② 감시지역이 광범위하고 정확하다.
③ 24시간 지속적인 감시가 가능하다.
④ 화재, 가스누출 등 방재시스템과 통합 운영이 가능하다.
⑤ 인사사고의 위험이 적다.

(3) 무인기계경비시스템의 단점

① 현장에서 신속한 대응이 어렵다.
② 초기에는 설치비용을 부담해야 한다.
③ 오경보가 발생하면 불필요한 출동과 낭비요소가 있다.
④ 상주하는 경비원의 방범업무 외의 기대는 현실적으로 어렵다.
⑤ 초동에 긴급출동의 어려움이 있다.

천재지변(폭우, 폭설, 태풍, 해일, 산사태, 눈사태 등), 국가비상사태 발생

3. 출입통제시스템

출입통제시스템은 일반적으로 도난방지와 중요 기밀, 위험물 등의 외부 불법유출을 방지하기 위한 목적으로 설치하며, 출입 시 허가한 사람과 차량, 기간, 장소, 시간에만 허용을 한다. 특히 생체인식시스템은 개인을 식별하는 방법으로 많이 이용하고 있으며, 지문, 손바닥, 홍채, 망막, 음성, 정맥, 얼굴 인식 등이 있다.

(1) 구성

1) 중앙통제장치

출입통제기능으로 개인에게 할당된 ID카드 등록 및 삭제, 카드별 통제등급 설정 및 삭제가 있다. 제어기능으로 원격지에서 출입문 개폐 제어와 엘리베이터, 차량통제, Bar Gate 등을 제어한다. 감시기능으로 통제지역의 출입문을 감시하거나 통신이 단선되는 것을 감시한다.

2) 카드리더 콘트롤러

카드리터, 전기정, 퇴실 감지기를 제어하고 호스트의 데이터 베이스에 저장된 자료를 다운로드 받아 독립적으로 운영한다.

3) 카드리더 및 카드

ID번호가 입력된 카드를 카드리더에 삽입 또는 근접하였을 때 시스템이 동작이 되어 전기정, Bar Gate를 구동시켜 출입하는 장치이다. 카드는 근접식(RF식), IC카드를 많이 사용하고 있다.

4) 전기정

전기신호에 의해 동작되어 출입문을 잠그거나 여는 장치로 원격조작과 현 상태를 확인할 수 있는 가장 중요한 잠금장치이다.

5) 퇴실장치

퇴실 버튼, 퇴실 감지기(적외선식, 스포트형 열선감지기, 매트스위치), 카드리더 있다.

6) 경보장치

출입문에 자석 감지기를 설치하여 출입문이 닫히지 않았거나 강제로 출입문을 열 경우 경보를 발생하는 장치이다.

4. 상품도난방지시스템(EAS system)

상품에 태그나 라벨을 부착하여 진열하고 계산 시에 부착된 태그나 라벨을 제거하며, 계산하지 않고 상품을 가지고 나갈 때 감응장치에서 경보나 경보등이 동작되어 상품의 도난을 알려주는 시스템이다. 주로 의류점, 가방, 신발, 음반(CD), 도서매장에 설치한다.

(1) 구성

1) 감응장치

송신기, 수신기로 구성되어 고객이 상품을 구입 시 매장 출입구에 설치하여 태그나 라벨이 부착된 상품이 통과하면 경보를 발생한다.

2) 태그 및 라벨

① 하드 태그

상품에 핀을 꽂아 태그를 부착하는 형태로 가방, 의류 등에 가능하다.

② 라벨

상품에 스티커를 부착하는 형태로 바코드 레이블 기능을 많이 사용하며 음반(CD), 도서에 부착한다.

3) 소거기

상품에 부착된 태그나 라벨을 계산 시에 제거하는 장치이다.

4) 휴대용 감응기

고객의 신체나 소지품을 직접 보지 않아도 태그나 라벨이 부착된 상품의 위치를 확인하는 장치이다.

5. 외곽울타리시스템

물리적, 환경적, 지형적인 장치로 주위환경에 민감하지 않아 오경보 발생이 작고, 설치가 용이하며, 저렴하고, 타 시스템과의 연동이 가능하여 외부인의 출입을 허용하지 않는 장소로 군 부대, 국가 중요시설 등 외곽경비시스템에 많이 설치되고 있다.

감지방식에 따라서 케이블형 진동 감지형, 광망형, 장력형, 전자계형, 복합형 등이 있다.

제3장 무인경비시스템의 설치 운영사례

1. 사무실

출입통제시스템, 무인기계경비시스템, 영상정보처리시스템을 설치하여 운영한다.

2. 24시간 편의점

출입통제시스템, 무인기계경비시스템, 영상정보처리시스템, 비상통보시스템을 설치하여 운영한다. 특히 비상통보시스템은 24시간 접수가 가능하다.

3. 유치원, 어린이집(공동 보육시설)

출입통제시스템, 무인기계경비시스템, 영상정보처리시스템, 화재, 가스누출, 비상통보시스템을 설치하여 운영한다.

4. 점포(매장)

출입통제시스템, 무인기계경비시스템, 영상정보처리시스템, 비상통보시스템을 설치하여 운영한다. 특히 출입문의 잠금장치는 이중으로 하는 것이 바람직하다.

5. 빌딩(오피스텔, 주상복합상가)

출입통제시스템, 무인기계경비시스템, 영상정보처리시스템, 주차관리시스템, 방재시스템 등 빌딩종합관리시스템을 설치하여 운영한다.

건물을 관리하는 주체는 전기, 수도, 습도, 온도, 승강기, 냉난방 등 요금의 절감 필요성이 많이 제기되고 있다.

6. 공장(제조 생산라인)

출입통제시스템, 무인기계경비시스템, 영상정보처리시스템, 주차관리시스템 등을 설치하여 운영하고 있다. 주차장, 사무실, 공장, 창고 등에 감지기를 설치한다.

7. 단독주택

출입통제시스템, 무인기계경비시스템, 영상정보처리시스템, 담장, 정원, 주차장, 출입문, 창문 등에 감지기를 설치한다.

8. 공동주택(아파트)

아파트(공동주택)는 현재 스마트형 시큐리티시스템이 설치되어 운용중이며 1층과 고층인 경우에는 범죄의 표적이 되고 있어 상당한 주의가 필요하다.

9. 은행(제1금융권)

인력경비시스템(청원경찰), 출입통제시스템, 무인기계경비시스템, 영상정보처리시스템, 무인자동화경비시스템, 호송경비시스템을 설치하여 운영한다.

10. 학교(초, 중, 고등학교)

출입통제시스템, 무인기계경비시스템, 영상정보처리시스템을 설치하여 운영하고 있으며 전면 무인화가 아니라 1명은 숙직근무를 하고 있다.

11. 관공서

인력경비시스템(청원경찰), 출입통제시스템, 무인기계경비시스템, 영상정보처리시스템을 설치하여 운영하고 있다.

12. 국가중요시설(공항, 항만, 원자력발전소 등)

인력경비시스템(특수경비원), 출입통제시스템, 무인기계경비시스템, 영상정보처리시스템, 외곽울타리시스템 등을 설치하여 운영하고 있다.

제4장 영상정보처리시스템

1. 영상정보처리시스템

화상의 정보를 특정의 목적으로 특정의 수상자에게 전달하는 시스템으로 영상을 검출하여 감시하며, 범죄예방의 효과가 매우 높다. 여러 분야에서 사람이 근접이 불가능한 장소에도 설치하며 설치형태에 따라서 은폐형과 노출형이 있다. 일반적으로 노출형이 많이 사용되고 있다.

(1) 구성

1) 촬상부

피사체를 촬영해서 전기적인 신호로 변환하는 역할을 한다. 감시목적에 따라서 카메라, 촬상소자(CCD), 렌즈, 필터, 하우징, 회전기(Pan / Tilt) 등으로 구분할 수 있다.

2) 전송부

촬상부에서 출력된 전기적 신호를 수상부에 전송하기 위한 부분으로 전송신호방식에 따라 아날로그방식과 디지털방식이 있으며, 전송로에 의한 분류로 유선전송, 무선전송이 있다. 동화상 전송에는 동축케이블과 광케이블(장거리 전송로)이 많이 사용되고 있다.

3) 수상부

촬상부로부터 전송된 영상신호를 수신하여 재생하는 부분으로 화상 재생, 녹화, 제어 등으로 구성된다. 모니터는 LCD형 모니터를 많이 사용하고 있다.

2. 영상정보처리시스템의 구성

카메라(촬상계), 케이블(전송계), 모니터(수상계), PC 본체가 필요하며, 실시간으로 동영상을 촬영하며 녹화가 자동으로 되기 때문에 HDD는 500G이상의 용량이 필요하다.

영상정보처리시스템은 로컬에서 뿐만 아니라 원격지 외부에서도 현장의 상황을 실시간으로 볼 수 있다.

3. 클라우드 컴퓨팅

1) 클라우드 컴퓨팅 개념

정보처리를 자신의 컴퓨터가 아닌 인터넷으로 연결된 다른 컴퓨터에 저장하고 사용하는 공간을 클라우드라 한다. 네트워크를 통해 서버, 스토리지, 데이터베이스, 네트워킹, 소프트웨어 등 IT자원을 원하는 시점에 필요한 만큼 컴퓨터나 태블릿, 스마트폰 등으로 접속해 사용하는 방식이다.

2) 클라우드 컴퓨팅 서비스 유형

① 인프라 서비스

서버나 스토리지, 데이터베이스 등의 인프라를 네트워크를 통해 가상화 환경의 필요에 따라 이용할 수 있도록 제공하는 서비스 형태이다.

② 소프트웨어 서비스

네트워크를 통해 클라우드 인프라 위에 개발환경을 구축하고 소프트웨어를 제공하는 방식으로 사용자가 필요로 하는 기능만을 골라 이용하고 사용한 만큼 요금을 지불하는 서비스이다.

③ 플랫폼 서비스

인프라 서비스 형태의 가상화된 클라우드 위에 소프트웨어나 프로그램을 개발할 때 필요한 플랫폼, 운영체계, 미들웨어, 애플리케이션 실행 환경 등의 운영체계를 제공하는 서비스이다.

3) 클라우드 영상감시시스템

클라우드 컴퓨팅 환경에서 영상 감시시스템을 구현하는 것으로 클라우드 망에 감시 영상을 저장, 관리하고 언제, 어디서나 원하는 위치의 카메라 영상을 PC나 모바일로 접속하여 실시간으로 스트리밍 할 수 있고 통합 비디오관리 시스템을 통해 감시와 제어를 할 수 있는 시스템이다. 감시 장소에 NVR 또는 DVR 등의 영상 녹화장비를 설치하지 않고 IP 카메라만 인터넷 망에 접속하면 원격지에서 영상을 모니터링, 제어할 수 있고 침입자에 의한 영상 녹화장비 파손이나 도난, 화재 등에 의해 저장된 영상은 유실되지 않는다.

① 특징

㉠ 클라우드 기반 서비스로 사업장 영상을 언제, 어디서나 원격접속 할 수 있다.

㉡ 중요감시 구역, 장소, 시간에 따라 Full 녹화, 이벤트 녹화를 선택 사용하여 요금을 절감할 수 있다.

㉢ 클라우드 서버의 DB 저장으로 데이터 유실의 위험이 없고 백업을 쉽게 할 수 있다.

㉣ 인증을 통해 다른 사용자와 카메라 영상을 동시에 모니터링 할 수 있다.

㉤ 지능적인 영상분석서비스인 "피플 카운팅, 침입탐지, 방문객 동선분석, 카메라 훼손감지 등을 제공할 수 있다.

4. 개인정보보호법 제25조(고정형 영상정보처리기 설치운영제한)

① 누구든지 다음 각 호의 경우를 제외하고는 공개된 장소에 고정형 영상정보처리기기를 설치·운영하여서는 아니 된다.

- 법령에서 구체적으로 허용하고 있는 경우
- 범죄의 예방 및 수사를 위하여 필요한 경우
- 시설의 안전 및 관리, 화재 예방을 위하여 정당한 권한을 가진 자가 설치·운영하는 경우
- 교통단속을 위하여 정당한 권한을 가진 자가 설치·운영하는 경우
- 교통정보의 수집·분석 및 제공을 위하여 정당한 권한을 가진 자가 설치·

운영하는 경우
- 촬영된 영상정보를 저장하지 아니하는 경우로서 대통령령으로 정하는 경우

② 누구든지 불특정 다수가 이용하는 목욕실, 화장실, 발한실(發汗室), 탈의실 등 개인의 사생활을 현저히 침해할 우려가 있는 장소의 내부를 볼 수 있도록 고정형 영상정보처리기기를 설치 · 운영하여서는 아니 된다.
다만, 교도소, 정신보건 시설 등 법령에 근거하여 사람을 구금하거나 보호하는 시설로서 대통령령으로 정하는 시설에 대하여는 그러하지 아니하다.

③ ①항 각 호에 따라 고정형 영상정보처리기기를 설치 · 운영하려는 공공기관의 장과 ②항 단서에 따라 영상정보처리기기를 설치 · 운영하려는 자는 공청회 · 설명회의 개최 등 대통령령으로 정하는 절차를 거쳐 관계 전문가 및 이해관계인의 의견을 수렴하여야 한다.

④ ①항 각 호에 따라 고정형 영상정보처리기기를 설치 · 운영하는 자(이하 "영상정보처리기기운영자"라 한다)는 정보주체가 쉽게 인식할 수 있도록 다음 각 호의 사항이 포함된 안내판을 설치하는 등 필요한 조치를 하여야 한다. 다만, 「군사기지 및 군사시설보호법」 제2조제2호에 따른 군사시설, 「통합방위법」 제2조제13호에 따른 국가중요시설, 그 밖에 대통령령으로 정하는 시설에 대하여는 그러하지 아니하다.
- 설치 목적 및 장소, 촬영 범위 및 시간, 관리책임자 성명 및 연락처, 그 밖에 대통령령으로 정하는 사항

⑤ 고정형 영상정보처리기기운영자는 영상정보처리기기의 설치 목적과 다른 목적으로 고정형 영상정보처리기기를 임의로 조작하거나 다른 곳을 비춰서는 아니 되며, 녹음기능은 사용할 수 없다.

⑥ 고정형 영상정보처리기기운영자는 개인정보가 분실 · 도난 · 유출 · 위조 · 변조 또는 훼손되지 아니하도록 제29조에 따라 안전성 확보에 필요한 조치를 하여야 한다.

⑦ 고정형 영상정보처리기기운영자는 대통령령으로 정하는 바에 따라 영상정보처리기기 운영·관리 방침을 마련하여야 한다. 다만, 제30조에 따른 개인정보 처리방침을 정할 때 고정형 영상정보처리기기 운영·관리에 관한 사항을 포함시킨 경우에는 고정형 영상정보처리기기 운영·관리 방침을 마련하지 아니할 수 있다.

⑧ 고정형 영상정보처리기기운영자는 고정형 영상정보처리기기의 설치·운영에 관한 사무를 위탁할 수 있다. 다만, 공공기관이 고정형 영상정보처리기기 설치·운영에 관한 사무를 위탁하는 경우에는 대통령령으로 정하는 절차 및 요건에 따라야 한다.

제13편 정보보호 및 보안업무

제1장 정보보호

제1절 정보의 개요

1. 정보의 정의

현대 사회를 흔히 정보화 사회(information society) 또는 제4차 산업사회라고 부르고 있다. 인류사회는 그동안 농업혁명, 산업혁명을 거쳐 농업사회와 공업사회로 발전되어 왔으며, 다시 정보혁명을 거쳐 현재의 정보화 사회에 이르게 되었다. 이러한 정보화 사회를 바탕으로 정보통신기기의 발달과 함께 산업분야에서도 획기적인 발전을 이루어 제4차 산업사회로 전환되고 있다. 정보혁명은 20세기 중반 이후 선진국들을 중심으로 하여 급속도로 이루어졌고, 이를 통해 21세기를 살고 있는 우리는 유사 이래 가장 다양하고 방대한 정보의 혜택을 누리는 세대가 되었다.

이들 정보의 신속한 처리와 전달을 위한 정보통신 기술 역시 단기간 내에 비약적으로 발전하였다. 컴퓨터, 모바일 기기와 같은 정보통신 수단은 정보화 사회의 발전과 더불어 불과 100여년 만에 우리의 삶에 없어서는 안 될 필수품으로 자리하게 되었다. 이는 정치, 경제, 사회, 문화 등 사회구조 전반에 걸친 변화를 이끌어내고 있을 뿐만 아니라 커뮤니케이션의 방식에도 변화를 가져왔다. 이로써 일방적이고 수직적인 정보의 전파방식이 아닌 쌍방향 커뮤니케이션이 사회 전 분야에서 가능하게 되었고, 21세기의 SNS 소통과 같이 보다 다층적이고 다변적인 형태로 정보를 공유하고 전파하는 방식으로 변화하게 되었다.

따라서 이전 시대의 개념으로 정보에 대한 정의를 내리기는 쉽지 않다. 사용되는 상황에 따라 달리 해석될 수 있고, 시대의 변천에 따라 해석의 폭도 점점 넓어지기 때문이다.

사전적 정의로는 정보를 두 가지 의미로 기술하고 있다.

첫째는, '관찰이나 측정을 통하여 수집한 자료를 실제 문제에 도움이 될 수 있도록 정리한 지식'이고,

둘째는, '일차적으로 수집한 첩보를 분석, 평가하여 얻은 적(경쟁국, 경쟁상대)의 실정에 관한 구체적 자료'이다.

이러한 사전적 의미와 많은 학자들이 내린 여러 가지 정의를 포괄적이며 통상적인 의미로 정리한다면, 정보란 '인간의 판단이나 행동에 필요한 사전지식, 또는 어떤 사물이나 상황(실정)에 관한 새로운 소식이나 자료'로 정리할 수 있다.

2. 정보의 중요성

개인 또는 경영자, 통치자들이 어떤 사안에 대하여 의사결정을 하기 위해서는 그 사안에 관한 필요한 판단자료, 지식 등의 정보가 필요하다. 이는 실패나 손실부담(risk) 없이 목적 달성을 하기 위한 것이며, 더 넓게는 미래의 불확실성 또는 급변하는 불규칙한 상황변화(사건, 사고, 재난 등)에 대응하기 위한 것이다.

중국 춘추전국시대 말(기원전 600년경) 손무는 그의 병서인 '손자병법'에서

'적을 알고 나를 알면 승리는 위태롭지 않고, 여기에다 자연적 요소인 기상과 지형을 알면 승리는 완전할 것이다'라고 하여 정보의 중요성을 강조하였다.

또한 미래학자 앨빈 토플러(A. Toffler)는 현대사회의 정보화를 '미래의 충격(Future Shock)' 또는 '제3의 물결(The Third Wave)'이라는 용어로 표현하였다. 이는 인류 역사의 변화를 1만 년 전 농업의 시작을 '제1의 물결', 18세기 말 영국에서 시작된 산업혁명의 시작을 '제2의 물결', 그리고 현대사회의 정보화를 '제3의 물결'로 표현한 것으로, 정보 및 정보화의 중요성을 부각시킨 것이다.

일부 정보 전문가들은 "정보활동 없이는 변화하는 세계에서 살아남을 수 없다"라는 표현을 사용하여 정보의 중요성을 생존차원으로 강조하기도 한다.
(세계의 지구촌화 : Globalization)

■ 정보활동
정보의 수집, 분석, 활용, 교류, 보호 등을 통해 미래 상황에 대비하고, 의사 결정에 필요한 지식과 자료, 조건 등을 찾는 활동

3. 정보의 특성

정보는 사용자가 어떤 결심이나 의사 결정을 하는데 필요한 요소가 되는 것이므로, 그 내용에 거짓이 있어서는 안 되며, 정확해야 하고, 사용자가 필요한 때에 사용할 수 있어야 하며, 완전성이 결여되어서는 안 된다.

따라서 정보의 정확성, 적시성, 완전성을 정보의 3대 요건이라고도 하는데, 이 3대 요건이 결여된 정보는 그 가치를 인정받을 수 없을 뿐 아니라, 이들 잘못된 정보의 사용은 돌이킬 수 없는 실패와 오류, 피해 등을 야기하게 된다.

이러한 정확성, 적시성, 완전성 외에도 정보를 사용하는 목적 등에 따라, 그 가치를 높이기 위해 보다 과학적 또는 학문적 근거가 필요할 수도 있다. 또 어떤 특정 분야나 특정 부류에만 국한되지 않는 객관성과 다양성을 필요로 할 때도 있을 것이다.

또 다른 개념에서 정보의 특성으로 들 수 있는 점은, 자원화가 가능하다는 것이다. 물질적 자원(지하자원, 금융자원, 인적자원 등)은 아니지만 기술, 지식의 자원은 상품화가 가능한 자원이며, 그 영역이나 발전 가능성이 무궁무진하여 한계성이 없는 특성을 가지고 있다.

4. 정보의 분류

정보의 분류는 사용주체, 목적, 성질 등에 따른 분류와 수집 형태 및 방법에 따른 분류로 나눌 수 있다. 사용주체, 목적, 성질 등에 따른 분류는 크게 나누어 국가정보, 산업정보, 생활정보, 개인 정보의 4가지로 분류할 수 있다.

(1) 사용주체, 목적, 성질 등에 따른 분류

1) 국가정보 : 국가의 안전 보장과 관련된 정보로서 국가비밀, 군사비밀, 자원정보, 정치정보, 국제정치정보, 테러정보 등이다.
2) 산업정보 : 경제활동과 관련된 정보로서 기업정보, 과학기술정보, 물자(인적, 물적)정보, 경영기술정보, 시장정보 등이다.
3) 생활정보 : 국민의 일상적 생활과 관련된 정보로서 물가경제정보, 기상, 교통정보 등이다.
4) 개인정보 : 개인의 신상 및 신용과 관련된 정보이다.

수집형태에 따른 분류는 직접정보와 간접정보로 나눌 수 있다.

(2) 수집형태에 따른 분류

1) 직접정보: 어떤 매체를 통하지 않고 직접적인 연구와 실험을 통해서 얻은 정보. 또는 어떤 현상을 직접 보고 듣고 느껴서 얻은 경험, 체험에 의한 정보를 말한다.
2) 간접정보: 타인을 통해 얻은 정보. 또는 책, TV, 라디오, 신문, 인터넷 등의 매체를 통해 간접적으로 수집한 정보를 말한다.
   간접정보는 수집방법에 따라 휴민트(Humint)와 테킨트(Techint)로 분류할 수 있다.

(3) 수집방법에 따른 분류

1) 휴민트 (Humint : Human + Intelligence): 사람을 통해 수집한 정보(Spy)를 말한다.
2) 테킨트 (Techint : Technology + Intelligence): 기술정보라 하며, 첨단기기나 과학기술을 이용해 수집한 정를 말한다.
   - o 이민트 (Imint : 영상정보) 위성사진 등.
   - o 시긴트 (Sigint : 신호정보) 음성정보 등.
   - o 엘린트 (Elint : 전자정보) 레이더 등.
   - o 커민트 (Comint : 통신정보) 전화, 이메일 등.

■ 정보수집 활동의 변화
역사적으로 정보활동은 경쟁(투쟁)에 뒤지지 않기 위하여 인간 생활과 더불어 이루어져 왔다.
o 고대: 첩자(Spy)에 의한 정보활동 – 손자의 용간법
o 중세: 단독 스파이 활동에서 조직적, 기술적 방법으로 변화
  – 정보자료로 작전지도 개발
  – 재외공관을 통한 정보 수집
o 근대: 정보전문조직(기관) 설립 운영
o 현대: 첨단과학기술 장비를 이용한 정보 수집

제2절 정보의 보호

1. 정보보호의 개념

정보보호란 정보의 수집, 가공, 활용, 저장하는 과정에서 정보의 훼손, 변조, 유출 등을 방지하기 위한 관리적, 기술적 수단 또는 그러한 수단으로 이루어지는 행위를 말한다.

2. 정보보호의 목적

정보보호의 목적은 보유하고 있는 정보자산(비밀정보 : 국가비밀, 군사비밀, 과학기술정보 등)을 적(경쟁국가, 경쟁집단..등)의 침해로 부터 보호함으로써 정보의 가치를 유지하기 위한 것이다.

3. 정보의 가치

현대사회와 같이 정보의 중요성이 높은 정보사회에서는 많은 분야에서 다양한 양상의 정보가치가 나타나는데 이를 사용주체 또는 목적을 기준으로 국가적 가치, 상업적 가치, 공공적 가치, 개인적 가치 등으로 분류할 수 있다.

(1) 국가적 가치

- 국가의 안전보장(국방, 테러 등)
- 정치적, 사회적 안전
- 국가의 경제적 안전(경제전쟁)

(2) 상업적 가치

- 산업, 경제 활동에 필요
- 지적자산(기술적 자산)으로서 가치(과학기술, 경영기술, 자원정보 등)

(3) 공공적 가치

- 정보공유를 통한 공공복리를 증진(방송, 신문, 도서관, 박물관 등)
- 생활정보(기상, 교통, 물가 등)

(4) 개인적 가치

- 자유로운 삶의 보장(신상정보, 신용정보 등)
- 개인의 자산보호(특허, 저작권 등)

4. 정보보호 관련 법과 규정

(1) 국가보안과 기밀에 관한 법 · 규정

- 국가보안법, 국가정보원법, 군사기밀 보호법 등.

(2) 개인 정보보호에 관한 법 · 규정

- 개인정보보호법, 통신비밀보호법, 신용정보이용 및 보호에 관한 법률 등.

(3) 정보 자체의 안전성 보호 관련 법 · 규정

- 정보통신기반 보호법, 정보통신망 이용 촉진 및 정보보호 등에 관한 법률, 정보화 촉진기본법 등.

제3절 정보의 보호대책

정보의 보호대책은 소극적 보호대책과 적극적 보호대책으로 구분할 수 있다.

소극적 보호대책은 일상적 업무 중 보안의식의 부족 또는 정보의 관리 소홀로 인한 정보의 유출, 훼손을 방지하기 위한 제반대책이라 할 수 있다.

적극적 보호대책은 경쟁국가, 경쟁집단, 테러조직 등 상대 조직의 의도적인 정보수집, 정보훼손, 변조 등 각종 침해활동으로 부터 정보를 보호하기 위한 대책이라 할 수 있다.

따라서 정보의 완벽한 보호대책은 소극적 보호대책과 적극적 보호대책이 함께 이루어져야 하며, 정보의 수집(획득) 단계로 부터 정보의 활용, 교류, 저장, 관리 단계까지 유지되어야 한다.

1. 정보의 수집(획득)단계에서의 보호대책

(1) 출처에 대한 보호: 인적, 물적(시설 · 문서 등), 지리적 요소에 대한 보호를 말한다.

(2) 휴민트(Humint)에 대한 보호: 정보요원과 정보조직에 대한 교육, 보호, 관리를 말한다.

(3) 테킨트(Techint)에 대한 보호: 정보수집 기술, 장비, 시설에 대한 보호 관리를 말한다.

2. 정보의 활용 · 교류(송 / 수신) · 저장 단계에서의 보호대책

(1) 침입 차단 및 방지 시스템 구축

- 물리적 방법 : 접근 통제 시설, 접근 차단 시설 등이 있다.
- 기술적 방법 : ①암호화 기술(정보의 암호화), ②접근(이용자) 확인기술(인증, IP, PW 등), ③ RFID, 생체 인식 기술 등이 있다. 여기서 생체인식기술에는 음성, 지문, 장문, 홍채, 정맥 등의 인식기술이 있다.

(2) 침입 감지 시스템 구축

(3) 침입 대응 시스템 구축

- 정보자료의 이중화, 다중화(백업 및 분산)
- 공격대응 대책 등이 있다.

(4) 네트워크(유무선) 보안 기술 확보

- 통합보안 관리 시스템 구축
  - 침입 차단 시스템 : 방화벽(Firewall)
  - 침입 감시 시스템 (IDS)
  - 침입 대응 시스템 : 해킹, DoS 공격, 메일폭탄(기능마비), 랜섬웨어, 악성코드 등으로 부터 시스템을 보호하기 위한 바이러스백신, 자료의 주기적 백업, 공격 대응 기술 등이 있다.

제2장 보안업무

제1절 보안의 개요

한반도는 1945년 일본으로 부터 해방된 이후 1950년 6.26 전쟁을 거치면서 남북으로 분단되어 지금까지 휴전상태에 놓여있다. 남북으로 분단되어 대치된 상태에서 오랜 기간 국제정세와 내부 정치 · 사회상황에 따라 갈등과 화해를 반복해 왔는데, 이러한 대립관계는 지금까지도 여전히 지속되고 있다. 김정은 집권 이후에도 남북정상회담, 북미정상회담 등 북한의 비핵화를 위한 한반도의 평화공존 노력이 시도되기는 하였으나, 북한은 지속적인 핵실험과 핵무기 개발, 장거리 미사일 발사 등으로 한반도와 동북아시아는 물론 미국을 비롯한 전 세계를 긴장 속으로 몰아가고 있다.

한반도의 지정학적 요건으로 인한 미국, 일본, 중국, 러시아 등 주변 4강 국가들의 상충되는 이해관계와 자국 우선 외교정책이 남북한의 관계를 언제든 위협할 수 있다는 사실을 간과하기 어렵다. 특히, 2022년 4월 러시아의 우크라이나 침공을 계기로 러시아 · 중국 · 북한 등 공산권이 상호 긴밀한 관계를 형성하면서 한 축을 형성하고 미국 · 일본 · 유럽과 대한민국 등 자유진영이 한 축을 형성하면서 한반도를 중심으로 한 국제적 대립관계가 더욱 강화되는 양상을 띠고 있다. 그리고 여전히 폐쇄적인 북한 내부의 정치상황도 한반도 평화의 주요 변수이다. 이러한 모든 국제 정세와 남북 상황은 우리 대한민국의 안전 보장에 가장 큰 영향을 미치는 요소로 볼 수 있을 것이다.

한편 국제테러 양상 역시 방심할 수 없는 수준이다. 국제테러 단체인 알카에다 세력 쇠퇴 이후 강력한 국제테러조직으로 등장한 IS(이슬람국가) 역시 세력 약화로 대형 테러위협은 소강상태에 들어간 모습이지만, 소수집단에 의한 국제테러 및 타종교와 타문화에 대해 극단적으로 배타성을 표출하는 혐오형 테러위협은 상존하고 있다. 최근 대두되는 국내외 난민 수용 문제만 보더라도 양극화되는 갈등이 테러에 대한 공포감으로 까지 이어지고 있음을 알 수 있다. 해외의 사례들 뿐 아니라 몇 년 전 발생했던 인천국제공항 밀입국 사건, 부산항 밀항 사건, 아랍어 메모를 남겨 주목을 끈 인천공항 폭발물협박 사건 등에 대한 경험은 한반도의 위협환경이 남북문제에만 국한된 것이 아니며, 다양한 원인과 경로로 범위를 확장시켜가고 있음을 보여준다.

또한 여러 이해관계가 얽힌 현대사회의 어두운 일면에서 야기된 소규모 테러도 간과할 수 없다. 소외와 격차가 극명한 현대사회가 만들어낸 부작용은 불특정다수를 향해 총기를 난사하는 해외 사건들은 물론이고, 왕따에 대한 보복으로 학교에 부탄가스를 폭발시킨 중학생 사건, 개인의 불만 표현을 위해 정부청사로 차량을 돌진시킨 사건 등의 모습으로 드러나 우리에게 안타까움과 경각심을 함께 불러일으키고 있다.

이와 더불어 폭발적으로 변모하며 증가되고 있는 사이버 테러의 확산은 이전 세기까지 우리가 겪어보지 못한 또 다른 위기의식의 축이 되고 있다.

이론적으로는 이러한 사건들의 원인을 파악하고 해결하는 것이 우선이라 하겠으나, 동시다발적으로 광범위하게 확대되고 있는 모든 사건의 원인 해결은 실질적으로 불가능하다. 따라서 다양한 방면에서 발생하거나 내재되어 있는 각종 위협이 심화되어가는 국가·사회적 상황에서 보안의 중요성은 더욱 커지고 있는 것이다.

국가의 안전보장, 사회의 안전, 국가중요시설 보호 등 보안업무가 한층 더 중요시되는 상황하에서 보안에 대한 관심과 강화는 그 어느 때보다 큰 의미가 있다 하겠다.

1. 보안의 정의

보안에 대하여 사전적으로는 '비밀이 누설되지 않게 보호함. 또는 사회의 안녕과 질서를 유지함. 위험·손실 및 범죄가 발생하지 않도록 방지하는 상태'라고 설명하고 있다.

그러나 보다 구체적이며 전문적인 정의를 살펴보면 '국가의 안전보장과 국가정책에 영향을 주거나 위협을 가할 수 있는 내·외부의 요소로부터 국가의 보호가 필요한 비밀(정보)이나 인원·문서·시설·지역 등을 보호하는 일체의 활동'이라고 할 수 있다.

2. 보안의 중요성

국가의 중요시설에 위협상황이 발생할 경우, 해당 시설의 물리적 피해와 함께 국가안보 및 국민의 생활에 심대한 영향을 미칠 뿐 아니라, 국가의 위신과 신뢰도에도 악영향을 미치게 된다. 국가 중요시설에 대한 피해는 국력의 중대한 손실로 이어지고, 국민생활 전반에 심각한 영향을 미치게 되므로 평상시 및 비상 상황시 외부의 위협이나 범죄로부터 보호가 필요하다.

보안의 실패는 전쟁이나 테러, 사회 혼란 등을 야기하므로 국가의 안전 보장과 국민의 안위에 지장을 주게 되며, 국가 재산의 피해를 통한 국가경쟁력의 약화로 이어질 수 있다. 또한 첨단과학기술과 같은 정보자산의 훼손 또는 유출은 그 정보의 경제적 가치를 상실하게 됨으로써 국가의 경제적 손실을 초래한다.

보안의 실패에는 여러가지 원인이 있는데 첫째, 인적 원인으로는 보안인원의 근무태만, 보안의식 부족, 업무에 대한 지식(정보) 부족 및 업무량 과다 등이 있다. 둘째, 물적 원인으로는 보안시설 장비의 미비 · 부족 · 기능불량(노후화 · 고장) 등의 원인이 있다. 셋째는 보안 기술의 부족으로 상대의 첨단과학기술 등에 대한 대응 능력 부족이다. 예를 들어 첨단 감시 장비, 감청 장비, 해킹 기술 등에 대한 대응 기술 및 장비의 부족이다.

3. 보안의 분류

보안의 분류는 보안 주체별 분류와 보인 대상별 분류로 나눌 수 있다.

(1) 보안 주체별 분류

- 국가보안 : 국가의 안전 보장과 관련된 비밀, 시설, 지역에 대한 보안.
- 군사보안 : 국가 방위와 관련된 군사작전 관련 현황(병력, 장비, 능력, 위치 등) 및 계획에 대한 보안.
- 산업보안 : 경제활동과 관련된 첨단과학기술, 경영기술, 인원, 자재, 장비, 시설 등에 대한 보안.
- 개인보안 : 개인의 신상 정보 보호 및 개인의 지적 권리 보호 등.

(2) 보안 대상별 분류

- 인원보안 : 인적관리, 신원조사, 보안교육, 보안 서약 등.
- 문서보안 : 비밀의 구분, 비밀의 표시, 비밀의 보관, 취급, 관리 등.
- 시설 및 자재보안 : 보호구역 설정, 출입통제, 안전점검 등.

- 통신보안 : 유무선 통신망관리, 송수신 통제, 암호(음어)화 등.
- 사이버보안 : 사이버테러 대비, 정보 보호 등.

제2절 보안 대책(보안 대상별)

1. 인원 보안 대책

(1) 인원 보안의 원칙

알 사람만 알아야 한다.

(2) 인적 관리

- 직원의 입사부터 퇴사, 그리고 퇴사 후의 예상되는 문제 관리
- 보안 취급자(비밀취급인가) 및 보안 책임자 지정

(3) 신원 조사

출생부터 현재까지 개인에 대한 사항 및 인적 배경, 행적 조사

■ 신원조사 기관 / 대상

o 국정원장: 각급 기관장이 국가보안상 필요하다고 인정하여 요청하는 자에 대한 신원조사

o 국방부장관: 방산업체 및 연구기관 종사자 및 군사 보안에 관련된 인원의 신원조사

o 경찰청장: 공기업 등의 장이 비밀 취급자 등 필요에 의해 요청한 자의 신원조사

(4) 보안교육

소속 직원에 대한 보안에 관한 교육으로 보안의식 교육과 보안기술 교육으로 나누고, 그 대상은 신규 임용자, 비밀 취급 및 관리자 등이 해당된다.

(5) 보안서약

신규 임용자, 비밀 취급 및 관리자, 비밀사항 청취자, 퇴직자 등이 보안사고 유발시 책임(처벌)을 감수하겠다는 서약.

2. 문서 보안 대책

(1) 비밀의 구분 (국가비밀)

- Ⅰ급비밀 : 누설시 외교관계 단절 및 전쟁을 유발하는 국가방위계획 · 정보활동 및 국가방위에 필요한 과학기술의 개발을 위태롭게 하는 등의 우려가 있는 비밀
- Ⅱ급비밀 : 누설시 국가 안전보장에 막대한 지장을 초래할 수 있는 비밀
- Ⅲ급비밀 : 누설시 국가 안전보장에 손해를 끼칠 우려가 있는 비밀
  * 대외비 : 비밀은 아니나 직무수행상 특별히 보호를 요하는 사항으로 비밀에 준하여 보관.

(2) 비밀의 표시

분류된 비밀을 외견상 식별할 수 있도록 표시하여 취급에 신중을 기하도록 하고, 비인가자에게는 비밀이라는 것을 경고하는 목적

(3) 비밀의 보관

- 비밀은 일반 문서나 자재와 혼합 보관할 수 없다.
- 비밀보관용기는 외부에 별도 표시를 하지 않는다.
- 비밀보관용기는 제한구역 또는 통제구역에 보관하거나 내용이 노출되지 않도록 강구한다.
- 비밀의 관리(관리번호 부여, 관리대장)

(4) 비밀의 수발

- 비밀의 평문 통화금지
- 비밀의 우편 발송시 이중 봉투 사용
- 비밀 수발시(대외기관) 사전 통제관의 통제를 받아야 한다.

- 비밀 수발시 확인 영수증 사용

(5) 기타 : 비밀 복제, 복사 통제

3. 시설 보안 대책

(1) 보호구역의 정의 및 지정 · 구분

1) 보호구역 정의 : 파괴, 기능 마비 또는 비밀누설로 인하여 전략적으로 또는 군사적으로 막대한 손해를 끼치거나 국가안전보장에 연쇄적 혼란을 일으킬 우려가 있는 시설 또는 지역(이하 "국가보안시설"이라 한다)이나 선박 · 항공기 등 중요장비(이하 "보호장비"라 한다)를 관리하는 기관 등의 장과 각급기관의 장이 국가비밀 · 암호자재와 국가보안시설 · 보호장비의 보호를 위하여 필요한 장소에 설정한 일정한 범위

2) 보호구역 지정: 시설주(기관장)는 중요시설 및 자재를 보호하기 위하여 보호구역을 설정(보호구역표시).

3) 보호구역의 구분 : 중요도에 따라
   - 제한지역 : 일반인의 출입제한 및 감시가 필요한 지역
   - 제한구역 : 해당업무 관련자 외의 비인가자 접근 방지, 출입제한, 출입안내가 필요한 구역
   - 통제구역 : 비인가자의 출입이 금지되는 보안상 중요 구역

(2) 보호구역 보안 대책

1) 물리적, 기술적 방책

- 침입 방지 시설: 울타리, 철책, 철조망 등.
- 침입 감지 시설: 장력 시스템, 광망 시스템, 적외선 감지시스템, CCTV 감시 시스템

2) 출입통제 시스템 구축

- 출입증 발급 및 출입자 확인 · 통제 시스템 : RFID Card, 생체인식 시스템
- 출입자 차단 · 통제 시스템 : Speed Gate, Barrier Gate, Plap Gate 등
- 차량 확인 · 통제 시스템 : RFID Card, Road Block, Tire Killer

3) 보안검색 시스템(장비) : 출입자 및 반출입 물품의 검색 장비

- HD, WMD, X-Ray 검색기, EDS, ETD, 액체폭약탐지기, FBS, CTX, 차량검색기

4) 통합 경비보안시스템 구축 : 경비보안 시스템 + 방화 · 방재 시스템 + 경보 · 통신 시스템

5) 기타 : 사진 촬영 통제 등

(3) 보호구역 경비 보안

1) 경비보안 인력 운영

- 초소 운영 : 출입문, 외곽 경비
- 상황실 운영 : 통신망, 감시망, 지휘 통신
- 순찰 실시 (기동수단 확보)

2) 상황별 대응책 강구

- 불순분자(비인가자) 침투시
- 테러발생시
- 화재발생시(방화 등 인적요인에 의한 것)

  * 홍수 · 태풍 등 재난 · 재해 발생시 상황지원은 하나 경비보안 요소는 아님

3) 경비보안 인력 교육 · 훈련

- 기본교육
- 직무교육
- 정기교육
- 상황대비 훈련

4. 통신 보안 대책

(1) 비밀 통화 금지(평문 통화)

국가 주요기관 : 음어사용 (음어는 Ⅲ급 비밀 · 음어 · 평문 혼용금지)

(2) 비밀 전송 금지 (FAX, E-MAIL, SNS 등)

(3) 통신시설의 감청 보안 대책

통제구역 지정 및 보안 시설 설치, 운영기술 보안

(4) 통신 시설의 경비 보안

1) 유무선 통신기기, 기지에 대한 보호
2) 중계기기, 기지에 대한 보호
3) 위성통신 시설, 기지에 대한 보호
4) 통신망에 대한 보호

5. 사이버 보안 대책

(1) 사이버 보안의 개념

사이버 환경에서 네트워크 운영상의 위험으로부터 조직과 사용자 자산을 보호하기 위해 사용하는 기술적 수단, 보안 정책, 개념, 보안 안전 장치, 가이드 라인, 위기관리 방법, 보안 행동, 교육과 훈련, 모범사례, 보안 인증, 그리고 보안 기술 등의 집합. 사이법 보안은 사이버 환경에서 다양한 보안 위협으로부터 조직과 사용자 자산의 운영 영속성을 보장한다. 일반적인 보안 목표는 가용성, 메시지 인증, 부인 방지를 포함한 무결성, 그리고 기밀성이다.

(2) 사이버 위협수준

현재 세계 모든 국가는 경쟁국가나 해커들로 부터 사이버공격에 노출되어 있다. 특히 우리나라는 인터넷 등 디지털화가 잘 구비되어 있어 사이버공격으로 인해 많은 피해를 유발할 수 있는 취약점을 가지고 있다.

실제 우리나라를 향한 사이버공격은 국가안보를 위협하는 수준에 이르렀을 뿐만아니라 지속적으로 각종 사이버공격을 받고 있으며 정부와 민간에서 적극 대응을 하고 있다.

한편, 북한은 정찰총국 산하에 사이버공격 부대를 운용하면서 우리를 향해 디도스 공격, 주요 인사나 국가기관 및 방위산업체 대상 기밀자료 절취, 국가중요시설 대상 바이러스 유포, 금융관련 기관 및 업체 대상 금전탈취 등을 자행해 오고 있다.

(3) 사이버 보안 대책

1) 전산실 등 시설 및 전산자료 보안 관리

- 보호구역(통제구역) 지정 및 관리
- 화재, 폭발 등 사고 대비 자료의 이중화(정기적 백업) 및 백업자료 별도 보관
- 개인 컴퓨터(PC) 보안 관리
  - ID 및 PW 설정 주기적 변경
  - PC 반출입 통제, 노트북 및 태블릿 등 보안 조치

- 방화벽 (Fire Wall), 침입방지 및 감지 시스템 설치 운영
  - 사내망, 외부망 분리 운영

- 이동식 저장장비 (CD, 디스켓, USB, 외장하드 등)에 대한 보안
  - 일괄구입 및 관리번호 부여

- 기타
  - 이메일 보안 관리, 교육, 내부 자료 유출 금지

2) 해킹, 바이러스 예방

- 한 달에 한번 시스템 취약성 점검
  - 해킹, 바이러스 공격으로 피해를 입기 쉬운 취약점

- 한 달에 한번 패스워드 변경
  - 불법 이용 및 데이터 파괴 예방을 위해

- 매일 일정시간에 바이러스 자동검사
  - 악성바이러스 예방, 백신 프로그램 이용

- 출처가 분명하지 않은 이메일 열지 않기
- 다운로드 받기 전 바이러스 검사
  - 자동 바이러스 검사 기능 설정

- 정품 소프트웨어 사용
  - 불법 복제 또는 무료 배포 소프트웨어 주의

- 최신 백신 프로그램으로 업데이트
  - 최소 일주일 단위로 업데이트

- 중요한 데이터의 백업 생활화
  - 별도의 이동식 저장장치 및 가상 저장 공간에 이중 저장

제3절 국가중요시설 보안

1. 국가중요시설의 정의

국가중요시설이란 공공기관, 공항 및 항만, 주요 산업시설 등 적이나 불순분자에 의하여 점령 또는 파괴되거나 기능이 마비될 경우 국가안보 및 국민생활에 심대한 영향을 미치는 시설을 말한다. (통합방위법 3.13)

* 국가중요시설(국가보안시설)은 1969,12.11 강릉공항에서 이륙한 대한항공 YS-11기가 북한 공작원에 의한 납치된 사건을 계기로 성립

2. 국가중요시설에 대한 위협

국가중요시설에 대해 위해를 가할 우려가 있는 주체는 북한과 중국 등 적대적 국가와 국제테러단체, 자생테러분자, 해커, 기타 사회불만자나 정신이상자 등 집단이나 개인들이라 할 수 있다.

위협의 형태는 시설폭파 및 장애유발, 시설폭파 협박, 심리전을 통한 불안조성 등의 형태로 나타날 수 있으며, 위협수단은 폭발물, 방화, 해킹, 자료유출 등이 있을 수 있다.

이러한 위협에 대한 대응은 위협정보를 사전에 수집하여 경보를 발령하고, 위협이 현실화할 경우 적극 저지 및 차단활동을 전개하며, 사건 발생 이후에는 피해를 복구하고 재발방지를 위한 보안·경비대책을 강화하여야 할 것이다.

3. 국가중요시설의 지정

국가중요시설은 국방부장관이 관계 행정기관의 장 및 국가정보원장과 협의하여 지정하며, 국가 안전에 미치는 중요도에 따라 가급, 나급, 다급으로 구분한다. (통합방위법 제21조)

* 민간경비에서는 국가중요시설을 '특수경비업'의 경비업무영역으로 설명하면서 공항, 항만, 원자력발전소 등 국가정보원장이 지정하는 국가보안시설과 통합방위법 제21조 제4항의 규정에 의하여 국방부장관이 정하는 국가중요시설로 설명하고 있다. (경비업법 시행령 제2조)

4. 국가중요시설의 구분

(1) 가급 국가중요시설

대통령실, 국회의사당, 대법원, 원자력발전소, 대규모 산업시설, 국제공항 항만시설 같은 국가의 안전보장 또는 국방이나 기간산업에 고도의 영향을 미치는 행정 및 산업시설.

(2) 나급 국가 중요시설

대검찰청, 경찰청사, 일정 수준의 발전시설, 국내 주요 비행장 등 국가 보안상이나 국가 경제 및 사회생활에 중대한 영향을 미치는 시설.

(3) 다급 국가 중요시설

중앙행정청사, 송신시설 등.

5. 국가 중요시설의 보안

(1) 자체 방호계획 수립 · 시행(시설주)

청원경찰, 특수 경비원, 직장 예비군 및 직장 민방위대 등 방호인력 및 과학화 감시 장비를 통합한 통합 보안 시스템 구축.

(2) 국가 중요시설의 평시 경비, 보안활동에 대한 지도 · 감독

관계 행정기관의 장과 국가정보원장

* 『통합방위지침』,『국가보안시설 관리지침』에 국가중요시설 보안업무 조건 명시

(3) 방호 지원계획 수립 시행

1) 외곽 경비 등 지원 (국방부 및 경찰청)
2) 대테러 관련 업무지원, 조정 (국가정보원)
3) 운영관리 지원 및 감독 (해당 행정기관)

제4절 산업 보안

1. 산업 보안 환경

(1) 국제적 환경

세계 각국은 첨단 기술·정보·지식의 중요성을 인식하고, 자국의 기술 경쟁력을 확보하기 위하여 기술이전 허가, 수출 규제 강화, 인수합병 제한 등을 통한 자국의 첨단기술을 보호하면서, 고도의 정보수집기술과 국가 정보기관의 직접 수집 및 활동 지원 등을 통해 타국의 산업정보를 수집하는데 총력을 기울이고 있다.

(2) 국내적 환경

국내적으로는 외자유치와 기업의 해외 매각, 인수·합병, 인력 스카우트 등으로 국내의 첨단산업 기술정보가 해외로 유출되는 사례가 빈번하게 발생하고 있으며 특히 중국의 산업정보 수집 활동의 강화로 첨단기술이 중국으로 유출되는 보안 사고가 많이 발생하고 있다.

2. 산업 보안의 중요성

(1) 냉전 이후 산업경제가 국가 안보의 수단으로 급부상 했으며, 각 국가는 산업정보 수집에 치열한 각축을 벌이고 있다(소리 없는 전쟁).

(2) 각국 기업간 기술 경쟁 치열

IT 산업, BIO 산업, 조선 산업, 국가전략 기술

(3) 산업보안의 실패는 기업의 도산을 초래하게 되며, 아울러 국가 경제에 어려움을 주게 된다.

3. 산업 보안 대책

(1) 인원보안 대책 : 직원의 매수, 스카웃, 외국인 취업, 기술연수 등을 통한 첨단기

술(과학기술, 경영기술 등) 유출에 대한 대책 -

(2) 정보, 문서 보안 대책 : 합작 투자, 기업의 인수합병, 컨설팅 등을 통한 기업정보(경영 전략 정보 등) 유출 대책

(3) 사이버보안 대책: 해킹을 통한 기술 유출, 전산기능 마비, 기능오류 등에 대한 대책

* 사이버 테러 : 서버 · PC 무력화 등 파괴 공격, 디도스 등 네트워크 공격

(4) 산업보안을 위해 기업은 물론 국가 기관에서도 범국가 차원의 기업 첨단기술, 기업 경영정보 등의 보호에 노력하여야 한다.

* 2000년 이후 수백 건의 국내 기술유출 사건 적발 : 수십조원의 기술 유출

(5) 기업에서도 체계적인 보안체계를 구축하여

1) 내외부의 의도적 위협으로부터 정보 보호
2) 실수나 과실에 의한 사고로부터 정보 보호
3) 우발적 재난, 재해로부터 정보 보호

제5절 보안관련 법규

1. 국가보안법 (법률 제5454호)

국가의 안전을 위태롭게 하는 반국가 활동을 규제함으로써 국가의 안전과 국민의 생존 및 자유 확보 목적

2. 보안업무 규정 (대통령령 제19431호)

국가정보원법 규정에 의거, 보안업무에 필요한 사항 규정 : 비밀보호, 신원조사, 보안조사 등

4. 경비업체 보안업무 관리규칙 (경찰청훈령 제307호)

경비업체가 국가비밀에 속하는 보안업무 수행상 준수해야 할 사항을 규정

5. 기타 통합방위법, 경비업법, 항공보안법 등

제14편

시설경비요령
(신고 및 순찰 · 질서유지 · 야간경비 요령 포함)

제1장 경비개념

제1절 공경비와 민간경비

경비업무는 공경비와 민간경비로 구분한다. 공경비는 국가가 주체가 되어 불특정 일반국민을 대상으로 불특정 일반국민의 이익을 보호하며 국가가 경비를 부담하여 경찰 등으로 치안을 유지한다. 따라서 공경비에는 법 집행과 범인체포 등 공권력을 행사할 수 있다.

반면에 민간경비는 법인이나 기관이 법인의 이익을 보호하기 위하여 법인이 경비원을 투입하여 경비를 하게 된다. 이러한 이유로 민간경비는 공권력이 없어 법집행과 범인체포 등 공권력 행사는 불가하기 때문에 역할이 손실감소와 재산보호 등으로 제한된다.

공경비와 민간경비의 공통점이라면 범죄예방, 질서유지, 재산보호에 있다. 따라서 민간경비분야에 종사하는 경비원은 공경비와 더불어 사회안전의 파수꾼 역할을 담당하고 있다는 책임감과 사명감을 가지고 부여된 경비업무에 만전을 기하여야 한다.

구 분	공경비	민간경비
주 체	국가(정부)	법인
대상 영역	불특정 일반국민	의뢰인 및 단체
보호 이익	불특정 일반국민	의뢰인
경비 부담	국가(세금)	의뢰인
강제권 여부	보유	미보유
역할 범위	법 집행 및 범인체포	손실감소 및 재산보호

제2절 시설경비의 개념과 유형

시설경비는 경비를 필요로 하는 시설과 장소에서 도난, 화재, 그 밖의 혼잡 등으로 인한 위험발생을 방지하는 제반활동을 말한다. 경비대상시설의 유형은 국가중요시설, 주택 및 주거시설, 빌딩 및 사무소, 금융기관, 백화점 및 상업시설 ,공장 및 산업시설, 언론기관, 호텔 및 숙박시설, 병원 및 의료시설, 유원지 및 위락시설, 행사장, 학교 및 교육시설, 기타특수시설 등 경비를 필요로 하는 모든 분야로 분류할 수 있다.

현행 경비업법상 경비업무는 일반경비업무와 특수경비업무로 분류하는데 일반경비업무로는 시설경비업무, 호송경비업무, 신변보호업무, 기계경비 업무를 말한다. 이는 통상적인 일반건물이나 시설, 장소, 기계 그리고 사람 등에게 발생할 수 있는 각종의 위험발생을 방지하는 업무를 의미하며, 특수경비는 공항(항공기포함) 항만, 원자력시설 등 국가정보원장이 지정하는 국가보안목표시설과 국방부장관이 지정하는 국가중요시설의 경비 및 도난, 화재 그 밖의 위험발생을 방지하는 업무를 말한다.

제3절 경비원의 임무와 역할

1. 책임지역내 출입하는 인원 및 차량 통제

경비근무자는 자신의 책임지역내에서 인원과 차량을 안내하고 통제할 때는 규정된 복장을 착용하고 친절하고 예의바른 행동으로 직원과 내방객을 안내하여야 한다. 직원 출입시는 사전에 발급된 출입증이나 비표를 확인하고 내방객일 경우는 사전 출입신청 여부와 회사규정에 따라 출입을 통제하여야 한다.

2. 책임지역내 주차장관리

시설물내 주차장 관리는 주차통제뿐만 아니라, 통상적으로 주차장내에서 은밀한범죄행위가 발생하는 경우가 빈번하므로 철저히 감시해야 한다. 특히 기상이 불량한 날이나 행사가 겹치는 날이나, 물건의 적재와 하역이 있는 날은 예방활동을 실시하여야 한다.

3. 취약지역 순회,점검

경비근무자는 책임지역내 취약지역 리스트를 작성하여 순찰시 적용하여야 하며 과거 범죄사례와 예상가능 유형을 작성하여 교육용으로 활용할 수 있도록 하고 신임경비원에게 교육되어야 한다.

4. 내, 외부 요원에 의한 범죄예방

범죄예방은 경비근무의 핵심으로서 경비근무자는 항상 이를 염두에 두고 근무하며 모든 역량을 집중하여야 한다. 이러한 범죄는 외부요원에 의해서만 발생하는 것이 아니라, 내부 직원이나 상주 근무자 등에 의해서도 발생할 수 있기 때문에 예방 활동에 만전을 기하여야 한다.

5. 책임지역내의 위험요소에 대한조치

책임지역내 위험요소로서는 자연적 위험, 인위적 위험, 그리고 특정위험요소 등이 있다. 자연적 위험요소로는 폭풍, 홍수, 폭설, 지진 등을 말하고. 인위적 위험요소는 화재, 붕괴 등의 안전사고와 절도 등 각종 범죄를 들 수 있으며 특정위험요소로는 특정시설이나 지역의 특성에 따라 발생할 수 있는 위험으로 예컨대 화학공장에서 화재나 폭발사건, 은행이나 백화점에서 강도나 절도범죄 사고를 들 수 있다.

6. 유관기관과 연락체제유지

민간경비업무는 강제력이 미약하기 때문에 반드시 유관 기관과 공조 체계가 이루어져야 효과적인 경비업무를 수행할 수 있다. 예를 들어 자신의 책임지역내에서 범죄가 발생했을 때 경비근무자는 현행범을 체포하고 현장보존의 의무가 있으며, 범죄를 수사할 권리는 없으므로 관할 경찰관서에 연락 해야한다.

7. 기타 경비책임자의 지시사항이행

경비근무자는 기본임무 외에 경비근무상 경비책임자의 정당한 지시사항을 이행하여야 할 의무가 있다, 예를 들어 불시 VIP 방문이나 특정한 시간에 상황이 발생한 경우와 같이 추가적인 지시는 경비책임자의 지시에 순응해야 한다.

제2장 특수경비

제1절 국가중요시설

국가중요시설

구분	내용
국가보안 목 표	공항, 항공기, 항만, 원자력 시설 등 국가정보원장 지정시설 통합장위법에 따른 국방부장관이 지정하는 시설
국가중요 시 설	정부기관, 산업시설, 국방부장관이 관계부처 협의 시설
중요시설 분 류	가급 : 대통령실, 원자력발전소, 국제공항, 전국대상 방송국 나급 : 대검찰청, 변전소, 공영방송 도단위 시설, 국내공항 다급 : TV/라디오 송, 중계시설, 정부데이터 백업시설

지 침

통합방위지침 : 군지도시설, 경찰 지도시설(평시 : 경찰, 전시 : 군)
자체방호(시설경비) : 3지대 방호개념, 시설관리(시설, 지역, 여건)
특수경비원에 의한 경비(경찰서장, 공항경찰대장, 시설주감독하)

국가중요시설이란 적의 공격으로부터 시설이 점령 또는 파괴되거나 기능마비시 국가안보와 국민생활에 심각한 영향을 미치는 시설로 국가정보원장이 지정하는 국가보안목표시설과 통합방위법에 의해 국방부장관이 지정하는 시설을 말한다. 여기서 말하는 국가보안목표시설과 국가중요시설이란 국가적으로 절대적으로 중요한 시설로써 이 시설이 북한의 위협이나 각종 범죄행위로부터 파괴, 기능마비시 국력에 막대한 손실을 가져오는 시설을 의미한다. 현재 국가중요시설의 경비는 경찰력의 공권력 한계로 인해 민간인 신분인 특수경비와 청원경찰에 의해 이루어지고 있다.

이러한 국가중요시설의 경비는 간첩에서부터 단순절도까지 인적 위해요소 뿐만 아니라 홍수, 태풍, 폭설 등 자연적 위해요소에 대한 대비까지 해야 한다. 국가중요시설에 배치되어 근무하는 특수경비원은 국가적 측면에서는 국가안보의 확보, 특수경비업체 측면에서는 고객(국민)에게 최상의 경비안전 서비스를 제공해야 하는 의무가 있다.

2. 국가중요시설의 분류

국가중요시설 분류기준은 군지도시설과 경찰지도시설로 구분하며 시설의 기능, 역할의 중요성과 가치정도에 따라 국가중요시설 "가" "나" "다"등급으로 구분하여 운용한다. 이러한 국가중요시설의 경비는 시설의 특징, 지역여건, 가용인력 등을 고려하여 종심깊은 경비시설물 설치와 "3지대 방호개념 의한 자체방호와 시설관리가 되도록 하고, 경비는 국가중요시설 경비구역 관할경찰서장, 공항경찰대장, 국가중요시설 책임자와 시설주 감독하에 특수경비원 의한 경비(총기휴대)가 이루어지도록 법규에 명시되어 있다.

가. 국가중요시설 "가"급 : 적에 의하여 점령 또는 파괴되거나 기능마비시 광범위한 지역의 통합방위작전이 요구되고, 국민생활에 결정적인 영향을 미칠 수 있는 시설

나. 국가중요시설 "나"급 : 적에 의하여 점령 또는 파괴되거나 기능마비시 일부 지역의 통합방위작전이 요구되고, 국민생활에 중대한 영향을 미칠 수 있는 시설

다. 국가중요시설 "다"급 : 적에 의하여 점령 또는 파괴되거나 기능마비시 제한된 지역의 통합방위작전이 요구되고, 국민생활에 상당한 영향을 미칠 수 있는 시설

3. 국가중요시설 현황

통합방위법지침상 국가중요시설은 국기기밀에 속하는 사항으로써 매년 국정원에서 지정, 하달하고 있으며 그 중요성이나 시설의 등급에 따라 지정내용이 상이하므로 매년 중요시설이 동일하지 않다.

제2절 적 비정규전 능력 / 활동양상

1. 개 요

해방이후 한반도 적화통일이라는 전략개념을 단 한번도 수정한 적이 없는 북한은 경보교도지도국 예하 각종 특수전 여단을 육상, 해상, 공중으로 침투하여 우리의 후방교란을 꾀하고 있다. 이러한 특수전 부대는 지상으로 침투, AN-2기를 이용한 공중침투, 잠수함 또는 고속상륙정을 이용한 수중 및 해상침투를 시도할 것이다.

이들은, 서해 5도점령, DMZ 총격도발 등 소규모 군사도발과 후방지역에 침투하여 고

정간첩과 연계한 민심교란용 유격활동, 동원령 선포시 주요목과 병참선을 차단하여 아군의 전방증원 방해활동, 주요군사시설 및 국가중요시설 습격 및 파괴활동, 주요인사 납치 및 테러활동 등으로 전선의 유리한 상황 전개에 기여하려 할 것이다.

2. 적 비정규전 능력과 예상활동

북한은 총참모부 경보교도지도국에는 경보병여단, 항공육전여단, 해상저격여단, 정찰국 등으로 구성되어 있으며, 정규군 예하에 편성된 각 군단 및 사단, 연대에 경보병연대, 경보병 대대 등이 편성되어 있어 약 20만명의 특수전 부대를 운용할 것이다.

이들의 예상활동으로 평시에는 96년 강릉 잠수함 침투사건과 같이 무장공비를 침투시켜 제한된 국지도발 상황을 유도하거나, 서해 5도의 기습 점령, GP 총격도발 등으로 우리의 국론분열과 사회혼란을 유도하려고 할 것이다. 전시에는 첫째, 아 국가중요시설 및 각종 산업시설을 파괴하여 우리의 전쟁 지속능력을 파괴하며, 둘째, 공항 및 항만, 원자력 발전소, 정부기관, 방송시설 등을 파괴하거나 점령하여 우리 사회의 혼란을 야기시킬 것이며, 셋째, 병참선을 차단하거나 아군과 연합군의 동원 및 전방증원을 방해하기위해 중요도로와 철도시설, 동원차량에 대한 공격을 수행할 것이다. 이러한 북한의 비정규전 능력과 활동양상을 고려시 공항과 항만, 원자력 발전소등 국가 중요시설의 국지도발 대비가 필수적으로 요구되는 상황이다.

제3절 대비정규전

1. 개 요

북한의 비정규전에 대비하는 우리의 대비정규전 태세는 군, 경찰, 행정기관 등에서 예상사태를 설정해놓고 만반의 대응태세를 갖추고 있다.

평시 특수경비업무와 관련한 비상사태는 병종사태로서 경찰이 경비책임을 갖고 관할 경찰서장, 공항 경찰대장 등이 경찰, 청원경찰, 지역예비군, 특수경비원 등 제작전 요소를 통합하여 경찰형작전을 수행토록 되어있다. 이러한 이유로 국가중요시설을 경비하는 특수경비원의 직무는 매우 중요하다 하겠다.

제4절 특수경비원 운용

1. 3지대 방호개념

(1) 시설경비 수단 및 운용

구 분	정 의	방호대책
제1지대 경계지대	관측, 시설물접근 용이, 접근로상 목지점, 감제고지	수색, 매복, 정찰활동, 장벽 및 철조망 설치
제2지대 주방어지대	시설내부, 핵심시설을 침투하는 적을 차단하는 지역	방호시설 설치, 고정초소 순찰로 출입자 통제
제3지대 핵심방어지대	시설내부, 결정적 영향을 미치는 주요 핵심시설	항시 경비원에 의한 감시통제, 지하화, 위장, 방호 시설구축

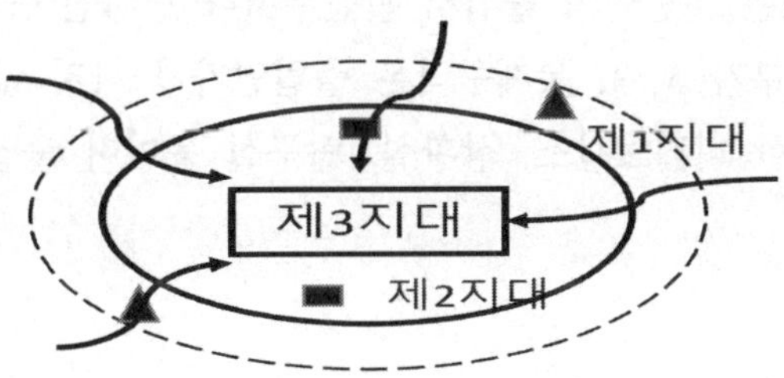

국가중요시설경비에 있어서는 경비책임자와 시설주 등은 시설의 특징, 지역여건, 가용인력 등을 고려하여 종심깊은 경비시설물 설치와 3지대방호개념에 의한 자체방호를 실시하도록 되어 있다.

제1지대는 경계지대로 시설의 외곽에 있는 주요고지에서 시설물의 내부관측과 접근이 용이한 울타리 외곽지역이고, 제2지대는 주방어지대로 시설내부로 침투를 저지시키는 지대이며 시설물의 울타리를 연하는 선이 주방어선이다. 제3지대는 핵심 방호지대로서 시설내부 핵심시설로써 항시 경비원에 의한 경비와 추가적인 보안 안전장치와 방호시설물이 설치된다.

2. 보호구역설정(국가중요시설)

(2) 시설경비 수단 및 운용

제한지역	일반인의 출입에 제한되는 지역 경비원에 의한 출입감시	초소, 경비실 운용
제한구역	출입 인가자만 출입 가능 비인가자는 안내하여 출입	무기고, 탄약고 등
통제구역	비인가자 출입의 전면 금지 엄격한 통제가 요구되는 지역	상황실, 비밀보관소 등

보호구역 설정은 중요시설, 장비, 자재의 보호를 위하여 필요한 장소에 일정한 범위를 정하여 불필요한 인원의 접근 및 출입을 통제하기 위하여 설정되며 출입관리지역을 제한지역, 제한구역, 통제구역으로 구분한다.

제한지역은 경비원에 의하여 출입감시가 이루어지는 지역으로 일반인 출입이 제한되는 지역이며, 제한구역은 일반인의 출입시 관련부서나 경비원 등에 의해서 안내가 요구되는 지역으로 시설내부가 되며, 통제구역은 출입인가가 나지 않은 비인가자는 출입이 금지되는 보안상 중요한 비밀보관소, 상황실, 연구실 등이며 출입자 명단이 비치되어있는 곳이다.

제5절 국가중요시설 경비체계

6.25전쟁이후 한국정세는 사회안전, 경제회복 등 전후 복구문제와 북한의 무력도발에 대한 대비를 동시하지 않으면 안되는 상황에서 1960년대 말까지는 군, 경찰에 의한 국가중요시설경비가 이루어졌으며(주, 경찰) 1970년대 이후에는 올림픽과 더불어 중화학공업으로 경제체제가 전환되면서 경찰의 국내치안문제가 한계점에 다달아 청원경찰법 제정과 함께 청원경찰이 국가중요시설의 경비를 담당하게 된다. 2001년 인천공항 개항과 더불어 경비수요의 증가는 경비업법 개정으로 연결되면서 용역경비업법에 의한 민간인 신분의 특수경비원이 국가중요시설을 경비하도록 개정되어 현재는 특수경비원과 청원경찰로 양분된 상황이고 특수경비원은 증가 추세인 반면에 청원경찰은 감소추세를 나타내고 있다.

제3장 시설경비요령

제1절 의의

경비요령

구분	내용
시설경비 개요	· 경비를 필요로 하는 시설 및 장소에서 도난, 화재 등 위험발생방지 · 범죄, 화재예방, 방문자 편의제공, 자연재해예방, 회사규정 준수
기본 원칙	· 경비계획에 의거 경비실시 · 경비 투입 전 경비 위해요소 숙지, 즉각 대응시스템 구축 · 적절한 방호시스템 구축, 신속한 경비상황 전달체제 유지 · 시설 방문객 최상의 경비 서비스 제공(친절, 예의바른 행동, 복장)
고려 사항	· 경비대상 시설물 특성, 구조, 용도, 시설내부 중요사항 숙지 · 시설물 내부구성원의 업무형태와 출입인원 특성파악 · 범죄발생시 신속한 정보전달 및 연락체계 유지 ★ 경찰서, 군부대, 행정관서, 병원, 기타

시설경비란 경비를 필요로 하는 시설 및 장소에서의 도난, 화재, 그 밖의 혼잡 등으로 인한 위험발생을 방지하는 업무로써, 시설내 범죄, 화재예방과 방문자의 편의를 제공하고 자연재해 예방과 대처 등 회사규정에 순기능 역할을 하여야 한다. 또한 시설경비는 경비시설물의 특징, 구조, 업무형태, 출입인원 특성을 고려하여 자체 경비시스템을 구축하여야 하고, 출입통제 업무가 회사 이미지를 대변하므로 건물내 출입통제 서비스는 고객에게 예의바르고 친절하며 단정한 복장과 표준말을 사용하여야 한다.

제2절 경비근무자 일반수칙

경비근무자 일반수칙

- 책임구역을 경비, 책임구역내 고객의 생명과 신체, 재산보호
- 경비근무상 상관의 지시사항을 받아 근무
- 상황발생시 즉각조치, 상황실 보고, 인접근무자 연락
- 어떠한 경우라도 경비보조장비(분사기, 경봉 등)을 방치하거나 타인에게 빌려 주어서는 안된다.
- 경비근무 중 지정된 위치이탈 금지, 불필요한 말, 행동금지 (오락행위, 사행성 놀이, 음주행위, 졸음, 잡지탐독 등)
- 용모, 복장을 단정히 하고 근무 교대시간을 엄수한다.
- 근무 중 발생한 상황에 대해 후번 근무자에게 인계한다.
- 예절을 준수하고 공손한 언행으로 내방객을 응대한다.

경비대상자가 임무수행간에 꼭 지켜야 할 규칙으로서 어떠한 상황이나 근무지역에 관계없이 준수해야 할 수칙이다. 경비대상시설에 따라서 약간의 차이는 있을 수 있으나 일반적인 사항으로써 경비근무자라면 누구나 알고 있어야 할 내용이다.

따라서 실제 자신이 근무하는 회사의 경비운영에 관한 사항을 숙지하고 근무에 임해야 한다.

제3절 경비근무자 특별수칙

1. 개요

특별수칙은 일반수칙에 추가하여 임무숙지 및 행동화를 고려하여 간단명료해야 하고 또한 경비요원은 초소에 부여된 특별수칙을 숙지하여 근무하여야 한다. 근무 및 인접초소를 포함한 초소의 명칭, 지상, 해상, 지하 등을 포함한 경비 및 감시구역, 도로, 교량, 마을, 고지 등의 중요지형지물 명칭, 특별히 경계해야 할 요소 및 방향, 경계활동의 협조사항, 기타 부여된 지시사항을 기준으로 근무지별 특성, 여건에 맞도록 특별수칙을 적용한다.

경비근무자 특별수칙

◆ 출입구 POST
- 통상 건물밖에 위치하여 근무한다.
- 출입하는 모든 인원과 차량을 통제한다.
- 모든 물품의 반입과 반출을 통제한다.
- 모든 상황을 상황실에 보고하고 지시에 따른다.
- 우발상황 발생시 적절히 대응한다.
- 상황발생시 인접 근무자에게 상황을 전파한다.

◆ 로비 POST
- 시설내부 내방객을 응대하고 안내 임무수행을 한다.
- 무단 출입자와 거동 수상자를 색출하며 통제한다.
- 내부 또는 외부전화 내방객을 안내한다.
- 지정된 곳에 열쇠를 관리하고 출입문 개 · 폐 서비스를 제공한다.

◆ 상황실(종합통제실)
- 경비근무핵심으로 경비와 관련된 제반 상황을 접수조치하고 전파.
- 물품의 반입, 반출에 관한 통제와 근거를 유지
- 일지작성, 각종 열쇠를 보관 및 관리
- 비상사태 발생시 대응요령을 지시하고 통제한다.

2. 외곽초소 POST 감시요령

제2지대에 설치되어 운용되는 외곽초소에서는 아래 도표에 제시된 바와 같이 감시요령을 정확히 숙지하여 감시간 사각 지역이 발생하거나 착오로 인한 오인 보고 등이 발생하지 않도록 해야하며 우발상황에 대비하고 모든 발생한 상황을 상황실에 보고하여야 한다,

주간 감시 요령	야간 감시 요령
• 가까운 곳에서 먼 곳으로 • 좌 ⇄ 우로, 의심나는 곳은 반복 • 50m 씩 끊어서, 중첩되게 • 특정지형지물, 비정상색채, 윤곽관심 • 넓은지역 참고점이용, 분할하여 감시	• 청각을 최대로 활용하여 감시 • 낮은 곳에서 높은 곳 감시 • 한 곳에 집중하지 말 것 • 마음대로 상상하지 말 것 • 주간에 경계구역 숙지

3. 경비근무 중 현행범체포 및 현장보존 중요성

현행범이란 범죄를 실행 중이거나 실행직후인 자를 말하는 것으로, 범죄를 저지른 사람은 영장이 있어야 체포가 가능하나 현행범인 경우는 범죄의 사실이 뚜렷하므로 경비원이 당연히 체포하여 경찰에 즉시 인도하여야 한다. 체포 가능 요건으로는 범인으로 호칭되어 추적당하고 있는 자, 범죄에 사용되었다고 인정되는 흉기나 물건을 가지고 있는 자, 신체 또는 의복에 범죄흔적이 있는 자, 누구냐의 물음에 도망 하는 자 등이다. 또한 현장보존이란 범죄가 발생한 곳으로 범인의 지문, 피, 침, 머리카락, 대소변, 정액, 땀과 같이 범인 신체일부가 남아있을 수 있고 범인이 소지했던 흉기나 도구, 라이터, 명함, 사진, 주민등록증이 남아있을 수 있다. 이와같이 현장보존은 범죄현장의 증거의 보고가 되므로 경찰관이 현장에 도착할 때까지 경비원은 확실하게 현장을 보존하여야 한다.

4. 출입인원 및 차량통제

출입인원 및 차량통제

◆ 출입인원 통제
- 임직원출입 : 출입증 패용, 물품 반출 여부 확인
- 내방객 출입 ; 신분증, 소지품, 방문부서 확인후 출입증 교부
- 면회객 : 신분 확인 후 접수, 면회대상자 연락, 면회실 안내
- 업체출입관리 : 담당부서 확인, 승인된 지역외 출입제한
- 관찰대상자 : 외모, 복장, 말투, 행동, 휴대품등 의심스러운 자

◆ 출입차량 통제
- 안내절차 : 신분증, 부서, 목적, 물품확인, 출입증 교부
- 임직원차량 : 스티커, 탑승자, 물품탑재 여부 확인
- 내방객차량 : 차량 안내절차 준수, 일지기록, 간단명료
- 납품차량 : 납품부서, 납품증명서 확인
- 공사차량 : 출입승인, 물품적재, 위험여부 확인후 출입
- 긴급차량 : 신분 확인후 통과(환자 수송등)
- 침입 및 위장차량 ; 리스트 작성, 출입금지, 상황전파

경비근무자에 의한 출입인원 및 차량통제는 불필요한 출입을 통제하고 이를 통해 각종 위험발생을 방지하여 경비구역내의 인원 및 시설, 재산의 안전을 보장하고 손실을 감소시키는 활동으로서, 회사 사규에 의한 모든 요원이 적용대상이 되어야 하며, 또한 필요한 모든 사항은 기록으로 남겨 존안 유지 시켜야 한다.

구 분	검 색 요 령
인원검색	손들어! → 움직이면 쏜다! → 용무가 무엇이냐? → 누구냐? → 의심스러운 경우 두 다리를 벌리게 하거나 벽을 짚고 엎드리게 한 뒤 검문검색한다.
차량검색	정지!→라이트꺼! → 시동꺼! → 탑승자 하차! → 하차하면 탑승자와 적재물을 검문검색

라. 시설경비시 3지대 방호개념

1) 제1지대(외곽, 경계구역, 경계지대)
   가) 제한적 통제(울타리 밖)
   나) 수단은 수색 / 매복 정찰활동 등
   다) 방어무기는 소구경 곡사화기로 1~2km 이내

2) 제2지대(내곽, 경비구역, 주방어지대)
   가) 부분적 통제(울타리 연하는 선)
   나) 1차 통제점 수단(경비원, CCTV, 감지기 등)
   다) 수단은 고정초소, 순찰로, 울타리 설치 등
   라) 방어무기는 소총으로 460m 이내

3) 제3지대(내부, 안전구역, 핵심방어지대)
   가) 완벽한 통제(건물자체)
   나) 2차 통제점 수단(경비원, MD, CCTV 등)
   다) 수단은 MD설치, 방호 시설물 구축 등
   라) 방어무기는 수류탄 / 권총으로 30~50m 이내

5. 순찰근무

가. 순찰 준비사항 및 유의사항

순찰은 경비근무 활동의 중요한 요소로써 경비근무자는 자신의 오관과 육감을 활용해서 사물을 관찰하여야 하며. 화재, 도난 등의 모든 사고를 미연에 방지하고 예방함은 물론 화재의 신속한 신고와 초동진압, 범인체포 등으로 시설물의 안전유지 업무를 제공하여야 한다. 또한 경비원은 순찰전 철저한 사전준비와 순찰간에는 주·야간 순찰시 유의사항을 적용하여 순찰하여야 한다.

1) 순찰전 준비사항

가) 전임 순찰자 특이사항, 관심사항, 순찰장비 인수

나) 순찰장비 점검(경적, 렌턴, 무기, 순찰키, 무전기 등)

다) 순찰지역 작업인원, 위험 작업여부 등 현황 숙지

라) 내외부 순찰 중점 확인사항 숙지

마) 상황발생시 대응 조치사항 예행연습(분사기, 경봉, 구조방법 등)

2) 주야간 순찰시 유의사항

가) 주간순찰(노출순찰)을 통한 범죄예방 및 신뢰증진

나) 야간 순찰시 제반 안전대책 강구

다) 순찰목적 달성을 위한 사전 치밀한 준비(코스, 중점확인사항)

라) 이상징후(냄새, 소리) 발견시 인내심을 가지고 끝까지 원인규명

마) 수상한 인기척 시 몸을 은폐후 철저한 확인

바) 모퉁이나 꺾이는 지역에서는 수초간 정지후 청각을 최대활용

사) 밀폐된 시설물 확인시는 사전에 상황실 연락

아) 최초 순찰사항 숙지 후 다음 순찰시 변동사항을 확인

나. 순찰간 확인사항

경비근무자가 순찰을 할 때는 국가중요시설의 경비 및 도난, 화재 그 밖의 위험 발생을 방지한다는 목적의식을 가지고 건물내부 및 외부 확인사항을 철저히 순찰하여

야 한다. 주요 순찰지점으로는 경비취약지역, 화재위험지역 등으로 순찰전 확인사항을 사전에 숙지하고 순찰하여야 하고 이상한 냄새나 소리, 건물내 상황변화가 있을 때는 끝까지 추적하여 원인을 파악한 후 필요한 조치를 강구하여야 하고, 순찰복귀 후에는 순찰 결과를 감독자나 관계자에게 보고하거나 통보하여야 한다,

1) 내부 확인사항

가) 출입문, 창문, 셔터 등의 파손 및 시건장치 확인

나) 핵심 중요시설의 장비, 물품 이상유무 확인

다) 엘리베이터, 통로, 화장실, 계단, 보일러실 등 은닉 가능 장소 확인

라) 담배꽁초, 가연물 등 유기 가능 장소 확인(화재예방)

마) 주방, 화장실, 로비, 사무실, 전원스위치 확인(PC)

바) 소화기 경보설비, 방화설비, 피난설비 등 확인

2) 외곽 확인사항

가) 외부침입이 우려되는 인접가옥, 전신주, 담장 확인

나) 사다리와 같이 침입에 이용될 소지가 있는 장비 제거

다) 침입 가능한 출입문, 창문 셔터 등 시건장치 확인

라) 공사장 자재 야적장 등 잠복 우려지역 확인

마) 담장 및 철조망 등 파손여부 확인

바) 노숙자, 부랑자 등의 출입통제

사) 쓰레기장, 소각장, 휴지통 등 가연물 장소와 소화설비, 피난설비 확인

※ 순찰결과는 일지에 기록, 상급자에게 보고, 특이상황은 관련부서 통보, 후번 순찰자에게 인수인계 및 장비 손질

다. 순찰근무 방법

시설경비의 요체는 순찰에 있다고 할 수 있다. 순찰을 통하여 경비를 필요로 하는 시설에 대한 침입을 방지하고 위험요소를 사전에 예방할 수 있어야 할 것이다. 이를 위하여 시설의 특성과 상황에 맞는 순찰근무 방법을 적용하여 시설경비에 만전을 기해야 할 것이다.

1) 기동력에 의한 구분

가) 도보순찰 : 좁은 지역에서 정밀한 관찰이 가능하고 신속한 대응이 용이하다. 반면에 도보로 걷다보니 속도가 느린 단점이 있다.

나) 차량순찰 : 공항과 같은 넓은지역에서 적용하며 긴급출동이 가능한 반면, 정밀 순찰이 제한될 수 있다.

2) 인원수에 의한 구분

가) 단독순찰 : 소수 인원으로 넓은 구역에 대한 순찰, 집중적인 순찰이 가능하지만 2인 이상의 범죄 기도에 취약하다

나) 복수순찰 : 2인 이상으로 순찰조 편성, 범죄위협이 증가하는 경우 대처하기 위해 적용하며 다수 인원의 범죄기도에 대응이 용이하다.

3) 노선에 의한 구분

가) 정선순찰 : 정해진 순찰노선을 따라 일정한 시간에 순찰하며, 경비상황실과 연락이 용이하지만 범행 기도자의 사전 예측이 가능한 취약점이 있다.

나) 난선순찰 : 불규칙적인 시간과 장소로 순찰하는 것으로 취약 지점의 중점적 확인이 가능하고 범행 기도자의 사전 예측을 무력화할 수 있으나 순찰자의 피로도 및 소요시간이 증가한다.

다) 요점순찰 : 사고가 발생했던 지역이나 취약한 곳을 지정하여 반드시 통과 하도록 지정하는 방법이다.

라) 구역순찰 : 중요지점을 소구역으로 설정하고 소구역 안에서 난선순찰을 하는 방법이다.

라. 상황보고 종류 및 방법

경비근무자는 순찰간 발생하는 각종 상황에 대하여 6하원칙을 적용하여 경비상황실에 신속하고 정확하게 보고를 함으로써 시설 내에서 발생하는 각종 사고나 범죄에 대하여 즉각적인 대처를 할 수 있으며 피해를 최소화할 수 있다. 따라서 모든 경비원은 다음과 같은 상황보고의 종류와 방법을 숙지하고 숙달하여야 한다.

1) 최초보고

최초보고는 발생한 상황을 경비실에 처음으로 보고하는 것으로 신속성이 중요하고 발생상황을 객관적으로 보고하는 것이다.

2) 중간보고

중간보고는 최초보고에서 변경된 사항을 수정하여 보고하며 정확성이 중요하고 현재 진행 또는 조치중인 사항을 포함하여 보고한다.

3) 최종보고

최종보고는 상황이 발생한 때부터 종료까지를 종합하여 보고하며 최종보고에는 발생한 상황에서 교훈 도출과 전반적인 내용을 종합하여야 한다.

제4장 상황발생시 대응요령

1. 개 요

특수경비원이 배치되어 근무하는 국가중요시설은 항상 비상사태의 위험이 따르기 마련이다, 이러한 사태는 사전에 예측하지 못한 상황에서 발생하는 경우가 대부분으로 사전 예방활동이 매우 중요하며 사태가 발생시에는 적시적인 대응으로 인명과 재산 피해를 최소화해야 한다. 이를 위해서는 평상시에 비상사태 발생에 대비하여 대응요령을 숙지하고 훈련 등을 통해서 조건반사적인 행동이 이루어질 수 있도록 준비되어야 한다. 사태가 발생했을 경우 현장경비원의 1차적인 초동조치가 어떻게 이루어지느냐에 따라 피해규모가 결정되기 때문이다.

가. 화재사고 발생시 대응요령

1) 화재발생시 화재경보기를 누르고 119에 신고

2) 화재경고 방송을 전파하고 대피 통로를 알림

3) 소화기, 소화전 등을 이용해서 초기진압 실시

4) 연기 가득한 장소에서는 최대한 낮은 자세로 대피

5) 대피 시 엘리베이터는 절대 사용금지(연통효과 초래)

6) 호흡시에는 연기흡수를 최소화하기 위해 젖은 물수건이나 천을 활용

7) 고립시 휴대폰이나 옷가지를 이용 정확한 자신의 위치를 통보

8) 대피가 곤란한 경우 창문있는 방에 대기하거나 옥상으로 대피

나. 붕괴사고 발생시 대응요령

1) 건물붕괴 징후

가) 바닥, 벽체 등이 갈라지거나 창문, 출입문이 뒤틀려 개방 불가

나) 기둥이 휘거나 천장 등의 마감재가 떨어져 나감

다) 벽, 바닥의 균열 소리와 동물들의 갑작스런 이동이나 울부짖음

2) 건물 붕괴가 발생시

가) 당황하지 말고 주변의 대피로를 찾는다

나) 견디는 힘이 강한 엘리베이터실, 계단실 등에 임시대피 후 이동

다) 유리 파편, 낙뢰를 대비하여 단단한 물건으로 머리 보호

라) 고립 장기화에 대비 음식물과 물을 사전 준비

마) 손전등이나 큰소리로 주위사람에게 알린다

바) 엘리베이터 사용은 절대 불가

사) 공기 순환이 잘되는 창문이나 테이블 밑에서 구조를 기다림

아) 고립이 장기화 될 때는 SOS 모르스 부호로 구조 요청

☞ SOS 모르스 부호 : S(•••), O(---), S(•••)

다. 화생방 공격을 받을 경우 대응요령

1) 화학물질 누출시

가) 발견 즉시 119 신고 및 상황전파

나) 바람이 부는 반대방향 대피, 방독면, 물수건, 마스크 등으로 호흡기 보존

다) 피부 노출 방지를 위해 우의, 비닐 등을 사용, 음식물 취식 금지

2) 방사선 누출시

가) 관계기관 신고 및 창문이나 문틈을 막아 외부공기 유입 차단

나) 방사선 피폭을 줄이기 위해 지하실, 건물 중앙으로 대피

다) 담요, 의복, 구급약을 지참

3) 낙진시

가) 외출시 우산, 비옷을 휴대하고 눈, 비를 맞지 않도록 주의

나) 가능한 건물내 활동, 우물이나 장독은 뚜껑을 덮을 것

다) 옥외에 있는 물, 식품 등은 폐기

라) 채소, 과일 등은 잘 씻어서 먹고, 창문을 닫아 외부공기 유입을 차단

라. 태풍 발생시 대응요령

1) 태풍예보 시

가) 방송정보확인 및 상황전파, 각종 출입문 폐쇄, 순찰활동 강화

나) 날아갈 물건은 결박 또는 건물 내부로 이동, 지붕 고정

다) 배수로 및 침수 예상지역 정리

2) 태풍 시

가) 현관, 복도, 지하 등 보호 가능한 곳에 대피

나) 위험시설물 주변에는 접근금지

다) 강풍 지나간 후 땅에 떨어진 전기줄은 접촉금지

3) 태풍 지나간 후

가) 가스, 수도, 전기 이상유무 조사 및 작동여부 확인

나) 피해조사 및 사진촬영

마. 집중폭우시 대응요령

1) 저지대, 상습 침수지역 인원은 고지대로 대피

2) 공사장, 비탈면 등의 안전상태 미리 확인

3) 가로등, 신호등, 고압전선 근처에 접근금지

4) 천둥, 번개칠 때 건물안이나 낮은지역으로 대피

5) 침수 예상되는 지하공간에 주차금지(지상대피)

6) 노약자, 어린이는 시설물 밖으로 나가지 못하게 통제

바. 무인기 / 정찰풍선 침투시 대응요령

1) 윙윙소리 감청시 공중감시 지속 실시

2) 무인기/정찰풍선 침투사례 지속적인 학습

3) 발견시 군부대 및 관할 경찰관서 신고

4) 휴대폰을 이용하여 즉각 사진촬영
5) 경비원 전원전파 및 숙지
6) 경비지도사 월 직무교육시 포함교육

제5장 야간경비와 질서 유지

1. 야간경비 개요

국가중요시설의 야간경비업무를 수행할 때에는 경비근무자는 화재, 도난, 범죄 그 밖의 위험발생을 방지한다는 목적의식을 가지고 근무해야 하며, 야간에는 주간근무 연장선상에서 근무가 이루어질 수 있도록 주간 경비상황을 충분히 숙지 후 국가중요시설 야간경비에 임하여야 합니다. 또한 야간에는 야음으로 인한 주위 식별이 곤란하여 경비업무의 제한을 가져오는 특징이 있으므로 경비근무자는 자신의 위치를 노출치 않고 근무하는 기도비닉 행동이 철저히 요구되고, 아군과 적군을 구별하는 피 · 아 식별대책이 필요하다. 야간 감시요령으로는 낮은 곳에서 높은 곳을 감시하되 필요시 높은 곳에서 감시하고 청각을 최대로 활용하여 사소한 음향에도 주의하여야 하며 한곳에만 집중치 말고 마음대로 상상하지 않도록 하고 주간에 충분한 주위상황을 숙지하는 것이 야간경비의 효과적인 방법이다.

가. 야간 경비 요령

1) 주간근무의 연장으로 주간경비 상황을 숙지
2) 경비근무자의 기도비닉 행동요구
3) 피아 식별대책 필요(비표, 암구호 등)
4) 야음으로 인한 식별이 곤란하고 경비근무 제한
5) 청각을 최대로 활용하고 사소한 음향에도 주의할 것
6) 한 곳에 집중하지 말고 마음대로 상상하지 말 것

나. 야간 경비 유의사항

1) 건물내 잔류인원 파악(야근자, 외부인원)
2) 야간퇴근자 반출물 휴대 여부 확인
3) 도난 및 범죄예방을 위한 순찰강화(시건장치 필히 확인)
4) 야간 순찰장비 점검(무전기, 랜턴, 분사기, 순찰시계 등)
5) 야간 경비 취약사항 대책 수립
6) 야간 순찰시 특이사항(소리, 냄새 등) 철저한 규명
7) 야간경비 상황일지 기록 및 특이사항은 즉각 경비책임자 보고
8) 비상연락체계 및 통신계통 유지(비상연락망, 전화번호 등)

※ 야간에 차량을 이용하여 순찰시에는 창문을 내리고 무전기 소리를 낮추고 순찰해야 한다.

다. 야간 경비 특징

1) 행동반경의 제한
2) 가시거리의 제한
3) 경비원 개인방어의 어려움 발생
4) 거동수상자 공격방향 판단 제한
5) 주변의 고요함으로 작은 소리도 멀리 전파됨
6) 무서움, 적막감 등으로 몸이 움추려 듦

2. 질서유지 개요

질서유지는 혼잡경비의 일환으로 대규모의 공연, 기념행사, 각종대회 등 일시에 몰려든 미조직된 인파로 인하여 발생하는 혼란사태를 예방 및 경계하고 위험한 사태가 발생할 경우 신속히 조치하여 확대를 사전에 방지하는 것이다.

대규모 행사에 참석하는 군중의 유언비어를 쉽게 믿고, 사물에 대한 정확한 판단이 어렵고 충동적이며 외부의 자극에 쉽게 반응하여 행동하며 감정이 과장되어 나타나고 자신들의 의견에 반대하는 것에 대하여 불허하는 현상 등이 나타난다,

따라서 각종 행사간 질서유지를 위해서는 사전에 조치할 사항을 계획하고 시행하여야

하며 군중정리의 4대 원칙을 적용하여 통제하여야 한다.

가. 사전 조치사항

1) 계획의 수립
2) 현지상황에 적합한 경비원 편성과 배치
3) 군중정리
4) 출입구 통제 및 비상출입구 확보
5) 출연진 통로와 관객 통로의 구분
6) 기상조건에 따른 대비책 강구

나. 군중정리의 4대 원칙

1) 밀도의 희박화 : 제한된 지역에 많은 인원이 모이면 충돌과 혼잡이 야기되므로 거리감, 방향감을 상실하여 혼란하므로 가급적 인원의 밀집을 피하고 군중이 모이는 장소는 블록화 한다.
2) 이동의 일정화 : 제 군중은 현재 자기의 위치와 갈 곳을 모르면 불안, 초조감을 갖게 되므로 일정한 방향과 속도로 이동을 시켜 주위의 상황을 파악할 수 있도록 하여 심리적 안정감을 갖도록 한다.
3) 경쟁적 사태의 해소 : 남보다 먼저 가려는 군중의 심리상태로 혼란이 발생하므로 질서있는 상태 유지가 필요함을 납득시켜야 한다.
4) 철저한 지시 : 계속적이고 자세한 안내방송을 통하여 지시를 철저히 하여 혼잡한 사태를 정리하고 사고를 미연에 방지한다,

다. 혼잡사고 발생시 조치

1) 초동 조치로 문제의 확산을 방지한다.
2) 경비 예비인원을 출동시켜 사고수습을 위한 조치를 한다.
3) 외부인의 접근을 차단한다.
4) 화재나 신체적 위해상황이 발생시 응급구호조치를 해야 한다.
5) 각종 관련부서나 기관에 사고처리 및 협조를 요청한다.

제15편

민방공

(화생방 포함)

제1장 민방위

제1절 민방위의 개념

1. 정의 (출처 : 국가재난정보센터)

민방위(적의 군사적 침략이나 천재지변) 사태로부터 주민의 생명과 재산을 보호하기 위하여 정부의 지도하에 주민이 수행하여야 할 방공, 응급적인 방재 , 구조, 복구 및 군사작전상 필요한 노력자원 등의 모든 자위적 활동

※ 즉, 내 가정과 이웃을 안전하게 지키기 위한 활동

2. 본질

(1) 주민 자치활동

- 순수민간인(주민) 으로 민방위대 조직
- 주민의 생명, 재산보호 목표

(2) 인도적 활동

- 전쟁, 재해, 재난으로 부터 주민의 생명, 재산 보호 활동
- 국제적 민방위대원의 활동 협약

(3) 비군사적 활동

- 정부지도하의 비군사적 활동
- 비전투 장비, 기구 사용

3. 도입배경

(1) 안보적 측면

- 75년 4월 월남패망, 라오스 ,캄보디아 등 인도지나반도의 공산화로 한반도 안보 위협이 고조되었으며, 군사적 요인보다는 정치, 경제, 사회적 분열로 패망한 이들 국가의 교훈을 바탕으로 민간인 중심의 안보조직 필요성 대두

(2) 재해 / 재난 대응 측면

- 도시화, 산업화 및 기상이변에 따른 재해 재난 사고로 인명 및 경제적 손실이 커지자 국민 안전과 피해를 최소화하기 위한 대응 기구 필요

4. 민방위제도의 필요성

(1) 국가 존립을 유지해 나가는 과정에서 숱한 시련과 도전을 끊임없이 받게 마련이며, 이를 슬기롭게 물리치고 극복할 때에만 생존이 유지되고 번영을 기약

(2) 과거에는 주로 전쟁에 대비한 군사적 목적의 민방공 개념에서, 오늘날에는 자연적 · 사회적 재해 재난에 대한 대비를 포함한 민방위 개념으로 확징되었음. 따라서 국가들 마다 명칭과 형태는 조금씩 다르지만 유사한 개념의 민방위제도를 대부분 조직하여 운영하고 있음

제2절 민방위의 운영조직 등

1. 운영조직

(1) 중앙민방위협의회

- 근거 : 민방위기본법 제6조 및 동법 시행령 제3조~제10조
- 기능 : 민방위기본계획 심의, 민방위대 조직 대상연령 연장의 심의, 민방위에 관한 중앙관서간 업무 조정, 기타 위원장이 부의하는 사항의 심의

• 구성 : 20인 이상 30인 이내(위원장 : 국무총리, 부위원장 : 행정안전부 장관)
• 회의 : 위원장이 필요하다고 인정할 때 소집

2. 민방위 편성 대상

• 20세가 되는 해의 1월 1일 부터 40세가 되는 해의 12월 31일까지 대한민국 국민인 남자로 편성
※ 법령상 나이는 만 나이를 기준함.

3. 민방위교육

(1) 정 의

• 민방위대원이 전시, 사변 또는 이에 준하는 비상사태나 국가적 재난 등 민방위사태가 발생하였을 때, 효율적으로 대처함으로써 주민의 생명과 재산을 보호 할 수 있도록 투철한 사명감과 국가관을 확립하고 그 임무와 역할 수행에 필요한 지식과 기술을 습득하는 일련의 과정

(2) 교육 대상

• 1~4년 차, 전문요원 등
• 1년 차 : 집합교육4, 민방위제도1, 안보교육1, 실전훈련 2
• 2~4년 차 : 집합교육4, 안보교육1, 실전훈련3, 민방위의날 훈련 자율참여 (4시간 이내)
※ 민방위대원이 알아야 할 20가지 교육
• 5년 차 이상 : 비상소집 훈련(연 1회, 1시간, 예고훈련) : 임무, 역할 고지 등

4. 민방위훈련

(1) 목적

- 민방위 훈련은 적의 공습이나 각종 재난으로 부터 국민의 생명과 재산을 보호하기 위해 전국민을 대상으로 실시하고 있는 훈련으로 사태 발생시 신속한 동원체제를 확립해 나가는 훈련을 통해 국민 스스로의 재난대처 능력을 배양

(2) 기본방침

- 민방위의날 훈련은 매월 15일 실시 원칙(민방위기본법 시행령 제34조)

5. 민방위날 훈련

(1) 민방공훈련

- 년 2회(정기 8월, 10월) : 경보전파, 주민대피, 교통통제

(2) 방재훈련

- 년 4회(4, 6, 9,10월) : 테러, 풍수해, 지진 등 지역 특성에 맞는 훈련

6. 신호방법

(1) 경보란

- 민방위사태에 대비하여 인명과 재산의 피해를 최소화하기 위한 사전적인 신호수단으로 민방공경보와 재난경보로 구분

(2) 민방공경보

- 적의 침공에 의하여 전국 또는 일부지역에 항공기나 유도탄, 지 · 해상병력에 의한 공격이 예상되거나 공격이 있을 경우 또는 화생방에 의한 공격이 있을 경우에 발령하는 경보

(3) 재난경보

- 호우, 폭설, 태풍, 지진, 해일 등 중대한 재난이 발생되었거나 발생이 예상 될 경우에 발령하는 경보

7. 민방공 경보

(1) **경계경보** : 화생방무기를 포함한 적의 항공기, 유도탄 또는 지 · 해상전력에 의한 공격이 예상 될 때

(2) **공습경보** : 화생방무기를 포함한 적의 항공기, 유도탄 또는 지 · 해상전력에 의한 공격이 임박하거나 공격이 진행 중 일 때

(3) **화생방** : 적의 화생방작용제가 살포되거나 탐지되었을 때 또는 화생방 무기의 공격으로 오염이 예상되거나 화생방 공격 확인시

(4) **경보해제**: 화생방무기를 포함한 적의 항공기, 유도탄, 지 · 해싱 진력에 의한 공격 징후 및 추가적인 공격이 예상되지 않을 때

(5) 민방공경보 발령현황

민방공경보 발령 현황

전투기 귀순 및 민항기 불시착에 따른 경보발령 : 총5회

일 시	경보발령사유	발령지역 (발령시각)	경보종류	착 륙 지
'83. 2.25	북한 MIG-19 전투기 귀순 (조종사:이웅평)	서울, 인천, 경기 (10:55~11:45)	경계경보	성남비행장
'83. 5. 5	중국 민항기 불시착 (조종사:탁장인)	서울,인천,경기 (14:00~14:07)	경계경보	춘천비행장
'83. 8. 7	중국MIG-21 전투기 귀순 (조종사:손천근)	서울, 인천, 경기 (15:19~15:36)	서울 경계경보 인천 · 경기 공습경보	성남비행장
'86. 2.21	중국 MIG-19 전투기 귀순 (조종사:진보충)	서울,인천,경기,강원 (14:26~14:40)	경계경보	수원비행장
'96. 5.23	북한 MIG-19 전투기 귀순 (조종사:이철수)	서울, 인천, 경기 (10:55~11:12)	경계경보	수원비행장

8. 재난경보

(1) **재난경계경보** : 홍수 예, 경보가 발령되거나 지진 해일주의보가 발표되었을 때 또는 자연재난(호우, 폭설, 폭풍, 해일, 기타 이에 준하는 자연현상으로 발생되는 재난)이나 대형재난 등으로 중대한 재난이 발생 될 것이 예상되는 경우

(2) **재난위험경보** : 지진 해일경보가 발표되었을 때 또는 자연재난이나 대형재난 등 긴박한 상황으로 주민대피 등이 필요한 경우

(3) **재난경보해제** : 재난경계경보 또는 재난위험경보를 발령한 후 재난의 우려가 없을 것으로 예상되거나 재난발생 사유가 소멸한 경우

9. 신호

<table>
<tr><th rowspan="2">경보종류
/
신호수단</th><th colspan="4">민 방 공 훈 련</th><th colspan="3">재 난 경 보</th></tr>
<tr><th>경계경보</th><th>공습경보</th><th>화생방경보</th><th>경보해제</th><th>경계경보</th><th>위험경보</th><th>해제경보</th></tr>
<tr><td>라디오</td><td colspan="2">사이렌 +
음성방송</td><td colspan="2">음성방송</td><td>음성방송</td><td>사이렌 +
음성방송</td><td>음성방송</td></tr>
<tr><td>TV, DMB, CBS</td><td colspan="7">문자방송</td></tr>
<tr><td>싸이렌</td><td>평탄음
(- - -)
1분간</td><td>파상음
(~ ~ ~)
3분간</td><td>음성방송</td><td></td><td>음성방송</td><td>평탄음
(- - -)
5초 간격
15초 10회</td><td></td></tr>
<tr><td>옥내 / 외
방송</td><td colspan="7">음성방송(반복)</td></tr>
</table>

제2장 화생방전

제1절 화생방전 개요

1. 화학무기

• 작용제 종류 : 신경, 수포, 질식, 혈액

※ 인명 살상 및 지역 · 시설 · 물자 사용 방해

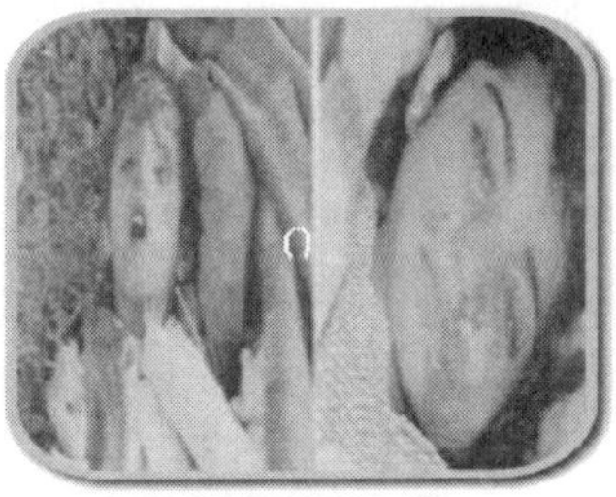

<신경작용제>

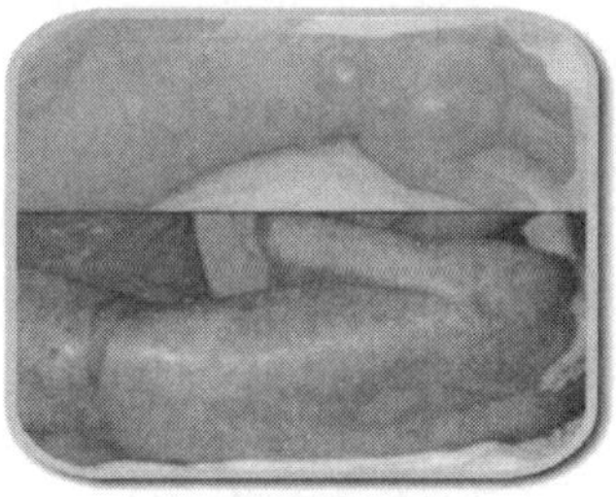

<수포작용제>

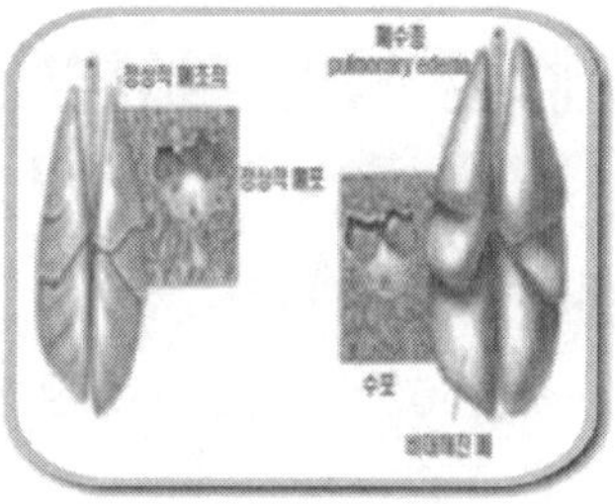

<질식작용제>

2. 생물학무기

• 작용제 종류 : 탄저균, 페스트균, 콜레라, 천연두, 보튤리늄

※ 인명과 동 · 식물 살상 및 물자 사용 제한

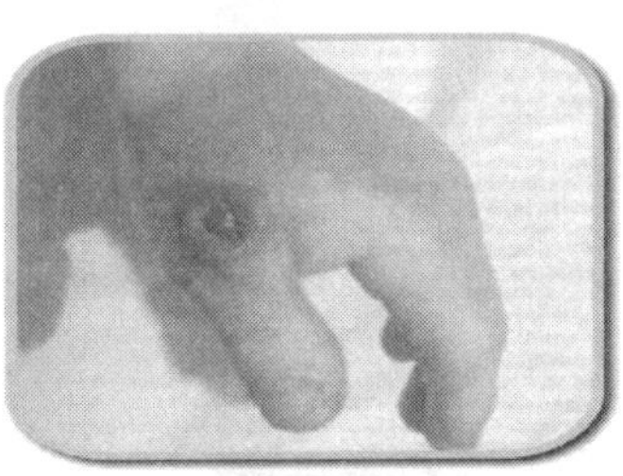

<탄저균>

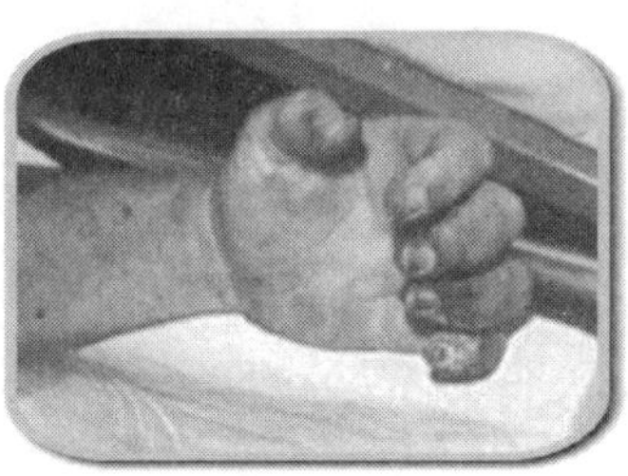

<페스트>

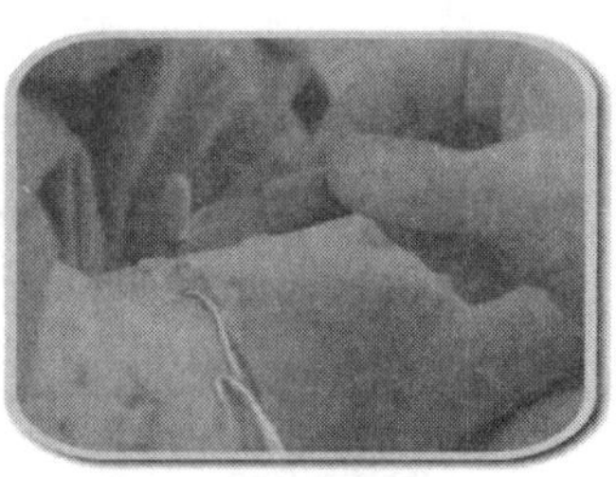

<천연두>

3. 핵(방사능) 무기

- 효과 : 폭풍, 열 복사선, 핵 방사선, 전자기파 등

  ※ 대량 살상, 파괴 및 지역사용 제한

<핵폭발>

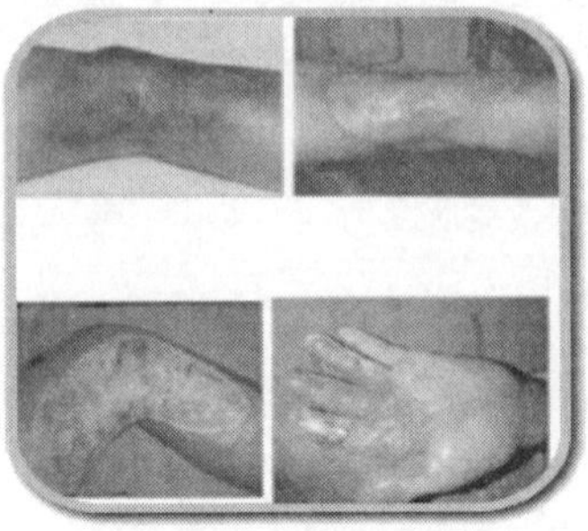

<열 복사선 피해>

<핵 방사선 피해>

제2절 북한 화생방전 위협

1. 화학전 위협

- 2,500 ~ 5,000여 톤의 독성 화학 작용제 보유
- 연구 · 생산 · 저장시설 및 다양한 투발수단 보유

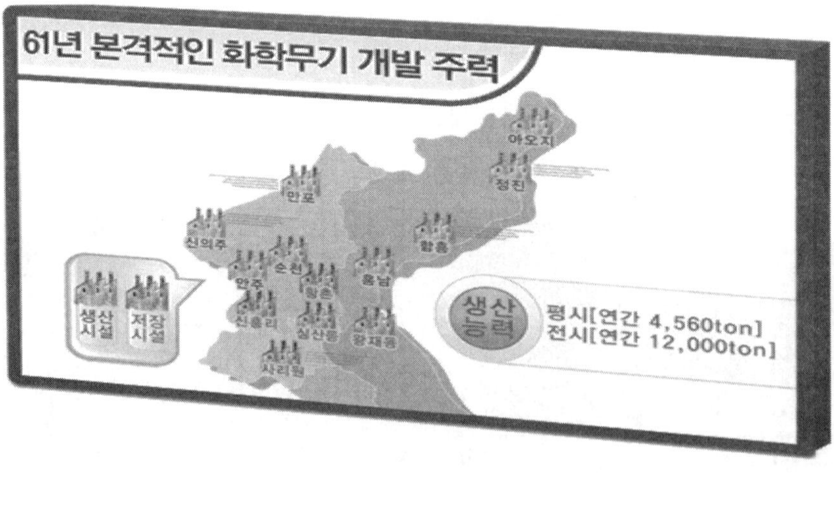

2. 생물학전 위협

- 탄저균 · 천연두 등 13종 이상의 작용제 보유

  ※ 5종 무기화(탄저, 페스트, 천연두, 콜레라, 보툴리늄) : 복기 고려 사용

3. 핵 및 방사능전 위협

- NPT 탈퇴 (2003.1)
- 핵 무기 보유 선언 (2005. 2)
  - 1차 핵 실험(2006. 10. 9)
  - 2차 핵 실험(2009. 5. 25)
  - 3차 핵 실험(2013. 2. 12)
  - 4차 핵 실험(2016.1.06.)
  - 5차 핵 실험(2016.9.09.)
  - 6차 핵 실험(2017.9.03)
- 플루토늄 약 40kg 확보 (핵무기 6~7개 제조 가능)

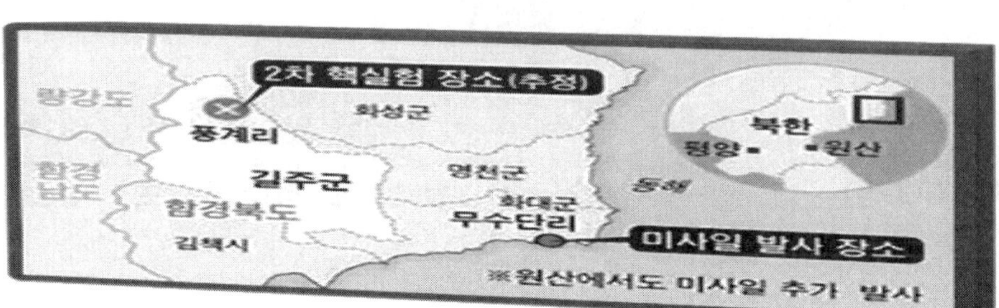

제3절 화생방 테러시 조치

○ 호흡기 보호, 피부노출 방지

○ 최단시간 비 오염지역[안전지역]으로 이동

※ 건물 상층 및 고지대

제4절 화생방 테러 양상

1. 화학 / 유독가스 테러 : 화학(독)가스를 제조, 다중 이용시설에 운용

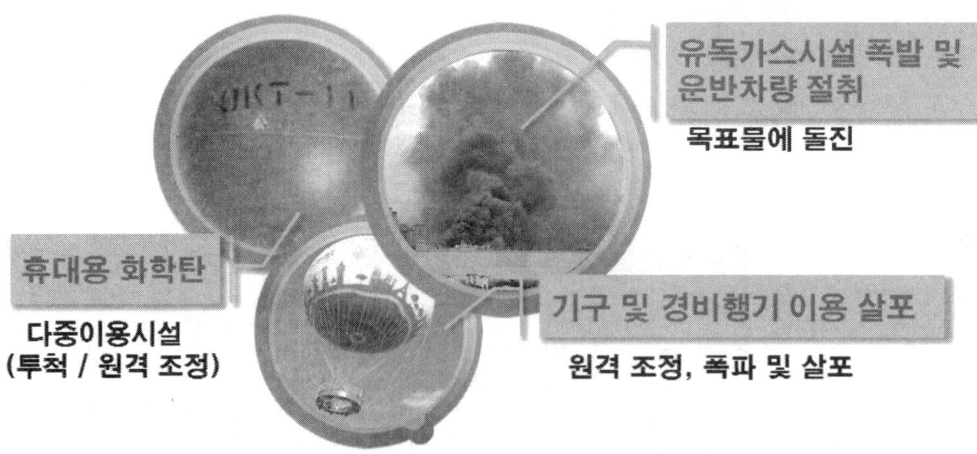

2. 화학전(테러)시 행동 요령

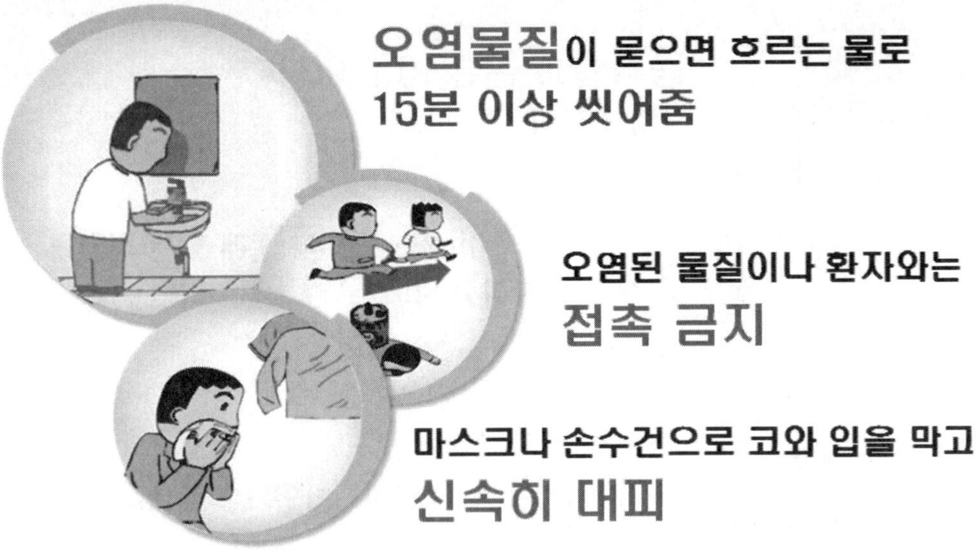

3. 생물테러

4. 생물학전(테러)시 행동 요령

5. 핵 및 방사능 테러

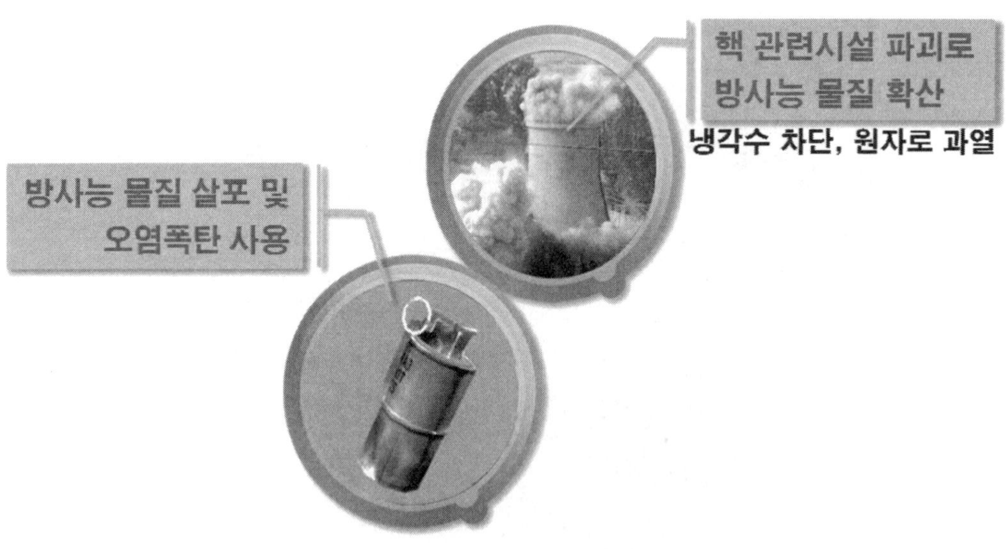

방사능 원체 절취

주요 인사 침실, 차량, 사무실 등에 설치

제5절 개인보호 및 응급치료 물자

1. 한국형 방독면(K-1 방독면)

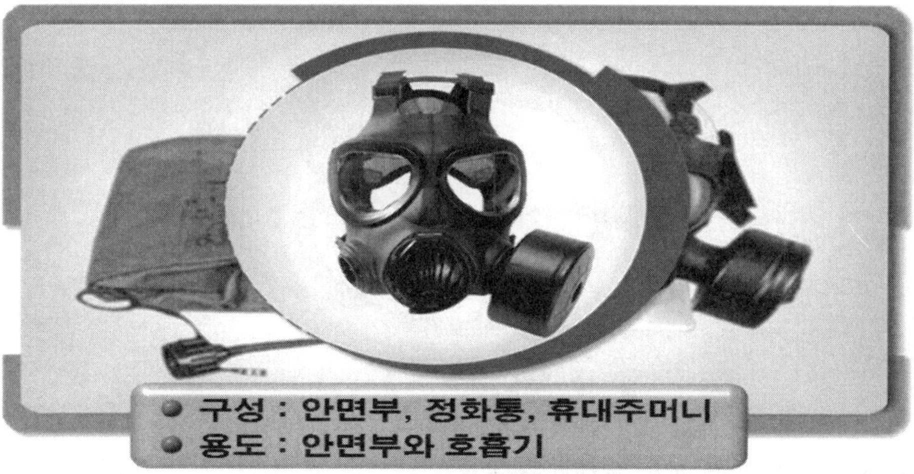

2. 국민방독면 종류 및 특징

일반방독면

- 살상가스로부터 호흡기, 머리, 얼굴 및 목 부분 보호 가능
- 연탄가스, 화재시에 발생하는 유독가스 방호 불가

※ 정화통 : 1개(전쟁용)

국민방독면(다용도 방독면)

- 전쟁용 정화통은 살상가스와 최루가스 방호가능
- 화재대피용 정화통은 화재시 발생하는 유독가스만 방호 가능

※ 정화통 : 2개(전쟁용, 화재대피용)

※ 방독면은 화재시 발생하는 열에 취약하므로 주의 요망

(1) 일반방독면

- 구성 : 화생방전 정화통 [전쟁용]
- 용도 : 독성 화학작용제 공격과 화재발생시 호흡기 및 안면부 보호

(2) 국민방독면(다용도 방독면)

- 구성 : 화생방전, 유독가스 방호용 정화통 2개[전쟁용, 화재대피용]
- 용도 : 독성 화학작용제 공격과 화재 발생시 호흡기 및 안면부 보호

(3) 양압식 공기 호흡기

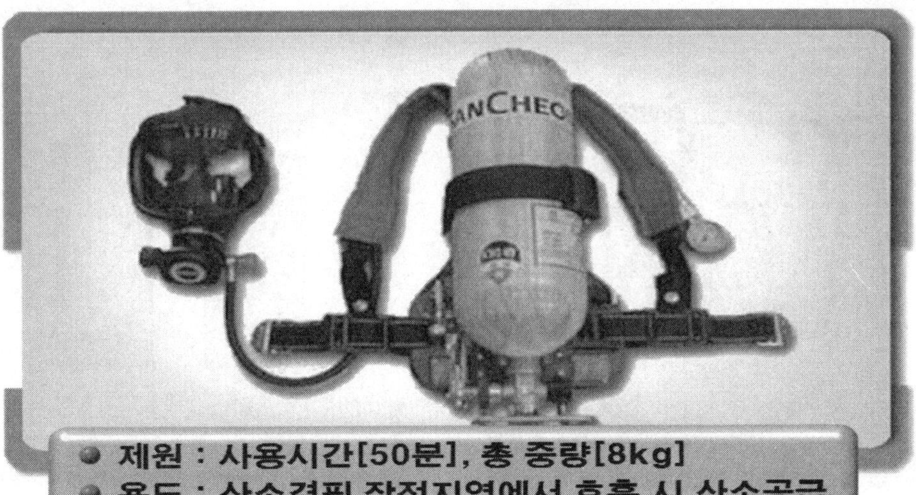

- 제원 : 사용시간[50분], 총 중량[8kg]
- 용도 : 산소결핍 작전지역에서 호흡 시 산소공급

3. 신경 및 수포 작용제 오염 환자 치료

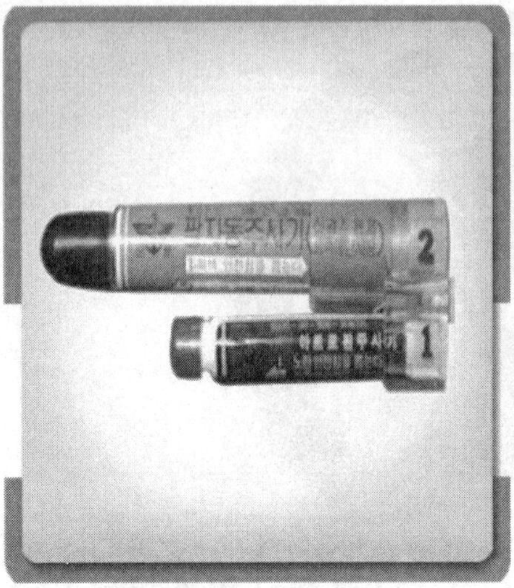

신경해독제[KMARK-1]

개인제독제[KD-1]

4. 소형제독기(소규모 오염지독 제독)

소형제독기[KM-11]

제독제[DS2]

5. 대체물자

※ 대체물자 호흡기 방호능력

구 분	방독면	면수건(16겹)	면수건(8겹)	휴지(3겹)	타올(2겹)
능력	99 %	94 %	89 %	92 %	85 %

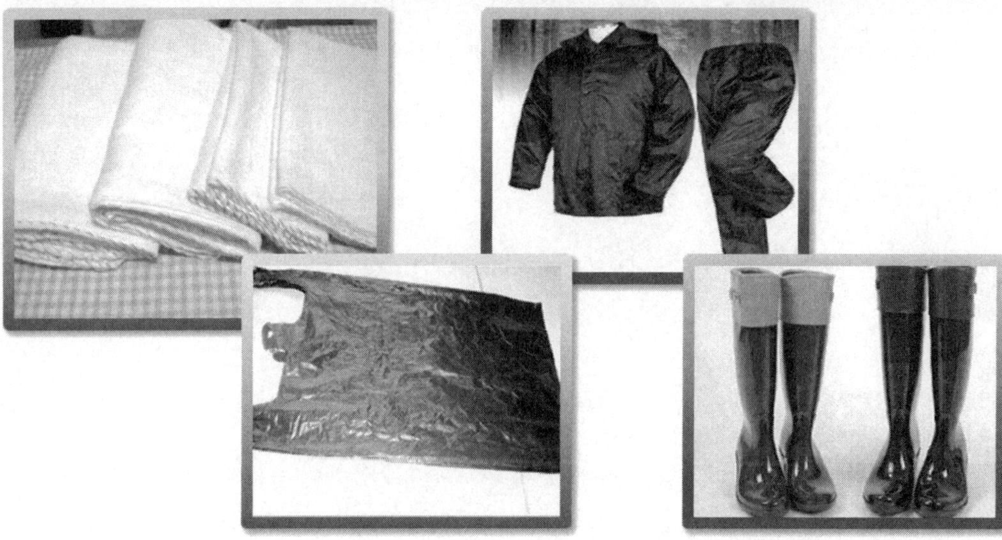

제16편

총기조작

제 1 장 서 론

1. 총기조작의 목적

국가 중요시설을 경비함에 있어 총기를 휴대하고 근무토록 되어있어 소총의 특성, 제원, 기능을 이해하고 응급처치와 고장을 배제하기 위함이다.

2. 남북한 총기 제원

<table>
<tr><th rowspan="2">구분</th><th rowspan="2">단위</th><th colspan="2">아군</th><th colspan="2">북한군</th></tr>
<tr><th>K-2</th><th>M16A1</th><th>AK-68</th><th>AK-88</th></tr>
<tr><td>무게</td><td>kg</td><td>3.26</td><td>2.9</td><td>3.31</td><td>3.19</td></tr>
<tr><td>길이</td><td>cm</td><td>97/73</td><td>99</td><td>87</td><td>92</td></tr>
<tr><td>구경</td><td>mm</td><td>5.56</td><td>5.56</td><td>7.62</td><td>5.46</td></tr>
<tr><td>탄속</td><td>m/sec</td><td>990</td><td>990</td><td>710</td><td>902</td></tr>
<tr><td>강선</td><td>조우선</td><td>6</td><td>6</td><td>4</td><td>4</td></tr>
<tr><td rowspan="2">사거리</td><td>최대</td><td>2,653</td><td>2,653</td><td>2,500</td><td>2,500</td></tr>
<tr><td>유효</td><td>460</td><td>460</td><td>400</td><td>500</td></tr>
<tr><td rowspan="4">발사속도
(발/분)</td><td>최대</td><td>700-900</td><td>700-900</td><td>600</td><td>500</td></tr>
<tr><td rowspan="2">유효</td><td>점사 및 연발
150-200</td><td>자동
150-200</td><td>150</td><td>150</td></tr>
<tr><td>단발
45-65</td><td>단발
45-65</td><td>반자동
40</td><td>반자동
40</td></tr>
<tr><td>최적</td><td>12-15</td><td>12-15</td><td></td><td></td></tr>
</table>

3. 북한제 AK-88식 소총

(1) 특성

- 구경 : 5.45mm
- 전장 : 94cm(접었을 때 69cm)
- 중량 : 3.27kg

제 2 장 K-2 소 총

1. K-2 소총의 역사

(1) 1974 : 미국 Colt 사에서 생산된 M16소총을 모델로 M16A1 생산

(2) 1977 : 국방과학연구소(A.D.D)에서 연구개발

(3) 1980~1983 : 4차례 시험(육군보병학교, 특전사)

(4) 1985년 : K-2소총 국내생산 우리군의 기본화기
※ 적의 AK소총의 장점을 결합
※ M16A1소총의 대폭보완

2. 한국형 K-2 소총의 우수성

(1) 사거리 : 사거리가 길고 명중률이 높아 원거리의 적을 효과적으로 제압 가능

(2) 총구 앙등(반동) : 2~3발 점사 나 연발 사격 시 총구가 위로 튀어 오르는 수직, 평균 분산폭이 북한제보다 훨씬 작아 명중률을 있다.

(3) 사격기능 : 총기의 기계적 작동이 정밀하고 최대발사속도가 훨씬 빨라서 화력 집중에 효과적이며, 연발 사격시 많은 실탄소모를 방기하기 위하여 점사기능이 있음.

(4) 조준구 : 북한제는 개방형 가늠쇠인데 K-2는 원형 가늠쇠 울이 있어서 조준시간 단축 및 조준이 쉽고 가늠쇠도 보호되고, 야간가늠쇠도 있음.

3. 한국형 K-2 소총의 명칭

4. K-2소총의 특성

(1) 공랭식 : 사격간 총열에서 발생하는 열을 공기로 냉각시킴

(2) 탄알집 장전식 : 소총에 탄약을 장전할때 20발 또는 30발들이 탄알집을 끼워서 사격

(3) 가스 작용식 : 소총을 사격하면 실탄의 화약폭발로 인하여 발생되는 가스로 노리쇠 뭉치를 후퇴시켜 실탄을 약실로 장전시킴

(4) 견착 사격식 : 사수가 사격시 개머리판을 어깨홈에 견고히 밀착시켜 사격

(5) 연발, 점사 및 단발
※ 점사 : 방아쇠를 한번 당길때 실탄이 2-3발 격발

5. K-2소총의 외부명칭

(1) 소염기 : 사격시 가스를 분출시켜 야간사격 시 섬광감소, 착검시 대검 지지

(2) 가늠쇠 뭉치 : 원형 가늠쇠 울안에 고정식 가늠쇠로 되어 있으며, 야간사격을 위한 야광유리관(트리치춤 H-3)이 있어 야간에도 사격 가능

(3) 덮 개 : 덮개는 좌우 양쪽으로 분리되어 위에 4개 아래에 2개의 구멍이 있어 총열의 열을 냉각시켜주고 사격시 사수의 손을 보호해 줌

(4) 장전손잡이 : 노리쇠집 뭉치를 후퇴시켜주는 역할을 하며, 덮개를 분리 할 수 있는 드라이버 역할을 해줌

(5) 가늠자 뭉치 : 주간과 야간에 사용하는 구멍으로 구분되어 있음, 가늠자 돌림쇠→ 탐착점을 좌우로, 상하조정나사→ 탄착점을 상하로 조정

(6) 손잡이 : 손잡이 안에 손질도구 등이 들어있는데 손질도구 용수철을 젖힌 후 손질도구 통을 빼내 사용

(7) 개버리판 및 개머리판 받침 : 사격시 반동을 완화 시켜 주는 역할, 휴대시는 접어서 사용하고 사격시에 펴서 사용

(8) 탄알집 제거 눌림쇠 : 오른손으로 손잡이를 잡고 인지로서 멈치를 누르면 탄알집이 빠짐

(9) 조정간 : 조정간은 안전, 단발, 점사(2-3발), 연발 4가지 기능을 조절함

(10) 노리쇠 멈치 : 노리쇠집 뭉치는 상단부를 당김으로 멈추게 되고, 상단부를 눌러서 노리쇠집 뭉치를 전진시킴

(11) 방아쇠 울 : 방아쇠를 보호해주는 역할을 함, 동절기에 장갑을 끼고 사용할 수 있도록 제작

(12) 가스 조절기 : “0” : 공포탄 사격시 소리를 크게 하거나 크게 멀리 보낼때 사용

- “중”: 평상시 사격
- “대”: 저온, 모래먼지, 강우 등 악천후 시 사용
- “소”: 고온에서 사격시 사용

6. K-2소총 분해결합

(1) 분해 결합 시 주의 사항

① 순서에 준하여 실시

② 충분한 여유를 가지고 실시

③ 부품의 파손, 망실에 유의

④ 무리한 힘을 가하지 말 것.

⑤ 청결하고 평탄한 곳에서 실시

※ 분해 결합시 부품의 손망실 방지를 위해 분해포나 깔판을 사용.

(2) 안전검사(분해 결합전 소총의 이상 유무를 확인하기 위해서)

① 조정간 안전

② 탄알집 제거

③ 장전손잡이 후퇴 노리쇠 뭉치 고정

④ 약실검사

⑤ 노리쇠뭉치 전진 및 격발

7. K-2소총 분해

(1) 총기 분해 순서

① 멜 빵 ② 가스 조절기 ③ 아래층 몸뭉치 ④ 복좌용수철 및 밀대뭉치
⑤ 장전손잡이 ⑥ 덮개 / 나사 및 덮개 ⑦ 총 열 ⑧ 공이 멈치못 ⑨ 공 이
⑩ 노리쇠 돌림못 ⑪ 노리쇠집 뭉치 ⑫ 칼퀴 멈치못 ⑬ 칼 퀴

(2) 총기 분해 방법

① 멜 빵 : 멜빵은 윗고리부터 아랫고리 순으로 분리

② 가스 조절기 : 가스조절기 멈치를 누르고 멈치가 화살표에 오도록 돌려서 뽑아준다.

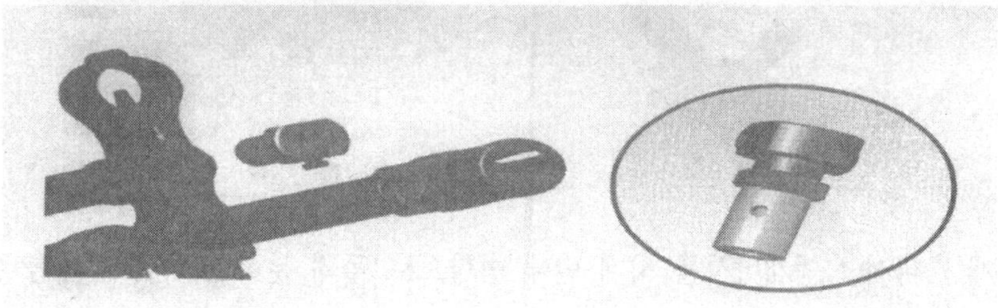

③ 아래총 몸뭉치 : 오른손 모지로 힌지를 뒤로 열어주고 복좌 전방 받침을 총구쪽으로 밀어 분리시킴

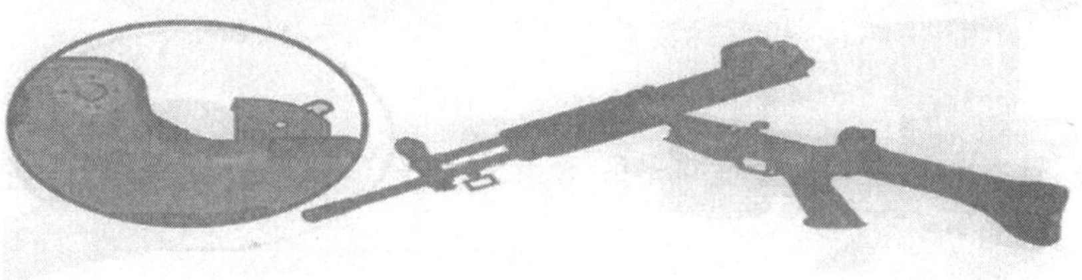

④ 복좌용수철 및 밀대뭉치 : 노리쇠집 뭉치를 들고 복좌용수철 밀대뭉치를 직 후방으로 분리한다.

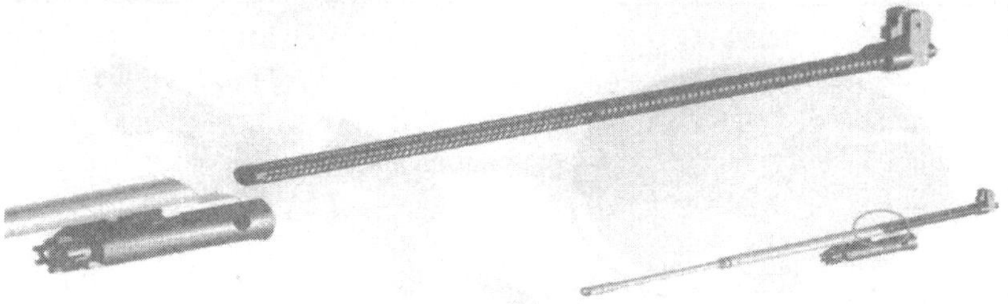

⑤ 장전 손잡이 : 장전손잡이를 뒤로 당겨서 홈에서 분리한다.

⑥ 덮개 / 나사 : 덮개나사를 시계 반대 방향으로 돌려 분리한 다음 덮개를 분리한다.

⑦ 총 열 : 총몸 분리못을 분해구로 눌러서 뽑은 다음 총몸을 분리한다.

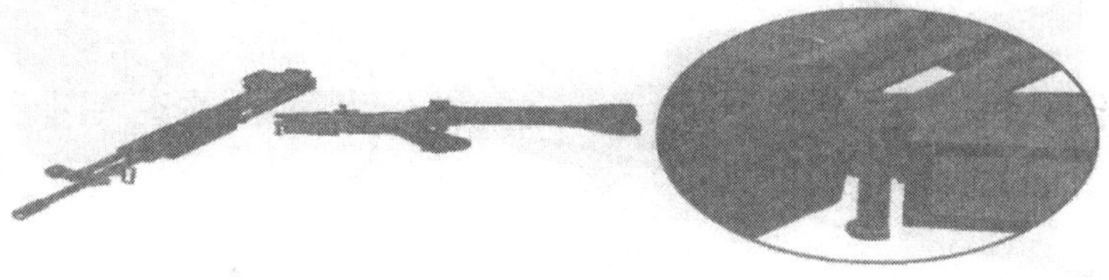

⑧ 공이 및 멈치 못 : 노리쇠 집의 분해전에 먼저 공이 멈치못을 분리한다.

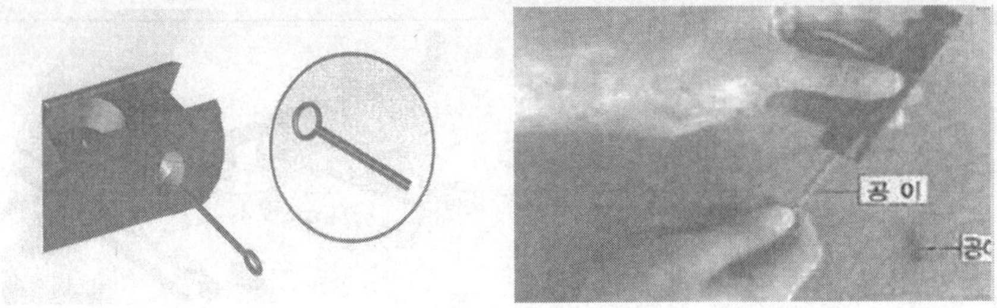

⑨ 공이 : 노리쇠집의 분해전에 먼저 공이 멈치못을 분리한다.

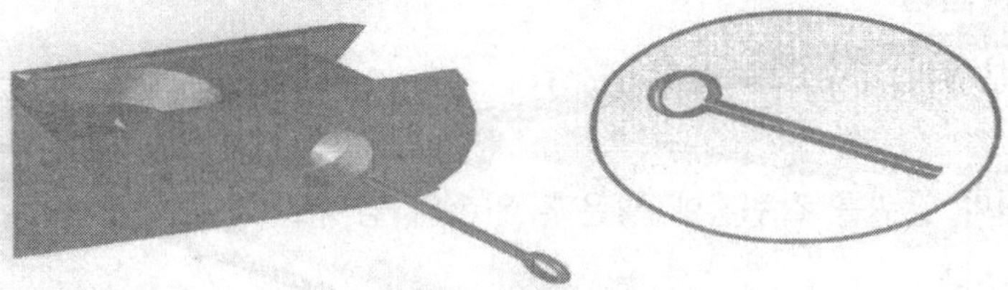

⑩ 노리쇠 돌림못 : 노리쇠 돌림못을 90。회전시겨 분리한다.

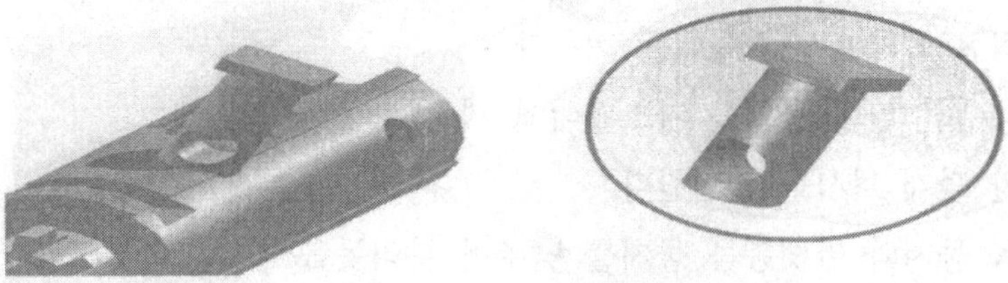

⑪ 노리쇠집 뭉치 : 노리쇠집 뭉치와 가스 활대를 함께 잡고 뒤로 당긴다.

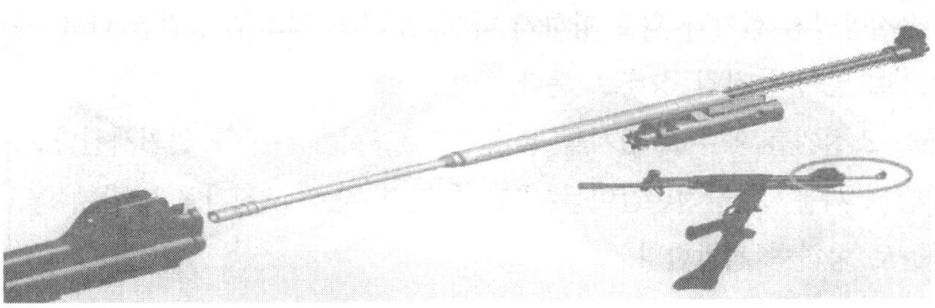

⑫,⑬ 칼퀴 멈치못 및 칼퀴 : 왼손 엄지로 칼퀴의 뒷부분을 누르고 공이나 분해구로 칼퀴 멈치못을 눌러 분리한다.

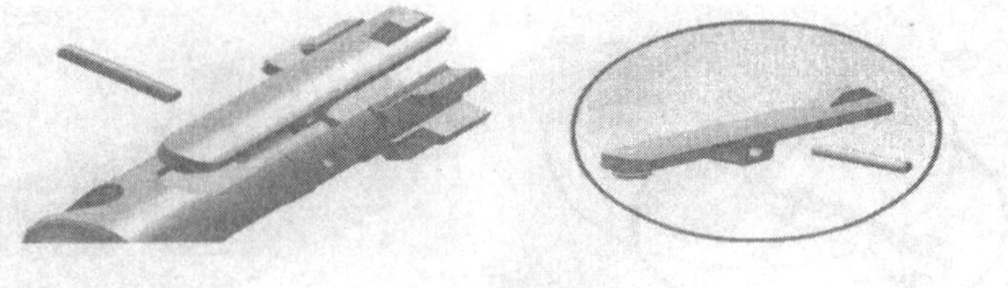

8. K-2소총 결합

★ 결합은 분해의 역순으로 실시한다☆.

① 노리쇠와 칼퀴를 칼퀴홈에 넣은후 왼손의 엄지로 칼퀴 뒷부분을 누르고 칼퀴못을 끼운다.
② 노리쇠집에 노리쇠를 차게홈이 아래로 향하게 끼운다.
③ 노리쇠 돌림못을 넣고 공이 구멍을 맞춘다.
④ 노리쇠 뭉치에 공이를 넣고 공이 멈치못을 끼운다.
⑤ 노리쇠집 뭉치에 가스활대를 끼운다.
⑥ 복좌용수철 밀대 뭉치를 가스활대에 끼운다.
⑦ 덮개와 덮개 나사를 결합한다.
⑧ 윗총몸 뭉치와 아랫총몸 뭉치를 맞추어 분리못을 결합한다.
⑨ 노리쇠가 풀림위치에 있도록하여 윗총몸뭉치 후미에 노리쇠 뭉치를 끼운다.
⑩ 장전손잡이 홈에 장전손잡이를 끼워서 노리쇠를 전진시킨다.
⑪ 복좌전방받침 힌지가 위로 향하게 하여, 오른손 엄지로 결합한 다음 힌지를 총구쪽으로 밀어서 잠김 상태로 둔다.
⑫ 가스 조절기를 끼우고 멈치를 눌러 “중” 표시가 “→”와 일치시킨다.
⑬ 멜빵을 끼운 뒤 장전손잡이를 후퇴 / 전진 시켜 조정간을 단발에 놓고 총구를 하늘로 향하여 격발한다.

제17편

사 격

제1장 K-2 소총 사격술 이론

제1절 총론

1. 개 요

(1) 교육목표

본 교재는 특수경비원의 임무인 국가주요시설을 경비함에 있어서 총기를 휴대하고 근무 할 수 있도록 법적근거에 의거 권총과 소총의 총기조작방법, 분해결합 및 사격술 능력을 배양하기 위하여 제공한다.

(2) 교육범위

K-5 한국형 권총과 K-2 한국형 소총, M16 소총에 대해서 다루고 제원과 특성도 소개한다.

(3) 교육중점

한국적인 특성과 우리의 체형에 가장 적합하고 세계에서 가장 우수한 성능을 자랑하는 한국형 총기를 사용자들에게 총기의 제원, 특성, 기능 및 총기조작 방법과 사격술 훈련에 관한 제반지식을 습득케하여 유사시 효과적으로 사용 할 수 있도록 한다.

(4) K-2소총의 연혁

1) 1974 : 미국 Colt회사에서 1961년 생산된 M16 소총을 모델로 최초로 국산 M16A1 소총을 생산
2) 1975 : 한국적 여건에 맞는 소총개발 소요제기
3) 1977 : 국방과학연구소(ADD)에서연구개발
4) 1980~1983년 : 1~4차 시험(육군보병학교, 특전사)
5) 1985 : 한국형소총 K-2생산

※ 과거 M1소총, 칼빈소총에서 '74년부터 '85년까지 M16소총이 기본무기였다.

(5) 한국형 K-2소총과 북한제 AK-88소총의 비교

1) 주요제원

구 분		북한제 AK-88	한국형 K-2
사거리	최대사거리	2,200m	2,653~3,300m
	유효사거리	550m	460~600m
총구앙등	수평분산	14.5cm	8.1cm
	수직분산	17.6cm	16.4cm
발사속도	최대발사속도	650발/분	700~900발/분
강선수		4조우선	6조우선
사격기능		단발, 연발	단발, 점사, 연발

2) 한국형 K-2 소총의 우수성

① 사거리

사거리가 길고 명중률이 높아 원거리에 있는 적을 효과적으로 제압할 수 있다.

② 총구앙등 (반동)

3발 점사나 연발사격시 총구가 위로 튀어 오르는 수직, 평균분산 폭이 북한제보다 훨씬 작아 명중률을 높일 수 있다.

③ **사격기능**

총기의 기계적 작동이 정밀하여 최대발사속도가 훨씬 빨라서 화력 집중에 효과적이며, 연발사격시 많은 실탄 소모를 방지하기 위하여 점사기능을 가지고 있다.

④ **조준구**

K-2는 원형 가늠쇠울이 있어서 조준시간도 단축되고 조준도 쉬우며 가늠쇠도 보호되고 야간가늠쇠도 있다.

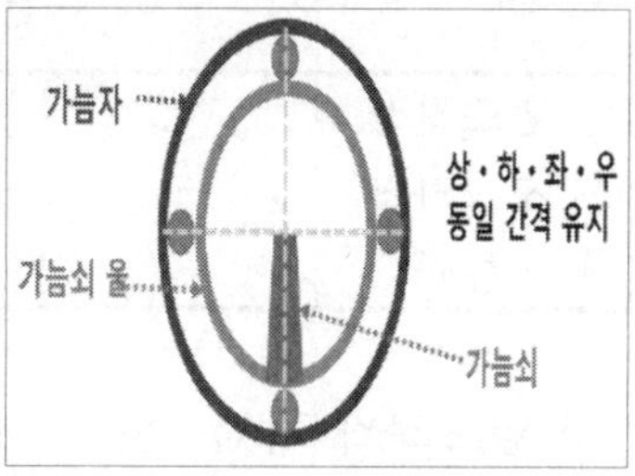

제2절 사격술훈련

1. 사격술예비훈련

(1) 개요

1) 사격술 예비훈련 단계

① 자세	② 파지	③ 조준	④ 호흡
⑤ 격발	⑥ 추적 및 예언		⑦ 가늠자조정

(2) 자세

자세의 종류는 단발, 점사, 연발(자동)사격자세와 상·하향 사격자세, 대공사격자세, 방독면 착용한 사격자세로 구분한다.

1) 올바른 사격자세

① 소총을 표적방향으로 조준하는데 자연스런 몸가짐이 되게 한다.

② 각자 자신의 신체적 조건에 적합한 사격자세를 발견하고, 발전시켜 자신의 확고한 사격자세를 유지하여야 한다.

③ 자신의 사격자세가 편안하고 견고하며 항시 동일한 방법으로 유지되도록 노력하

고, 최소의 에너지를 사용하면서 지속적으로 사격할 수 있는 자신의 사격자세를 숙달시켜야 한다.

④ 눈을 감고 거총해서 조준선을 확인하며 자세를 점검한다.

2) 사격자세의 종류(육군 교범에 5개 기본자세로 조정)

① 엎드려쏴 ② 쪼그려쏴 ③ 무릎쏴	④ 서서쏴 ⑤ 입사호쏴

3) 엎드려쏴 자세

엎드려쏴 자세는 안정성이 좋고, 적에게 노출을 적게 하며 시간적 여유가 있고 평탄한 지형에 적합하다.

① 앞에총 자세에서 반우향우 상태로 왼팔을 뻗어 총구를 표적쪽으로 향하고, 오른손으로 손잡이를 잡고 개머리판을 우측 옆구리에 붙인다.
② 시선은 표적에, 양 무릎을 꿇고 왼손으로 전방을 짚으며 엎드린다.
③ 왼손이 덮개를 잡고 어깨견착을 견고하게 하여 거총한다.
④ 양다리는 넓게 벌리거나 오른다리는 구부려 복부에 부담을 줄인다.
⑤ 소총과 사수의 척추 연장선이 30°이상 각을 주어 접용점을 이루어 조준한다.
⑥ 일어서는 동작은 역순으로 하고 앞에총 자세로 선다.

엎드려쏴 자세 좌측

엎드려쏴 자세 우측

① 전방으로 선다

② 무릎을 구부린다

③ 왼손짚고 엎드린다

④ 엎드린다

[엎드려쏴 자세 순서]

4) 쪼그려쏴 자세

신속히 자세를 취할 수 있고, 바닥이 젖거나 오염지역에서 적합하고, 평지나 경사지 하향사격시 용이하다.

① 앞에총 자세에서 반우향우 하고 좌측발을 어깨넓이 이상 벌린다.

② 가능한 신속하고 낮게 쪼그려 앉는다.

③ 양 무릎 안쪽에 양팔꿈치가 닿게 붙이고, 견착과 접용점을 확인 후에 조준한다.

쪼그려쏴(우)

쪼그려쏴(좌)

5) 무릎쏴 자세

평지나 저지에서 고지로 상향사격시 적합하며 의탁물 사용이 용이하다.

① 앞에총 자세에서 반우향우 하고 왼발을 반보정도 내딛는다.

② 오른무릎을 꿇고 발꿈치에 엉덩이가 닿게 앉고, 왼무릎은 세운다.

③ 왼팔꿈치가 무릎위에 닿게 밀착하고, 왼팔이 총대 밑에 수직으로 받치고, 견착과 접용점을 맞추어서 조준한다.

무릎쏴

무릎쏴 착검

6) 서서쏴 자세

시간적 여유가 없고 100m이내 근거리에 조우시 즉시 사격자세를 취하며 가장 안정성이 낮아서 명중률이 낮다.

① 앞에총 자세에서 반우향우, 좌측 발을 1발 표적방향으로 내딛는다.
② 오른손으로 개머리판을 어깨에 밀착시키고, 왼손은 덮개를 잡는다.
③ 체중은 양다리에 균등하게 허리는 약간 내밀어 무게중심을 유지한다.
④ 왼손으로 탄알집을 잡고 오른쪽 겨드랑이를 밀착시킨다.

서서쏴

7) 입사호 자세

근부호나 진지에서 가상 안정성이 있는 자세로 자신의 신장에 맞게 조정하고, 입사호 전면에 가슴을 대고 오른발은 뒤로 벌리고 양팔은 지면에 닿게 하여 조준한다.

입사호 자세

8) 연발(점사) 사격자세

연발사격은 사격간 조준선을 유지하기 어려워서 더욱 견고한 자세가 요구되고, 엎드려 쏴 자세나 입사호 자세는 소총다리를 사용하거나 탄알집을 잡고 몸 쪽으로 당기거나, 멜빵을 왼손에 감아잡고 반동을 억제하는 방법이 있다.

9) 대공사격자세

대공사격자세는 통상 500m 이내의 적 항공기를 소총으로 집중사격하는 자세로 대공 누워쏴자세, 대공 앉아쏴자세, 대공 무릎쏴, 대공 서서쏴자세 등이 있다.

대공 누워쏴

대공 앉아쏴

대공 무릎쏴

10) 방독면 착용시 사격자세

화생방 오염지역에서 방독면을 쓰고 사격하는 자세로 렌즈와 공기정화통의 돌출로 조준이 곤란하여 평소 예비훈련을 많이 해야 한다.

방독면 착용 사격자세

① 소총과 몸의 각도를 45°로 유지하고 개머리판은 우측상박에 붙인다.

② 머리를 약간 뒤로 하여 눈과 가늠구멍과 거리는 약10~12cm 이격시킨다.

(3) 파 지

1) 파지는 자세와 함께 이루어지는 행위로 총의 반동을 고려해서 견고하게 잡아주되 지나치게 무리한 힘을 가하면 총의 조준상태를 흩트리게 되어 나쁘다.

2) 오른손 네손가락은 손잡이를 잡아주고 인지는 첫마디가 방아쇠에 닿아서 격발시 인지만의 힘을 직후방으로 가해질 수 있어야 한다.

3) 왼손은 총대밑에 "V"자 홈을 수직으로 놓이게 하고 덮개를 가볍게 잡고 약간 뒤로 당기듯이 하고, 손가락 끝부분은 힘을 빼고 부드럽게 해 준다.

4) 어깨홈에 개머리판이 견고하게 밀착시켜 반동을 줄이고, 뺨은 개머리판에 밀착시켜 조준을 정확하고 빠르게 한다.

파지요령

(4) 조 준

조준은 사수가 정확한 자세로 표적과 총이 일치가 되어 명중이 되도록 맞추는 행위로 조준선정렬이 정조준보다 훨씬 중요하며, 실탄 사격전에 빈총으로 접용점이 맞추어진 상태로 신속하게 조준선 정렬을 일치하는 훈련을 숙달해 두어야한다.

1) 조준선정렬

조준선정렬이란 사수가 가늠자의 구멍을 통해 가늠쇠를 중앙에 일치시키는 것으로, 총의 가늠자 가늠쇠의 일치 상태를 말한다.

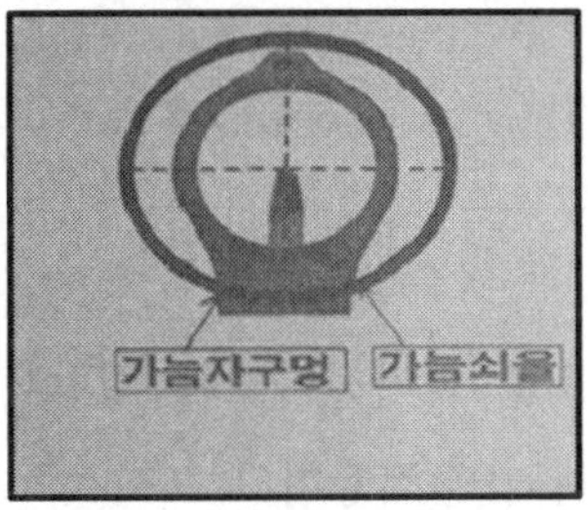

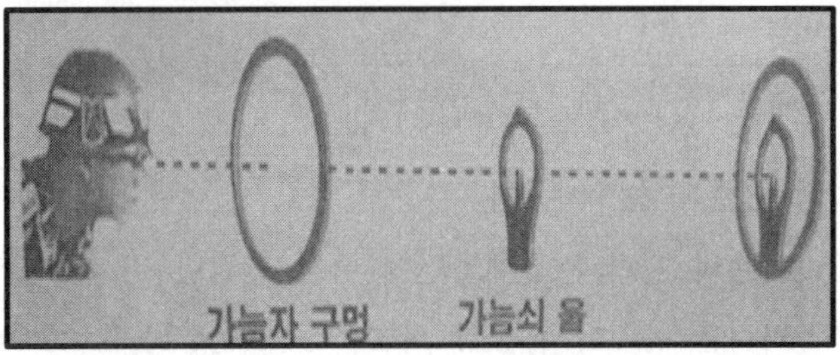

조준선 정렬

2) 표적정렬

조준선 정렬이 된 상태에서 사격하고자 하는 표적을 올려놓는 것을 말한다.

3) 정조준

정조준이란 조준선정렬과 표적이 동시에 일치된 상태로서 가늠구멍과 가늠쇠울이 동심원을 이루고 가늠쇠가 정확하게 표적 조준점에 일치된 상태를 말한다.

총을 수직으로 유지해야 기울기 편차를 줄여 명중률을 높일 수 있다.

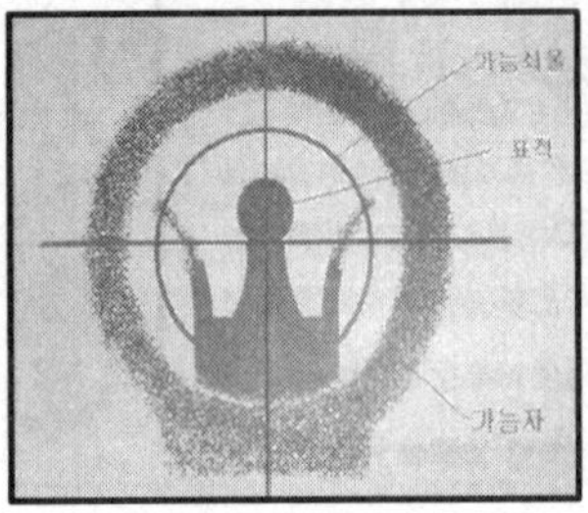

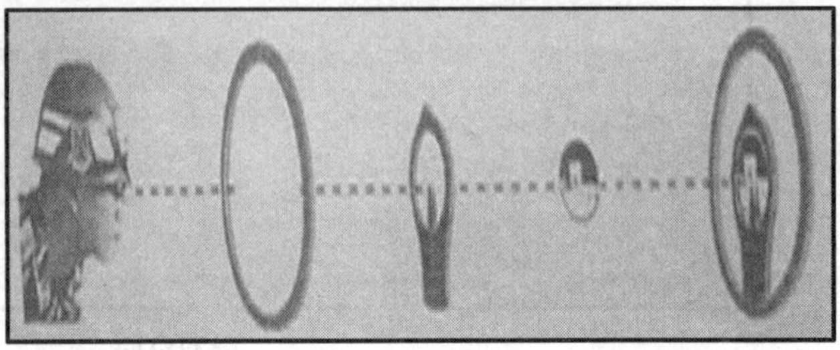

정조준

4) 조준선정렬의 오차 공식

$$\text{※ 공식} \quad \frac{\text{조준장}}{\text{조준선정렬 오차}} = \frac{\text{사거리}}{\text{탄착점의 편차}}$$

예　조준장 : 49.3cm　　　　　사거리 : 200m

조준선정렬 오차 : 0.1cm　　　탄착점의 편차 : ?

$$\frac{49.3}{0.1} = \frac{2000}{?} = 40.5\text{cm}$$

5) 조준시 눈의 위치

사수의 시력과 신체조건에 따라 편안한 자세로 양호한 조준이 가능하도록 적당한 거리를 유지하되 통상 가늠구멍으로 부터 약 5cm정도 이격이 적당하다.

단, 연발사격이나 방독면 착용 사격시에는 10~12cm 이상 이격해야 안전하다.

6) 조준시 주의사항

① 숨을 멈춘다.

② 조준선 정렬에 더욱 집중

③ 눈의 최종적인 초점은 가늠쇠 선단

☞ **탄도의 이해**

탄도 원리

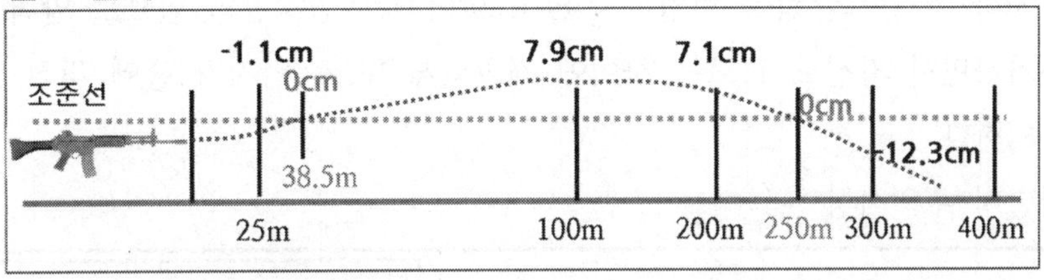

25m 표적 조준과 탄착점

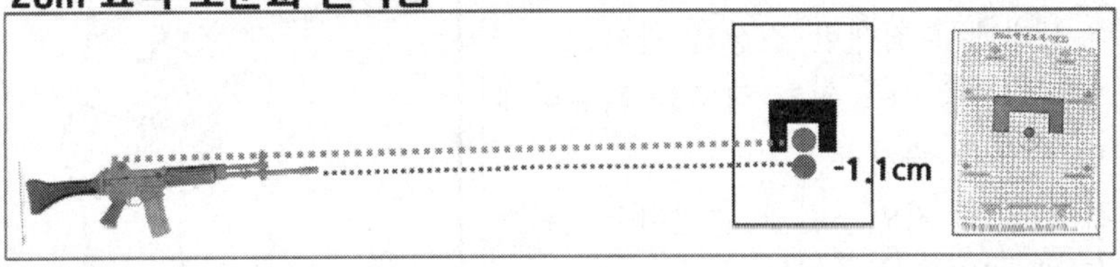

(5) 호 흡

① 사격시 호흡으로 신체율동을 자연스럽게 극소화시켜 정확한 조준 및 격발로 연결시켜야 한다.

- 평상시 호흡주기 : 1분에 12~14회
- 1호흡 주기 : 4~5초
- 자연 호흡 정지 : 12 ~15초간
- 발사에 앞서 2~3회 심호흡과 잔호흡을 한 후 조준격발에 집중

② 조준 격발이 이루어지는 동안 호흡중지 상태를 격발 후까지 연결한다.

③ 호흡은 들이마신 후 숨을 약 2/3정도 내 쉰 다음 횡격막에서 멈춘다.

④ 호흡중지 후 5~6초에 격발이 가장 이상적이며, 10초이상 넘기면 무리하여 산소결핍증으로 근육떨림과 시력감소 현상 때문에 발사 순간을 상실할 수 있다.

⑤ 발사 순간을 초과할 시 조준을 중지하고 2~3회 심호흡과 긴장완화 후 다시 시도한다.

(6) 격 발

① 격발은 사격과정의 가장 중요한 결정 단계로 조준상태를 정확한 격발로 연결해야한다.

② 목, 어깨, 팔 근육의 힘을 이완시켜 인지의 독립된 힘만으로 격발한다.

③ 인지의 첫째 마디 중앙부분이 가장적합하며, 손가락 힘이 부족한 경우는 첫째 마디에 걸고 격발하면 힘이 덜 든다.

④ 파지한 손가락의 힘을 변경하지 않고 방아쇠는 인지만의 힘으로 압력을 서서히 증가하면서 자신도 모르는 사이에 격발되게 하고, 인지가 총에 직접 닿지 않게 주의한다.

⑤ 격발시 주의사항

(ㄱ) 호흡 중지 상태에서 10초 이내 격발
(ㄴ) 정조준 상태에서 최대한 긴장을 완화
(ㄷ) 인지의 독립운동으로 최초 압력을 과감하게 (인지만의 힘을 증가)
(ㄹ) 서서히 짜면서 자연스럽게 격발하고, 위축되어 급작 격발주의
(ㅁ) 발사탄의 반동을 의식하여 눈을 감거나, 어깨로 밀지 말 것.

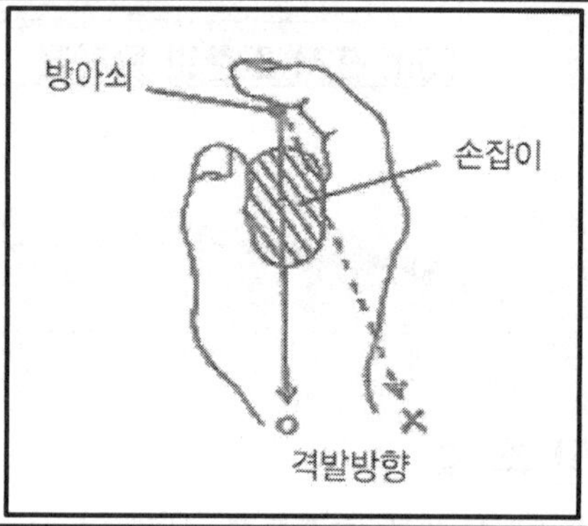

(7) 추적 및 예언

1) 추 적

추적이란 탄자가 총구를 떠난 후에도 계속적으로 격발 직전의 조준상태를 유지하기 위해서 조준선정렬을 하고 있어야 가능하다. 총성과 반동에 의해서 눈을 감거나 조준선을 놓치면 추적이 되지 않아 사수의 과오를 발견할 수 없어서 수정이 곤란하다.

2) 예 언

사수가 격발 순간 조준되었던 지점을 판단하고 기억하여 탄착점의 위치를 판단해 내는 기술이다.

① 탄착의 명중확인은 표적을 보지 않고 추적시 조준상태의 잔영을 기억하여 시계 방향으로 상·하, 좌·우로 몇시 방향 몇점에 맞았다고 예언하면서 반복 훈련해야 한다.

② 예언이 정확하여도 탄착이 명중이 되지 않을 때는 가늠자를 수정해야 한다.

③ 추적과 예언을 잘하지 위해서 최고의 정신집중과 안정상태로 사격과정 간 모든 부분을 연결하여 반복 훈련하여야 가능하다.

(8) 가늠자조정

사거리에 따라서 못이나 꽂을대를 이용, 가늠자 거리조절 나사를 [2.5, 4, 5, 6]에 맞게 돌려주고 가늠자 좌·우, 상·하 돌림쇠를 이용하여 편차를 수정한다.

① 가늠자의 좌·우 편차는 소총의 가늠자 우측에 부착되어 있고, 총 34크리크이다. 시계방향(R→)으로 돌리면 탄착이 우측으로 반대로 돌리면 탄착이 좌측으로 이동된다.

② 최초 기본 가늠자는 중앙인 17크리크에 위치시킨다.

③ 상·하 편차는 가늠자 가운데 상·하 조정나사를 이용하여 조정한다. 총 40크리크이며, (상→)방향으로 돌리면 탄착이 위로 이동되고, 반대로 돌리면 아래로 내려간다.

④ 가늠자 거리조절 나사는 [2.5]에 전투 영점을 실거리 350m 까지, [4]에는 351~450m 까지, [5]에는 451~550m 까지, [6]에는 551m 이상의 표적에 사격할 때 조정한다.

⑤ 야간 사격시에는 야간 가늠자를 세워서 가늠쇠울 상단 야광점에 맞추어 조준한다.

⑥ 가늠자는 좌·우, 상·하 1크리크 이동시 25m에서 0.7cm (영점표적지 눈 금 1칸), 100m 에서는 2.8cm, 200m 에서는 5.6cm 이동된다.

⑦ 영점사격은 25m에서 한번에 3발씩 사격하여 탄착군의 중심을 보고 크리크를 이동시키고, 조준점 보다 lcm 하단 지점에 4cm원 내에 탄착의 중심이 되게 영점을 구하면 250m에서 조준점과 탄착점이 일치되어 전투영점이 구해진다.

⑧ 개인 총기가 아니어서 영점수정을 못하면, 오조준해서 조준점을 맞추거나 사격한 탄착군의 범위를 보고 사격능력을 판단할 수 있다.

제3절 사격장 운용 및 사격

1. 사격장편성

① 사격장에는 표적 설치대, 통제대, 안전수기 등이 준비되어야 한다.
② 통제대는 사선 중앙에 위치하여 전후방을 관측할 수 있어야 한다.
③ 통상 8명씩 1개 조로 운영하고, 사수와 안전요원만 사선에 들어간다.
④ 통제관은 마이크를 사용 사격을 통제 및 진행하고 안전유지를 감독한다.
⑤ 사선 안전요원은 사수별로 1명씩 배치하여 사수의 안전을 담당한다.
⑥ 총기 지급 및 탄약분배는 경찰관이 직접 실시한다.
⑦ 사격간 안전사고에 대비 구급함, 응급요원, 구급차량 등을 대기시킨다.
⑧ 실탄사격전에 모든 인원에게 사격장 안전수칙에 대해서 설명한다.
⑨ 소총은 총가에 고리를 부착하여 함부로 움직이지 않도록 고정시킨다.
⑩ 탄피 받이를 별도로 사용하여 사격간 탄피가 분실되지 않도록 한다.

2. 사격통제

사격통제는 통제관이 마이크를 이용하여 전원이 들릴 수 있도록 간단명료하게 한다.

① 사수 사선 정위치로
② 표적 부착(개인 성명을 기재)
③ 사수 엎드려쏴
④ 탄알집 장전(10발씩 장전)
⑤ 탄알 1발 장전
⑥ 조정간 단발
⑦ 준비된 사수로부터 사격개시
⑧ 사격이 끝난 사수 조정간 안전, 탄알집 제거
⑨ 전사선 사격끝 (좌 · 우선 사격끝 보고후)
⑪ 사수 약실 검사후 보고
⑫ 사수 일어서
⑬ 사수 표적확인 (표적확인이 끝난 사수 대기)

⑭ 사격이 끝난 사수 탄피와 탄알집 반납

★ 통제에 불응 또는 안전위해 사유가 발생시 사수에게 사격기회를 박탈할 수 있다.

3. 실탄사격 및 채점

사수는 영점표적지에 10발 연습사격후 10발 기록사격 한다.

기록사격 표적지는 사수의 소속과 성명을 기재하여 반납하고, 통제관은 탄착의 분포도 크기를 구분하여 실기점수 20점 만점으로 통상 5단계로 구분하여 채점 한다.

군에서 훈련된 병사들의 기준은 통상 25m영점 사격시 탄착군의 크기가 지름4cm원내 합격으로 하지만, 숙달되지 않은 사수를 평가 할 때는 조금 더 넓게 평가함이 타당하다고 본다.

※ 특수경비원은 탄착의 범위가 6cm이내가 만점이고 매4cm씩 증가하여 2점씩 감해 5개 등급으로 평가하며, 상실탄은 1발당 1등급씩 낮은 점수를 부여하고, 사격 실기 점수는 총20점 만점이다.

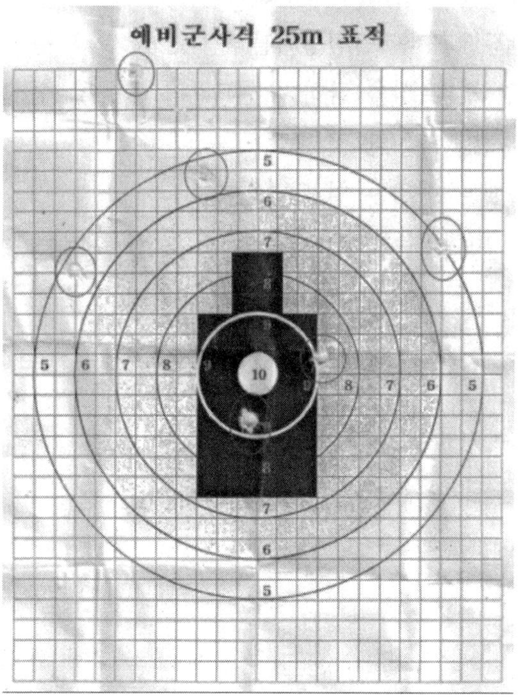

제4절 사격장 안전수칙

1. 안전수칙

총기는 반드시 안전수칙을 준수하면서 다루지 않으면 생명에 위험하므로 빈 총 이라도 반드시 안전검사를 실시한 후에 취급하고 특히 근무중·사격중에는 필수적인 확인사항으로 총기 취급자와 감독자의 책임이다.

2. 사격장 안전수칙 (사격전 필히 숙지)

① 모든사격은 통제관의 지시에 따라야 한다.
② 총구는 항상 표적 방향으로 향할 것.
③ 빈 총이라도 사람에게는 절대 겨냥하지 말 것.
④ 사격중인 사람 외에는 사선에 들어가지 말 것.
⑤ 총기 고장이 생기면 즉시 통제관에게 알릴 것.
⑥ 타인의 총기를 마음대로 만지지 말 것.
⑦ 사격이 끝나면 탄창제거 후 안전장치를 할 것.
⑧ 사격장에서는 흡연 및 고성을 금하며 핸드폰을 사용할 수 없다.
⑨ 음주후 사격장에 들어가지 말 것.
⑩ 타인에게 방해가 되는 행위는 일체 금한다.
⑪ 총은 항상 약실이 비어있는 상태로 운반하고, 사격후에는 약실을 확인.

제2장 권총 사격술 및 총기 조작

제1절 사격술의 중요성

① 권총은 개인의 생명을 보호할 뿐 아니라, 적으로부터 위해를 받는 경우 자신의 피해는 물론 나아가 국가의 운명이 좌우될 수도 있다.

② 총기 사용자는 총기의 이해와 조작방법을 익히고 사격술을 지속적으로 연마하여 유사시 효과적으로 사용할 수 있어야 한다.

제2절 K-5권총 (한국형)

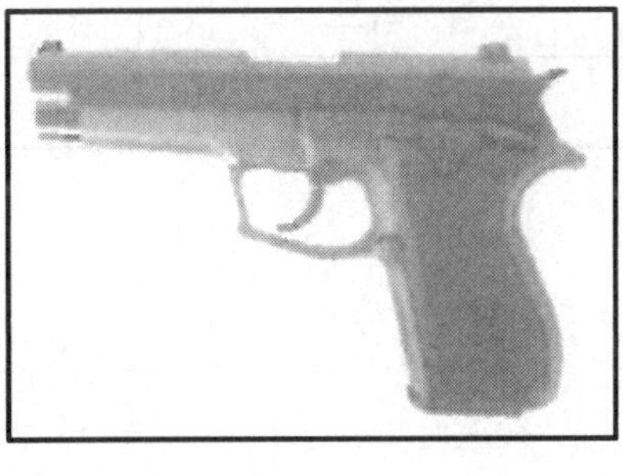

1. 특 성

(1) 반자동식　(2) 반동식

(3) 탄알집 장전식　(4) 파지식

2. 제 원

구 분	내 용	비 고
구 경	9㎜	
무 게	800g	탄창12발 200g
전 장	190㎜	
총열길이	105㎜	
조준장	145㎜	
최대사거리	1,550m	
유효사거리	50m	
유효발사속도	40 발/분	
강 선	6조 우선	
약실압력	2,510㎏/㎠	
총구속도	356m/s	
방아쇠압력	1.9 ~ 2.9㎏	복동식 3.7㎏ 이상

3. K-5 권총의 외부명칭

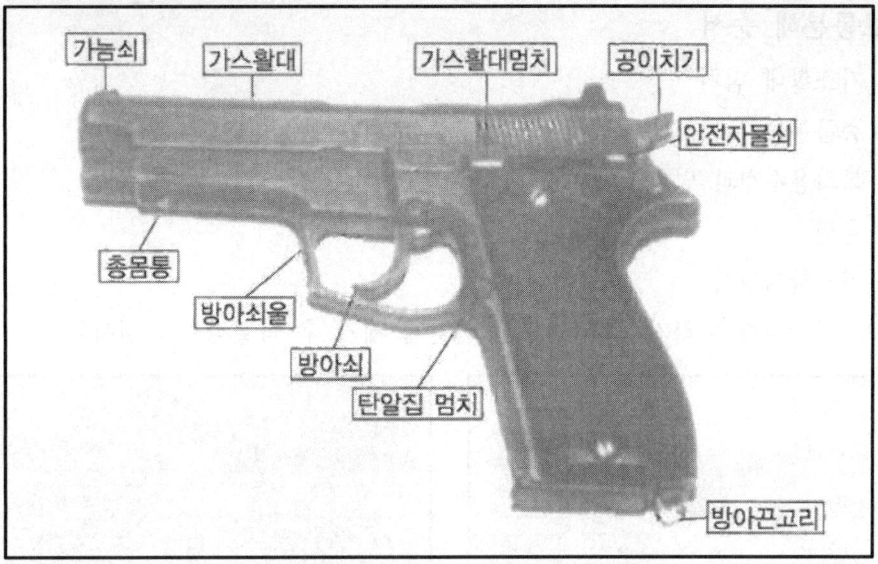
가늠쇠
가스활대
가스활대멈치
공이치기
안전자물쇠
총몸통
방아쇠울
방아쇠
탄알집 멈치
방아끈고리

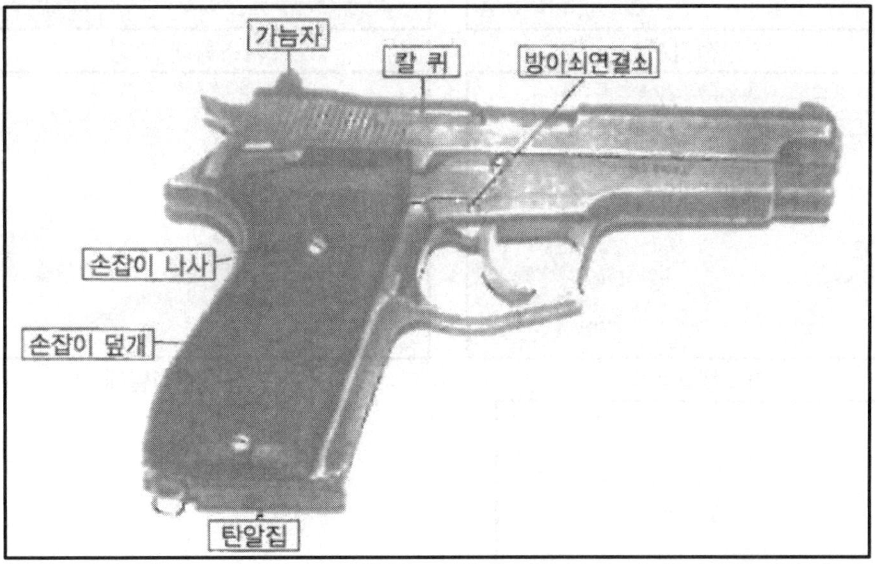
가늠자
칼 퀴
방아쇠연결쇠
손잡이 나사
손잡이 덮개
탄알집

4. 분해결합

(1) 보통분해 순서

① 가스활대 멈치

② 총몸통뭉치

③ 복좌용수철과 밀대

④ 총열

⑤ 가스활대멈치

※ 분해결합을 하기 전에 반드시 탄알집 제거 후 약실검사를 실시한다.

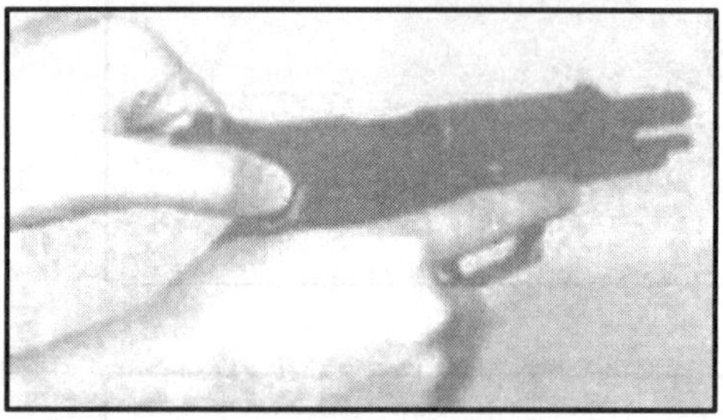

안전검사

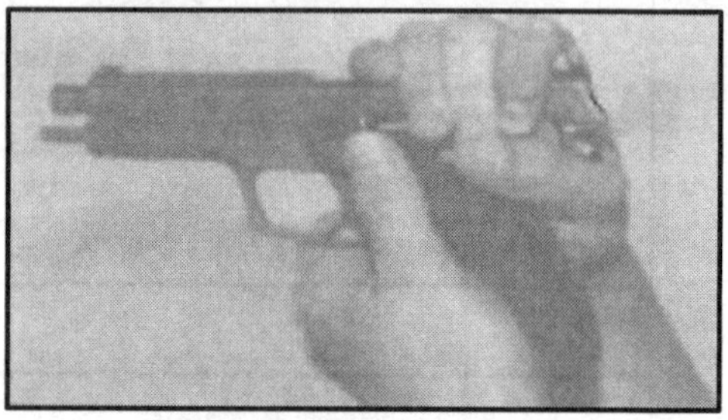

가스활대 고정

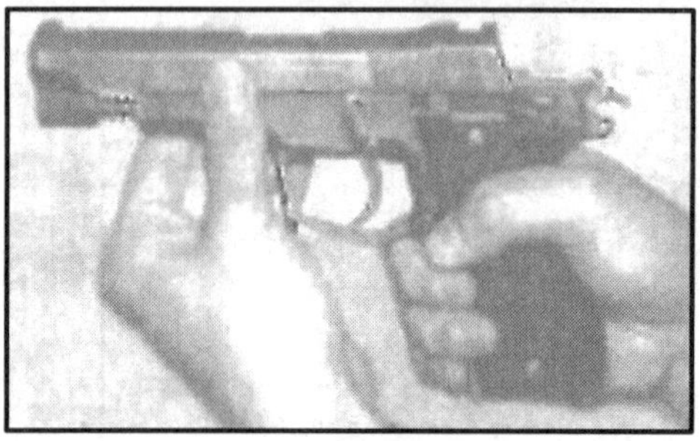

가스활대뭉치

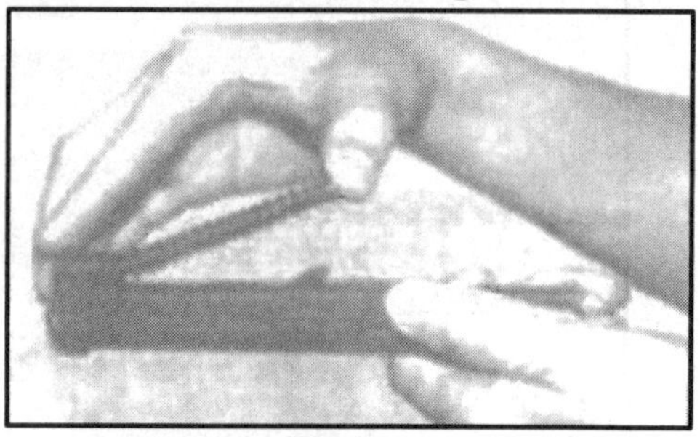

복좌용수철밀대

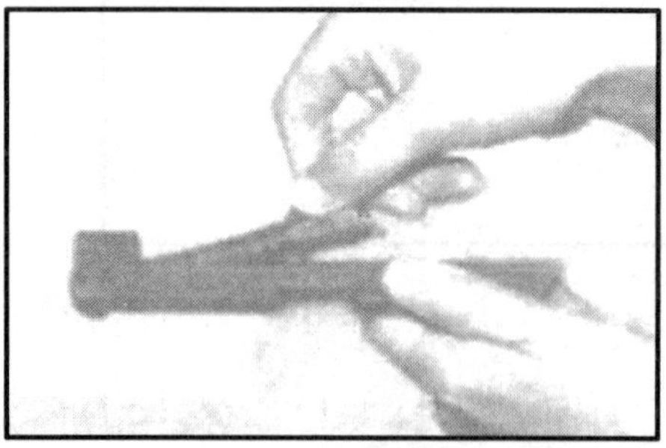

총열뭉치

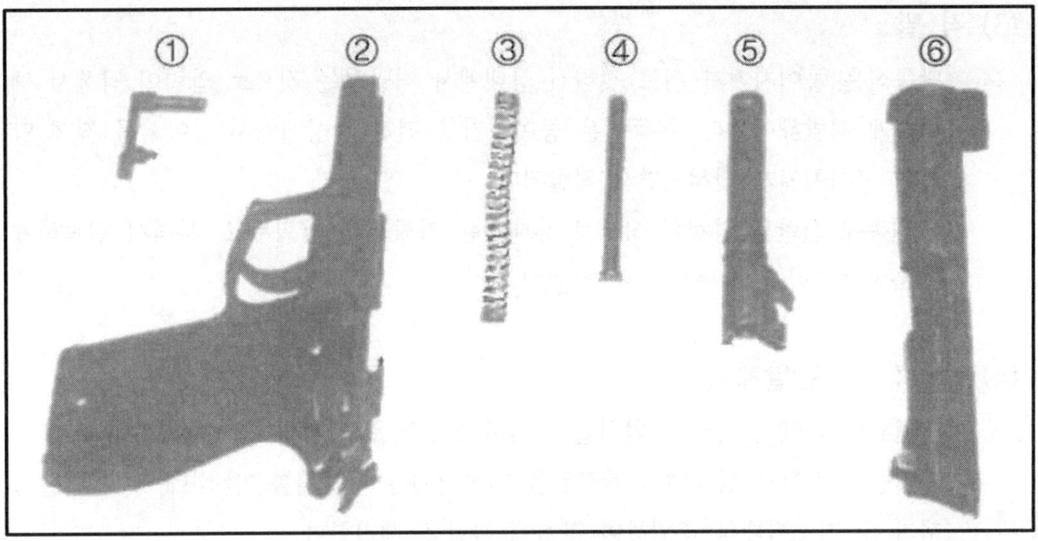

보통분해 부분품

① 가스활대멈치 ② 총몸통뭉치 ③ 복좌용수철
④ 복좌용수철밀대 ⑤ 총열 ⑥ 가스활대

5. 총기조작방법

(1) 탄알집에 탄알 장탄법

① 탄알집에 12발을 장탄할 수 있고, 탄알집 홈의 숫자로 장전 실탄발수를 확인한다.

② 탄알집을 왼손으로 잡고 오른손 엄지로 누르면서 장탄한다.

(2) 탄알집 장전

① 권총을 들고 자물쇠를 '안전'에 위치시킨다.

② 탄알집을 위로 완전히 삽입한다.

③ 가스활대가 후퇴상태에서 멈치를 눌러 약실에 실탄을 장전하거나, 가스활대를 잡고 후퇴 전진하여 실탄을 장전한다.

※ 이때 방아쇠를 잡으면 오발 위험이 있다.

(3) 격 발

① 단동식은 공이치기가 뒤로 젖혀진 상태에서 격발하는 것으로 압력이 약해서 예민하게 격발해야한다. 복동식은 공이치기가 전진된 상태에서 방아쇠를 깊게 당기면 공이치기가 젖혀지면서 격발된다.

※ 권총에 실탄을 장전된 상태로 휴대시는 자물쇠를 잠궈두고, 사격시 신속하게 풀면서 1탄은 복동식으로 격발한다.

(4) 탄알집 및 탄알제거

① 사격완료 후에는 탄알집 멈치를 눌러서 탄알집을 제거한다.

② 사격중 실탄장전 상태에서 탄알집을 제거시에는 자물쇠를 '안전'에 두고 탄알집 제거 후 가스활대를 후퇴하여 약실에 잔탄을 제거한다.

6. 기능

① 송탄작용
② 장전작용
③ 잠김작용
④ 발사작용
⑤ 풀림작용
⑥ 추출작용
⑦ 방출작용
⑧ 공이치기 잠김작용

7. 응급처치

(1) 불발탄 발생시

방아쇠를 놓았다가 다시 격발을 시도하고, 발사되지 않을 시에는 가스활대를 후퇴 / 전진후 조준 격발을 한다.

(2) 탄알집 결합시

올려총 자세에서 탄알집을 제거 후 가스활대를 후퇴시켜 놓고, 새 탄창을 결합한 후 가스활대를 전진하여 조준 격발 한다.

제3절 구경 45 권총 (M1911)

구 분	내 용	비 고
구 경	1.14cm	
무 게	1,100g	탄창12발 200g
전 장	219mm	
총열길이	127mm	
조준장	165mm	
최대사거리	1,500m	
유효사거리	50m	
유효발사속도	21~28 발/분	
최대발사속도	35~42 발/분	
강 선	6조 좌선	
약실압력	1,7000 P.S.I	
총구속도	253m/s	
방아쇠압력	2.5 ~ 2.9kg	복동식 4kg 이상

제4절 구경 38 리볼버 권총 (S&W 38 Revolver)

1. 제원

구 분	4″ 권총	3″ 권총	경찰청 3″ 신형권총
구 경	9.07㎜	9.07㎜	성능은 비슷하나 가볍고 부피가 작아 휴대에 용이하다.
무 게	864g	680g	
전 장	236.5㎜	190㎜	
총열길이	10.5㎝	7.6㎝	
조준장	15㎜	12㎝	
최대사거리	1,640m	1,200m	
유효사거리	64m	50m	
강선수	6조 우선	6조 우선	
총구속도	290m/s	265m/s	
실탄장전	6발	5발	

2. 특성

(1) 반자동식 (실린더회전식)

(2) 실린더장전식

(3) 복동식 (Double Action)

(4) 단동식 (Single Action)

(5) 공랭식

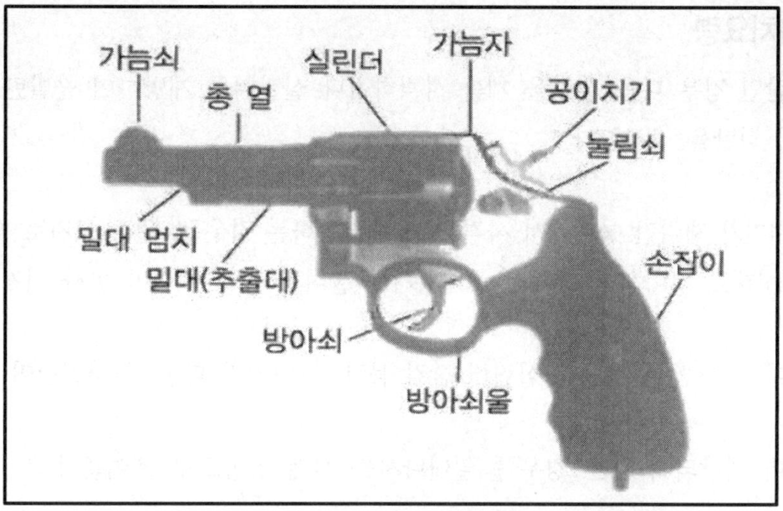

38리볼버 권총 외부명칭

3. 총기조작 요령

(1) 실린더 개방

• 오른손 모지로 눌림쇠를 밀고, 왼손중지로 실린더를 좌로 밀어서 개방한다.

(2) 실탄장전

• 총을 왼손으로 잡고 실탄을 오른손으로 1발씩 장전한다.

(3) 실린더 회전

• 격발시 실린더는 시계 반대 방향으로 회전한다. 따라서 실린더를 닫았을 시 방아쇠를 당기면 1시 방향에 있던 실탄이 제1탄이 된다.
(2" 권총은 실린더가 시계방향으로 회전하는 총도 있다)

(4) 탄피제거

• 실린더를 열고 밀대를 눌러서 탄피를 제거한다.

4. 응급처치요령

(1) 불발탄인 경우 다음 실탄을 계속 사격하거나 실린더를 개방하여 불발탄을 제거하고 새 실탄을 장전한다.

(2) 공이치기가 재켜진 상태에서 사격을 중지해야 하는 경우는, 왼손 모지로 공이치기를 누른 상태로 방아쇠를 당겨서 공이치기를 살며시 놓아 주어야 발사 되지 않는다.

(3) 격발이 되지 않는 경우 - 실린더 잠김 불량, 공이치기 파손, 불량실탄이 원인이다.

(4) 실린더 개방되지 않는 경우 - 밀대나사를 시계 방향으로 조여준다.

(5) 탄피가 제거되지 않는 경우 - 밀대를 밀어주거나 드라이버로 직접 밀어서 제거한다.

제5절 사격 방법

1. 한손 사격자세, 서서쏴

① 시선은 표적을 보고 좌향좌로 서서 양발은 어깨넓이로 바로 선다.
② 허리는 곧게 펴고 골격으로 지지하여 안전성과 균형을 유지한다.
③ 오른손으로 총을 잡고 팔을 곧게 펴서 왼손은 호주머니에 넣고 어깨와 팔에 힘을 뺀다.
④ 총의 무게만큼 상체를 왼쪽으로 기울이고 골반은 약간 앞으로 지지하여 중심을 유지한다.
⑤ 얼굴은 표적 정면으로 향하고 어깨와 목의 근육을 이완한다.

2. 양손자세, 서서쏴

(1) 정면서기

① 양발의 간격은 어깨넓이로 정면으로 바로 선다.

② 골반을 앞으로 약간 내밀고 상체를 뒤로 무게중심을 유지한다.

③ 양손을 가슴 가운데로 모아서 양손파지로 총을 잡고 사격한다.

④ 양팔을 곧게 펴서 손목, 팔목, 어깨에 힘을 균등하게 지지한다.

⑤ 고개를 바르게 세워서 눈높이에 총이 위치하게 한다.

정면자세

웨버자세

(2) 웨버 자세

속사 사격시 총의 반동을 최소화 시켜서 격발시간을 단축하기에 좋은 자세이다.

① 왼쪽 어깨가 표적방향으로 45° 향하게, 양발은 어깨넓이로 벌린다.

② 총을 잡은 팔은 펴주고 반대 팔은 약 50° 정도 구부린다.

③ 왼손으로 오른손을 감아잡고 오른손은 파지를 견고하게 한다.

④ 왼손 모지가 해머(공이치기)에 다치지 않게 주의한다.

⑤ 더블액션은 인지의 첫마디에 닿게 하고 초기 압력을 과감하게 주어서 1단, 2단을 구분하여 격발한다.

3. 무릎쏴 자세

① 한쪽 무릎을 굽혀 바닥에 닿게하고 발뒤꿈치에 엉덩이가 닿게 앉는다.

② 왼팔은 무릎에 닿게하고 오른팔은 곧게 펴서 조준한다.

③ 신속한 기동에는 다소 제한된 자세로 은폐물 이용이 용이하다.

4. 쪼그려쏴 자세

쪼그려쏴

① 무릎을 약간 굽히고 상체를 앞으로 지지하며 양손자세로 선다.

② 힘을 약간 뒤로 빼고 허리는 곧게 핀다.

③ 신속한 총뽑기와 동시에 격발로 연결하고, 자세를 낮춘다.

④ 앞뒤/좌우 표적 전환이 빠르고 견고한 자세로 연발시 유리하다.

⑤ 무조준 지향사격시 총높이를 가슴보다 낮게하고 시선은 표적을 응시한다.

5. 속사 총 뽑기

① 총기 휴대는 요대착용시 하의 우측 재봉선과 일치되게 한다.

② 어깨 멜빵은 좌측 겨드랑이 밑에 밀착시킨다.

③ 왼손이 총집을 가볍게 잡고 오른손으로 총을 뽑는다.

④ 총 뽑을 시에 총집에서 최단거리로 이동한다.

⑤ 총 뽑기 전 시선은 표적 방향을 주시한다.

⑥ 총 뽑은 후 신속하게 양손파지로 시선은 조준선정렬에 맞춘다.

어깨멜빵휴대

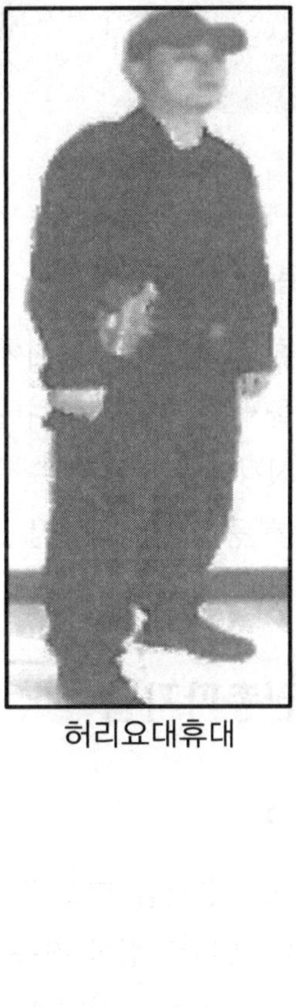

허리요대휴대

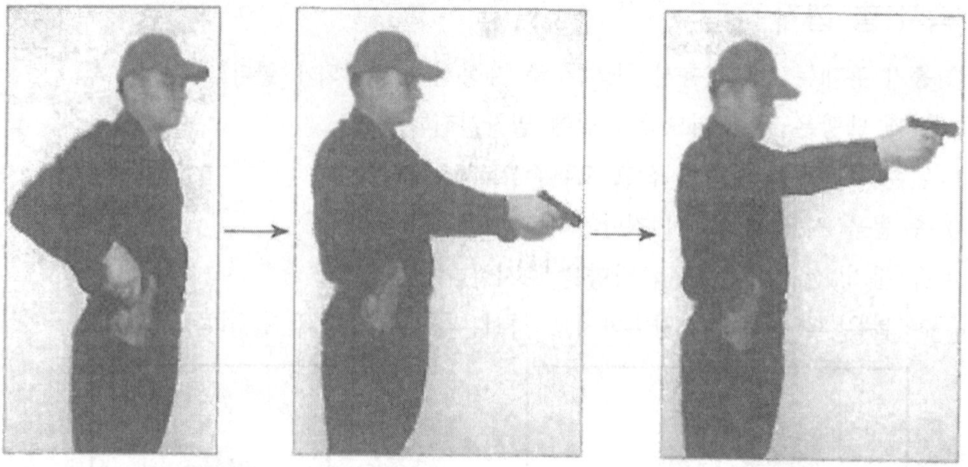

총뽑기 순서

6. 이동물체 사격

① 신속한 표적발견과 동시에 총뽑기가 되도록 지속적인 예비훈련이 필요하다.

② 이동물체의 속도를 고려하여 조준시 리드를 적용, 표적앞에 조준한다.

③ 조준선정렬 상태에서 표적을 추적하면서 스윙해 준다.

④ 허리를 중심으로 상체를 스윙하며 방아쇠 압력을 계속 증가시킨다.

제6절 권총파지법

1. 한손파지

① 왼손으로 총열을 먼저 잡고, 오른손 "v"자 홈에 밀착시켜 잡는다.

② 손잡이 앞뒤로 힘이 작용되게 파지하여 인지의 독립운동이 용이해야 한다.

③ 모지는 자연스런 상태로 두고 사격반동시 풀어지지 않아야 한다.

④ 손잡이 위로 최대한 올려서 파지하고 손가락 끝에 힘을 뺀다.

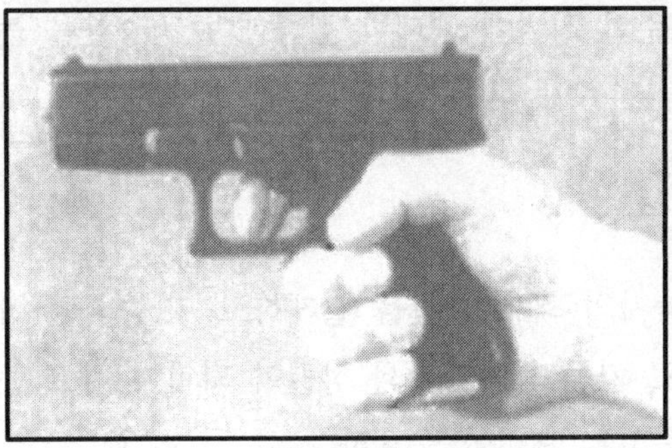
한손파지

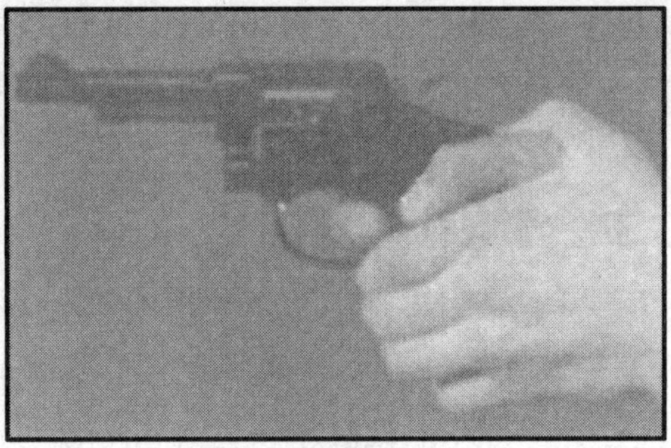
양손파지

2. 양손파지

① 한손파지 상태를 그대로 유지하여 왼손으로 오른손을 보조 하듯이 가볍게 받쳐 잡아준다.

② 왼손은 총에 직접 닿지 않는 것이 좋고, 모지는 슬라이드 후퇴시 닿지 않게 오른손 모지위에 포개어 준다.

3. 파지시 유의사항

① 파지시 조준선 정열상태를 계속 유지해야 한다.

② 파지는 동일한 위치에 동일한 방법으로 동일한 압력을 유지해야 한다.

③ 파지를 완료한 다음에 인지가 방아쇠에 닿게 해야 안전하다.

④ 손목, 팔목, 어깨의 힘을 균등하게 하고, 무리한 힘을 주지 않도록 한다.

⑤ 양손파지시 왼손이 직접 총에 닿지 않아야 한다.

제7절 조준방법

조준은 사수가 정확한 자세로 권총을 파지하고 표적과 총이 일치되어 명중될 수 있도록 가늠자와 가늠쇠를 맞추어서 조준선 정열을 하여, 그 상태를 표적의 조준점에 일치시키는 훈련을 숙달해야 한다.

조준선 정렬이 정조준보다 훨씬 중요하므로 사수는 표적의 조준점에 너무 집착 하지 말고 조준구역을 설정하여 여유를 가지고 조준선 정렬에 최대한 집중해야 명중률을 높일 수 있다.

1. 조준선 정렬

가늠자홈과 가늠쇠를 일치시킨 상태로 가늠자의 좌우 공간을 같게하고, 가늠쇠의 상하가 수평되게 맞추는 것으로 표적과는 별개로 가늠자와 가늠쇠 정렬이 되어야 하고 총의 동요를 최소화 하면서 조준선 정렬에 집중하는 훈련이 중요하다.

이때 사수는 고개를 바로 들고 조준하여 눈이 사시현상이 되지 않게 주의해야 한다.

2. 정조준 요령 (표적정렬)

조준선정렬이 이루어진 상태에서 표적 흑점과 일치시키는 것으로 중앙조준, 하단조준, 백일선 조준 방법 등이 있다.

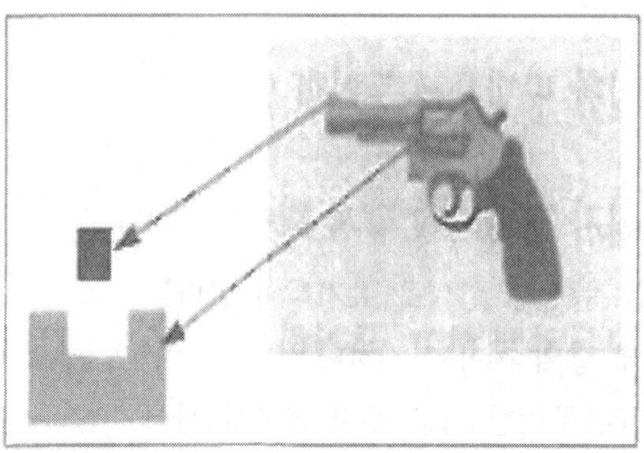

가늠쇠, 가늠자

조준선 정렬

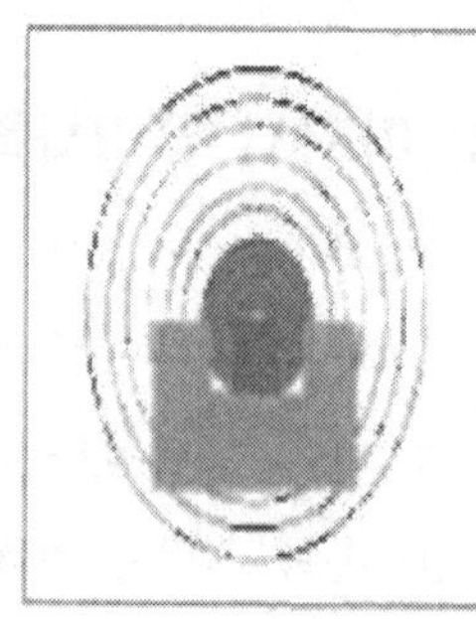

정조준

3. 조준시 눈의 사용

완사 사격시에는 통상 왼눈을 감고 오른눈으로 조준하는데, 속사나 연발 사격은 사야를 넓게 갖기 위해서 양눈을 뜨고 조준하는 방법이 좋다.

양눈 사용을 위해서는 사수 개인의 우월한 눈(주시)이 어느 쪽 눈인지를 먼저 알아내고 오른눈이 주시가 아니면 상당한 기간 훈련을 하지 않으면 조준할 때마다 시선의 초점이 좌우로 바뀌어 혼돈될 수 있다.

제8절 호흡

1. 호흡조절

① 정상인의 호흡 주기는 통상 4~5초에 1호흡을 한다.

② 거총하기 전에 심호흡을 2~3회 실시한 후 숨을 천천히 들이마시면서 거총 한다.

③ 들이마신 호흡을 2/3정도 내쉬면서 가볍게 정지한다.

④ 호흡을 멈추면서 조준선에 집중, 방아쇠에 압력을 증가시켜 격발한다.

⑤ 호흡정지 시간이 길수록 근육의 떨림과 나쁜 격발을 하게 된다.

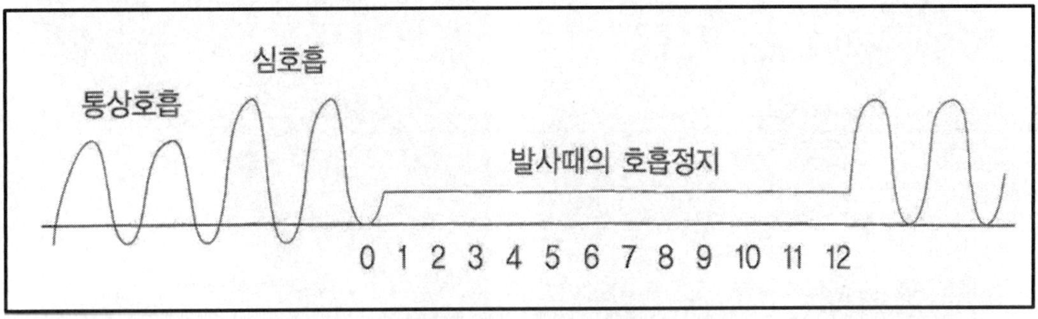

발사시 호흡 정지 요령

제9절 격발 방법

1. 격발의 구비 조건

① 긴장을 최대한 완화시키고 인지의 동일한 위치를 선정한다.

② 최초의 압력을 과감하게 걸고 일정한 압력을 계속 증가시킨다.

③ 호흡정지 상태를 유지하며 인지에 최대한 집중한다.

④ 최소한의 동요상태를 유지하고 정확한 조준선 정렬을 한다.

2. 올바른 격발 방법

① 인지의 독립된 힘을 직후방으로 가하여 5~8초 이내 격발되게 한다.

② 무의식적인 격발로 지속적인 압력을 증가(Squeeze)하여 격발한다.

③ 격발시간이 다가올수록 가늠쇠에 시선을 집중한다.

④ 인지가 총에 직접 닿지 않게 하고, 격발시간은 항상 일정하게 유지한다.

⑤ 속사 사격시 더블액션 격발 법은 방아쇠 1,2단을 구분하여 압력을 더 많이 주어 최단시간에 발사시킨다.

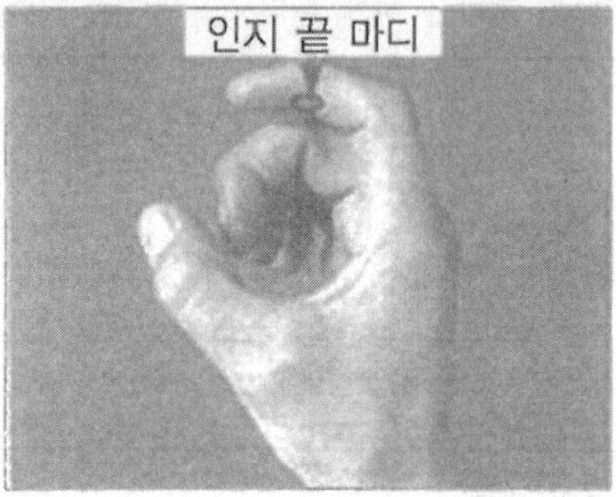

격발시 인지의 위치

3. 9미리 권총의 탄도와 조준선과의 관계

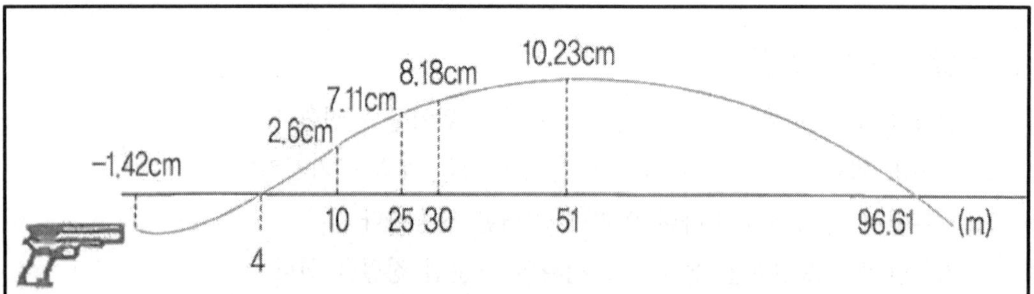

권총탄도

제10절 추적 및 예언

1. 추적

격발 후에도 조준선에 시선의 초점을 고정하여 발사전의 상태를 유지하려고 노력해야 한다.

2. 예언

격발순간의 조준선 정열 상태의 잔영을 기억해 내어 탄착과 연결시켜 시계방향으로 몇시 방향, 몇점을 예언하는 것으로 예언의 정확도가 명중률을 향상시킨다.

제11절 사격방법

1. 영점사격

영점사격은 사거리 25m에서 3발 이상을 사격하여 탄착의 분포를 보고 크리크를 수정하여 영점을 구한다.

2. 훈련사격 / 기록사격

영점을 구한 총으로 25m 거리에서 1개의 탄창에 5발씩 장전하여 2회 10발씩 완사 또는 속사로 사격훈련을 한다.

3. 사격시간

완사는 통상 5발에 5분씩 사격하며 속사는 12~15초에 5발씩 사격하고, 숙달된 사수는 필요시 10발씩 사격 훈련을 할수도 있다.

4. 통제방법

① 사수 사선 정위치로

② 실탄 5발 장전

③ 자물쇠 안전

④ 좌우 사선 준비여하

⑤ 준비 끝

⑥ 준비된 사수로부터 사격개시

⑦ 사격 끝

⑧ 탄알집 제거 약실검사

⑨ 권총 놓아

⑩ 표적 확인

제12절 사격장 안전

1. 안전수칙

① 모든 사격은 통제관의 지시에 의하여 실시 할 것.

② 총구는 항상 표적 방향으로 향 할 것.

③ 빈 총이라도 사람에게는 절대 겨냥하지 말 것.

④ 사격중인 사람 외에는 사선에 들어가지 말 것.

⑤ 총기 고장이 생기면 즉시 통제관에게 알릴 것.

⑥ 타인의 총기를 마음대로 만지지 말 것.

⑦ 사격이 끝나면 탄창제거 후 안전장치를 할 것.

⑧ 사격장에서는 흡연 및 핸드폰을 시용할 수 없다.

⑨ 음주 후 사격장에 들어가지 말 것.

⑩ 타인에게 방해가 되는 행위는 일체 금한다.

⑪ 총은 항상 약실이 빈 상태로 운반하고, 사격 후에는 약실을 확인한다.

제18편

체포、호신술

(질문 · 검색 및 상황대응 요령 포함)

제1장 이 론

호신술의 여러 가지 패턴이 있지만 본교재 에서는 학위논문 근거 및 경찰 체포호신술 메뉴얼을 기준 으로 하여 현재에 맞게 기술을 설명하고자 한다.

호(보호할護) 신(몸身) 술(재주術)

타인의 공격을 방어하거나 상대의 폭력을 제어하여 자신의 안전을 지키는 기술

1. 호신술의 원리

상대가 밀면 당기고 당기면 밀어라 –상대의 힘을 이용.(힘의 원리)

- 자세를 낮추어라
- 원 운동을 이용하라
- 기망 행위

2. 경찰 호신 체포술

경찰관들이 공무수행 중 상대가 갑작스런 공격 등에 대비 자신의 몸을 최대한 보호하면서도 상대방을 완벽하게 제압·체포할 수 있도록 기술적인 원리에 따라 물리력을 행사하여 기술과 경찰 장구 사용방법이다. (경찰청, 2005).

특히 공격 정도에 따라 적절하고 단계적인 대응 방법으로 상대의 인권을 최대한 존중하면서도 경찰업무 목적을 달성할 수 있도록 한 것이다. (경찰청, 2005) (고재섭, 2011).

3. 경찰 체포술

경찰체포술은 범인이나 사건 당사자 등을 제지·제압하며 체포하거나 또는 경찰직무상 목적을 달성하기 위해 상대방의 신체를 이용하거나 또는 경찰장구 등을 안전하게 효과적으로 이용하는 것을 말하며, 상대방에게 직접 신체나 장구를 쓰지 않고 언어나 기세로 제압·체포하기도 한다. 이처럼 호신 체포술의 기술은 경찰관이 평소 숙련하고 익혀 자유자제로 기술을 활용할 수 있을 때 효과적으로 쓸 수 있는 것이다. (경찰청, 2008).

경찰필수 호신 체포술 구성표

구 분	상 황	기 술
맨손 대 맨손	양손(손등아래)으로 멱살이 잡혔을 때	손비틀어꺽기
	멱살(손등) 이 잡혔을때	손목 꺽기
	주먹으로 공격할때	막아잡아 목감아돌리기
	어깨가 잡혔을 때	팔 감아 손목꺽기
	손목(안)이 잡혔을 때	손목 꺽기
	손목(바깥)이 잡혔을 때	손목 꺽기
맨손대 흉기	칼을 휘두를 때	쳐내며낭심
	각목 쇠파이프 등으로 휘두르며 공격할때	손목 잡아 팔꿈치 꺽기
	칼로 찌를때	쳐내며오금누르기

출처 : 경찰 교육원, 경찰체포 호신술 매뉴얼

구 분	상 황	기 술
경찰봉대 칼	칼로 찌르거나 휘두르며 공격할 때 2대1	손목치고 위팔치기 손목치고 무릎치기
	칼로 찌르거나 휘두르며 공격할 때 1:1	위팔치기 무릎치기
권총피탈방지체포술	권총을 빼앗으려 할 때	눌러잡아 윗팔치기
	권총을 뒤에서 빼앗으려 할때	눌러잡아 팔팔뚝치기
112순찰차 탑승거부자연행술	양발로 순찰차 문틀을 잡고 승차를 거부할때	양어깨잡아 목누르기
	멱살 어깨등을 잡고 승차를 거부할 때(2:1)	뒤쪽허리 잡아당기기

4. 응용 체포 호신술

강력범이 극렬하게 저항하는 상황 등에서 완전제압·체포를 위한 고급기술로 8개 상황, 15개 기술로 구성되어 있다.
(경찰교육원, 2017, 14)

구 분	상 황	기 술
맨손 대 맨손	주먹으로 공격할 때	손날막고 가슴치기
	손목(바깥)이 잡혔을 때	손목 꺽기
	손목(안)이 잡혔을 때	손목 꺽기

구 분	상 황	기 술
맨손 대 맨손	소매(바깥)이 잡혔을때	손목감아 돌려 손목꺾기
	혁대(손등위)가 잡혔을 때	다리 걸어 넘겨 손목꺾기
	혁대(손등아래)가 잡혔을때	목덜미 잡아 넘겨 손목꺾기
	소매(안)이 잡혔을때	손날 틀며 손목꺾기
맨손 대 흉기	각목 쇠파이프 등으로 휘두르며 공격할때	들어가며 얼굴 밀기 막아 잡고 낭심차기
삼단 봉 대 칼	칼로 찌르거나 휘두르며 공격할때	손목치고 어깨치기 손목치고 옆구리찌르기
도보 연행 술	범인이 경찰관임을 모를 때 (1:1)	팔 등뒤로 올려 꺾기 어깨 꺾어 얼굴밀기
	범인이 경찰관임을 모를 때 (2:1)	양 어깨 감아 꺾기 어깨 꺾고 등뒤로 올려 꺾기

출 처 : 경찰 교육원 ,2017,14 (배상흠,2016)

5. 특수보안요원이 사용가능한 방어적 기술

구 분	상 황	기 술
손목, 어깨, 뒷목	손목이 잡힐 때	바깥으로 빼기
	어깨가 잡힐때	손으로 감아그립
	뒷목이 잡혔을때	목으로 감아 누르기
	양손이 잡힐때	밀면 당기고 당기면 밀고올리기
한손 칼	칼로 목에 위협경우	한손 밀며 반대편 기망행위
칼 복부	칼을 명치나 복부에 위협	손목으로 누르고 열고 낭심공격

구 분	상 황	기 술
뒤에서 목덜미 트라이앵글 초크 접근시 방어시	뒤에서 트라이 앵글로 목을 누르면	팔굽 올리고 양손 이용 턱밀기
	접근시 방어시	쳐내기 기술 밀고 당기며 트라이앵글초크

6. 체포&호신술의 정의

(1) 체포술(逮捕術)

체포술은 경찰 등 수사기관이 자신의 신체나 장비를 이용하여 현행범·용의자 등 범인을 체포하고 안전하게 연행하기 위한 목적으로, 상대의 신체를 강제적으로 제압 · 구속 · 연행하는 전문기술을 말한다. 포괄적 의미로는 경호·보안 등의 직종에 종사하는 사람들이 시설물과 요인들을 보호하거나, 불법적 침해를 방지하고 가해자들에 대응하기 위한 보조적 행위도 이에 속한다.

(2) 호신술(護身術)

상대의 위협으로부터 보호장비나 신체를 이용하여 자신의 몸을 보호하는 전문기술로서, 상대방의 공격을 사전에 방어하고 봉쇄하는 기술을 말한다. 호신술은 꺾기관절을 과신전(過伸展)시켜 비트는 기술 및 빼기, 쳐내기, 누르기, 조르기 등의 맨손기술과 주변의 기물을 이용한 기술로 구성된다.

(3) 경호술 (警護術)

상대의 위협으로부터 타인을 보호하기 위한 사전 예방 조치와 직접적인 위해가 발생했을 때 장비 및 자신의 신체를 이용하여 상대를 제압하는 전문기술을 말한다. 경호술 역시 호신술과 같이 특정한 무술의 종류와 장비가 있는 것이 아니라 자신과 타인을 보호할 수 있고 상대를 제압할 수 있는 무술이면 충분하다.

7. 체포술과 호신술의 상관관계

'공격은 최선의 방어'라는 말이 있다. 호신술을 알지 못하고는 제대로 된 체포술을 구사하지 못한다. 방어만으로는 승기(勝機)를 잡을 수 없다. 힘이 센 일반인이 막무가내로 저항하는 범인을 맨몸으로 제압하기 위해서는 상대의 공격이나 저항에 방어적 공격으로 호신술과 동시 체포술을 구사해야만 제대로 제압·구속할 수 있는 것이다. 자신의 몸도 보호하지 못한 상태에서 상대방을 제압하는 것은 불가능하기에 체포술은 호신술과 병행으로 동시에 실행함을 원칙이라고 말할 수 있다.

8. 체포술과 호신술의 공통점과 차이점

(1) 공통점

보호장비나 신체를 이용하여 상대의 위협에 대응하여 상대의 신체 중 팔, 손목, 목이나 다리 등 일부를 꺾어 제압하는 것

(2) 차이점

체포술은 범인 등을 제압한 후 연행하는 것을 목적으로 하는 반면, 호신술은 상대방의 위협으로 부터 탈출하기 위한 방어적 제압을 목적으로 한다.

9. 체포술 및 호신술의 원활한 실행효과를 위한 요소

① 실전적이고 효과적인 기술을 선택해야 한다.
② 필요한 실전기술을 능숙할 정도로 훈련하여야 한다.
③ 반복된 훈련을 통해 기술을 원활하게 구사할 수 있어야 한다.
④ 위협이 닥칠 경우 선제적으로 제압할 수 있어야 한다.
⑤ 상대보다 우월한 민첩성과 상황대처능력을 갖춰야 한다.
⑥ 손가락, 손목 등 과신전(過伸展)을 일으킬 수 있는 관절부위를 주로 공략한다.

10. 현행범 체포

현행범 또는 준현행범은 누구든지 영장 없이 체포할 수 있다(형사소송법 제212조). 영장에 의한 체포와 긴급체포는 사법경찰관리만이 할 수 있으므로 경비원을 포함한 민간인은 현행범과 준현행범 체포만 할 수 있다.

(1) 현행범인

범죄를 실행하고 있거나 실행하고 난 직후의 사람을 현행범인이라고 한다(형사소송법 제211조 1항). '범죄를 실행하고 있다'는 것은 범죄의 실행에 착수하여 종료하지 못한 것을 말한다. 즉 본인 눈으로 범죄행위를 목격하고 있는 상황을 말한다. '범죄를 실행하고 난 직후'란 범죄 실행행위를 종료한 직후를 가리키는 것으로, 실행행위와 시간적·장소적 접착성이 인정되어야 한다.

대법원은 ① 목욕탕 탈의실에서 피해자를 구타한지 25분 이내에 탈의실에서 체포한 경우(대법원 2006. 2. 10, 2005도7518), ② 피해자의 자동차를 걷어차고 싸운 지 10분 후에 범행장소와 인접한 학교 운동장에서 체포한 경우(대법원 1993. 8. 13, 93도926)는 적법하지만, ⓐ 교장실에서 식칼을 들고 피해자를 협박한 지 40분 후에 교무실에서 체포한 경우(대법원 1991. 9. 24, 91도1314), ⓑ 음주운전을 종료한 지 40분 이상 경과한 시점에서 길가에 앉아 있는데 술 냄새가 난다는 이유로 체포한 경우(대법원 2007. 4. 13, 2007도1249), ⓒ 주민 신고를 받고 현장에 도착하니 이미 싸움이 끝나 의자에 앉아 있는데 체포한 경우(대법원 1995. 5. 9, 94도3016)는 위법한 현행범인의 체포라고 판시하였다.[7)]

(2) 준현행범인

준현행범인이란 현행범인은 아니지만 현행범인으로 간주되는 사람을 말한다(형사소송법 제211조 2항). 형사소송법은 ① 범인으로 불리며 추적되고 있는 때, ② 장물이나 범죄에 사용되었다고 인정하기에 충분한 흉기나 그 밖의 물건을 소지하고 있을 때, ③ 신체나 의복류에 증거가 될 만한 뚜렷한 흔적이 있을 때, ④ 누구냐고 묻자

---

7) 이재상 · 조균석 · 이창온, "형사소송법"(제14판), 박영사, 2022, 170쪽.

도망하려고 할 때에 해당하는 사람을 현행범인으로 보고 있다.

준현행범인은 현행범인과 마찬가지로 누구나 영장 없이 체포할 수 있다 (형사소송법 제212조).

제2장 급소 설명 및 빼기 기술

1. 급소

(1) 급소란?

사람의 신체 중에서 신경이 예민하여 약한 자극만 받아도 신체 기능에 큰 장애를 일으키는 부분을 가리킨다.

인체에 급소는 약 365개 정도이며 그 중에서도 140여개 정도는 무도에서 사용하는 급소이고, 위험성이 높은 급소는 50여개이다. 3대 급소는 사혈이라하며 인중, 명치, 낭심으로 사람의 생명을 해할 수 있는 혈이다. 통증혈은 합곡, 곡지, 겨드랑이, 옆구리, 염천, 비중, 내주관절, 독고혈, 풍시혈 등등 대표적인 급소이다.

(2) 급소 명칭

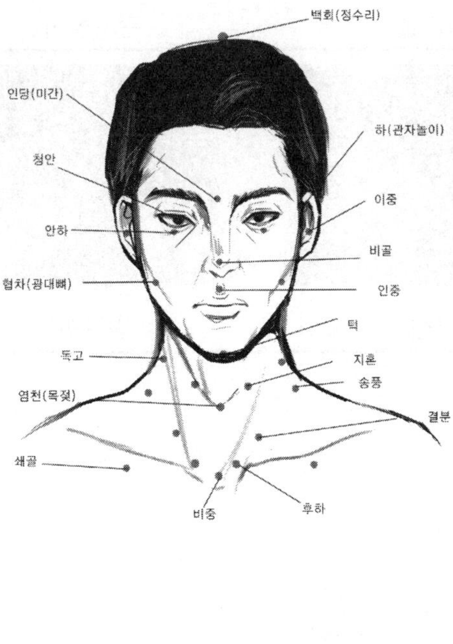

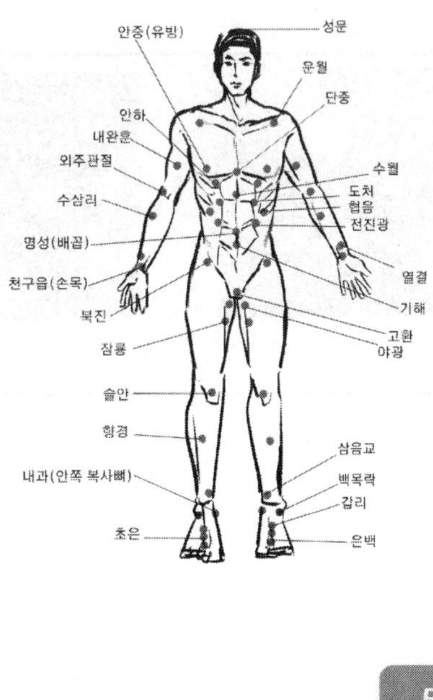

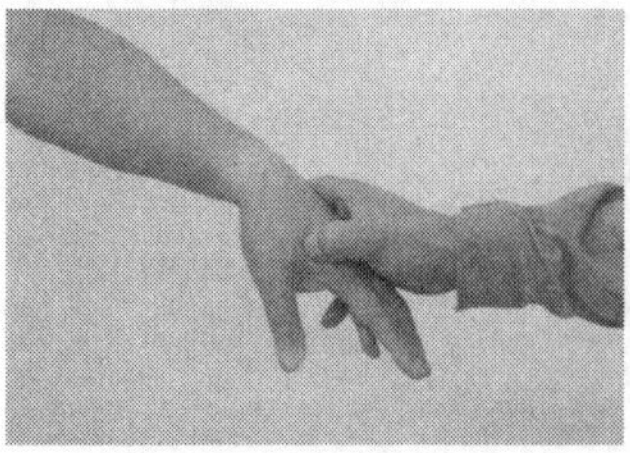

합곡혈

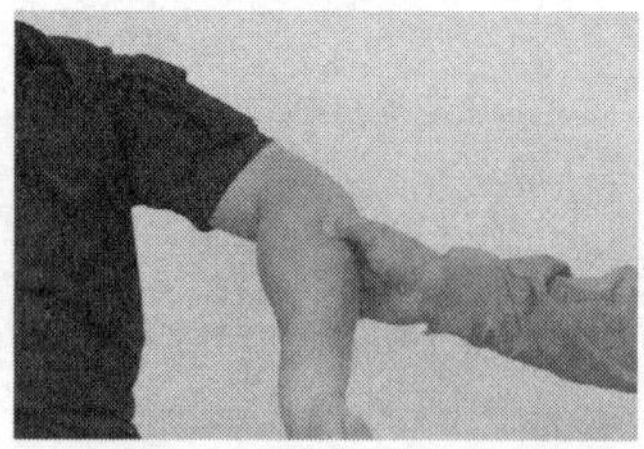

수삼리

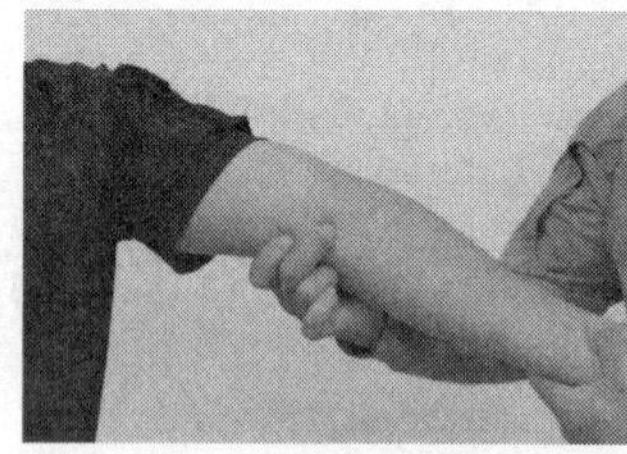

내주관절

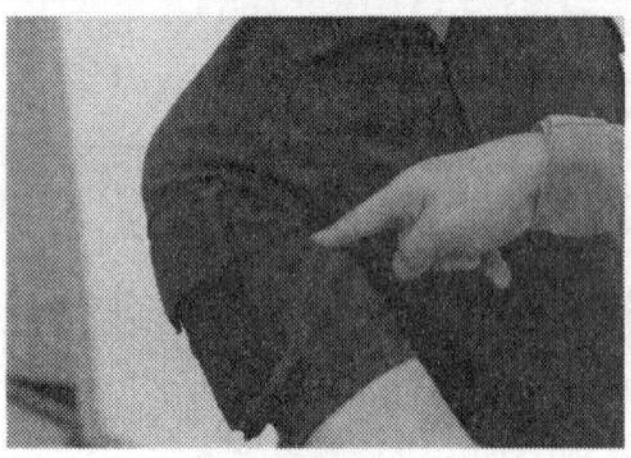

수오리혈

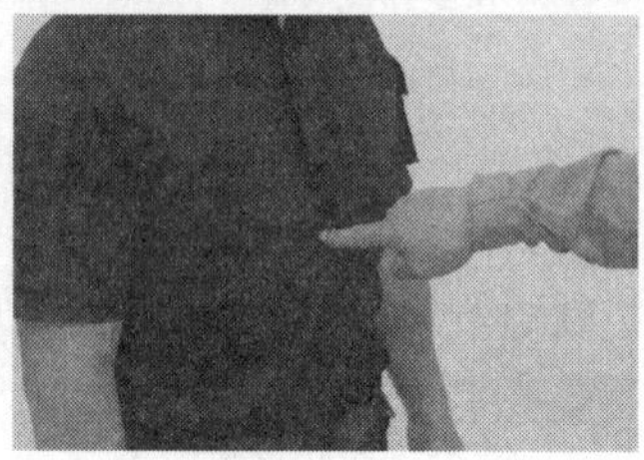

명치

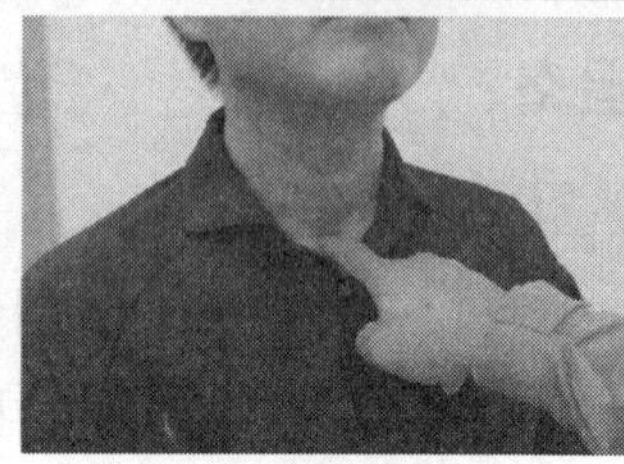

비중혈

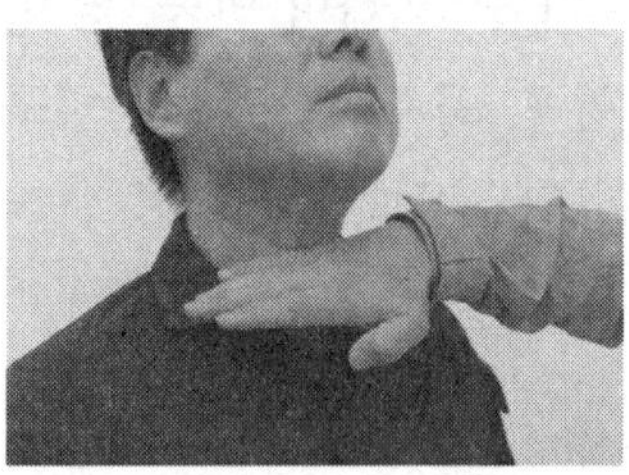

염천

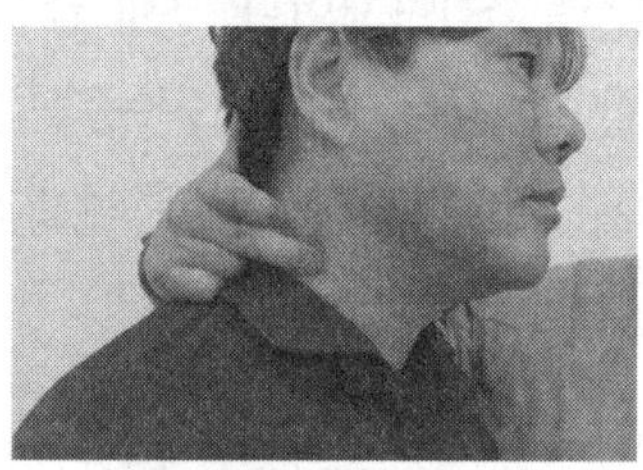

독고혈

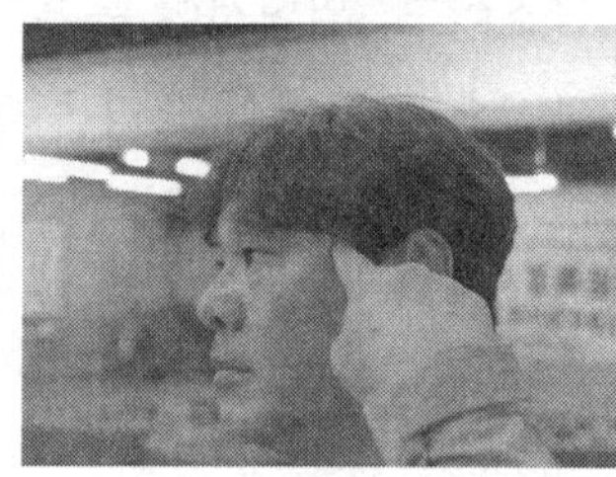

관자놀이

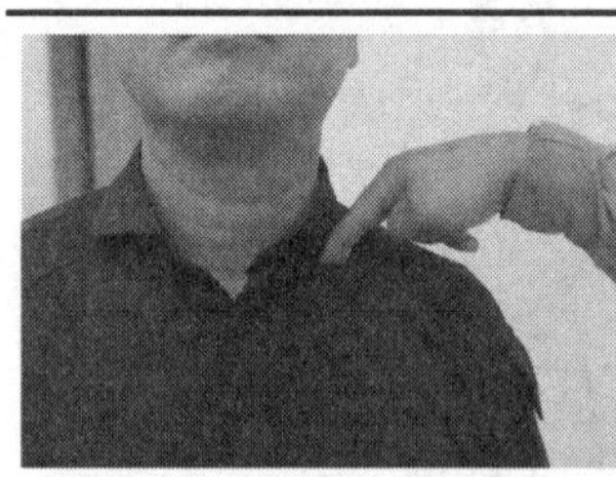

쇄골

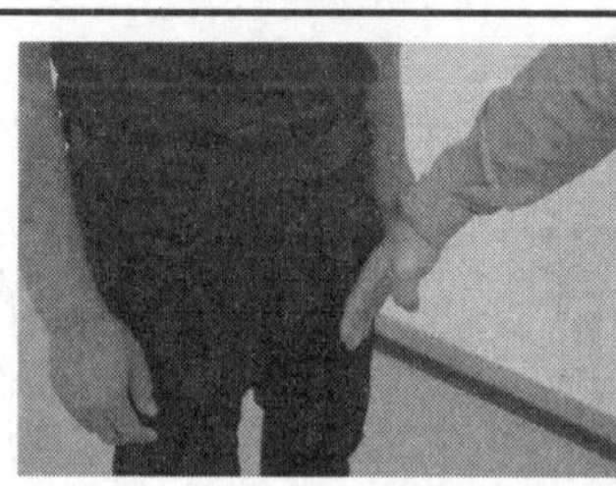

낭심

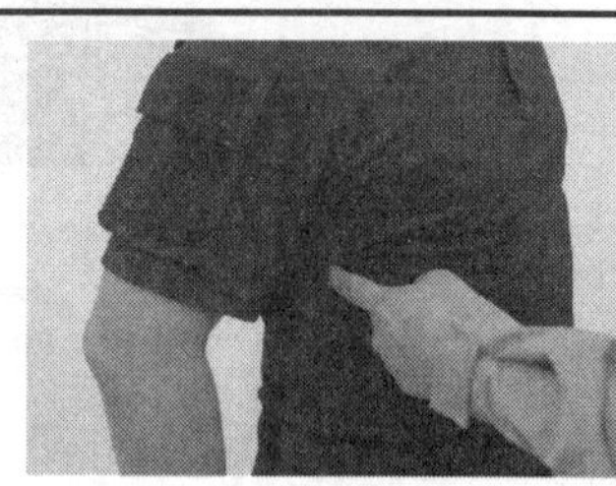

옆구리

2. 빼기 기술

(1) 손목 바로 잡았을 때

1) 손목 틀어 빼기

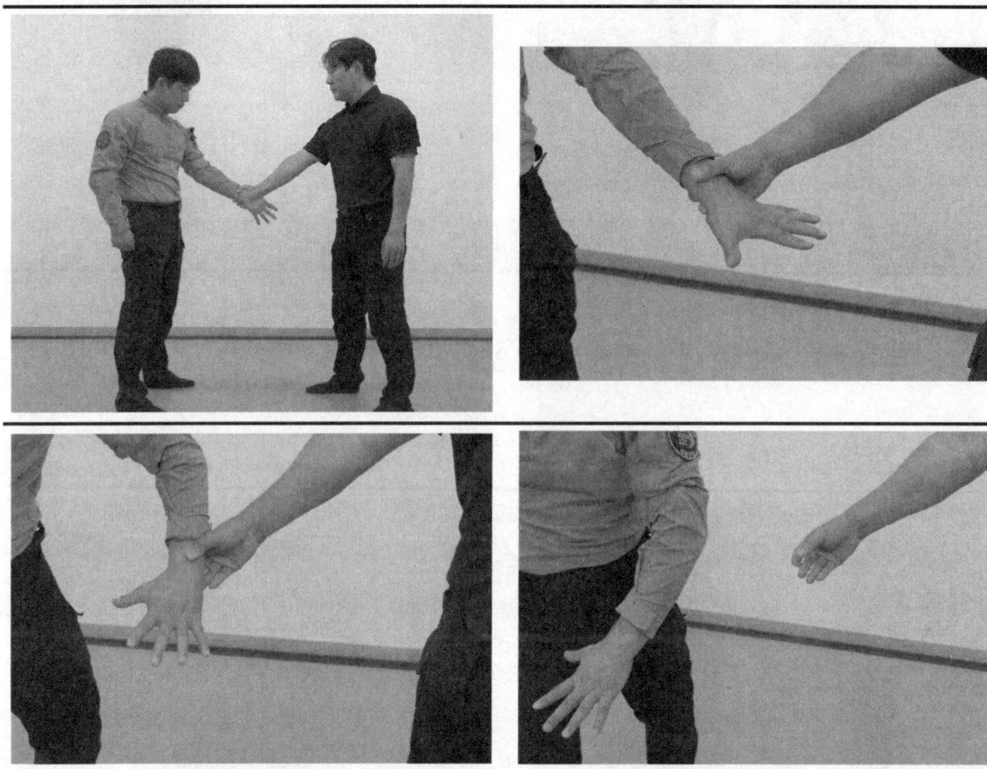

① 손가락을 펴준다.

② 면적이 넓은 쪽에서 좁은 쪽으로 틀어준다.

③ 체중을 실어 안쪽으로 틀어 뺀다.

2) 체중을 활용하여 빼기

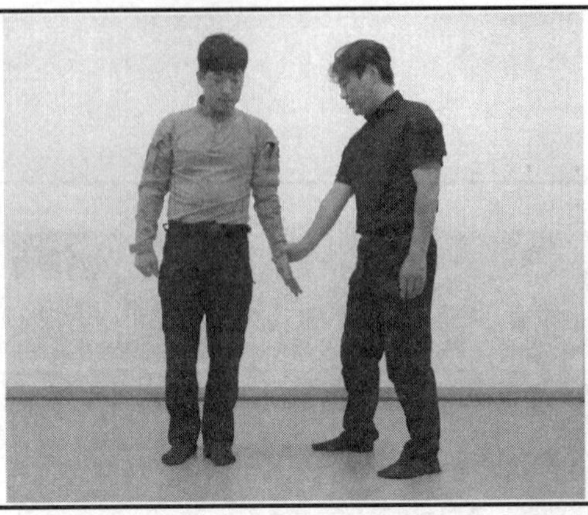

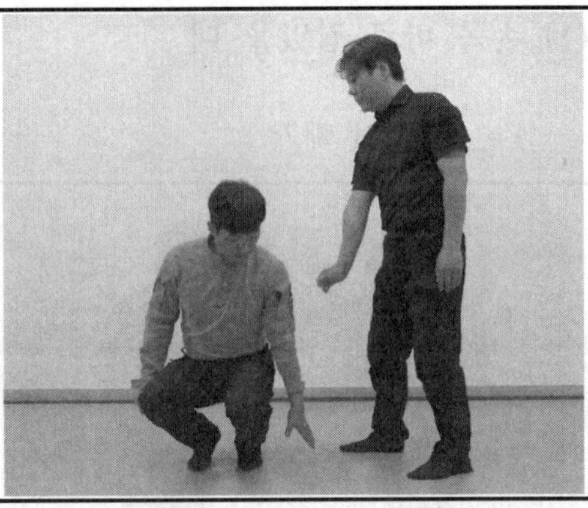

① 측면으로 선다.

② 손가락을 펴고 팔에 체중을 실어 앉는다.

3) 몸 안으로 밀어 빼기

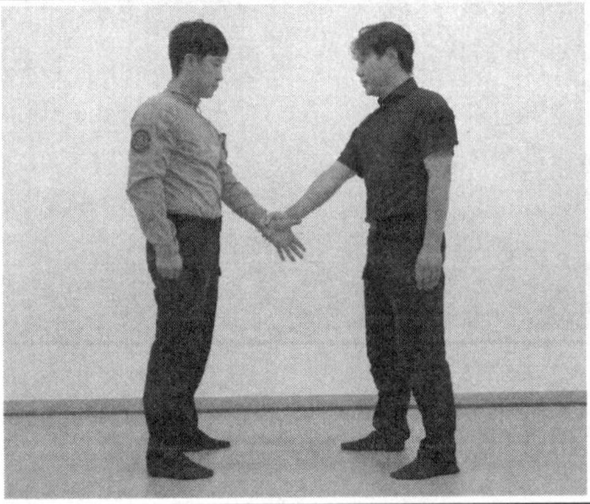

① 손가락을 편다.

② 면적이 넓은 쪽에서 좁은 쪽으로 손목을 튼다.

③ 상대방 몸 안쪽으로 체중을 실어 밀어 뺀다.

4) 손목 치켜 올려 빼기

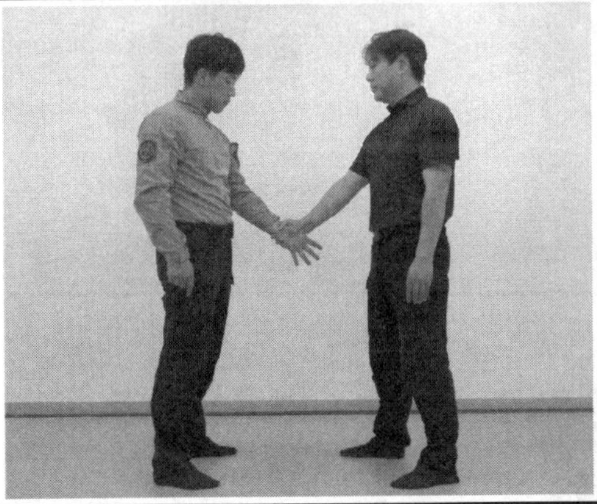

① 손가락을 편다.

② 손목을 위로 치켜 올린다.

③ 상대방의 몸 안쪽으로 팔꿈치를 치켜 올린다.

5) 체중으로 눌러 바깥으로 돌려 빼기

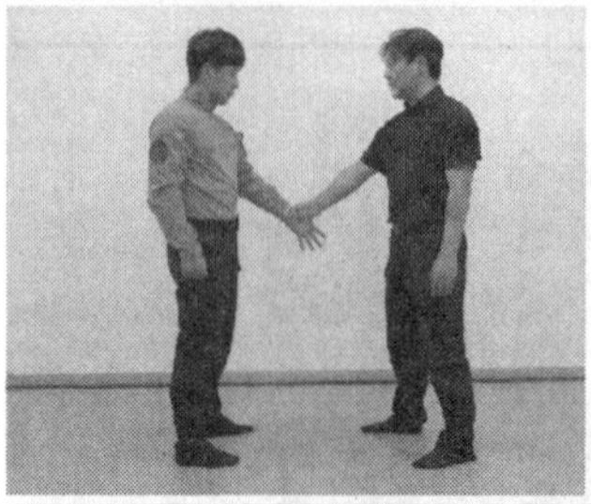

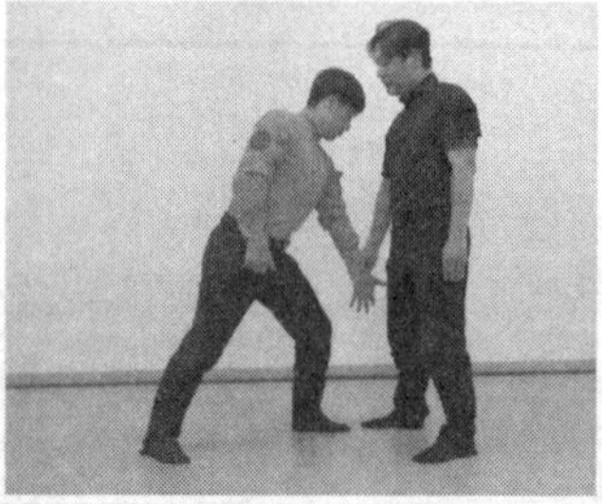

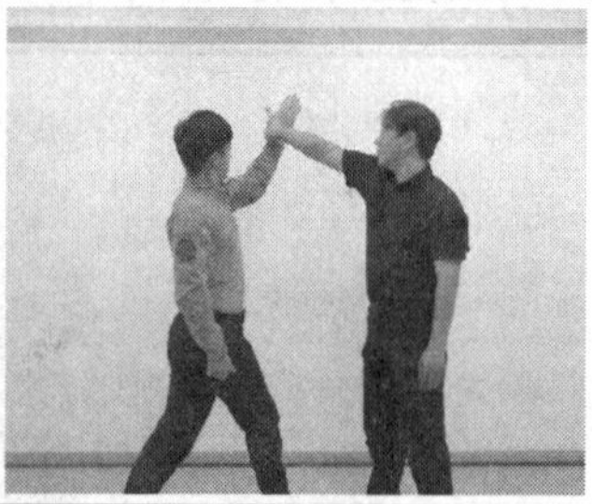

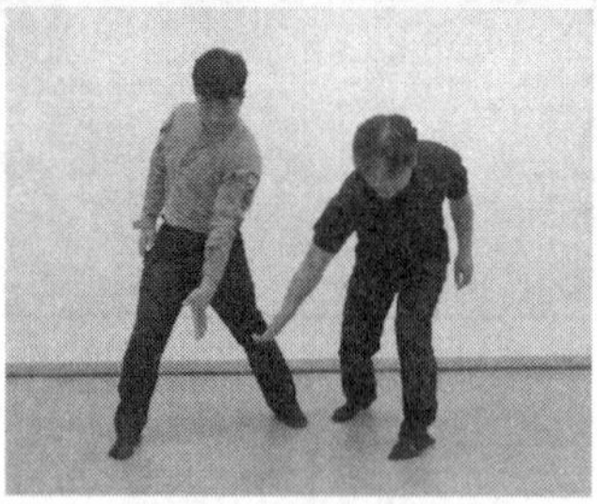

① 손가락을 편다.

② 체중을 실어 아래로 눌러준다.

③ 팔목을 바깥 방향으로 돌려준다.

④ 손날로 상대방의 팔목을 눌러 뿌려 친다.

(2) 양손 잡혔을 때

1) 밀고 손목 틀어 빼기

① 손가락을 편다.

② 상대방을 앞으로 민다.

③ 면적이 넓은 쪽에서 좁은 쪽으로 손목을 틀어준다.

④ 자신의 몸 쪽으로 손목을 당겨 뺀다.

2) 양손 치켜 올려 빼기

① 손가락을 편다.

② 양 손목을 위로 치켜 올린다.

③ 상대방의 몸 안쪽으로 양 팔꿈치를 치켜 올린다.

3) 체중으로 눌러 손목 돌려 빼기

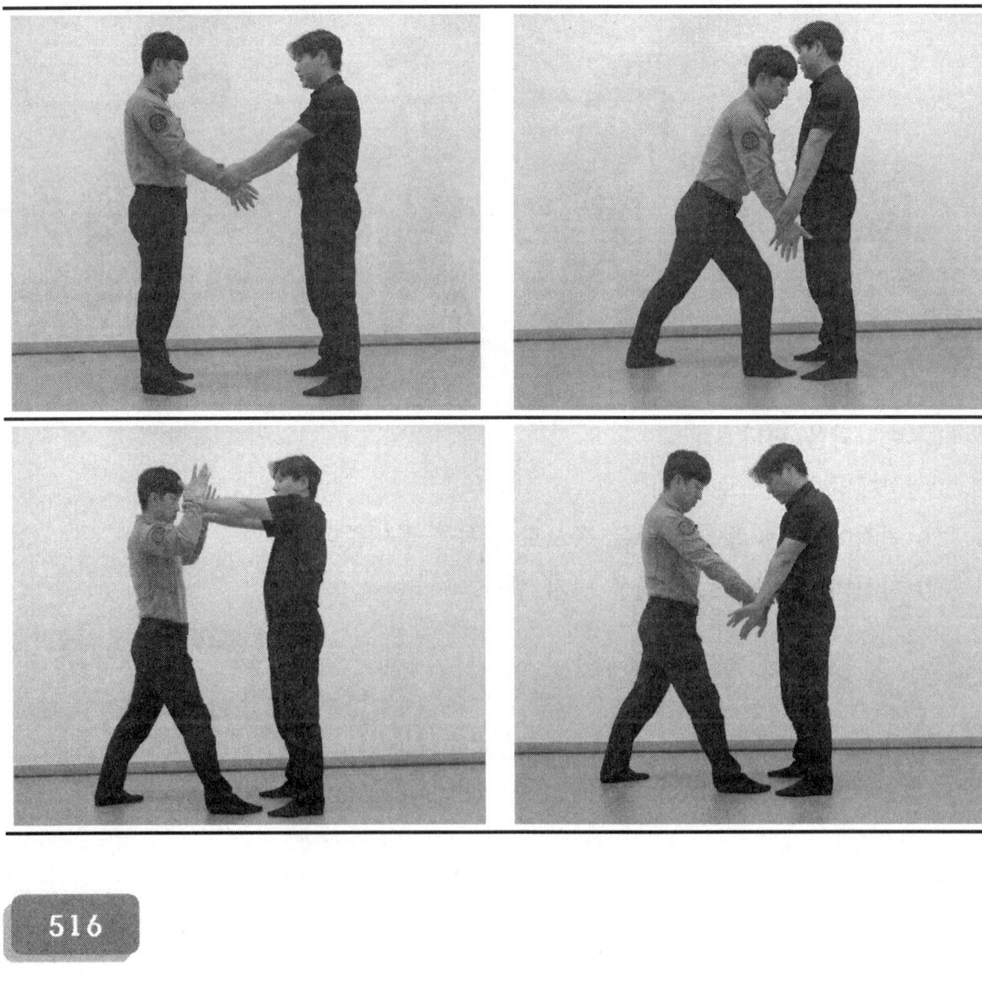

① 양 손가락을 편다.

② 체중을 실어 양 손을 아래로 눌러준다.

③ 양 팔목을 바깥 방향으로 돌려준다.

④ 손날로 상대방의 팔목을 눌러 뿌려 친다.

(3) 한 팔목이 두 손으로 잡혔을 때

1) 지렛대 원리 활용 치켜 올리기

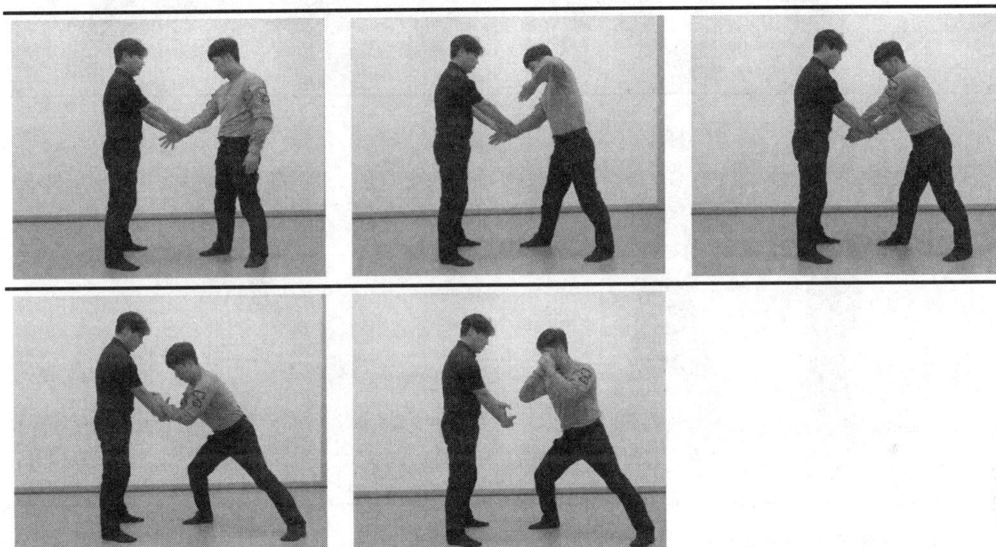

① 손가락을 편다.

② 상대방의 양팔 사이로 손을 넣어 자신의 손바닥을 잡아준다.

③ 상대방의 손목을 눌러 자신의 손목을 치켜 올린다.

④ 지렛대의 원리를 활용하여 자신의 몸 안쪽으로 당겨 뺀다.

2) 안으로 돌려 빼기 (응용동작)

① 손가락을 편다.

② 상대방의 팔 바깥쪽에서 자신의 손바닥을 맞잡아준다.

③ 상대방의 팔목을 바깥에서 안으로 돌려 잡는다.

④ 체중을 실어 상대방의 팔을 자신의 팔꿈치로 눌러 제압한다.

3) 위로 치켜 올려 빼기 (응용동작)

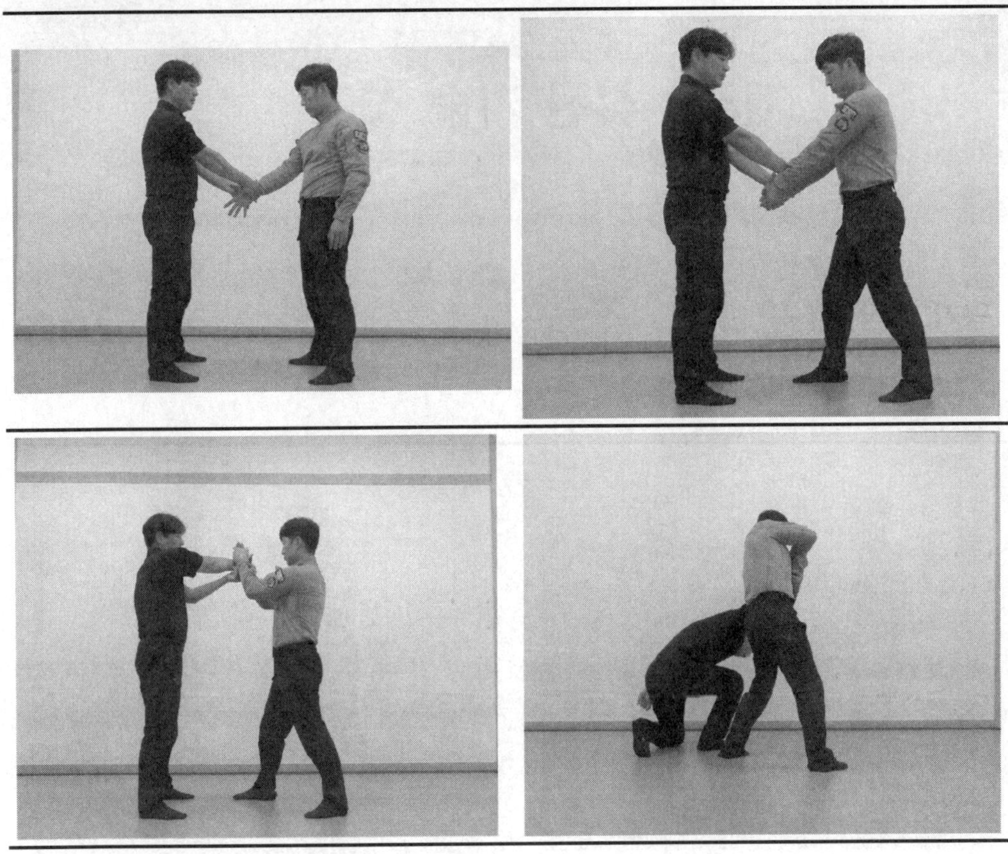

① 손가락을 편다.

② 손바닥을 바로 잡는다.

③ 손목을 치켜 올려 양손을 상대방의 팔목을 잡는다.

④ 체중을 실어 상대방의 팔을 자신의 팔꿈치로 눌러 제압한다.

제3장 실전 기술 실기

1. 막기 동작

1) 밖으로 막기

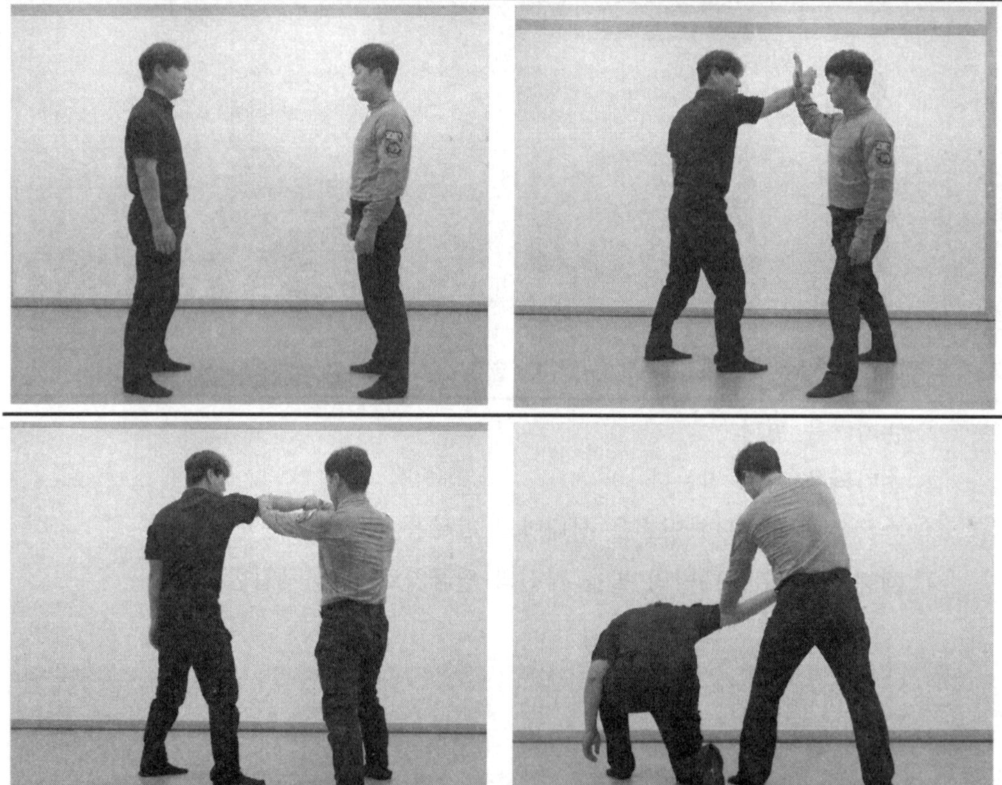

① 왼발을 45도 측면으로 빼면서 공격해오는 상대방의 팔목을 막는다.

② 상대방의 손등을 틀어 꺾으며 팔꿈치를 민다.

③ 체중을 실어 눌러 제압한다.

2) 안으로 막기

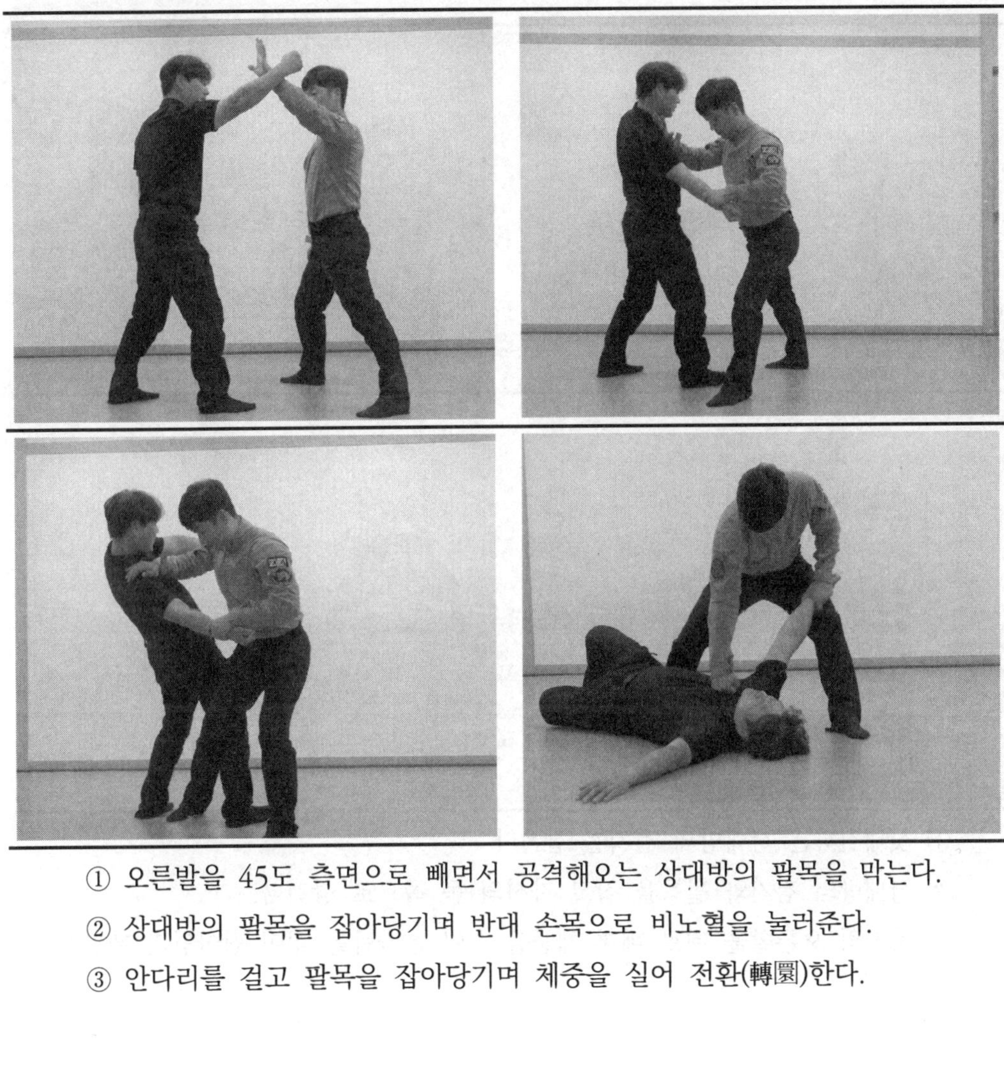

① 오른발을 45도 측면으로 빼면서 공격해오는 상대방의 팔목을 막는다.

② 상대방의 팔목을 잡아당기며 반대 손목으로 비노혈을 눌러준다.

③ 안다리를 걸고 팔목을 잡아당기며 체중을 실어 전환(轉圜)한다.

2. 지관절(指關節) 꺾기

1) 손가락질 할 때 대응방법

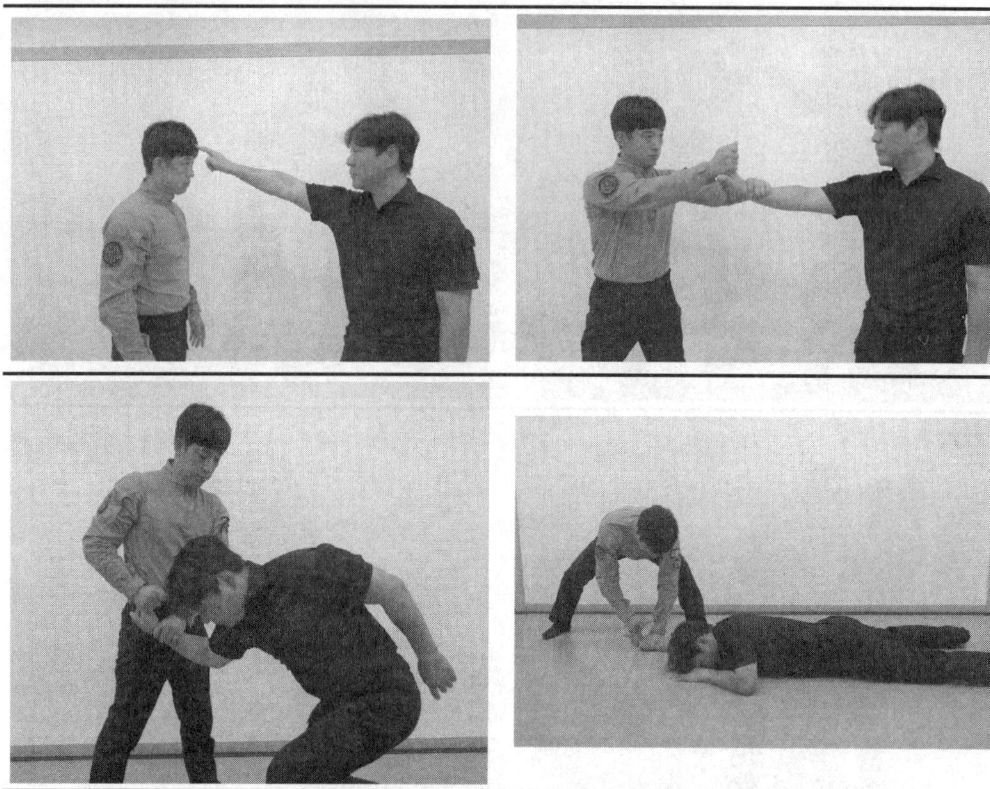

① 삿대질하는 상대방의 검지를 잡는다.

② 상대방의 검지와 팔목을 잡고 자신의 몸 쪽으로 당긴다.

③ 자신의 오른발을 뒤로 빼며 체중을 실어 손가락을 꺾어 잡아당겨 제압한다.

2) 손바닥으로 몸통을 밀 때 대응방법

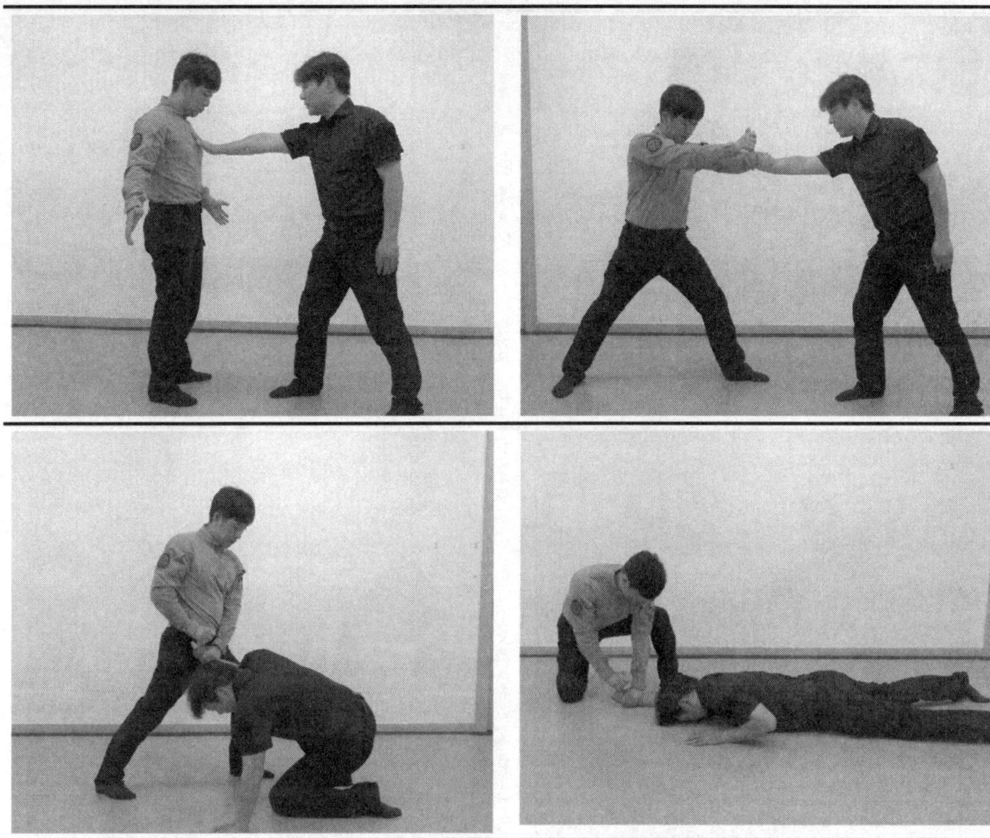

① 상대방의 손가락 마디를 잡는다.

② 상대방의 손가락 마디와 팔목을 잡고 자신의 몸 쪽으로 당긴다.

③ 자신의 오른발을 뒤로 빼며 체중을 실어 손가락 마디를 꺾어 잡아당겨 제압한다.

3) 악수했을 때 대응방법 1

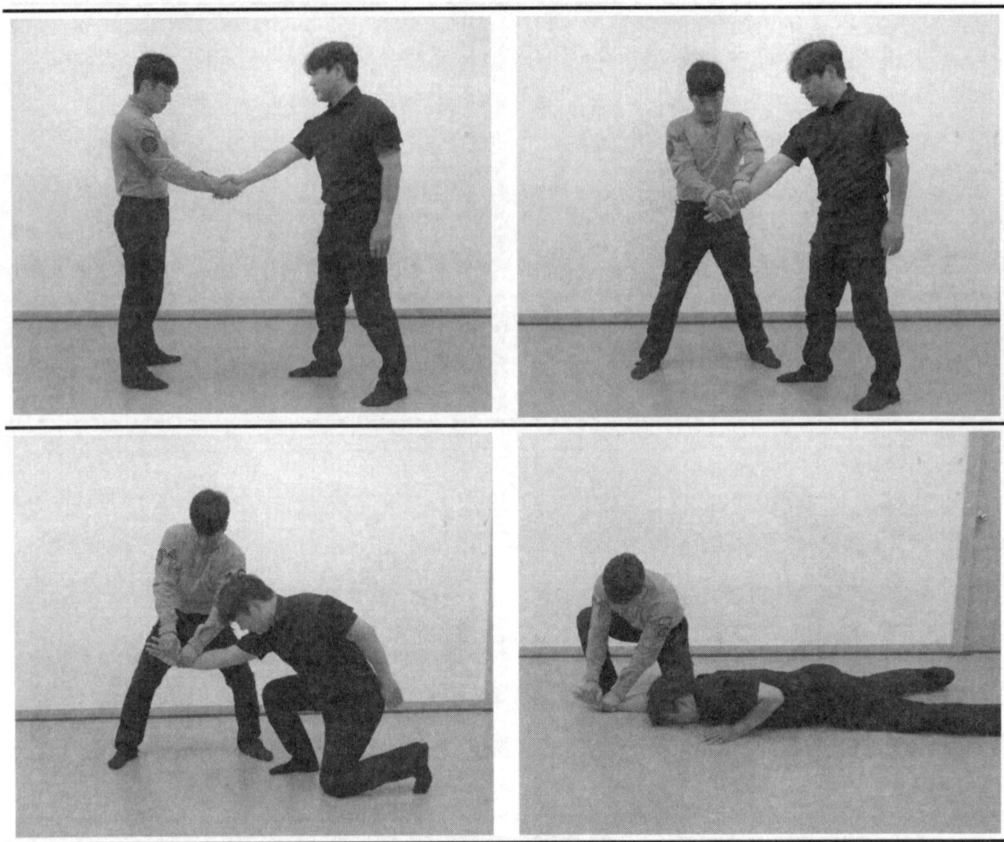

① 왼발을 안쪽으로 틀며 상대방의 팔목을 잡는다.

② 상대방의 엄지 뒤쪽으로 자신의 엄지를 교차시켜 지렛대를 형성한다.

③ 자신의 오른발을 뒤로 빼며 체중을 실어 엄지손가락 관절을 꺾어 잡아당겨 제압한다.

4) 악수했을 때 대응방법 2

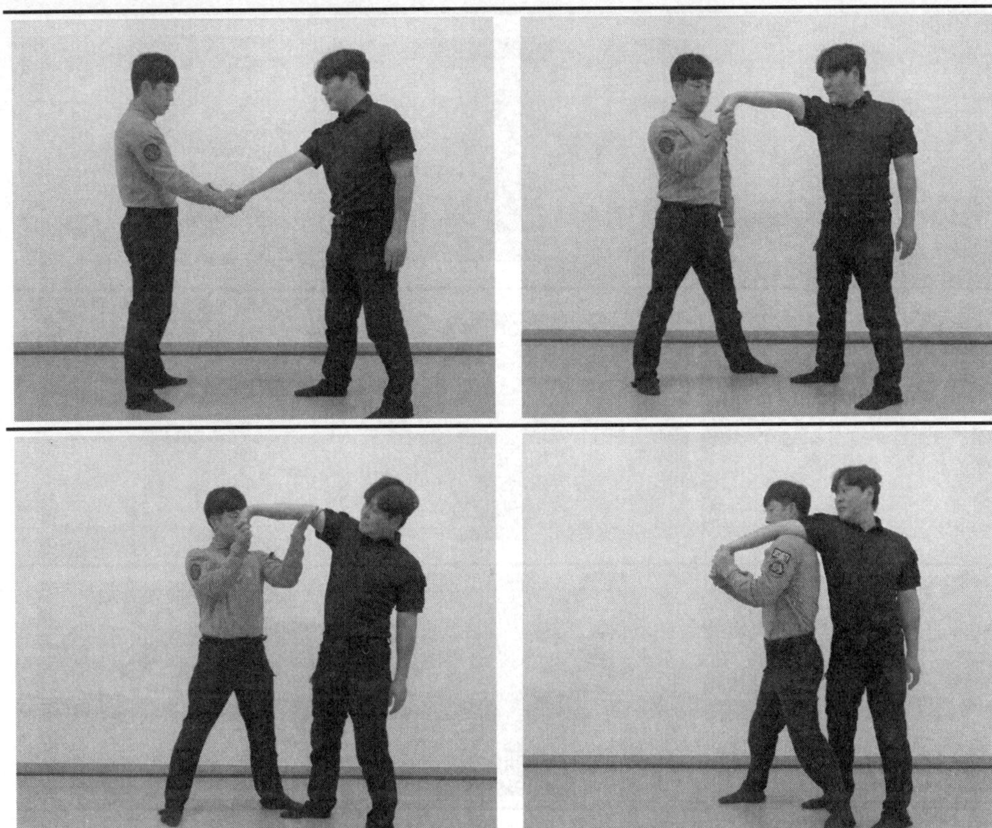

① 왼발이 앞으로 들어가면서 상대방의 손가락 마디를 치켜 올린다.

② 손가락을 꺾으며 팔꿈치를 들어 올린다.

③ 오른발을 빼며 상대방의 팔꿈치를 어깨에 걸쳐 꺾는다.

5) 뒤에서 껴안았을 때 대응방법 1, 2, 3

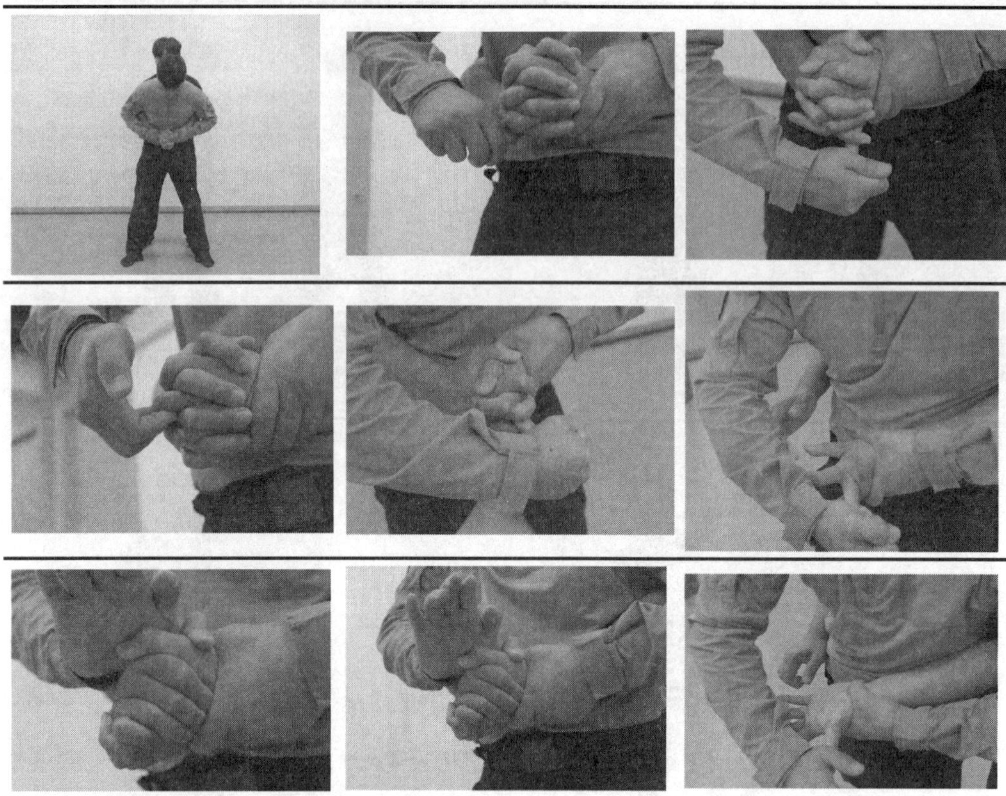

① 새끼손가락을 밑으로 눌러 재껴 꺾는다.

② 중지손가락을 위로 재껴 꺾는다.

③ 엄지손가락을 손바닥으로 밀어 재껴 꺾는다.

6) 멱살을 잡았을 때 대응방법 1, 2

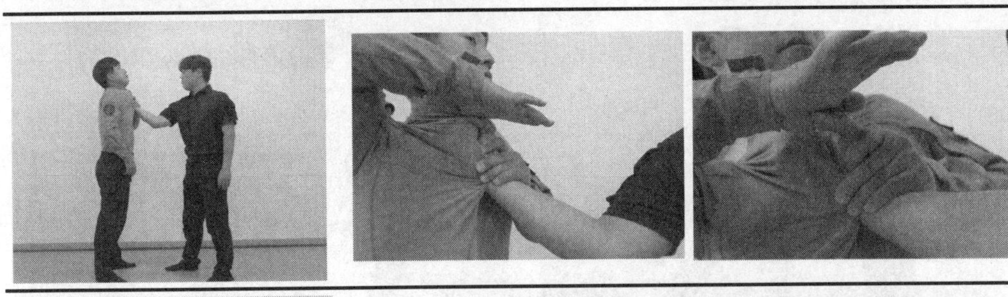

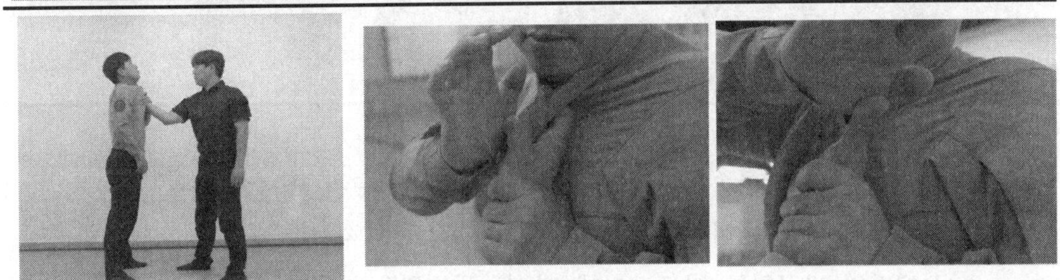

① 엄지손가락을 손바닥으로 눌러 꺾는다.

② 엄지손가락을 손바닥으로 밀어 바깥으로 재껴 꺾는다.

3. 관절기(關節技) 응용동작

1) 손목 잡혔을 때

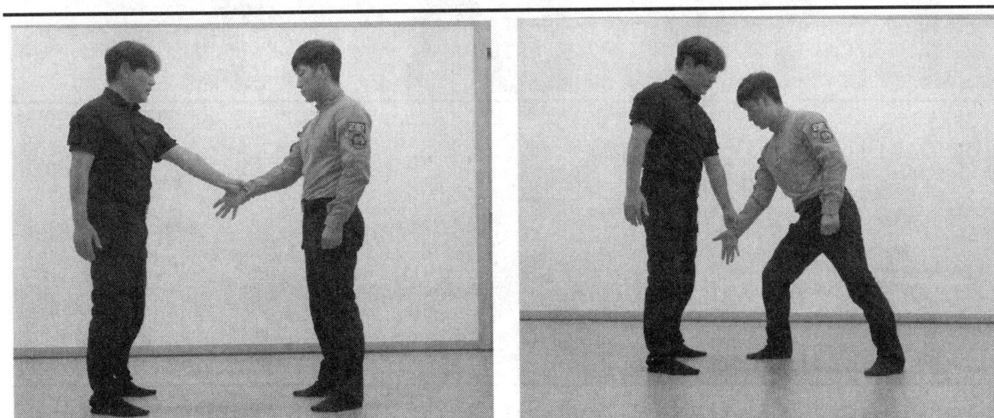

① 손을 편다.

② 체중을 실어 오른손을 누르며 왼손으로는 합곡혈과 손날을 잡는다.

③ 상대방의 팔목을 바깥으로 잡아 돌려 수직으로 꺾는다.

④ 상대방의 팔꿈치를 겨드랑이에 낀 후 체중으로 누른다.

2) 손목 엇갈려 잡혔을 때

① 왼발이 앞으로 나가면서 잡힌 반대 손으로 상대방의 곡지혈을 누른다.

② 오른발을 뒤로 빼며 상대방의 뒤쪽으로 전환(轉圜)한다.

③ 왼발이 앞으로 나가며 상대방의 접힌 팔꿈치를 꺾어 뒤로 눕힌다.

④ 넘어진 상대의 팔꿈치를 체중으로 눌러 제압한다.

3) 양손 잡혔을 때 1

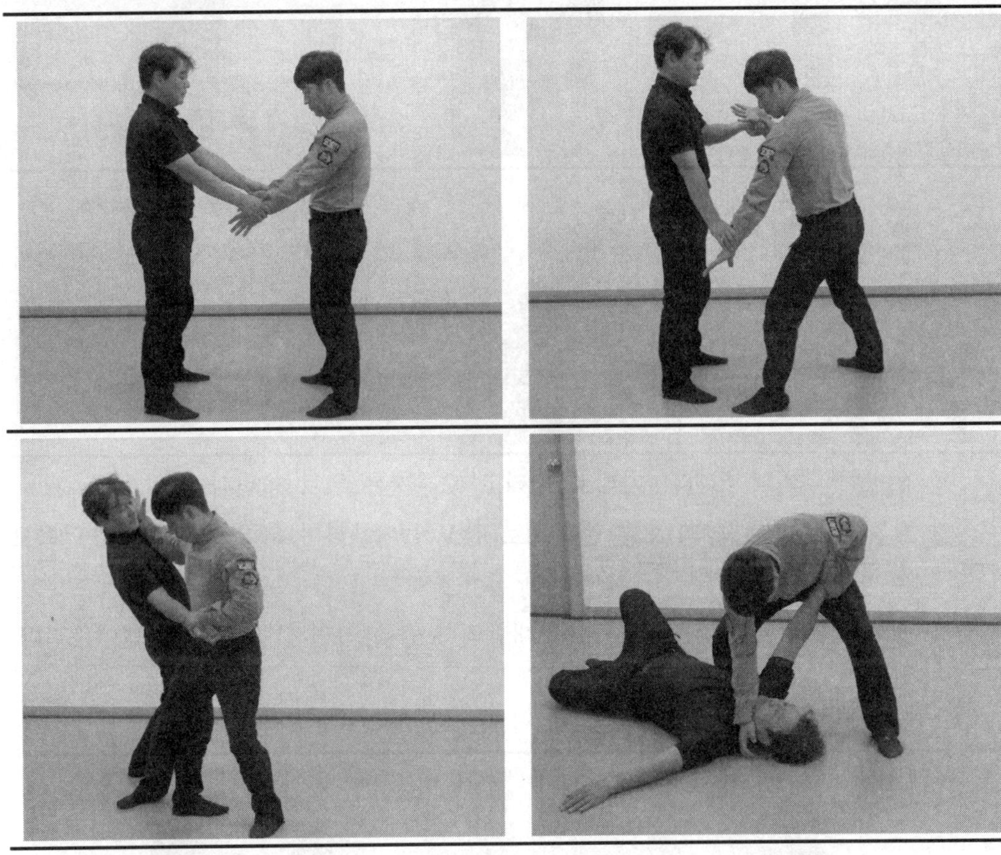

① 왼발이 나가며 왼손은 아래로 내리고 오른손은 위로 올린다.

② 손을 반대로 교차하며 오른쪽 다리로 안다리를 건다.

③ 오른손으로 상대방의 턱을 밀며 전환(轉圜)하여 넘어뜨린다.

4) 양손 잡혔을 때 2

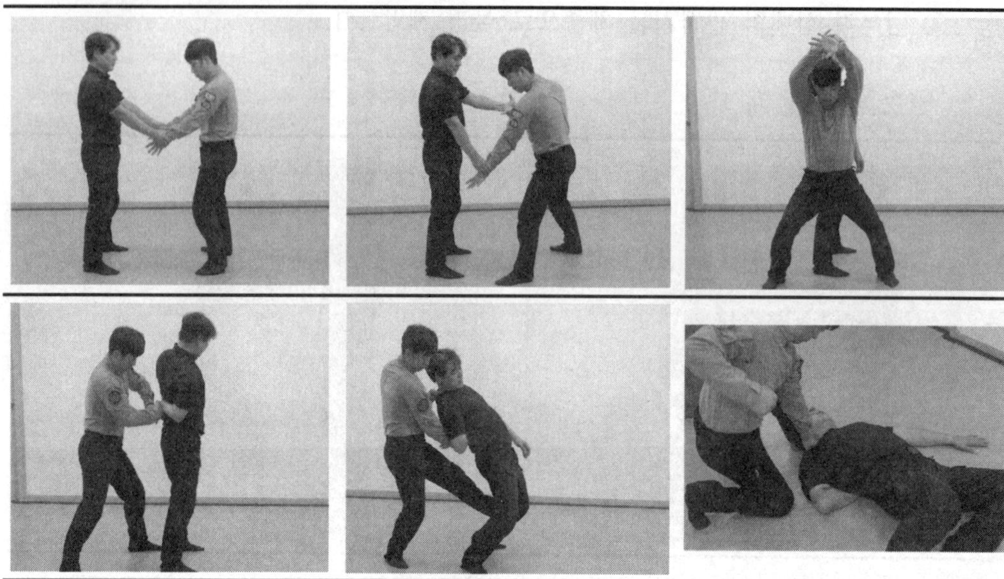

① 왼발이 나가며 왼손은 아래로 내리고 오른손은 위로 올린다.

② 오른손으로 상대방의 오른 손목으로 잡고 들어올리며 오른발을 상대방 안쪽으로 이동시킨다.

③ 상대방의 팔목을 꺾고 왼발로 상대방의 오금을 차면서 몸을 당겨 넘어뜨린다.

5) 머리카락 잡혔을 때

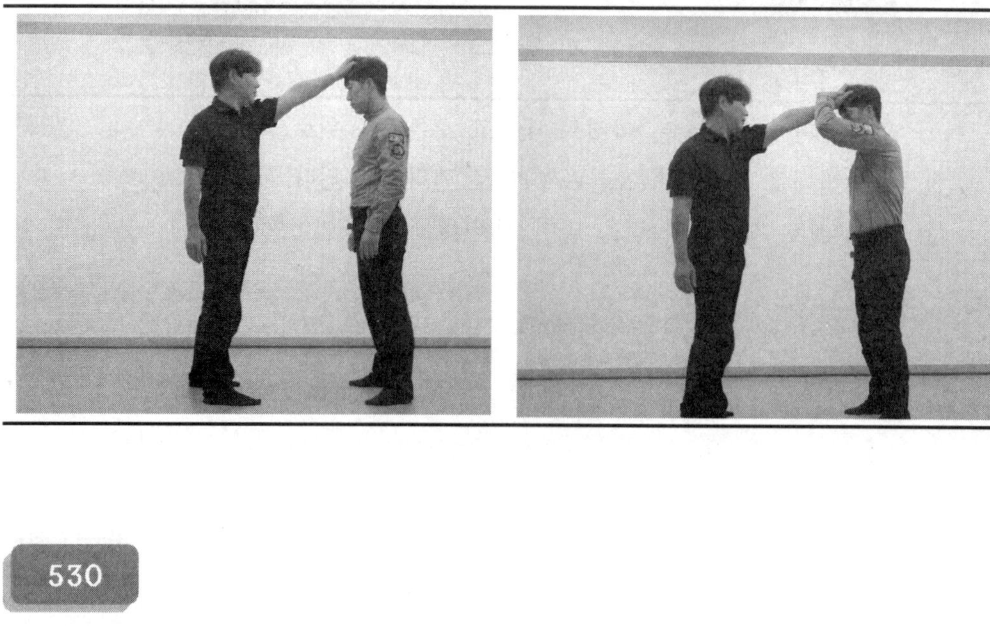

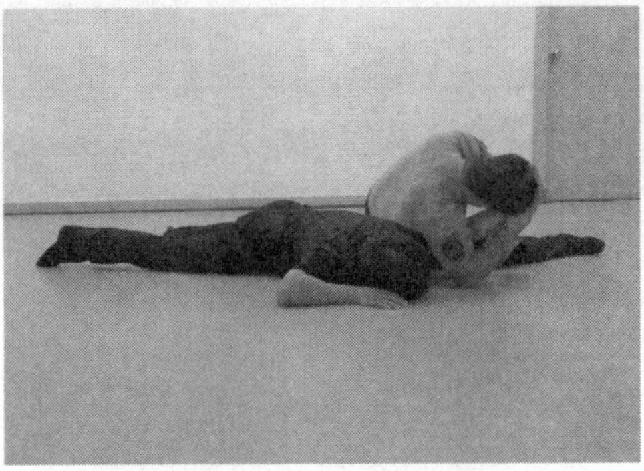

① 왼손으로 상대방의 합곡혈과 손날 부분을 잡는다.

② 오른발을 측면으로 빼며 전환(轉圜)하고 상대방의 팔목을 꺾는다.

③ 상대방의 팔꿈치를 겨드랑이에 낀 후 체중으로 누른다.

④ 넘어진 상대를 체중으로 눌러 제압한다.

6) 어깨를 잡혔을 때

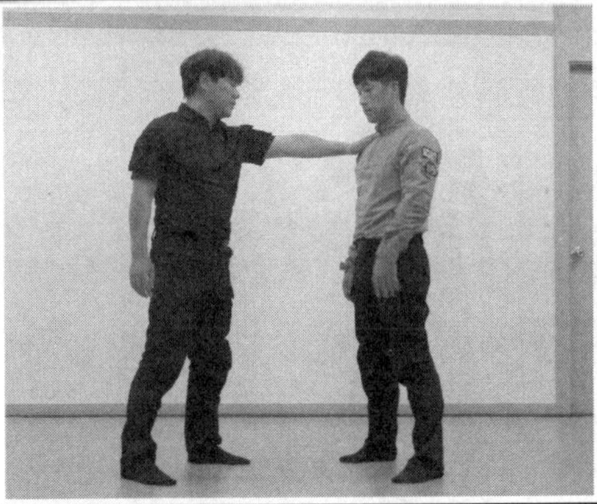
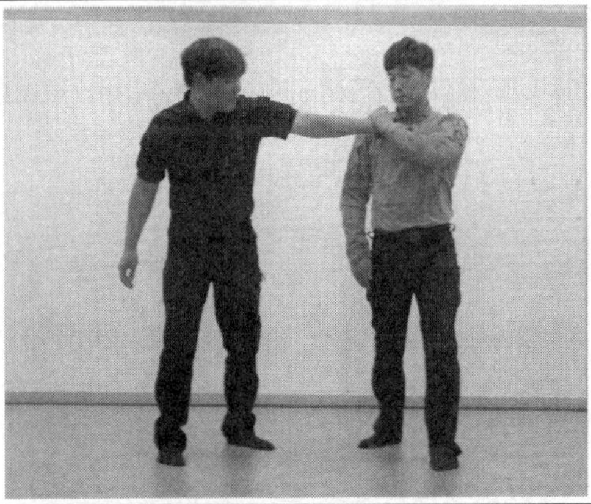

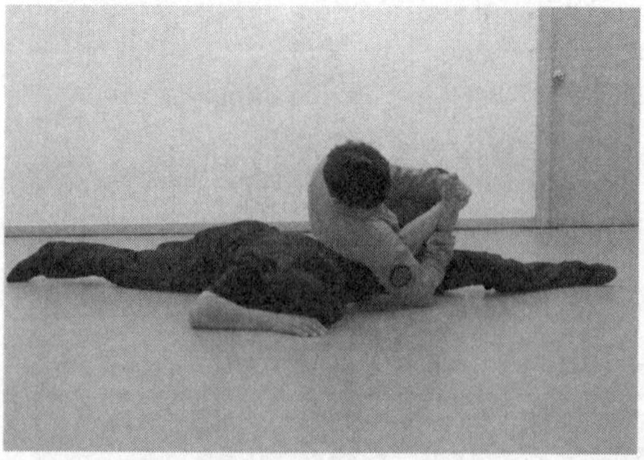

① 왼손으로 상대방의 합곡혈과 손날 부분을 잡는다.

② 오른발을 측면으로 빼며 전환(轉圜)하고 상대방의 팔목을 꺾는다.

③ 상대방의 팔꿈치를 겨드랑이에 낀 후 체중으로 누른다.

④ 넘어진 상대를 체중으로 눌러 제압한다.

7) 혁대를 잡혔을 때

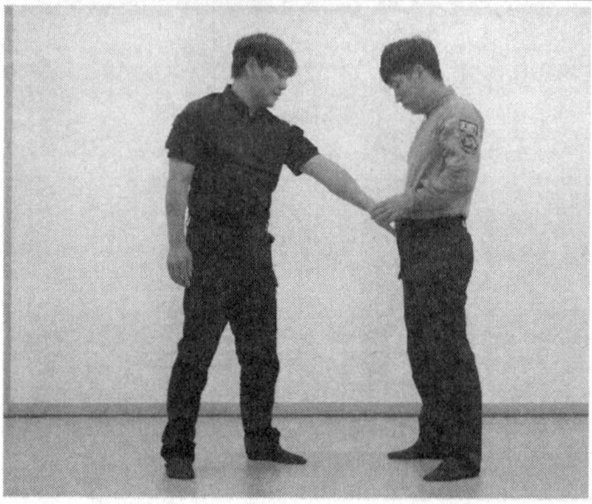
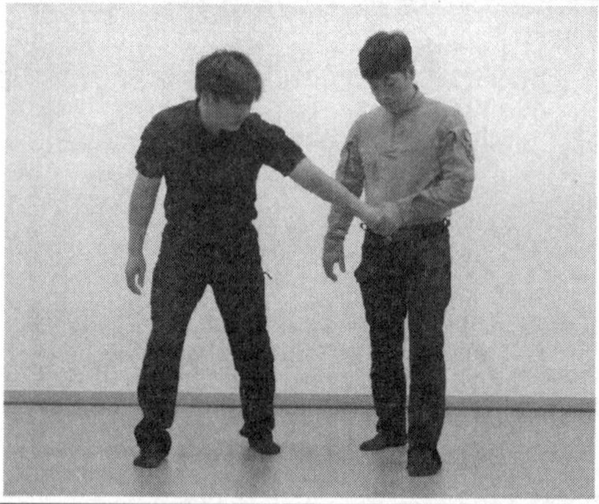

① 왼손으로 상대방의 합곡혈과 손날 부분을 잡는다.

② 오른발을 측면으로 빼며 전환(轉圜)하고 상대방의 팔목을 꺾는다.

③ 상대방의 팔꿈치를 겨드랑이에 낀 후 체중으로 누른다.

④ 넘어진 상대를 체중으로 눌러 제압한다.

8) 뒤 쪽에서 혁대를 잡혔을 때

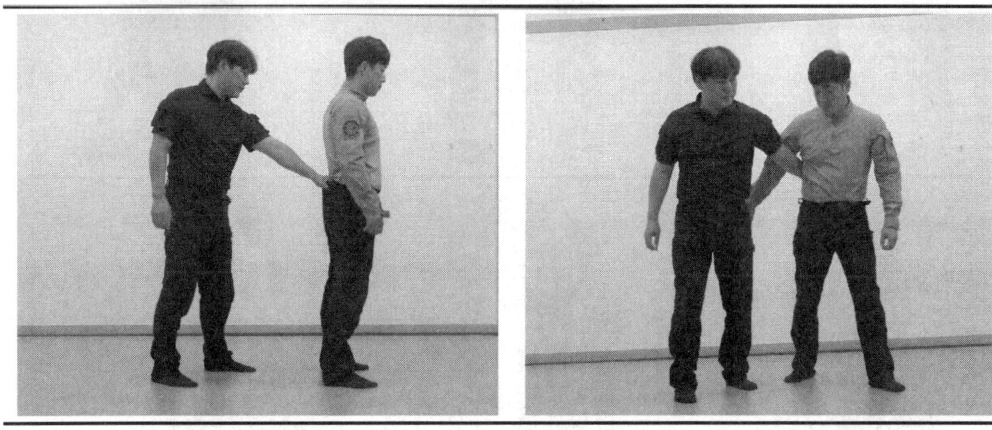

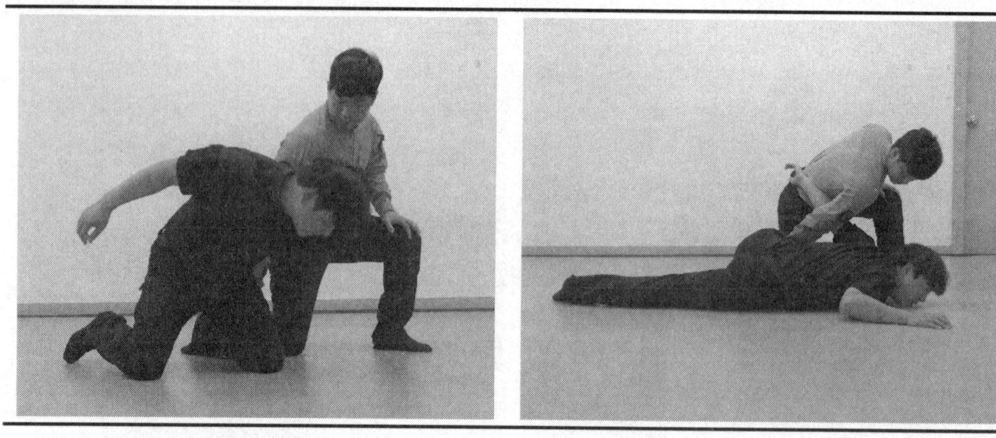

① 오른발을 측면으로 빼며 팔을 바깥으로 돌린다.

② 상대방의 팔꿈치 관절을 체중을 실어 누른다.

9) 멱살 잡혔을 때 대응 1

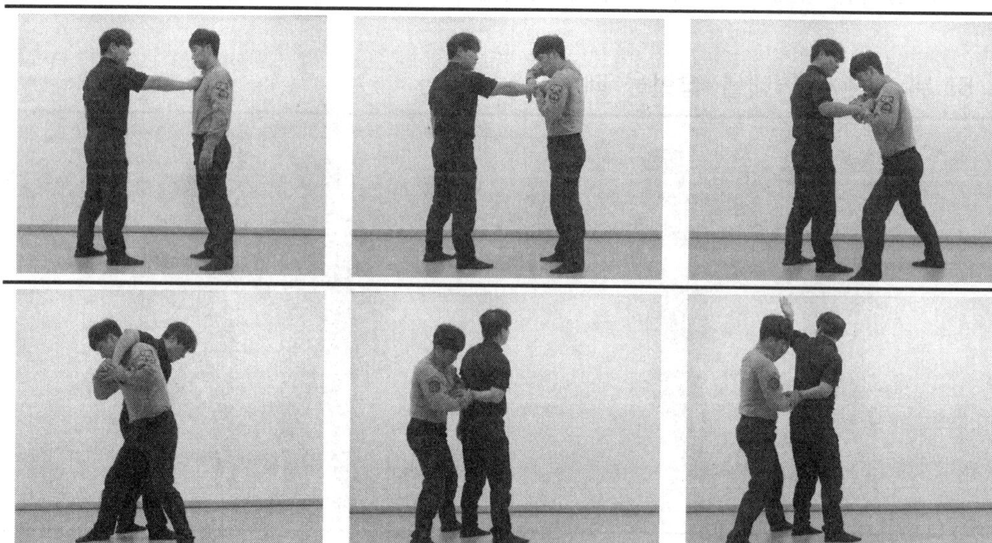

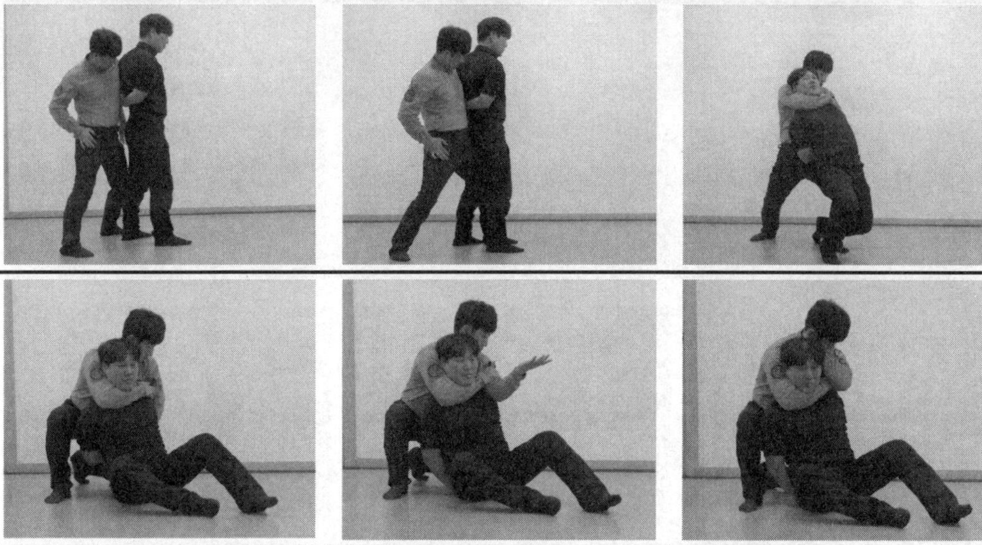

① 상대방의 손목을 왼손 아래 오른손 위로 교차하여 잡는다.

② 오른발이 앞으로 나가며 머리를 상대방의 겨드랑이 안으로 집어넣는다.

③ 손목 팔꿈치를 꺾은 후 상대방의 공격을 막고, 자신의 팔을 상대방의 팔 안쪽으로 넣어 반대 손목을 잡아 꺾는다.

④ 왼발을 상대방의 가랑이 사이에 밀어 넣어 오른손으로 상대방의 목을 감싼다.

⑤ 왼발이 뒤로 빠지며 상대방을 뒤로 앉혀 백초크(Back Choke) 기술을 건다.

10) 멱살 잡혔을 때 대응 2

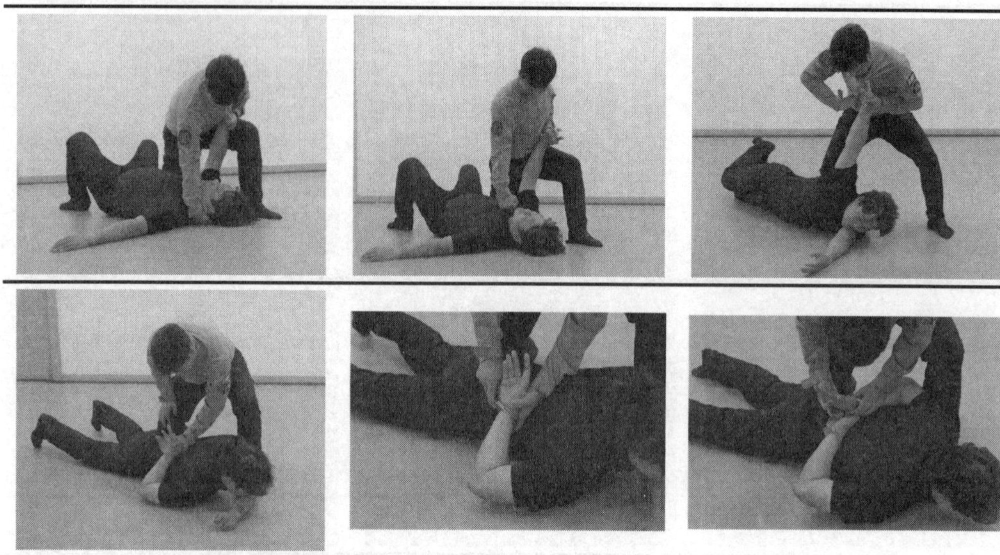

① 엄지손가락으로 중저혈(中渚穴), 네 손가락으로 엄지두덩을 잡는다.

② 몸을 안쪽으로 옮겨 안다리를 걸고, 상대방의 턱을 밀어 넘어뜨린다.

③ 팔을 당겨 상대방을 뒤로 돌리고 손목을 꺾는다.

④ 양팔을 뒤로 젖혀 수갑을 채운다.

11) 멱살 잡으러 들어올 때

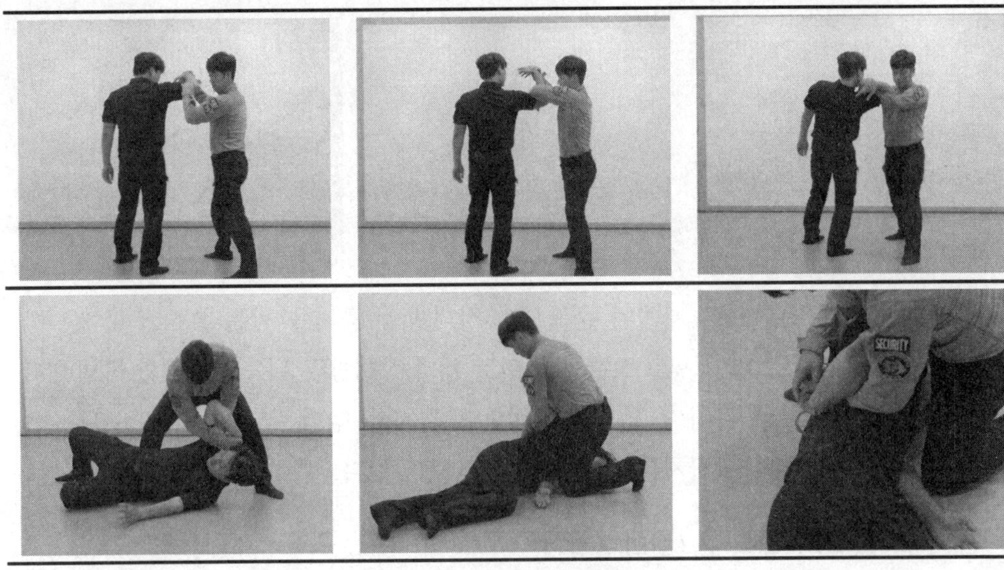

① 왼발이 측면으로 빠지며 팔목으로 상대방의 공격을 막는다.

② 오른손으로 팔목을 꺾으며 왼손으로 팔꿈치를 밀어준다.

③ 왼팔을 상대방의 관절 안쪽으로 넣어 축(軸)을 만들고, 왼손으로 본인의 오른 손목을 삽아 상대방 몸 안으로 틀어준다.

④ 상대방을 뒤로 돌리며 팔꿈치 관절 및 손목을 꺾어 수갑을 채운다.

4. 주먹, 칼, 각목으로 공격시 대응방법

1) 주먹 공격시 대응 1

① 오른발이 측면으로 빠지며 손목으로 상대방의 공격을 막는다.

② 왼발을 앞으로 밀어 넣고 오른발을 뒤로 빼며 상대방의 뒤쪽으로 전환(轉圜)한다.

③ 왼발이 앞으로 나가며 상대방의 접힌 팔꿈치를 꺾어 뒤로 눕힌다.

④ 넘어진 상대의 팔꿈치를 체중으로 눌러 제압한다.

2) 주먹 공격시 대응 2 (허리후리기)

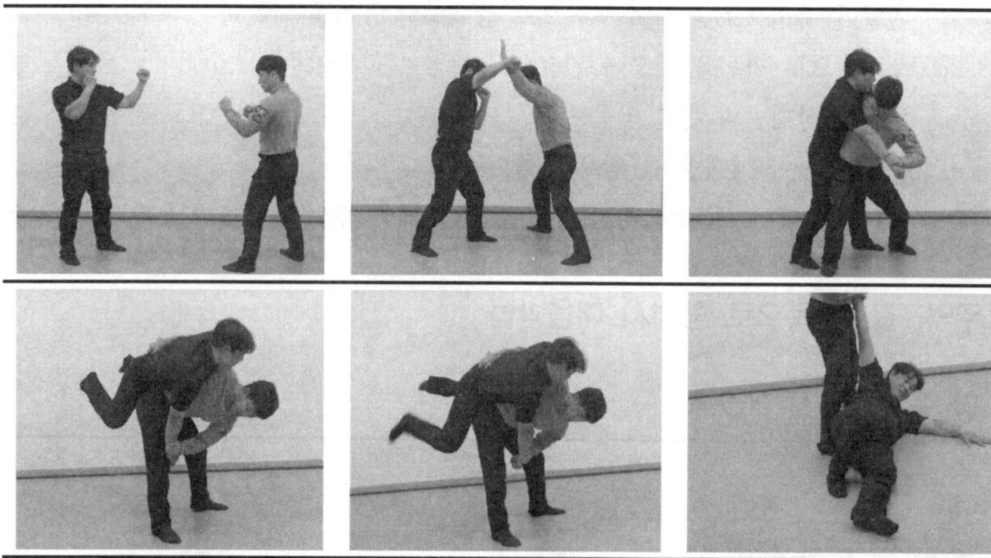

① 오른발이 측면으로 빠지며 손목으로 상대방의 공격을 막는다.

② 오른발이 상대방 몸 안쪽으로 들어가며 허리를 잡는다.

③ 왼발이 몸 안쪽으로 들어가며 엉덩이를 깊이 집어넣어 자세를 낮춘다.

④ 엉덩이를 들어 올리며 메친다.

3) 칼 공격시 대응 1 (복부를 찌르려 할 때)

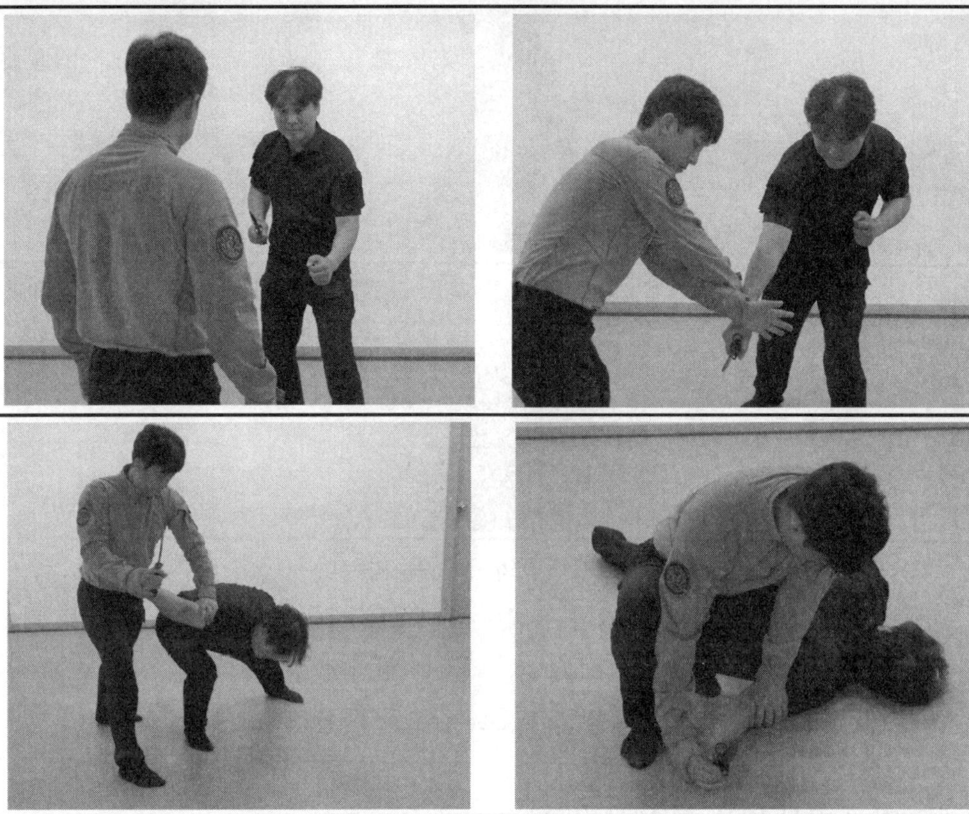

① 왼발이 측면으로 빠지며 팔을 교차하여 상대방의 공격을 눌러막는다.

② 오른손으로 상대방의 합곡혈을 누르며 왼손으로 손목을 돌린다.

③ 왼손으로 팔꿈치 관절(중관절)을 꺾어 누른다.

④ 체중을 실어 정강이로 삼두박근을 누르며 상대방의 손목을 위로 치켜 꺾는다.

4) 칼 공격시 대응 2 (위에서 내려찍으려 할 때)

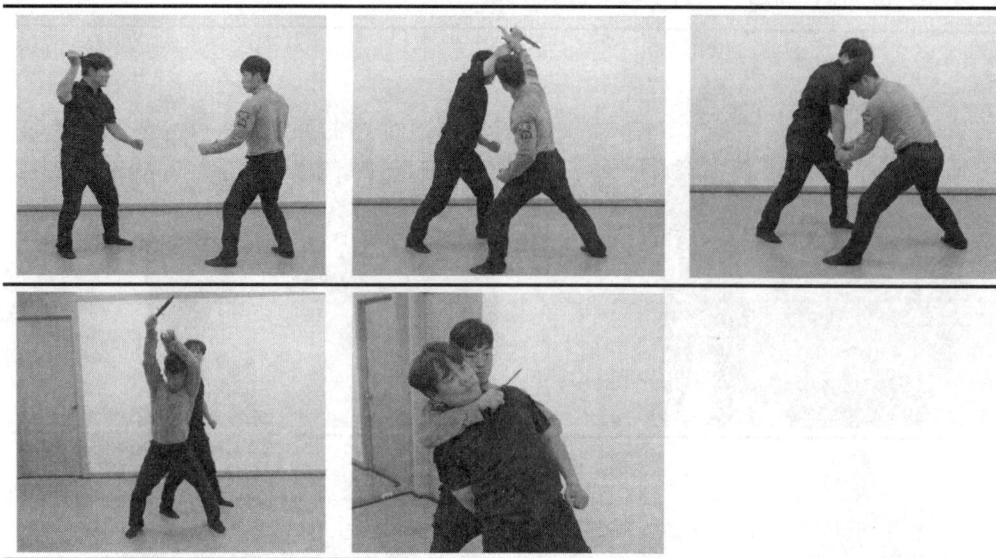

① 왼발이 바깥으로 빠지며 상대방의 공격을 막는다.

② 상대방의 오른 손목을 잡아 돌리며 오른발을 상대방 안쪽으로 이동시킨다.

③ 팔목을 꺾어 칼을 뺏는다.

④ 왼손으로 상대방의 팔목을 잡고 오른손으로 목을 조여 제압한다.

5) 칼 공격시 대응 3 (의자 이용)

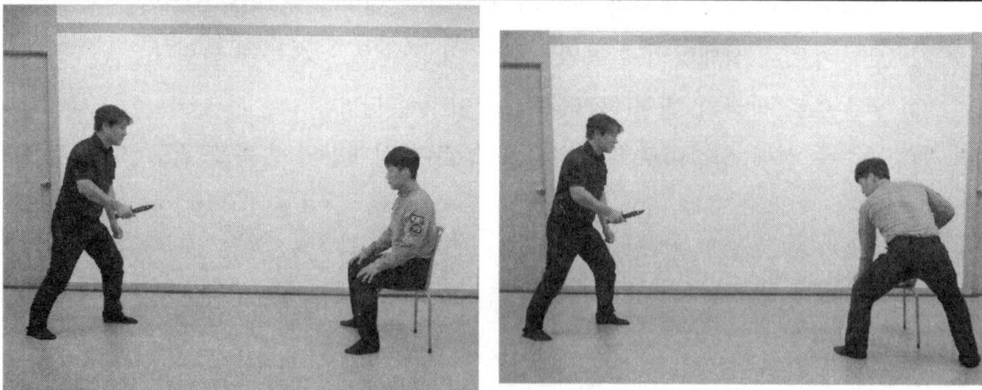

① 상대방의 칼 공격에 대응하여 앉아 있는 의자를 활용한다.

② 의자에 체중을 실어 상대방을 민다.

※ 상대방이 의자 끝부분을 잡았을 때 지렛대의 원리로 의자가 쉽게 내려가 반격을 당할 우려가 있다.

6) 칼 공격시 대응 4 (삼단봉 이용 1, 2)

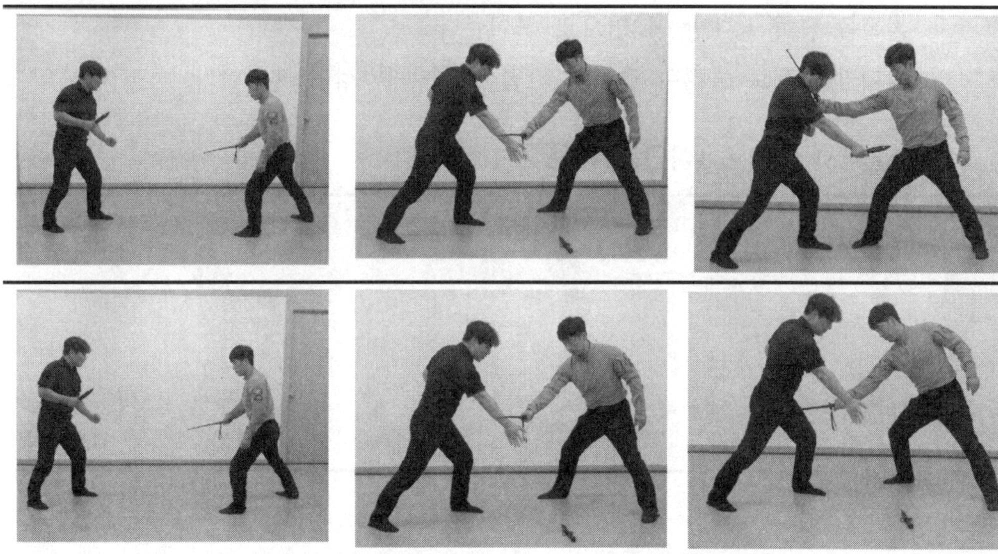

① 오른발이 측면으로 빠지며 상대방의 칼 든 손목을 가격한다.

② 손목을 친 후 머리를 가격하거나, 허벅지의 풍시혈을 가격하여 제압한다.

7) 칼 공격시 대응 5 (삼단봉 이용 3)

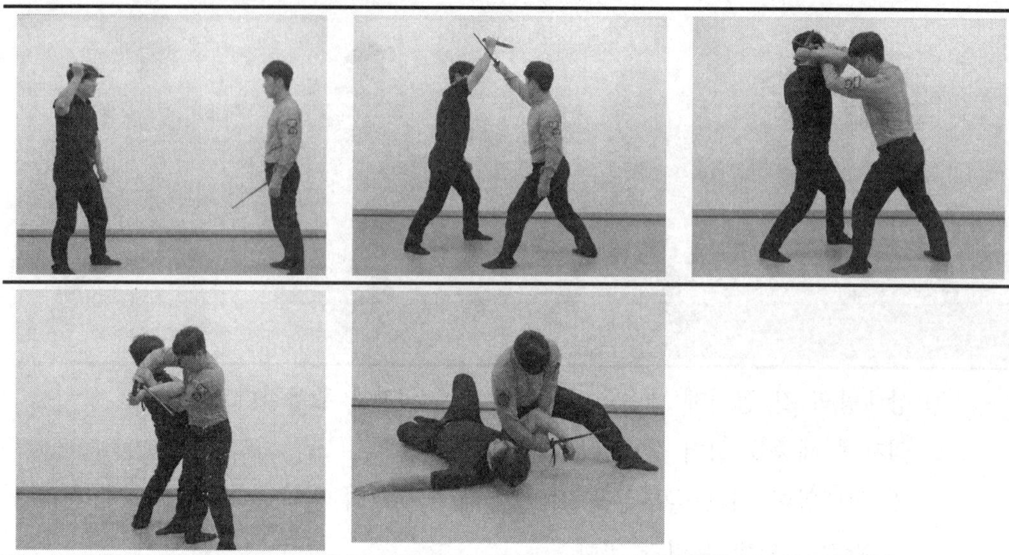

① 왼발이 바깥으로 빠지며 상대방의 칼 든 손목을 막는다.

② 왼팔을 상대방의 관절 안쪽으로 넣어 축(軸)을 만들고, 왼손으로 본인의 오른 손목을 잡아 상대방 몸 안으로 틀어준다.

③ 상대방을 뒤로 돌리며 팔꿈치 관절 및 손목을 꺾어 제압한다.

8) 칼 공격시 대응 6 (삼단봉 이용 4)

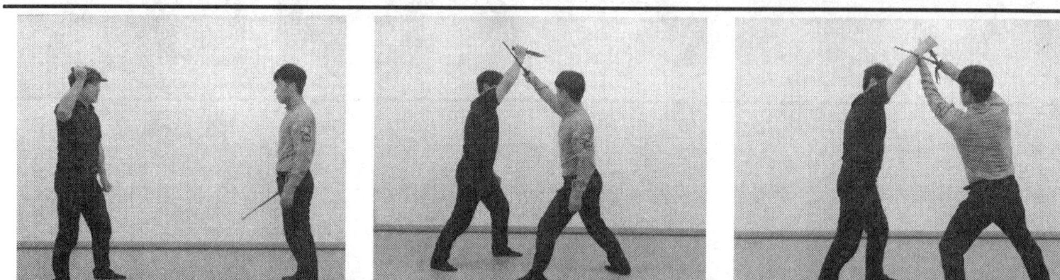

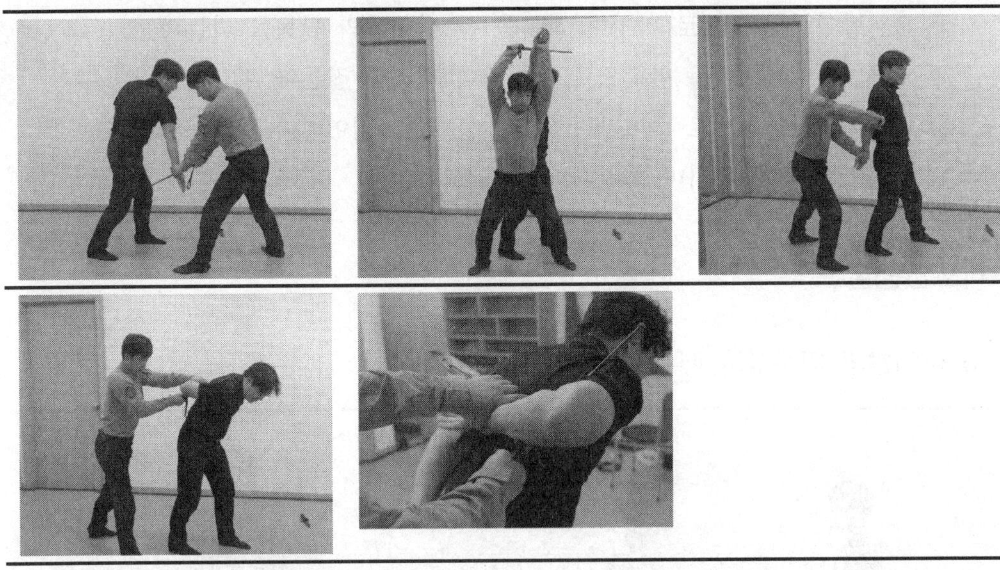

① 왼발이 바깥으로 빠지며 상대방의 칼 든 손목을 막는다.
② 삼단봉으로 상대방의 팔목을 안쪽으로 돌리며 오른발이 상대방 몸 안쪽으로 들어간다.
③ 삼단봉을 상대방의 겨드랑이 사이로 넣어 팔꿈치와 어깨를 제압한다.

9) 각목 공격시 대응

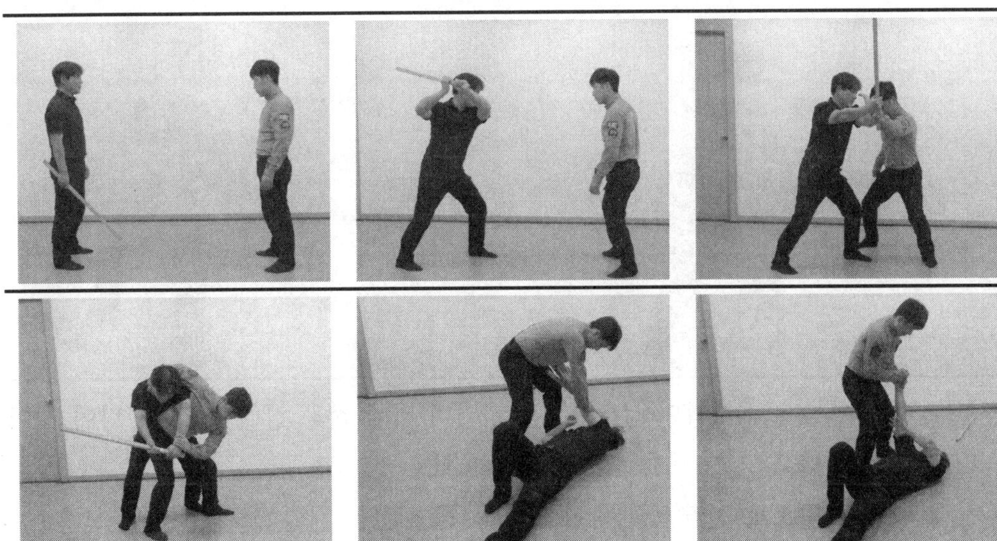

① 오른발이 바깥쪽으로 빠지며 각목을 든 상대방의 팔목을 막는다.
② 오른발이 상대방 몸 안쪽으로 들어가며 허리를 잡는다.
③ 왼발이 몸 안쪽으로 들어가며 엉덩이를 깊이 집어넣어 자세를 낮춘다.
④ 엉덩이를 들어 올리며 메친다.

5. 체포연행술

1) 상대방과 마주섰을 때 연행술 (1인 연행술)

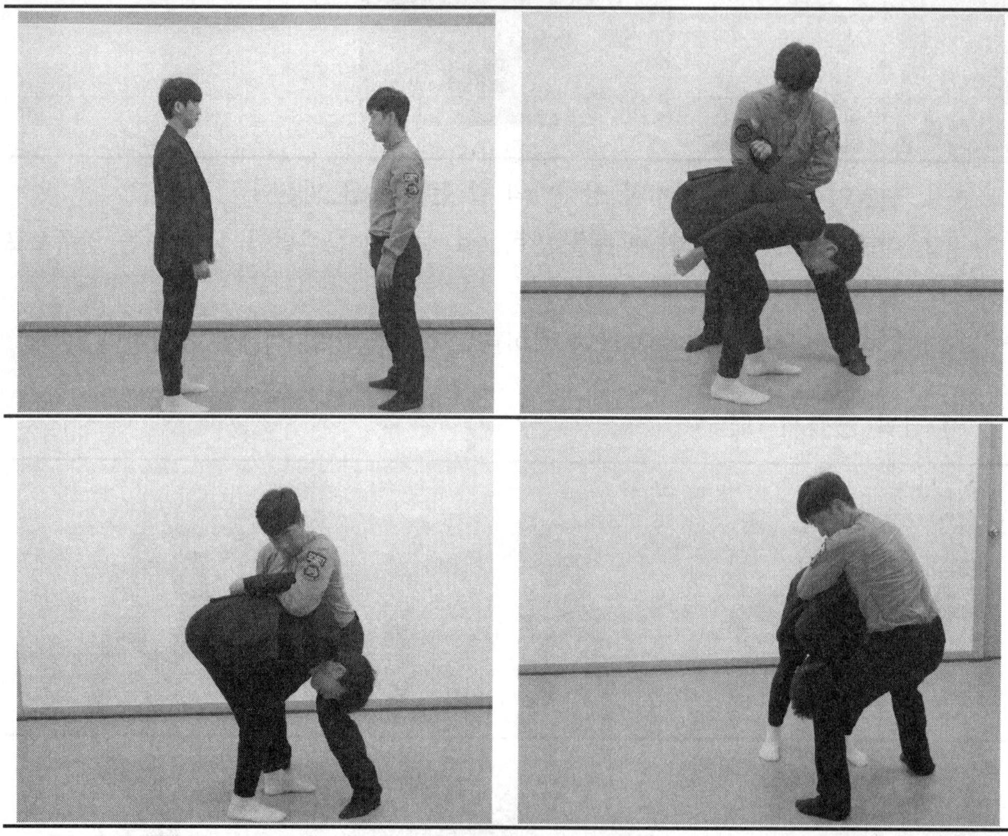

① 안쪽 손으로 상대방의 삼두박근을 당기며 바깥 손을 상대방의 겨드랑이 사이로 넣는다.
② 상대방 쪽으로 전환(轉圜)하여 어깨를 틀어준다.

③ 팔목으로 어깨를 누르고 체중을 실어주며 본인의 혁대를 잡는다.

④ 반대 손을 상대방의 겨드랑이 사이로 넣어 들어 올리며 팔목을 잡아 제압한다.

2) 옷깃을 이용한 연행술 (1인 연행술)

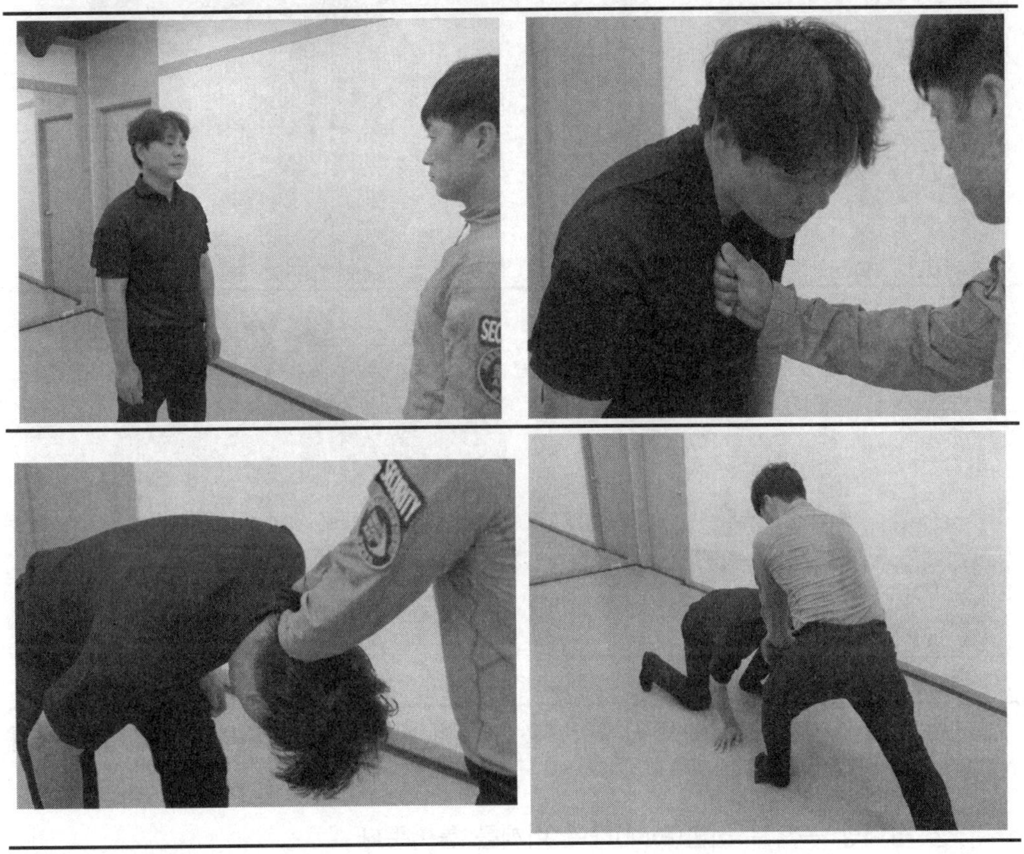

① 상대방의 옷깃을 당긴다.

② 옷깃을 돌려 상대방의 머리를 누른다.

③ 옷깃으로 목을 조르며 상대방을 연행한다.

3) 상대방과 마주섰을 때 연행술 1 : 어깨 걸어 연행 (2인 1조)

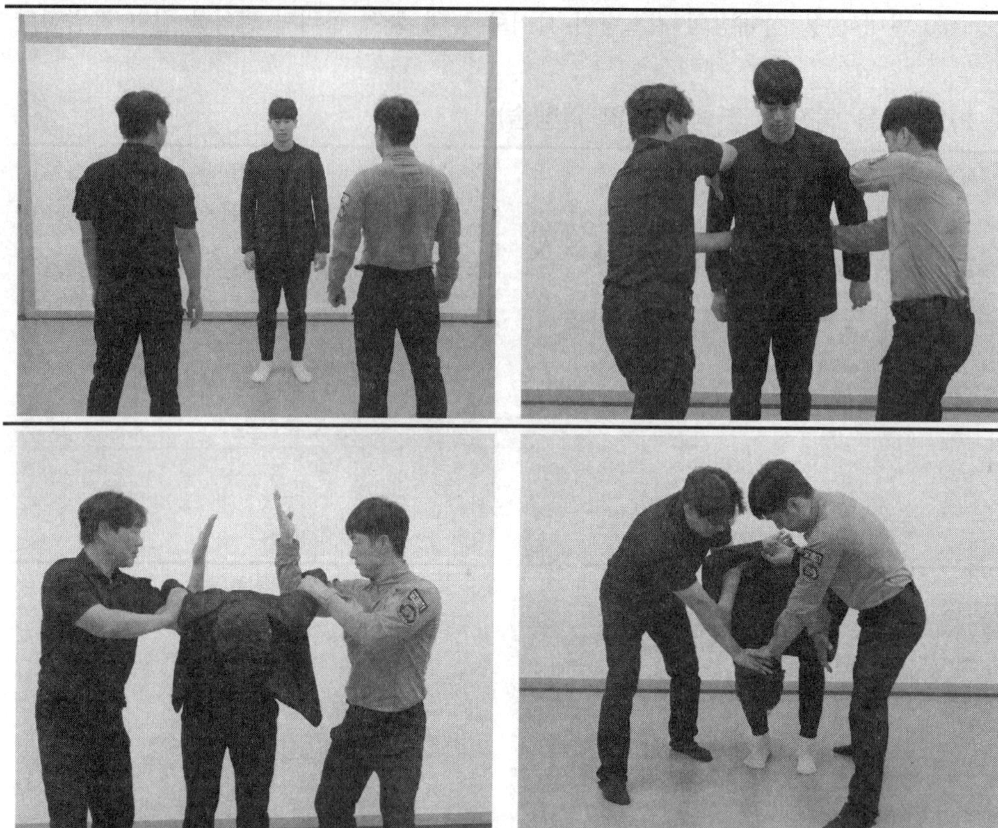

① 안쪽 손으로 상대방의 삼두박근을 당기며 바깥 손을 상대방의 겨드랑이 사이로 넣는다.

② 상대방 쪽으로 전환(轉圜)하여 어깨를 틀어준다.

③ 팔목으로 어깨를 누르며 반대 손으로 머리를 눌러 연행한다.

4) 상대방과 마주섰을 때 연행술 2 : 뒤로 손목 꺾어 연행 (2인 1조)

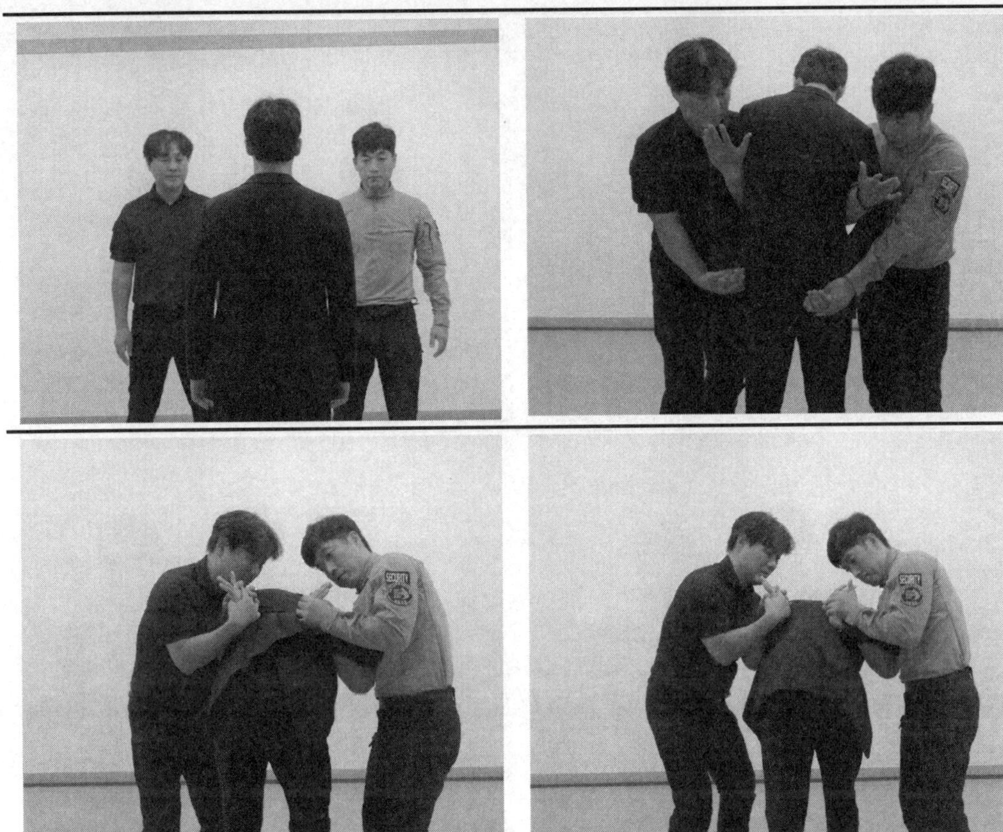

① 안 손을 겨드랑이 사이로 집어넣는다.

② 바깥 손으로 상대방의 손등을 뒤쪽으로 밀어 넣는다.

③ 밀어 넣은 손을 치켜올리며 손목을 안으로 꺾는다.

④ 상대방을 연행한다

5) 상대방의 뒤쪽에서 연행 : 손목 꺾어 연행 (2인 1조)

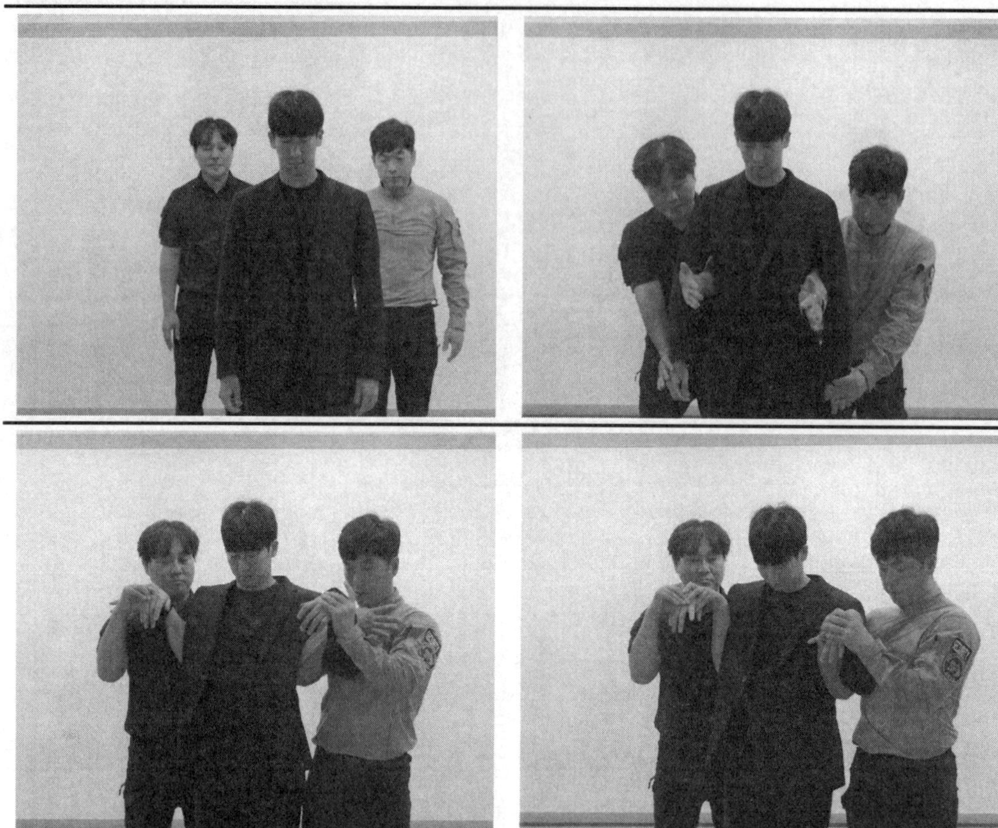

① 안쪽 손을 상대방의 겨드랑이 사이로 밀어 넣는다.

② 바깥 손의 엄지손가락으로 상대방의 안 팔목을 들어올리며 나머지 네 손가락으로 손등을 잡는다.

③ 상대방의 팔을 몸 안쪽으로 당긴 후, 양손으로 상대방의 손목을 잡아 오리 모양으로 꺾는다.

④ 상대방을 연행한다.

제 19 편

관찰、기록법

제1장 관찰 활동의 현주소

○ **관찰의 현주소**

- 그동안 경비업무에 있어서 관찰활동의 중요성을 전혀알지 못하여 관찰에 대한 연구 및 전문서적이 전혀없고 2000년 전에는 관찰활동에 대한 체계적인 교육체제 전무
- 경비업의 발달에 따라 관찰활동이 경비업무에 많은 영향을 끼치고 중요함을 깨닫게 되므로 '05년도 경비업법시행규칙이 개정 되면서 특수경비원 신임교육 교과목 편성시행

제2장 관찰의 의의와 중요성

제1절 관찰의 의의와 관찰대상

1. 관찰의 의의

경비업무에서의 관찰이란 경비원의 경비대상 시설 · 장소에서 출입 대상자나 사물, 발생하는 현상 등을 주의 깊게 살펴보고 파악하는 것을 의미한다.

2. 관찰대상

관찰은 단순히 주변의 사물이나 현상을 보고 살피는 것에 그치지 않고, '사물 · 현상의 파악'에 있다. 다시 말하여 경비원이 자신의 오감(五感)을 활용하여 지각한 것을 분석하여 그 의미를 파악하는 것이 관찰 활동인 것이다.

경비대상 시설 내 · 외에서 발생하는 모든 의미 있는 현상과 사물(출입자 포함)

1) 경비원이 파악하여야 할 가치 있는 현상 및 사물
(소리 · 냄새도 관찰 대상 임)
2) 일상적으로 반복되는 기계적인 현상이나 단순한 물리적 반작용 등은 관찰대상이 아님

제2절 관찰의 중요성

1. 범죄 용의점 파악

체계적인 관찰 활동을 통한 현상 · 사물의 분석 및 파악은 의심스러운 점이나 범죄 용의점에 대한 판단을 용이하게 한다.

(1) 체계적인 관찰로 의심스런 점을 찾게 됨
(2) 범죄의 용의점 판단을 용이 하게 함
(3) 범죄를 조기 발견하여 초기 신속 대응으로 큰 피해를 막을 수 있음

2. 수사의 단서 확보

경비원이 관찰하고 기록한 사실은 추후 범죄사건의 수사에 결정적인 단서를 제공할 수 있다. (출입일시. 동태 및 소지품 등)

제3장 관찰요령

제1절 지각 요소의 활용

관찰자는 오감을 사용하여 관찰할 수 있다. 관찰자는 자신이 보고(視覺), 듣고(聽覺), 냄새 맡고(嗅覺), 맛을 보고(味覺), 만지는(觸覺) 것을 통하여 관찰을 하게 된다.

1. 관찰요령

(1) 사람들은 대부분 관찰자로서 훈련을 받지 않은 상태여서, 그들이 사물을 본다고 하지만 실제로 자신이 본 사물에 대한 객관적인 설명을 제대로 하지 못한다. 이는 관찰자가 자신의 주관적인 습성에 따라 자신이 보고 싶고 기억하고 싶은 부분만 관찰하기 때문이다. 따라서 관찰자가 관심을 두지 않는 사물에 대해서는 관찰자는 '사물'이라는 큰 덩어리만 기억할 분 그 사물의 특성에 대해서는 아무것도 설명할 수 없게 된다.

(2) 관찰자는 오감을 사용하여 관찰할 수 있다. 이 오감은 관찰에 있어서 지각 요소가 된다. 관찰자는 자신이 보고(視覺), 듣고(聽覺), 냄새 맡고(嗅覺), 맛을 보고(味覺), 만지는(觸覺) 것을 통하여 관찰을 하게 되며, 따라서 보안요원은 은 검색 및 경비업무에 있어서 자신에게 부족한 지각 요소를 보완해야 할 필요성이 있으며(시각-안경, 청각-보청기 등), 오감을 최대한 활용할 수 있도록 최적의 상태를 유지하여야 한다.

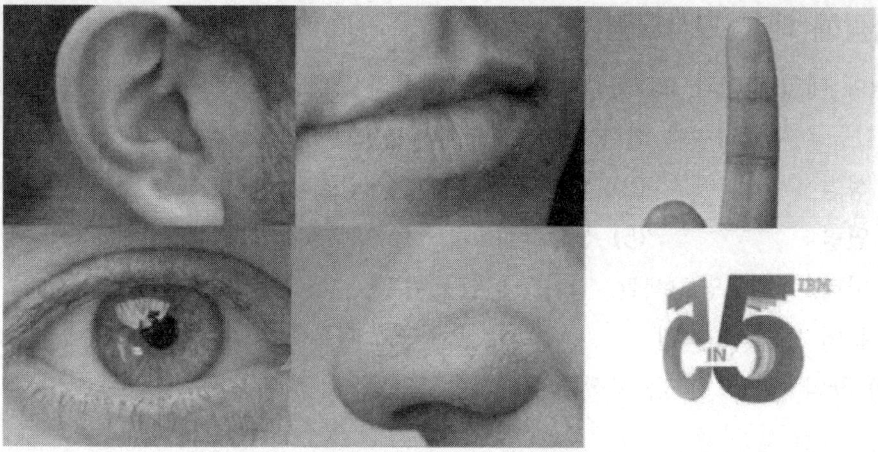

출처: http://www.google.co.kr

〈 오감을 이용한 관찰 〉

제2절 사람에 대한 관찰과 묘사요령

1. 사람에 대한 관찰

사람에 대한 관찰은 그 사람을 특징지을 수 있는 점을 기억하는 것에서부터 출발한다. 주의할 점은 당시 입고 있던 옷의 색깔이나 종류 등은 이후 언제든지 갈아입을 수 있으므로 특징이 될 수 없으며 수사에 도움이 되지 못한다는 사실이다. 사람에 대한 관찰요령은 아래의 방법에 따른다.

(1) 어디서 들어왔고 어디로 나갔는가 (이동 방향)

(2) 출입 시간과 전후 출입자들의 순서는 어떠한가

(3) 어떤 이야기를 했으며, 그 당시의 말투

(4) 타인과 구분하여 쉽게 기억할 수 있을만 한 특징은 무엇인가

2. 사람에 대한 묘사요령

사람에 대한 관찰과 묘사를 위해서는 그 사람의 특징을 나타낼 수 있는 간단하고 정확한 사실들을 파악하여야 한다.

(1) 성명　　(2) 성별　　(3) 인종과 국적
(4) 연령　　(5) 신장　　(6) 체중
(7) 머리, 머리모양, (색깔, 길이, 대머리 여부)
(8) 눈의 모양 및 색깔　　(9) 피부색
(10) 착의 상태 : 안경, 보석류, 옷의 종류와 색깔, 휴대품 등

3, 관찰의 착안점

- 의미 있는 현상인가 그렇지 않은가
- 현상이 나타나고 있는 원인은 어디에 있는가
- 현상은 자연적인 것인가, 인위적인 것인가
- 현상이 시작 된지 어느 정도 시간이 흘렀으며, 현재진행 상태는 어느정도인가
- 현상이 미치는 영향은 어디까지이며 어떤 조치가 필요하고 가능한 조치사항은 무엇인가

4, 관찰 방법

(1) 사람에 의한 관찰 (오관의 기관으로 관찰)
- 시각, 청각, 후각, 맛, 촉감 등의 관찰

(2) 장비에 의한 관찰 (기계경비, X-Ray검색기 등)
- 기계경비

CC-TV 감지 → 관제센터 → 지령 → 출동

- X-Ray검색기

휴대물품을 X-Ray검색기에 투입하여 투여된 영상을 관찰

제3절 판독

1. 판독의 개념과 요령

(1) 판독의 정의

조사된 내용을 통하여 관찰 및 분석 / 확인하여 테러 등 위해물품을 반출입을 적발하는 행위

(2) 판독의 중요성

1) 테러 등 위해물품 반입방지를 위한 가장 중요한 역할 수행
2) 국내의 각종 국제행사 시 또는 테러의 위협이 있을 경우 X-Ray를 사용하므로 위협에 대한 방지대책 수행
3) X-Ray검색기를 통한 기계검사로 신속 통과 및 질서유지
4) X-Ray검색기를 통한 간접검사로 업무능률 향상(모두 개봉검색 시 불편)
5) 출입자에 대한 친절한 서비스제공

〈판독하는 근무자〉

(3) 판독요령

X-ray장비는 검색대상물질의 특성에 따라 유기물, 무기물, 혼합물, 탐지불가물질 등 4가지로 구분하여 4가지 색으로 검색대상물의 내부 이미지를 판독 모니터에 표출한다.

1) 유기물(오렌지색): 플라스틱, 지폐류, 화약류등 판독모니터상에 오렌지색으로 표시하며, 밀도가 낮을수록 엷은 오렌지색에 가까우며, 반대로 밀도가 높을수록 짙은 오렌지색으로 나타난다.

2) 무기물 (청색): 금속류(권총, 도검류, 배터리 등), 천연 소금류, 기타 귀금속류 등은 X-ray 컬러 모니터 상에 청색으로 나타나며, 밀도가 낮을수록 연한 청색에 가까워지고, 반대로 높으면 높을수록 짙은 청색으로 나타낸다.

3) 혼합물 (녹색): Gas가 들어있는 Gas통 등 유기물과 무기물의 혼합물질

4) 탐지불가(고밀도 물질: 흑색): 밀도가 높아 물질구분이 불가능한 물품은 유기물질 및 무기물질을 불문하고 X-ray판독용 컬러 모니터에 흑색으로 나타난다.

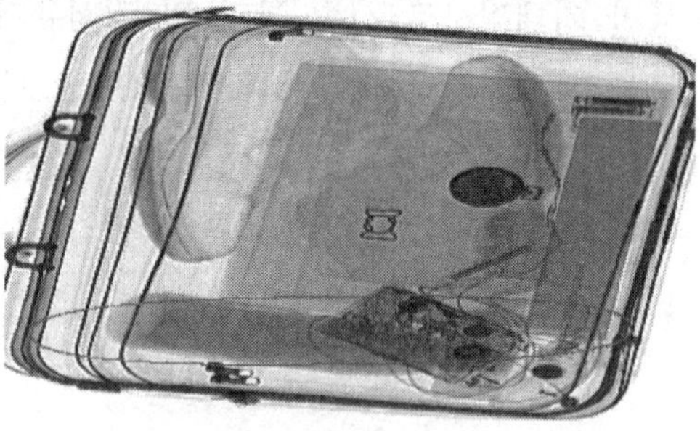

〈 출처: 인천공항 교육자료 X-Ray 검색 결과물 〉

제4장 위해행위 특징과 근무요령

제1절 위해행위의 특징

1. 시각적 특징과 관찰기법

(1) 손 : 모든 위해기도자는 범행전 반드시 사전 예비 동작을 취함

(2) 눈 : 눈을 필요이상 움직이거나 좌우로 두리번거리는 등 어색함

(3) 외모 · 복장 : 정상인과 차이나는 외형 · 인상에 유의

(4) 행동 : 주위의 환경이나 상황에 부적절한 행위관찰

2. 청각적 특징과 관찰기법

(1) 이상음 : 행사장의 성격 · 분위기와 전혀 다른 이상음 주의

- 총성, 굉음, 폭발물, 균열음, 마이크 고장 등

(2) 근무자간 경고신호 등

제2절 위해기도자

1. 위해기도자 식별요령

(1) 위해를 가하려는 자는 군중속에서 주로 2~3열에 위치

(2) 주머니가 불룩하거나 가방을 휴대한 자

(3) 손에 신문지 등을 말아서 들고 있거나 붕대를 감은 자

(4) 날씨, 주변환경과 어울리지 않는 복장 착용자

(5) 주변을 살피면서 안절부절 하거나 근무자를 경계하는 자

(6) 목표를 집중주시하거나 근무자의 동향을 유심히 살피는 자

(7) 긴장된 증상을 보이면서 행동이 부자연스러운 자

2. 위해기도의 특성

(1) 기습공격 : 근무자가 인지하기 前 기습적으로 위해감행

(2) 계획적 위해 : 목적달성을 위해 무기숙달훈련, 현장답사, 예행연습 등 주도면밀한 계획수립, 시행

(3) 위해의 연속성 : 죽기를 각오하고 무력화 될 때까지 위해계속

(4) 다양성 : 양동작전, 기만전술 등 다양한 위해기도

3. 위해수단의 유형

(1) 총기류 : 권총, 저격용 소총, 기관총, 독침탄 등

(2) 흉기류 : 도검류, 장도, 각목류, 투척물 등

(3) 차량강습 : 폭탄탑재차량, 자살용 폭탄차량의 강습 등

(4) 폭발물 : 원격조정 폭발물, 시한폭탄, 우편물폭탄, 차량폭탄 등

(5) 화학생물학무기 : 독가스, 탄저균, 치명적인 전염병 등

(6) 비행물체 : 모형항공기, 행글라이더, 패러글라이더, 드론 등

(7) 기타수단 : 로켓포, 미사일, 방사능물질 등

제3절 근무자 행동강령 및 태도

1. 근무자 행동강령

(1) 접근자의 손과 눈을 주시하며 의심하고 경계하라

(2) 위해자의 입장에서 생각하고 대비책을 강구하라

(3) 모든 인원 · 물품을 예외 없이 확인하고 검색하라

(4) 방심은 위해분자에게 기회를 제공한다. 끝까지 긴장하라

(5) 비상상황을 예측하고 대비책을 철저히 강구하라

2. 근무자 일반 검측요령

(1) 모든 버튼은 눌러본다.

(2) 모든 줄은 당겨본다.

(3) 비품은 손바닥을 활용 힘껏 눌러본다.

(4) 체인은 당겨보고 시건장치는 열고 닫아본다.

(5) 노출된 선은 추적 확인한다.

(6) 본래의 기능을 확인한다.

(7) 보이는 곳보다 숨겨진 곳을 확인한다.

3. 근무자의 자세 및 태도

(1) 마음가짐

1) 범법자나 증거물은 반드시 검거 색출하겠다는 의지를 가질 것
2) 상대방을 존중하는 겸손한 마음으로 검문검색 실시

(2) 친절한 언어, 공손한 태도

1) 얼굴빛은 항상 밝고 온화하게
2) 자세는 공손하게, 행동은 신속 민첩하게
3) 신속한 검문으로 출입인원에 대한 불편을 최소화

제5장 기록의 의의 및 요령

제1절 기록의 의의와 기능

1. 기록의 의의

기록이란 경비원이 경비업무 수행 중 관찰하는 다양한 사물이나 현상들을 메모 등의 형태로 문자화하는 작업이다.

2. 기록의 기능

(1) 기억의 보존

관찰자는 자신의 부족한 기억을 오랫동안 보존할 수 있고. 쉽게 잊혀질 수 있는 기억을 오래도록 보존하여 준다.

(2) 기억을 새롭게 한다.

오래된 일기장을 보면 그날의 기억을 새롭게 떠올릴 수 있다

(3) 객관적 사실의 보존

기록을 통하여 관찰자는 자신이 기억하고 있는 사실에서 주관적인 부분을 배제하고 객관적인 사실을 보존할 수 있다. 즉, 기록은 시간이 지날수록 기억이 관찰자의 주관적인 특성과 성향에 따라 변질되는 것을 막고, 당시 상황의 객관적인 특성을 보존하여 준다.

제2절 기록대상 및 기록요령

1. 기록의 대상

(1) 출입자 · 출입차량

경비대상 시설 · 장소의 출입자와 출입차량은 기본적인 기록의 대상이 된다.

(2) 경비대상시설 주위의 차량 등 대상 시설 주위에 주차되어 있는 낯선 차량, 혹은 시동을 켠 채로 대기하고 있는 차량, 시동을 끈 채 사람이 탑승하여 있는 차량 등 차량에 대해 기록한다.

(3) 기타 경비대상 시설 내외에서 발생하는 제반현상 등 각종 현상들 에 대해 기록을 남긴다. 이 경우에는 화재연기, 비명소리, 둔탁한 소리 등 인위적인 것에 의한 현상도 포함되지만 지진, 태풍, 낙뢰 등 자연현상도 포함된다.

(4) 질문검색의 내용

질문검색을 통하여 발견하지 못한 위해 요소들이 있을 수 있으며 이 경우 질문검색의 내용을 기록으로 남겨두게 되면 추후 경찰의 수사에 유용한 자료가 될 수 있다.

2. 기록요령

(1) 기본적으로 시간, 대상, 이유(수상한 점)를 기록한다.

기록에는 반드시 기본적으로 기록 시간(When), 기록 대상(What), 기록 이유(Why)가 포함되어야 한다.

1) 언제 일어난 일인가
2) 무엇(누구)에 대한 기록인가
3) 왜 이런 기록을 하였는가. 어떤 의심스러운 점이 있었는가

(2) 객관적 사실 중심으로 기록한다.

관찰자의 주관적인 판단은 지양, 사실을 있는 그대로 기록한다.

(3) 가능한 관찰된 사실 모두를 정확하게 상세히 기록한다.

아무리 사소한 내용이라도 추후에 뜻하지 않게 중요한 단서가 될 수 있으므로 가급적 관찰된 내용 전부를 기록한다.

(4) 체계없는 단순한 사실들의 나열은 나중에 기록자 본인조차도 많은 혼란을 일으킬 수 있으므로 기록은 기본적으로 기록자가 이해하기 쉽도록 나름의 체계를 잡고 기록해야 한다.

(5) 조치 · 결과 사항을 덧붙인다.

기록된 내용과 관련하여 사후에라도 조치된 사항이 있거나 종료된 내용이 있다면 반드시 그 결과를 함께 기록해둔다.

제6장 보고서 작성요령

민간경비원이 수행하는 업무에서 보고서 쓰기, 기록 작성 그리고 정확한 서류 작업은 전문직업적인 실무를 위해서 필수적이다. 이것은 보고서 작성이 갖는 효율성, 기억상의 실수를 줄일 수 있는 점, 그리고 조직적 영향 부분과도 관련이 있다.

첫째, 적절한 보고서와 기록의 유지는 민간경비 회사 운영의 생산성과 능률성에 직접적으로 관련이 있다. 둘째, 단기간의 기억뿐만 아니라 장기간의 기억은 그 기억의 명료성 및 기억력에 영향을 줄 수 있는 여러 가지 요소의 영향을 받기 때문에 보고서를 작성하게 되면 정보를 빠뜨리거나 잘못 전하는 위험을 줄이게 된다. 셋째 구두를 통한 의사소통이 자발적인 경향이 있는 반면에 기록된 형식으로 생각을 전하게 되는 것은 일정한 조직화를 필요로 하게 된다.

제1절 보고서 작성 요령

보고서는 무의식적인 생각의 결과가 아니라 논리적 생각, 기록과 문서에 관한 주의 깊은 평가, 그리고 아주 중요하게 조사의 다양한 단계로부터 작성되어진 기록에 근거한 활동의 정당성이 반영되어야 한다.

1. 사건이 발생한 경우 보고서 작성내용

보고서는 대체적으로 누가, 언제, 어디서, 무엇을, 어떻게 등의 내용을 포함하고 있어야 하며 다른 세부 사항 또한 기록해야 한다.

(1) 날씨와 조명상황

(2) 피해자나 의심쩍은 사람의 옷차림

(3) 도로의 묘사와 위치

(4) 현장에 있던 긴급 치료 요원

(5) 다른 조사요원의 활동: 변론 전문가, 사진가, 경찰 등

(6) 주소와 전화번호

(7) 호출을 받은 날짜와 시간, 도착한 시간

(8) 현장 근무자의 이름

(9) 현장 목격자의 이름과 완전한 신상

(10) 사건장소의 정확한 지리적 위치와 사건장소의 전체조건

(11) 진술

(12) 다른 적절한 정보

2. 사실에 입각하여 명확하고 정확하게, 어떤 목적을 가지고 표준어로 작성되어 하며 읽기 쉽고 간결해야 한다.

저자약력

강성훈

- 현, 한국경비협회 교수
- 전, 국방대학교 합동참모대학 교수
- 국방대 합동참모대학 졸업

김기홍

- 현, 세종홍익아카데미 일반경비원 대전센터장, 강사겸임
- 전, 대통령경호실 교육원 근무
- 전, 인천항보안공사 청원경찰, 특수경비원 교육전담 근무

김병수

- 경찰경정퇴직
- 전, 서울마포경찰서 서강지구대장
- 전, 서울강남경찰서 경비계장

김삼수

- 현, 행안부 재난안전 전문강사
- 전, 전투지휘훈련단 전문교관
- 현, 주)아레스 전문위원

김서중

- 현, (사) 대한민국항공보안협회 민간경비교육원 원장
- 전, 국가정보원 대테러 처장
- 전, 인천국제공항 인재개발원 외래강사

김우식

- 전, 국가정보원 처장
- 전, 청와대 대테러, 사이버보안 행정관
- 전, 국가안보전략연구원 연구원

김완준

- 현, (주)누리온 아이온 사업본부 차장
- 대한민국 해군 상사 전역
- 전, 경찰특공대 저격수 교육 훈련 담당

김평원

- 현, 보안업체 본부장
- 전, 인천국제공항 특경대장
- 전, 김포국제공항 보안검색소장

김종준

- 현, (주)프리듀 국가정보학 강사
- 전, 군 정보수사기관 근무
- 한남대 정보산업대학원 정보보호학과 수료

권이섭

- 현, 대한민국재향군인회 본부 이사
- 예)육군준장, 정훈공보실장, 국방홍보원장. 행정학 박사
- 전, 동서울대 디지털미디어학과 겸임교수

노종균

- 현, (주)KOEN 서비스 영흥 · 분당본부 경비지도사
- 전, 경기김포경찰서 경무 · 보안과장
- 서경대학교 행정학과 졸

문민회

- 현, 육군 BCTP 정보교관
- 육군 중령 전역, 스페인 합동 참모대 졸업
- 안보전략 석사

문태균

- 현, 대한태권도협회 태권도심판
- 현, 세계태권도문화 예술협회이사
- 현, 경기대학교 일반대학원 경호보안학과 박사과정

박근수

- 현, (주)세종홍익아카데미 특경신임교육 강의
- 육군 중령 예편
- 전, (사) 한국 경비지도사협회 사무총장

박종섭

- 육군 소령예편
- 전, 인천국제공항 관리이사
- 전, 전쟁기념관관리소장

설지환

- 현, 서울호서예술실용전문학교 경찰경호계열 학부장
- 현, 일반경비원신임교육 신변보호, 체포호신술 강사
- 한세대학교 대학원 경찰학 박사과정

성옥

- 전, 조은시스템 교육팀 이사
- 서비스강사1급
- 경비지도사(일반)

손상철

- 현, 단국대학교 행정법무대학원 교수
- 현, 대한민국 탐정협회 상임회장
- 현, 사단법인 한국경비지도사협회 지도위원

송동수

- 전, (주)코압섹 인천국제공항 특수경비원대장
- 전, 인천국제공항 화물경비 및 검색 감독자

신중근

- 현, 인천국제공항보안(주) 보안경비본부 그룹장 / 본부장 직무대행
- 예비역 육군중령 전역
- 전, 인천공항 폭발물처리팀 과장

어상일

- 현, 한양대학교(본교. 에리카), 경상대 등 출강
- 현, 서울시청, 강남구청, 성북 도시관리공단 강사
- 현, 충청북도공무원교육원 강사

오범석

- 프랑스 파리 경찰 폭발물처리 연구소(LCPP) 대테러과정 이수
- 미국 폭발물처리로봇(i-Robot) 운용자과정 이수
- 전, 인천국제공항공사 EOD팀장

유덕기

- 현, 경운대학교 항공보안경호학부 교수
- 일반경비지도사
- 전, 인천국제공항공사 전문위원

윤성일

- 현, 인천국제공항보안(주) 보안경비대장
- 전, 인천국제공항 항공보안 강사
- 전, ICPI 전문강사

이대연

- 현, 한방 유비스(주) 감리사업본부 소방감리 이사
- 전, 소방공무원 공채 소방관서 지휘팀장, 안전센터장 등
- 전, 인천국제공항공사 공항소방대 부대장역임

이상원

- 전, 용인대경찰행정학과교수
- 전, 한국경찰학회회회장
- 전, 한국민간경비학회회장

이순철

- 현, 김포국제공항 특수경비대장, 경비지도사
- 전, 육군 군수사과장, 국방부조사본부과장 역임
- 한양대학교 행정대학원졸(법학)

이운하

- 현, 인천국제공항 제1터미널 보안경비대장
- 전, 합동참모본부 인사참모부 전시인력담당
- 전, 미8군 근무부장

이재원

- 현, KBS스포츠 예술과학원 경찰행정 총괄지도교수
- 전, 호원대학교 법경찰학부 겸임교수
- 전, 남서울 실용전문학교 경찰행정학과 교수

이현희

- 현, 대한민국경비협회 중앙회 교육본부장
- 전, 인천삼산경찰서 부흥지구대장
- 전, 경우회 중앙회 교육원 부원장

임성학

- 현, 사단법인 세계호신권법연맹 총재
- 현, 대한민국체포경호술지도자 자격 아카데미 원장
- 현, 법무부 서울동부구치소 교정위원

장기현

- 현, 한세대학교 미래지식교육원 교수
- 경찰총경 퇴직
- 경찰학 박사

정구중

- 현, 서울호서예전스포츠건강관리학부장
- 현, 한국올림픽성화회 이사
- 단국대학교 이학박사

채순배

- 전, 국토교통부 항공철도사고 조사위원회 사무국장
- 전, 항공안전기술원 초대 기획관리 본부장
- 전, 한국항공대학교 석·박사 과정 강사

최재수

- 대한민국 육군 소령 전역
- 전, 대한민국 육군 포병학교 전술학 교관
- 전, 보병 제50사단 예비군 지휘관